国际集装箱运输商务管理

GUOJI JIZHUANGXIANG YUNSHU
SHANGWU GUANLI

主　编◎闵德权　胡鸿韬

首都经济贸易大学出版社
Capital University of Economics and Business Press
·北　京·

图书在版编目(CIP)数据

国际集装箱运输商务管理/闵德权,胡鸿韬主编. --北京:首都经济贸易大学出版社,2018.4

ISBN 978-7-5638-2778-7

Ⅰ.①国… Ⅱ.①闵… ②胡… Ⅲ.①国际运输—集装箱运输—交通运输管理 Ⅳ.①U169.6

中国版本图书馆 CIP 数据核字(2018)第 060084 号

国际集装箱运输商务管理
主编 闵德权 胡鸿韬

责任编辑 刘元春 田玉春
封面设计 砚祥志远·激光照排 TEL: 010-65976003
出版发行 首都经济贸易大学出版社
地　　址 北京市朝阳区红庙(邮编 100026)
电　　话 (010)65976483 65065761 65071505(传真)
网　　址 http://www.sjmcb.com
E-mail publish@cueb.edu.cn
经　　销 全国新华书店
照　　排 北京砚祥志远激光照排技术有限公司
印　　刷 北京市泰锐印刷有限责任公司
开　　本 787 毫米×1092 毫米 1/16
字　　数 384 千字
印　　张 15
版　　次 2018 年 4 月第 1 版 2018 年 4 月第 1 次印刷
书　　号 ISBN 978-7-5638-2778-7/U·6
定　　价 36.00 元

前 言

集装箱运输是现代运输中发展最快、贡献较大的现代化运输方式。30 多年来，我国国际集装箱运输一直保持高速增长的态势。至 2017 年年底，在世界集装箱港口吞吐量前 10 名的世界港口中，中国的港口占了 7 个。我国集装箱港口吞吐量前 10 名中，梯次分布明显，发展量级总体呈现“1333”梯队特征。其中，4 000 万标箱以上的港口 1 个（上海港）；2 000 万 ~3 000 万标箱的港口共有 3 个（深圳港、宁波—舟山港、广州港）；1 000 万 ~2 000 万标箱的港口共有 3 个（青岛港、天津港、厦门港）；500 万 ~1 000万标箱以上的港口共有 3 个（大连港、营口港、苏州港）。我国国际集装箱运输事业发展的成就令世界瞩目，反映出我国社会经济和外贸发展的强劲势头，印证着我国向全球贸易大国不断迈进。

这种高效益、高效率、高投资、高协作的运输方式自 2008 年金融危机以来深受冲击，集装箱海运运价一直处于波动中。例如，在我国乃至世界其他国家出现了集装箱运输“零运价”“负运价”等恶性竞争的行为，严重损害了航运企业的利益和世界海运业的发展。但是，国际集装箱班轮运输经营联盟化、全球化，已成为 21 世纪全球集装箱航运的发展方向；国际集装箱船舶和港口趋于大型化，国际集装箱运输系统向个性化发展，国际集装箱运输向现代物流发展已成为不可逆转的发展潮流。

有鉴于此，本书从海运角度出发，以开展集装箱运输最基本的单元——集装箱设备为起点，介绍国际集装箱运输的一般理论，阐述集装箱运输中货物、船舶、航线、港口等相关业务，论述集装箱运输中航线配箱、市场营销和信息系统建设等分析方法，从而为从事集装箱运输的决策者提供科学的决策依据。作者在编写过程中参考了有关院校的教材及相关专家的著作，引用了我国政府与国际组织颁布的有关规章与文献等。因此，本书在继承和总结了前人关于国际集装箱运输的理论与经验的基础上，提出了相应的研究成果。编者希望将本书作为引玉之砖，以促进我国集装箱运输体系的不断完善，推动我国航运业健康稳定地发展。

本书兼具理论性、实践性和可操作性的特点，既可作为高等院校的交通运输、航运管理、物流管理、国际贸易、经济学类专业学生的学习教材，也可作为相关专业机构的培训教材，还可作为企业相关人员提高业务水平的参考书籍，供感兴趣的广大读者选用。

本书由闵德权、胡鸿韬编著，郑苑茹、鄢红叶、周杰等参与资料的收集和部分章节的撰写、校对工作；在书稿的撰写、组稿过程中得到大连海事大学靳志宏、王杰、杨永志、王清斌等相关学者和专家的宝贵意见与建议，受益匪浅，在此一并表示衷心感谢。方便起见书中较多单位采用实务中的常用单位。

限于时间和水平有限，本书难免存在不足之处，恳请读者批评指正。

目　录

第一章　集装箱及集装箱运输

第一节　概述

一、国际集装箱运输市场概述

（一）国际集装箱运输总体情况

全球集装箱运输市场的需求回升存在诸多的不确定因素，一方面，中国出口将受益于美欧发达经济体的继续复苏；中国温和刺激政策的大量出台，促进公路、铁路和机场的投资，也将带动国内投资消费的增长。另一方面，作为工业制成品进口主力军的发达经济体，它们越来越多地实行贸易保护主义，力求保护本国的制造业和提高就业率；同时，新兴经济体仍将面临经济结构转型调整、经济发展方式不断转变的诸多挑战。

1. 全球经济增长态势较好，货币政策顺势出台。2017 年，在国际形势向好的背景下，国际经济处于调整回暖、筑底企稳阶段，市场需求动力增强。世界银行预计，2017 年全球经济增长率将为 2.7%，新兴经济体的经济增速将加快至 4.1%，经济复苏将对全球贸易将产生重要的积极影响。面对下行风险较高的国际环境，美国、欧洲、日本、中国等各大经济体顺势采取刺激政策。美联储在 2017 年年内二次加息，随着货币政策立场的逐步调整，经济活动将适度扩张。鉴于核心通胀率回升乏力，欧元区仍延续相当程度的宽松货币政策，维持关键利率不变。日本继续实施扩张性财政政策，并且推迟了消费税的上调，2017 年的经济增长预计提高至 1.2%。

2. 拆船市场表现活跃，闲置运力创新低。2017 年上半年，拆船市场表现活跃。受巴拿马运河拓宽影响，原巴拿马型集装箱船因需求减少而加快拆解速度，船舶拆解量迅速上升。据克拉克森（Clarksons）数据显示，截至 4 月底，全球共拆解 75 艘、共计 23.9 万 TEU 的集装箱船，同比大幅增长 56.5%。同时，拆船市场的活跃也带动了拆船价格的上涨，拆船价格较 1 月初上涨约 18%。由于拆船市场的活跃及船公司大力将过剩运力吸收回市场，5 月初，闲置的集装箱船队规模降至 2015 年 9 月以来的最低点，仅 196 艘，共计 60.2 万 TEU。

3. 集装箱运力增长放缓，供需关系略有改善。2017 年上半年，集装箱运输市场运力增速仍维持低位。截至 2017 年 5 月底，世界集装箱船总运力 2 014 万 TEU，较年初增长 0.8%，运力仅小幅增长，增速低于市场预计。2017 年的前 5 个月，集装箱船新签订单 2 万 TEU，仅占年初运力的 0.1%。集装箱船手持订单占运力比例为 14.2%，较 1 月初下降了 2.1 个百分点。从市场需求方面看，随着欧美补库存需求增强、中国出口复苏，集装箱海运需求正逐步回暖，海运需求增速将持续小幅高于运力增速。同时，市场供需关系的改善同样得益于集装箱班轮公司压缩相关航线上的运力投放。考虑到同期的货量增长情况，集装箱班轮公司将进一步主动压缩自身运力。

4. 集装箱综合运价整体向好，亚欧航线表现尤为突出。2017 年上半年集装箱综合运价整体向好，据上海航交所研究数据显示，2017 年上半年中国出口集装箱平均综合运价指数为 825.15 点，同比上升 19.4%。其中运价的提升主要体现在东西向航线上，尤其是亚洲至欧洲航线,上海出口集装箱平均综合运价指数同比大幅上升 85.2% 左右,地中海航线同比上升 49.1%。

5. 大型集装箱船迎来交付高峰,船舶规模经济有待重新考量。前期因航运公司收入减少而“积压”的集装箱船订单,将会在 2017 年—2018 年集中释放,2017 年将迎来集装箱船交付高峰。根据克拉克森数据可知,全球 2017 年预计交付 240 艘,合计 168.3 万 TEU;其中 8 000TEU以上集装箱船交付 95 艘,合计 134.8 万 TEU,总运力占交付总量的 80.06%。同时,在当前难以满足超大型集装箱船装载率的情况下,随着港口吞吐量的增加,船公司对港口码头的绩效进行持续性“补贴”。

6. 集装箱运输业整体业绩有所改善,多家班轮公司成功扭亏。从部分集装箱航运公司公布的 2017 年第一季度财务报表看,2017 上半年大部分班轮公司盈利有所改善,多家班轮公司扭亏为盈,这主要得益于集运市场需求回暖、运价上涨。但 2017 年上半年船舶燃料油价格涨幅明显,同比大幅上升 81.4%。面对不断上涨的燃油价格,下半年班轮公司营运压力依然较大。为了保持较好的业绩,班轮公司将进一步提升竞争力。一是优化航线布局,改善舱位利用率,不断降低经营成本;二是创新商业模式,加强延伸服务,提升客户体验;三是提升公司管理能力,打造可持续发展力。

7. 港航联动趋势加强,携手共度行业低谷。在全球经济复苏乏力、增长低速的大背景下,集装箱航运市场进入新一轮调整发展时期。由于集装箱航运企业投资经营码头在产业链上属于纵向一体化及上下游关系,企业投资码头资产可以与港口建立密切的合作关系,有利于完善整个物流产业链,平抑周期性波动的风险。以中国远洋海运集团为例,它以自身的航运业务为依托,一方面利用有利时机大力完善全球码头布局,另一方面参股上海港集团,以资本为纽带,通过资源、经验共享,形成更加安全、便捷、高效的物流路径,以适应集装箱运输市场船舶大型化、班轮公司联盟化发展的大趋势。

(二)航线情况

1. 远东—北美航线。远东—北美航线包含远东—北美西海岸航线和远东—北美东海岸航线。

远东—北美西海岸航线主要由远东—加利福尼亚航线和远东—西雅图、温哥华航线组成。远东—北美西海岸航线涉及的港口主要包括远东的高雄、釜山、上海、香港、东京、神户、横滨等与北美西海岸的长滩、洛杉矶、西雅图、塔科马、奥克兰和温哥华等。涉及的国家和地区包括亚洲的中国、韩国、日本以及北美的美国和加拿大西部地区。目前,仅上海港在这条航线上往来于美国西海岸的班轮航线就有四十几条。

远东—北美东海岸航线主要由远东—纽约航线组成,远东—北美东海岸航线涉及的港口主要包括纽约—新泽西港、查尔斯顿港和新奥尔良港等。在这条航线上,有的公司开展的是“钟摆式”航运,即不断往返于远东与北美东海岸之间;有的则是经营环球航线,航次时间为 80 天左右。

就非签约货主、普通一般货物运输而言,他们对该航线承运人综合评价如下。

(1)美航线。

航程最快:CMA、MOSK、MAERSK、HMM、HANJIN、YML。

运价最便宜:MSC、NCL、NORAISA。

性价比最高:PIL、EMC、COSCO、HPL、APL、ZIM。

(2)加拿大航线。

航程最快：HMM、YML、HANJIN。

运价最便宜：MSC、NCL。

性价比最高：EMC、HPL、APL、ZIM。

远东—北美航线的部分航段整箱货报价见表1－1。

表1－1　远东—北美航线的部分航段整箱货报价（截至2016年5月12日）

单位：美元

航线	20GP	40GP	40HQ
上海—东京	－230（负运费）	－460（负运费）	－460（负运费）
上海—洛杉矶	1 050	1 300	1 300
上海—温哥华	1 000	1 300	1 300
上海—纽约	1 735	2 185	2 185

2. 亚洲—中南美航线。亚洲—中南美航线，主要包括加勒比航线、南美东航线、南美西航线和墨西哥航线。

加勒比航线位于中美洲，涉及的国家和岛屿包括古巴、多米尼加、海地、牙买加、巴巴多斯、安提瓜和巴布达、阿鲁巴、巴哈马、英属维尔京群岛、开曼群岛、格林纳达、瓜德罗普、马提尼克、蒙特塞拉特、荷属安的列斯群岛、圣基茨和尼维斯、圣卢西亚、波多黎各、圣文森特和格林纳丁斯、特立尼达和多巴哥、特克斯和凯科斯群岛以及美属维尔京群岛等国家。加勒比航线涉及的港口主要包括WILLEMSTAD（威廉斯塔德）、BELIZE CITY（伯利兹城）、PUERTO LIMON（利蒙港）、HAVANA（哈瓦那）、PORT AU PRINCE（太子港）、KINGSTON JM（金斯敦）、PANAMA CITY（巴拿马城）。

南美东航线主要指南美东岸国家的港口航线。南美东航线涉及的港口主要包括BUENOS AIRES（布宜诺斯艾利斯）、MONTEVIDEO（蒙得维的亚）、SANTOS（桑托斯）、PARANAGUA（巴拉那瓜）、RIO GRANDE（里奥格兰德）、RIO DE JANEIRO（里约热内卢）、ITAJAI（伊塔雅伊）、ASUNCION（亚松森）、PECEM（培森）。

南美西航线主要指南美西岸国家的港口航线。南美西航线涉及的港口主要包括BUENAVENTURA（布埃纳文图拉）、CALLAO（卡亚俄）、GUAYAQUIL（瓜亚基尔）、IQUIQUE（伊基克）、VAL PARAISO（瓦尔帕莱索）、SAN ANTONIO（圣安东尼奥）。

墨西哥航线主要指墨西哥的港口航线，墨西哥首都墨西哥城是拉美第三大国，墨西哥位于北美洲南部，拉丁美洲西北部，是南美洲、北美洲陆路交通的必经之地，素称“陆上桥梁”。该国北邻美国，南接危地马拉和伯利兹，东临墨西哥湾和加勒比海，西临太平洋和加利福尼亚湾。海岸线长11 122km，其中太平洋海岸线长7 828km，墨西哥湾、加勒比海岸线长3 294km。墨西哥航线涉及的港口主要包括MANZANILLO（曼萨尼略）、MEXICO CITY（墨西哥城）、VERACRUZ（韦拉克鲁斯）GUADALAJARA（瓜达拉哈拉）。

就非签约货主、普通一般货物运输而言，他们对该航线承运人综合评价如下。

（1）加勒比航线。

航程最快：MOSK、MAERSK、NYK。

运价最便宜：EMC、CSCL、CSAV。

性价比最高：ZIM、COSCO。

(2)南美东航线。

航程最快：HAMBURG－SUD、MAERSK、NYK。

运价最便宜：EMC。

性价比最高：CSAV、CSCL、PIL、MARUBA。

(3)南美西航线。

航程最快：HAMBURG－SUD、MAERSK、NYK。

运价最便宜：EMC、HPL。

性价比最高：CSAV、CSCL、APL、MSC。

(4)墨西哥航线。

航程最快：MAERSK、HAMBURG－SUD。

运价最便宜：CSCL、MSC。

性价比最高：CSAV。

亚洲—中南美航线的部分航段整箱货报价见表1－2。

表1－2　亚洲—中南美航线的部分航段整箱货报价(截至2016年5月12日)

单位:美元

航线	20GP	40GP	40HQ
上海—巴拿马	1 800	1 810	1 810
上海—布宜诺斯艾利斯	1 050	2 000	2 000
上海—卡亚俄	1 575	2 200	2 200
上海—墨西哥城	2 675	3 970	3 970

3. 亚洲—澳新航线。亚洲—澳新航线主要包括澳大利亚航线和新西兰航线。

目前,澳大利亚主要向中国出口铁矿石、石油和其他初级原材料,而中国则向澳大利亚出口制成品和高附加值产品。中国至澳大利亚东南海岸分两条航线。一条为中国北方沿海港口到澳大利亚东海岸和新西兰港口的航线,需经琉球久米岛、加罗林群岛的雅浦岛进入所罗门海、珊瑚海;中澳之间的集装箱船需在中国香港加载或转船后经南海、苏拉威西海、班达海、阿拉弗拉海,后经托雷斯海峡进入珊瑚海。另一条航线则为中、日至澳大利亚西海岸航线,需从菲律宾的民都洛海峡穿过,再经过望加锡海峡以及龙目海峡进入印度洋,最终抵达澳大利亚西海岸。

新西兰航线是指新西兰的港口航线,新西兰属于大洋洲,位于太平洋南部、澳大利亚东南方向,是位于太平洋西南部的一个岛国,面积约27.0万km^2。其首都为惠灵顿,最大的城市是奥克兰。

就非签约货主、普通一般货物运输而言,他们对该航线承运人综合评价如下:

(1)澳新航线。

航程最快：COSCO、MAERSK、PIL、MSC。

运价最便宜：OOCL、SYMS、MISC。

性价比最高：CSCL、HAMBURG－SUD。

(2)新西兰航线。

航程最快：COSCO、MAERSK、PIL、MSC。

运价最便宜：OOCL、SYMS、MISC。

性价比最高：CSCL、HAMBURG－SUD。

亚洲—澳新航线的部分航段整箱货报价见表1－3。

表1－3　亚洲—澳新航线的部分航段整箱货报价（2016年5月12日）

单位：美元

航线	20GP	40GP	40HQ
上海—悉尼	750	1 500	1 500

4．亚洲—欧洲航线。亚洲—欧洲航线是全球最为繁忙的国际航线之一，欧洲在地理上习惯分为5个地区，包括日德兰半岛、斯堪的纳维亚半岛一带的北欧地区；波罗的海以南，阿尔卑斯山脉以北的中欧地区；西部濒临大西洋的地区和附近岛屿组成的西欧地区；欧洲东部的东欧地区；南欧地区，即阿尔卑斯山脉以南的巴尔干半岛、亚平宁半岛、伊比利亚半岛和附近岛屿。

在国际航运当中欧洲航线又可分为欧基航线和北欧波罗的海航线，涉及的国家包括法国、英国、荷兰、德国、瑞典、芬兰、比利时、丹麦、挪威、爱尔兰及部分内陆国家。涉及的港口主要包括ANTWERP（安特卫普）、BREMEN（不来梅）、FELIXSTOWE（费利克斯托）、HAMBURG（汉堡）、LE HAVRE（勒阿弗尔）、ROTTERDAM（鹿特丹）、SOUTHAMPTON（南安普顿）等。北欧波罗的海航线涉及的港口主要包括AARHUS（奥尔胡斯）、COPENHAGEN（哥本哈根）、GOTEBORG（歌德堡）、KOTKA（科特卡）、OSLO（奥斯陆）等。另外，FELIXSTOWE（费利克斯托）是英国最大中转港，HAMBURG（汉堡）和ROTTERDAM（鹿特丹）是欧洲最大的中转港。很多欧洲内陆点的货物都是通过这两个港口中转的。特别是HAMBURG（汉堡），北欧和俄罗斯及波兰等地的货物绝大多数也是从这里中转。

就非签约货主、普通一般货物运输而言，他们对该航线承运人综合评价如下。

航程最快：APL、HANJIN、CMA、HMM、MSK、YML。

服务最好：APL、HANJIN、CMA、HMM、MSK、MOSK。

运价最便宜：MSC、CSCL、PIL、ZIM、WANHAI、MISC。

性价比最高：ANL、COSCO、EMC、K－LINE。

内陆点服务最完善：CMA、MAERSK。

亚洲—欧洲航线的部分航段整箱货报价见表1－4。

表1－4　亚洲—欧洲航线的部分航段整箱货报价（截至2016年5月12日）

单位：美元

航线	20GP	40GP	40HQ
上海—安特卫普	650	1 200	1 250
上海—不来梅	850	1 650	1 700
上海—汉堡	650	1 200	1 250
上海—鹿特丹	875	1 650	1 700
上海—哥本哈根	700	1 300	1 350

5. 亚洲—地中海航线。地中海在交通和战略上均占有重要地位。它西经直布罗陀海峡通大西洋，东北经土耳其海峡接黑海，东南经苏伊士运河出红海达印度洋。它是欧亚非三洲之间的重要航道，也是沟通大西洋、印度洋间的重要通道。从西欧到印度洋，通过直布罗陀海峡—地中海—苏伊士运河—红海这条捷径，要比绕非洲南部好望角节省路程1万km以上，这使地中海一跃成为世界上运输最繁忙的海路。目前，每天大约有2 000多艘各种船只在地中海航行。西欧输入的石油约有85%是通过地中海运送的。

地中海作为陆间海，海况比较平静，加之沿岸海岸线曲折、岛屿众多，拥有许多天然良好的港口，它成为沟通三个大陆的交通要道，由于该航线涉及欧亚非三个地区的港口，所以各船公司通常将其单独列为一条航线：地中海航线。而按照大多数船公司的航线分类习惯，地中海航线在航运上一般被划分为地中海西部和地中海东部，也简称为地西线和地东线。

由于地中海与黑海紧密相连，国际航运传统上也将黑海航线与地中海航线划归一类。黑海是欧洲东南部和亚洲小亚细亚半岛之间的内海，因水色深暗、多风暴而得名。黑海向西通过博斯普鲁斯海峡、马尔马拉海、达达尼尔海峡与地中海相通，向北经刻赤海峡与亚速海相连。黑海形似椭圆形，东西最长1 150km，南北最宽611km，中部最窄263km，面积42.2万km^2，海岸线长约3 400km，平均水深1 315m，最大水深2 210m。黑海处于欧洲东南端为内陆海，北岸为乌克兰，东北岸为俄罗斯，格鲁吉亚在其东岸，土耳其在南岸，保加利亚、罗马尼亚和摩尔多瓦在其西岸。黑海是联系乌克兰、保加利亚、罗马尼亚、俄罗斯西南部与世界市场的航运要道。

上述航线涉及的国家包括西班牙、法国、意大利、希腊、塞尔维亚、黑山、保加利亚、乌克兰、罗马尼亚、斯洛文尼亚、克罗地亚、土耳其、叙利亚、黎巴嫩、以色列和埃及等国家。

就非签约货主、普通一般货物运输而言，他们对该航线承运人综合评价如下。

航程最快：HANJIN、EMC、CMA、HMM、MSK、YML。

服务最好：MAERSK、OOCL、HANJIN、CMA、COSCO、HMM、MSK。

运价最便宜：MSC、CSCL、ZIM、MISC。

性价比最高：EMC、YML。

亚洲—地中海航线的部分航段整箱货报价见表1-5。

表1-5　亚洲—地中海航线的部分航段整箱货报价(截至2016年5月12日)

单位：美元

航线	20GP	40GP	40HQ
上海—巴塞罗那	900	1 800	1 850
上海—那不勒斯	850	1 600	1 600
上海—伊斯坦布尔	775	1 495	1 545

二、国际集装箱班轮公司

(一)总体情况

截至2017年12月，全球班轮公司运力排名前三的分别为马士基航运有限公司(简称“马士基”)、地中海航运和达飞轮船。第4名到第10名分别为中远海运集装箱运输有限公司（简称“中远海运集运”）、赫伯罗特有限公司（简称“赫伯罗特”）、长荣海运股份有限公司（简称“长荣海运”）、东方海外货柜航运有限公司（简称“东方海外”）、阳明海运股份有限公司（阳明海运）、日本商船三井株式会社（商船三井）、汉堡南美航运公司（简称“汉堡南美”）。

中国大陆的班轮公司在全球排名中，中远海运集运排名第 4 位，海丰国际排名第 23 位，泉州安盛船务排名第 28 位，中谷海运排名第 31 位，中外运集运排名第 39 位，宁波远洋排名第 48 位，上海海华轮船排名第 63 位，广西鸿祥船务排名第 68 位，大连信风海运排名第 76 位，太仓港集装箱海运有限公司排名第 85 位，天津海运排名第 88 位，天津达通航运排名第 89 位，共同海运国际有限公司排名第 91 位。

全球前 10 位集装箱班轮公司运力情况见表 1－6。

表 1－6　全球前 10 位集装箱班轮公司运力情况（截至 2016 年 4 月 20 日）

排名	公司	市场份额	全部运力		自有运力		租赁运力	
			TEU	船数	TEU	船数	TEU	船数
1	马士基	14.7%	3 029 539	600	1 780 581	267	1 248 958	333
2	地中海航运	13.0%	2 676 019	484	1 052 351	190	1 623 668	294
3	达飞轮船	8.7%	1 795 193	448	595 492	87	1 199 701	361
4	中远海运集运	7.4%	1 531 888	286	961 161	147	570 727	139
5	长荣海运	4.5%	932 184	187	548 041	105	384 143	82
6	赫伯罗特	4.5%	924 114	170	506 011	70	418 103	100
7	汉堡南美	3.2%	650 525	130	292 311	44	358 214	86
8	韩进海运	3.0%	613 393	100	274 078	37	339 315	63
9	东方海外	2.9%	586 987	106	384 323	52	202 664	54
10	阿拉伯轮船	2.7%	546 932	57	415 417	38	131 515	19

（二）班轮公司情况

1. 马士基（MAERSK）。马士基成立于 1904 年，总部设在丹麦哥本哈根，在全球 100 多个国家设有数百间办事机构，雇员逾 8 万多名，服务遍及世界各地。除航运业外，集团多元化的业务范围广及物流、石油及天然气的勘探和生产、造船业、航空业、工业生产、超级市场零售业和 IT 业等。20 世纪 80 年代末马士基进入中国，目前在华已有十多个办事机构。

马士基的集装箱运输及相关业务包括①马士基航运公司（Maersk Line），世界上最大的集装箱航运公司，由 Maersk Sealand 合并 P&O Nedlloyd 后改组而成，是全球最大的集装箱承运人，目前市场份额占世界集装箱航运市场的 15%，拥有 600 多艘集装箱船以及 300 万个集装箱。②马士基物流公司（Maersk Logistics），世界一流的物流公司，可以为客户提供高效的供应链。马士基物流公司还可以为顾客提供各种一站式的服务，包括出口物流、仓储、分拨、空运、海运代理、报关代理和拖车服务。马士基物流公司能够根据顾客的具体需求，量身定制各种服务，如标签、条形码、取货包装、货物特殊处理、挂衣仓储、客户管理及其他高附加值服务。③马士基集装箱码头公司（APM Terminal），其业务范围为集装箱码头建设和运营。

④马士基集装箱工业公司(Maersk Container Industry),生产冷藏集装箱及其他各种集装箱。⑤南非海运(Safmarine),其主要经营南北航线及非洲航线。

2016 年第一季度,马士基航运盈利 3 700 万美元(上年同期 7. 14 亿美元),投资资本回报率为 0. 7%(上年同期为 14. 3%)。公司营收 50 亿美元,比 2015 年第一季度减少 20%,平均运价降低 26% 至每 40ft 集装箱(FFE)1 857 美元(上年同期为 2 493 美元/FFE),货量增长 7% 至 236. 1 万 FFE(上年同期为 220. 7FFE),仅仅部分抵消了运价下滑带来的影响。

2016 年马士基全年预期利润有相当大的不确定性因素,要受到全球经济发展、集装箱运价、油价等因素的影响详见表 1 – 7。

表 1 – 7　马士基 2016 年业绩影响因素

影响因素	浮动率	对集团实际利润的影响
石油价格对马士基石油的影响	+/ – 10 美元/桶	+3 亿美元/ – 5 亿美元
燃油价格	+/ – 100 美元/t	+/ – 2 亿美元
集装箱运费	+/ – 10 美元/FFE	+/ – 8 亿美元
集装箱货量	+/ – 10 万/FFE	+/ – 1 亿美元

2. 地中海航运(MSC)。地中海航运公司(Mediterranean Shipping Company S. A .,MSC)成立于 1970 年,总部位于瑞士日内瓦。在世界十大集装箱航运公司中排名第 2,业务网络遍布世界各地。20 世纪 70 年代,地中海航运专注发展非洲及地中海之间的航运服务。1985 年,地中海航运拓展业务到欧洲,及后更开办泛太平洋航线。虽然,地中海航运在 20 世纪 90 年代才踏足远东,但如今已经占有重要的地位。1999 年,地中海航运的泛太平洋航线正式起航,并迅速受到寄货人的欢迎。2007 年,按照集装箱运力和集装箱船数量成为世界第 2 大航运公司,业务网络遍布世界各地。

地中海航运现与马士基共同组成 2M 联盟,已签订长达 10 年的船舶共享协议(2014 年—2023 年)。该条协议允许两家公司在亚欧航线上共享船舶资源。

3. 达飞轮船(CMA)。总部设在法国马赛的达飞海运集团始建于 1978 年,经营初期主要承接黑海地区业务,进入 20 世纪 90 年代后期,达飞海运集团不仅开通了地中海至北欧、红海、东南亚、东亚的直达航线,还分别于 1996 年、1999 年成功收购了法国最大的国营船公司——法国国家航运公司(CGM)和澳大利亚国家航运公司(ANL),正式更名为“CMA CGM”。2005 年,达飞海运集团又成功并购了达茂轮船、安达西非航运、森特马,成为法国第一、世界排名第三的集装箱全球承运人。2015 年,全球第三大航运公司达飞轮船通过收购东方海皇集团,并购了全球排名第 12 名的美国总统轮船,从而稳固了自己排名,避免第四名的赶超。

据航运咨询机构 Alphaliner 截至 2016 年 4 月 20 日数据,达飞轮船目前拥有控制运力 1 795 193TEU,488 艘船;订单 222 424TEU,20 艘船;占全球市场份额 8. 7%,排名世界第三。达飞轮船 2015 年息税前利润 9. 11 亿美元,货运量 1 300 万 TEU。

4. 中远海运集运(COSCO)。中国远洋运输(集团)总公司的前身,成立于 1961 年 4 月 27 日。1993 年 2 月 16 日组建以中国远洋运输(集团)总公司为核心企业的中国远洋运输集团。作为以航运、物流为核心主业的全球性企业集团,中远海运集运在全球拥有近千家成员单位、8万余名员工。在中国本土，中远海运集运分布在广州、上海、天津、青岛、大连、厦门、香港等地的全资船公司经营管理着集装箱、散装、特种运输和油轮等各类型远洋运输船队；在海外，以日本、韩国、新加坡、北美、欧洲、澳大利亚、南非和西亚八大区域为辐射点，以船舶航线为纽带，形成遍及世界各主要地区的跨国经营网络。标有“COSCO”醒目标志的船舶和集装箱在世界160多个国家和地区的1 300多个港口往来穿梭。

中国海运（集团）总公司（简称“中国海运”）成立于1997年7月1日，总部设在上海市。中国海运是中央直接领导和管理的重要国有骨干企业之一，是以航运为主业的跨国经营、跨行业、跨地区、跨所有制的特大型综合性企业集团。中国海运主营业务设有集装箱、油运、货运、客运、汽车船运输、特种运输等专业化船队，相关业务有码头经营、综合物流、船舶代理、环球空运、船舶修造、船员管理、集箱制造、供应贸易、金融投资、信息技术等产业体系。中国海运在全球90个国家和地区设有5个控股公司；境外产业下属90多家公司、代理、代表处，营销网点总计超过300多个。

2015年12月，经报国务院批准，中国远洋运输（集团）与中国海运总公司（集团）启动重组，重组后新集团名称为“海运集团有限公司”，总部设在上海。2016年3月1日，中远集运和中海集运正式合并为中远海运集运。中国远洋目前采取的是“租入”中海集运船舶资产的形式。中国远洋租入并经营中海集运全部集装箱船舶和集装箱，并以11.4亿元收购中海集运33家网络资产，成为全球第四大班轮公司。据航运咨询机构Alphaliner截至2016年4月20日数据，中远海运集运目前拥有控制运力1 531 888TEU，286艘船；订单560 888TEU，35艘船；占全球市场份额7.4%，排名世界第四。

5. 长荣海运（Evergreen）。长荣海运1968年在中国台湾成立，是中国台湾十大财团之一，资产总额超过1 000亿元。长荣海运服务网络遍布全球近百个国家，所经营的远、近洋全货柜定期航线涵盖全球五大区块：①亚洲—北美/加勒比海地区；②亚洲—欧洲/地中海；③欧洲—美国东海岸大西洋；④亚洲区域/亚洲—中东；⑤红海/亚洲—印度次大陆地区。除了主要航线外，亦开辟了区域性接驳船的服务网，如加勒比海及印度次大陆等地区，缩短了运送时间。为满足全球日益成长的生鲜货品运输往来之需求，长荣海运采用了全新的电脑控制冷冻、冷藏货柜，深受好评。近年来，长荣海运通过舱位出租、舱位互换或航线联营等方式，积极与同业间进行策略合作。此外，为了扩大码头使用效能，长荣海运自行投资兴建货柜，以提高船舶在码头的作业效率及降低营运成本。据航运咨询机构Alphaliner截至2016年4月20日数据，长荣海运目前拥有控制运力932 184TEU，187艘船；订单395 770TEU，41艘船；占全球市场份额4.5%，排名世界第五。

6. 赫伯罗特（Hapag-Lloyd）。赫伯罗特是德国运输公司组成的一个货柜航运公司。它成立于1970年，由成立于1847年的哈帕格和成立于1856年的北德意志劳埃德（DNL）两个19世纪的公司合并而成。赫伯罗特公司于1998年被旅途公司（汉诺威）收购，于2002年成为其全资子公司。赫伯罗特致力于全球化的集装箱服务，业务遍布于南部欧洲、北部欧洲、北美洲、拉丁美洲和亚洲之间。2015年，赫伯罗特与南美轮船完成合并，并于10月启动首次公开募股（IPO）。

据航运咨询机构Alphaliner 2016年4月20日的最新数据，该公司总控制运力为924 114TEU，170艘船；占全球市场份额4.5%，世界排名第6。赫伯罗特2016年3月25日发布了其2015年经营业绩，赫伯罗特在2015净利润为1.14亿欧元，扭转了前一年度亏损6.04亿欧元的局势。2015年，赫伯罗特总收入为88.42亿欧元，货运总量740.1万TEU，平均运费 1 225 美元/TEU,税前利润 3. 664 亿欧元。

7. 汉堡南美(HABSUD)。汉堡南美(HABSUD)成立于 1871 年,属于德国欧特克(Oetker)集团,是德国历史最悠久、规模最大的私有海运企业,是世界二十大班轮公司之一。汉堡南美船务集团旗下众多的服务企业共同为客户提供一体化综合物流服务。集装箱运输业的两家主打企业是:在德国的汉堡南美船务公司和拥有巴西船队的巴西 Aliança 船务公司。除此之外, Rudolf A. Oetker(RAO)公司和 Aliança Bulk(Aliabulk)公司负责全球散货和成品油运输。2014 年 7 月,汉堡南美并购智利航运,排名跃升至全球第八位。

8. 韩进海运(HAN JIN)。1988 年,韩进集装箱班轮有限公司与同样在韩国久负盛名的大韩商船合并后,正式更名为韩进海运有限公司。韩进海运通过不断引进新型的集装箱船和散货船以及在主要服务领域发展物流业务逐步使自己的业务内容多元化。韩进海运作为韩国最大,世界十大船公司之一,运营着全球 60 多条定期和不定期航线,每年向世界各地运输上亿吨货物。韩进海运与子公司物流 IT 公司 CyberLogitec, 专业船舶管理公司 HSM 和修船厂 ZESCO 保持着有机的合作关系,相辅相成。公司共设有 4 个地区总部,全球 200 多家分支机构和 30 多家公司共同形成了全面的全球营业网。韩进海运的世界级物流运输网络包括 13 座专业码头分别位于长滩、安特卫普、高雄、釜山等,还有位于上海、青岛、巴生港等的 6 个内陆物流基地。

9. 东方海外(OOCL)。东方海外由香港四大船王之一的董浩云于 1947 年设立于香港。东方海外是一家集装箱航运与物流服务公司,为世界具规模之综合国际货柜运输、物流及码头公司之一,为客户提供全面的物流及运输服务,航线联系亚洲 、欧洲、北美、地中海、印度次大陆、中东及澳洲、新西兰等地。东方海外拥有装载量由 2 500 ~ 8 063个标准箱,不同级别的船舶,还有适用于严寒地区的冰区加强型船舶。

据航运咨询机构 Alphaliner 截至 2016 年 4 月 20 日数据,东方海外目前拥有控制运力 586 987TEU,106 艘船;订单 126 600TEU,6 艘船;占全球市场份额 2. 9%,排名世界第九。东方海外 2015 年总货运量同比增长 2%,总收入同比减少 15. 6%,为 11. 806 亿美元,净利润 2. 83 亿美元,超过 2014 年的 2. 71 亿美元。

10. 阿拉伯轮船(UASC)。阿拉伯轮船是 1979 年 7 月由波斯湾六国(巴林、伊拉克、科威特、卡塔尔、沙特阿拉伯、阿联酋)组建而成, 是中东地区最大的集装箱班轮公司。阿拉伯轮船从 2008 年开始跻身世界二十大集装箱船公司行列。目前,阿拉伯轮船以连接远东与印度次大陆、中东湾、红海、东西地中海、北欧、北美东岸的 8 条周班航线为中心开展集装箱运输业务。公司以海运业为主,此外还进入了航运代理、陆上运输、海空货物联运、石化制品、租船、集装箱修理、仓储 7 个领域。UASC 是世界上到中东地区最大的海运承运人。作为一项国家支持的路线, UASC 坚定服务于阿拉伯海湾。阿拉伯轮船有固定班轮来运输货物,范围覆盖中东地区大部分港口。特别在海湾战争中,公司仍旧保持不间断的和经常性的航运服务。

据航运咨询机构 Alphaliner 截至 2016 年 4 月 20 日的最新数据,阿拉伯轮船总控制运力为 546 932TEU,57 艘船;占全球市场份额 2. 7%,世界排名第 10。

三、国际集装箱航运联盟

为了应对航运市场低迷状况,船东们必须达到一定规模才能在低营业收入的背景下,通过高效的操作来获取利润,未能及时实现高效运营的承运人所面临的前景无外乎是被并购、被边缘化或者走向破产。但是,为取得经营规模而组成航运联盟的方式往往又会令承运人背负长期债务,仅仅能够延缓破产但不能彻底解决企业经营问题。因此,集装箱运输领域内的船东们应当采取必要措施以及仔细核查其资产负债表和继续出让核心资产,以减少债务负担。此外,船东应当开发在核心班轮业务中持续降低成本以增加利润的能力,并且发现机会,既包括内部自发减少支出,也包括外部的合作联盟。

由于集装箱市场集中度不算很高,为了应对主要的供需矛盾,全球主要的班轮公司组建起一些航运联盟,共同派船联合经营。船东们通过多种联营模式(如"船舶共享协议"),避免重复挂靠港口,减少运输时间,增加运输班次,扩大服务范围,与其他船东进行业务互补,共享资源,形成"经营者集中"。另一方面,由于竞争法所限,各航运公司不可以达成统一的运价协议,但在联盟之内几家航运公司的运价通常会达成一定的默契,从而保持整个市场运价的稳定。

目前全球集装箱航运业有四大联盟,分别是马士基和地中海航运组成的"2M 联盟",达飞轮船、阿拉伯轮船和中海集运组成的"O3 联盟",美国总统轮船、韩国现代商船、日本商船三井、德国赫伯罗特、日本邮船和中国东方海外组成的"G6 联盟",以及由中远集运、日本川崎汽船、阳明海运、韩进海运和长荣海运组成的"CKYHE 联盟"。除 2M 联盟外,其余联盟的合作期限均为 2016 年年底或 2017 年年初。2016 年年初,中远和中海的合并(中远海运集运),运力迅速上升到全球第四,新的航运联盟"海洋联盟"已经产生。此外 2016 年 5 月,"THE Alliance 联盟"成立,成员包括德国赫伯罗特、韩国韩进海运、日本川崎汽船、日本商船三井、日本邮船、中国台湾阳明海运。航运联盟是动态的,航运联盟即将重新洗牌。详见表 1-8。

表 1-8

2M	马士基、地中海航运
O3	达飞轮船、中海集运、阿拉伯轮船
CKYHE	中远集运、韩进海运、阳明海运、日本川崎汽船、长荣海运
G6	美国总统轮船、韩国现代商船、日本商船三井、德国赫伯罗特、日本邮船、中国东方海外

(一)2M 联盟

"2M 联盟"由马士基与地中海航运组成。2014 年 7 月 10 日,马士基与地中海航运签订长达 10 年的船舶共享协议(即"2M 联盟")。该条协议允许两家公司在亚欧航线上共享船舶资源。"2M 联盟"计划共投入 185 艘船在 21 条航线中,综合运力规模达到 210 万 TEU。2015 年 1 月,"2M 联盟"通过反垄断审查后开始运营。"2M 联盟"在东西航线上占有约 35%的市场份额。详见表 1-9。

表 1-9 "2M 联盟"各成员运力情况

马士基	欧洲北美线	远东北美线	远东欧洲线	中东印巴	非洲线	拉美线
	180 673.68	391 459.64	662 470.16	391 459.64	511 908.76	361 347.4
	澳新线	远东内线	欧洲内线	未分配运力	其他	合计
	120 449.1	150 561.4	120 449.1	90 336.84	30 112.28	3 011 228

续表

地中海航运	欧洲北美线	远东北美线	远东欧洲线	中东印巴	非洲线	拉美线
	132 786.45	159 343.74	770 161.41	265 572.9	345 244.77	478 031.2
	澳新线	远东内线	欧洲内线	未分配运力	其他	合计
	79 671.87	53 114.58	265 572.9	79 671.87	26 557.29	2 655 729

（二）O3 联盟

“O3 联盟”成员包括达飞轮船、中海集运和阿拉伯轮船。2014 年 9 月 9 日，达飞轮船、中海集运和阿拉伯轮船签订合作协议（即“O3 联盟”）。协议包括亚洲—欧洲、亚洲—地中海、跨太平洋、亚洲—北美东四大海运贸易区域。2015 年 1 月，“O3 联盟”正式运营，合作有效期截至 2016 年年底。“O3 联盟”在东西航线上约占 22% 的市场份额。详见表 1－10。

表 1－10 “O3 联盟”各成员运力情况

达飞轮船	欧洲北美线	远东北美线	远东欧洲线	中东印巴	非洲线	拉美线
	36 561.32	292 490.56	457 016.5	201 087.26	255 929.24	219 367.9
	澳新线	远东内线	欧洲内线	未分配运力	其他	合计
	127 964.6	73 122.64	109 684	0	54 841.98	1 828 066
中海集运	欧洲北美线	远东北美线	远东欧洲线	中东印巴	非洲线	拉美线
	0	153 844.24	209 787.6	97 900.88	13 985.84	27 971.68
	澳新线	远东内线	欧洲内线	未分配运力	其他	合计
	27 971.68	139 858.4	0	20 978.76	6 992.92	699 292
阿拉伯轮船	欧洲北美线	远东北美线	远东欧洲线	中东印巴	非洲线	拉美线
	5 491.24	60 403.64	302 018.2	148 263.48	5 491.24	10 982.48
	澳新线	远东内线	欧洲内线	未分配运力	其他	合计
	5 491.24	0	0	0	10 982.48	549 124

（三）G6 联盟

由“伟大联盟”和“新世界联盟”合并而来的“G6 联盟”包括美国总统轮船、韩国现代商船、日本商船三井、德国赫伯罗特、日本邮船和中国东方海外，于 2012 年 4 月起运营。该联盟包括 9 条航线的远东至欧洲及地中海地区的网络，挂靠超过 40 个港口。“G6 联盟”曾在达飞轮船在收购美国总统轮船后将联盟运作维持至 2016 年不变。“G6 联盟”在亚欧航线上约占 25% 的市场份额。详见表 1－11。

表 1－11 “G6 联盟”各成员运力情况

美国总统轮船	欧洲北美线	远东北美线	远东欧洲线	中东印巴	非洲线	拉美线
	0	116 980.6	122 297.9	132 932.5	0	31 903.8
	澳新线	远东内线	欧洲内线	未分配运力	其他	合计
	10 634.6	37 221.1	5 317.3	0	74 442.2	531 730

续表

韩国现代商船	欧洲北美线	远东北美线	远东欧洲线	中东印巴	非洲线	拉美线
	0	123 370. 08	135 309. 12	87 552. 96	0	23 878. 08
	澳新线	远东内线	欧洲内线	未分配运力	其他	合计
	3 976. 68	7 959. 36	0	0	15 918. 72	397 968
日本商船三井	欧洲北美线	远东北美线	远东欧洲线	中东印巴	非洲线	拉美线
	0	153 174. 84	125 822. 19	21 882. 12	49 234. 77	65 646. 36
	澳新线	远东内线	欧洲内线	未分配运力	其他	合计
	16 411. 59	49 234. 77	0	10 941. 06	54 705. 3	547 053
德国赫伯罗特	欧洲北美线	远东北美线	远东欧洲线	中东印巴	非洲线	拉美线
	186 574. 4	130 602. 08	130 602. 08	74 629. 76	18 657. 44	261 204. 2
	澳新线	远东内线	欧洲内线	未分配运力	其他	合计
	46 643. 6	9 328. 72	18 657. 44	18 657. 44	37 314. 88	932 872
日本邮船	欧洲北美线	远东北美线	远东欧洲线	中东印巴	非洲线	拉美线
	14 958. 57	194 461. 41	89 751. 42	49 861. 9	0	64 820. 47
	澳新线	远东内线	欧洲内线	未分配运力	其他	合计
	24 930. 95	34 903. 33	4 986. 19	0	74 442. 2	531 730
中国东方海外	欧洲北美线	远东北美线	远东欧洲线	中东印巴	非洲线	拉美线
	28 551. 05	199 857. 35	85 653. 15	91 363. 36	0	0
	澳新线	远东内线	欧洲内线	未分配运力	其他	合计
	62 812. 31	79 942. 94	5 710. 21	0	17 130. 63	571 021

(四)CKYHE 联盟

“CKYH 联盟”始建于 2002 年,由中远集运、日本川崎汽船、中国阳明海运、韩进海运和德国胜利航运 5 家大公司组成,后因德国胜利航运被韩进海运收购,“CKYH 联盟”的成员固定为 4 家船公司。

2014 年 2 月 20 日,中远集运、日本川崎汽船、阳明海运、韩进海运和长荣海运联合宣布,五方对组成新的海运联盟已达成共识,称“CKYHE 联盟”。该联盟合作有效期至 2017 年年初。详见表 1 – 12。

表 1 – 12 “CKYHE 联盟”各成员运力情况

中远集运	欧洲北美线	远东北美线	远东欧洲线	中东印巴	非洲线	拉美线
	8 433. 55	210 838. 75	253 006. 5	50 601. 3	16 867. 1	42 167. 75
	澳新线	远东内线	欧洲内线	未分配运力	其他	合计
	42 167. 75	168 671	8 433. 55	16 867. 1	25 300. 65	843 355

续表

日本川崎汽船	欧洲北美线	远东北美线	远东欧洲线	中东印巴	非洲线	拉美线
	3 757.63	184 123.87	105 213.64	15 030.52	15 030.52	22 545.78
	澳新线	远东内线	欧洲内线	未分配运力	其他	合计
	7 515.26	22 545.78	0	0	0	375 763
阳明海运	欧洲北美线	远东北美线	远东欧洲线	中东印巴	非洲线	拉美线
	5 144	144 032	164 608	87 448	0	10 288
	澳新线	远东内线	欧洲内线	未分配运力	其他	合计
	20 576	66 872	10 288	0	5 144	514 400
韩进海运	欧洲北美线	远东北美线	远东欧洲线	中东印巴	非洲线	拉美线
	0	213 935.4	195 598.08	116 136.36	6 112.44	18 337.32
	澳新线	远东内线	欧洲内线	未分配运力	其他	合计
	18 337.32	36 674.64	0	0	6 112.44	611 244
长荣海运	欧洲北美线	远东北美线	远东欧洲线	中东印巴	非洲线	拉美线
	9 296.26	269 591.64	260 295.28	111 555.12	27 888.78	84 666.34
	澳新线	远东内线	欧洲内线	未分配运力	其他	合计
	9 296.26	111 555.1	18 592.52	0	27 888.78	929 626

（五）海洋联盟

“海洋联盟”（OCEAN Alliance）成员包括中远集运、达飞轮船、长荣海运和东方海外，于2016年4月20日签署合作备忘录。根据备忘录，海洋联盟成员合作范围涉及亚洲—北欧航线、亚洲—地中海航线、远东—红海航线、远东—中东航线、亚洲—美国西海岸航线、亚洲—美国东海岸航线和跨大西洋航线共7条主航线，投入运力超过350艘集装箱。

在得到相关监管机构批准后，“海洋联盟”于2017年4月正式开始运营，合作期限至少5年。合作初期，“海洋联盟”将在超过40条航线上开展合作，其中在欧洲和美国区域分别有20条左右的航线。

新联盟在亚洲、欧洲和美国区域拥有最大规模的航线和丰富多样的挂靠港序，这将构建起全面且高密度的航线，从而满足各种供应链需求。该联盟将为客户提供一流的产品，其航线交货期、服务频率和覆盖面均处于业内领先地位。

（六）THE Alliance 联盟

“THE Alliance 联盟”成员包括德国赫伯罗特、韩国韩进海运、日本川崎汽船、日本商船三井、日本邮船、中国台湾阳明海运。

“THE Alliance 联盟”于2016年5月13日宣布成立，于2017年4月开始运营，合作持续5年。联盟将涵盖所有东西航线即亚欧/地中海，北亚至美国西海岸，北亚至美国东海岸，跨大西洋，远东至中东（波斯湾/红海）航线。该联盟将投入约350万TEU，超过620艘船运力，占全球市场份额约18%。目前，赫伯罗特与阿拉伯轮船整合计划正在协商中，若双方达成协议且获得相关机构核准，预计未来阿拉伯轮船公司的运力也将加入THE Alliance。

此外坚持"不结盟运动"的德国汉堡南美依然选择不加入任何联盟。汉堡南美现在拥有3艘运营中的10 000TEU大船，业务重心主要在南美。而现代商船目前遭受严重财务危机，而韩国韩进海运和现代商船是否合并还未产生最终定论。一旦两大新联盟（海洋联盟、THE Alliance）通过所有监管机构审核开始运营，则目前全球排名前16的班轮公司将有14家分属三大联盟。根据当前运力统计分析，在远东—北欧航线，2M所占市场份额为35.9%，海洋联盟为31.4%，THE Alliance为23.7%；在跨太平洋航线，2M所占市场份额为23.3%，海洋联盟为35.8%，THE Alliance为32.4%。

四、集装箱运输的发展沿革

集装箱运输经历了漫长的发展过程，其高速发展始于20世纪80年代，集装箱运输的发展可分为以下几个阶段。

（一）集装箱运输起步阶段（19世纪初—1966年）

1830年，在英国铁路上首先出现了一种装煤的容器，接着出现了在铁路上使用大容器来装运百杂货；1845年，英国铁路上开始出现载货车厢，这种车厢酷似现在的集装箱；1853年，美国铁路也采用了容器装运法。19世纪后半世纪，英国的兰开夏使用了一种运输棉纱和棉布的带有活动框架的托盘，俗称"兰开夏托盘"（Lancashire Flat），它可以看作是最早的集装箱雏形。1880年，美国正式试制了一艘河用的集装箱船，在密西西比河进行试验，但当时这种新的运输工艺没有被广泛接受。

正式使用集装箱来运输货物是在20世纪初期。1900年，在英国铁路上首次试行了集装箱运输，后来相继传到美国（1917年）、德国（1920年）、法国（1928年）及其他欧美国家。1928年9月在罗马举行了"世界公路会议"，会上有人宣读了《关于在国际交通运输中如何使用集装箱》的论文。会议还探讨了铁路和公路运输间相互合作的最优集装箱运输方案。讨论中有人认为：利用集装箱运输货物，对于协调铁路和公路间的矛盾特别有利。最后，会议成立了"国际集装箱运输委员会"，研究有关集装箱运输的问题。就在这一年，欧洲的各铁路公司之间签订了有关集装箱运输的协定。

1933年在法国巴黎成立了国际集装箱运输局，这是一个民间的集装箱运输组织，它以协调有关集装箱各方的合作关系为目的，并进行集装箱所有人登记业务。1931年—1939年期间，由于公路运输的迅速发展，铁路运输的地位相对下降。公路与铁路之间为争夺货源，展开了激烈的竞争。竞争的结果，导致这两种运输方式不能紧密配合和相互协调，致使集装箱运输的经济效果得不到充分发挥。这个时期集装箱运输发展极为缓慢，其主要原因：一是在于铁路运输和公路运输的割裂；二是在于社会生产力还较落后，没有达到开展集装箱运输所需的水平，没有充足而稳定的适箱货源，集装箱运输所需的技术基础与配套的设施落后，集装箱运输的组织管理水平也较差，使集装箱运输的优越性不能很好发挥，影响集装箱运输的开展。

第二次世界大战爆发后，美国陆军大量去往世界各地，需要运送大量军用物资。当时运输这些军用物资的效率极低，浪费很大。美国陆军部组织了一次专题研究，认为为了提高运输效率，有必要发展一种经济有效的军事运输系统，并提出货物运输要实现成组化的原则，以达到"门到门"运输的目的。这一原则和目标广泛地被交通运输业和商业界所接受，于是利用托盘和集装箱作为媒介的成组系统就此展开。1952年，美国陆军开始建立"军用集装箱快速运输勤务系统”，实现了使用集装箱运输弹药和其他军用品。

所以，集装箱运输首先是在陆上开展起来的。集装箱运输的发展初期，其发展速度相当缓慢，后来水运也开展了集装箱运输，特别是发展到以国际贸易为主的海上运输，当集装箱运输实现了海陆联运以后，集装箱运输事业才得到了突飞猛进的发展。

最早提出现代化集装箱运输设想的是美国人马尔康·马克林（Malcom Mclean），他首次建议集装箱应由陆上推向海上，并主张在一个公司下实现海陆联运，才能充分发挥集装箱运输的优越性。1955 年 1 月，马尔康·马克林收购了沃特曼汽船公司及其子公司泛大西洋轮船公司以后，开始具体策划集装箱的海陆联运。

1956 年，泛大西洋轮船公司在一艘未经改装的 T－2 型油轮甲板上装载了 58 个大型集装箱，在纽约—休斯敦航线上首先开展了海陆集装箱联运试运，3 个月后，取得了巨大的经济效益。每吨货物的装卸成本从 5.83 美元降低到 0.15 美元。首航成功以后，该公司又在 1957 年 10 月将 6 艘 C－2 货船改装成吊装式全集装箱船，取名“盖脱威城”号，载重量 9 000t，可装载 226 个 35ft 集装箱，仍航行于纽约—休斯敦航线上，这是世界上第一艘全集装箱船，由此开创了现代海上集装箱运输的新纪元。为了显示泛大西洋轮船公司在推行海陆集装箱联运中所获得的巨大成功，1960 年 4 月，该公司更名为“海陆联运公司”。

1966 年以前，虽然集装箱运输取得了一定的发展，但集装箱运输仅限于欧美一些发达国家，主要从事铁路、公路运输和国内沿海运输，体现出如下特征：集装箱船型以改装的半集装箱船为主，典型船舶的装载量不过 500TEU，速度也较慢；集装箱类型主要采用断面为 8ft × 8ft，长度分别为 24ft、27ft、35ft 的非标准集装箱，当然，部分也使用了长度为 20ft 和 40ft 的标准集装箱；集装箱的材质开始以钢质为主，到后期铝质箱开始出现；而船舶装卸以船用装卸桥为主，只有极少数专用码头上有岸边装卸桥；码头装卸工艺主要采用海陆联运公司开创的底盘车方式，跨运车刚刚出现；集装箱运输的经营方式是仅提供港到港的服务。

（二）集装箱运输的发展阶段（1967 年—1983 年）

在这一阶段集装箱运输特征主要有：集装箱海陆运输由美国发展到几乎遍及全世界；出现了全集装箱船，开始采用国际标准集装箱进行运输；集装箱码头、机械与工艺全面专业化，使集装箱运输的优势进一步凸现。这一阶段集装箱运输的优越性越来越被人们承认，以海上运输为主导的国际集装箱运输发展迅速，世界交通运输进入集装箱化运输的关键时期。

1966 年 4 月，美国海陆运输公司以经过改装的全集装箱船，开辟了纽约—欧洲集装箱运输国际航线，出现了第一艘专门化的全集装箱船，集装箱海陆运输第一次走出美国本土，走向世界。1967 年 9 月马托松船公司将“夏威夷殖民者”号全集装箱船投入到日本—北美太平洋沿岸航线。一年以后，日本有 6 家船公司在日本至加利福尼亚之间开展集装箱运输。紧接着，日本和欧洲各国的船公司先后在日本、欧洲、美国和澳大利亚等地开展了集装箱运输。

集装箱全球航运的开始，推动和刺激了另两个相关事物的发展。一是集装箱的国际标准化，在 ISO－TC104 的推动下，集装箱国际标准化很快进入应用阶段，国际航线上迅速出现了一批以 20ft、40ft 集装箱为主流的国际标准集装箱；二是集装箱专用码头的出现，在世界的一些主要港口，陆续出现了一些配备集装箱专用机械的码头，形成了集装箱码头装卸的成熟工艺，装卸效率显著提高。

海陆联运的发展，专业船舶、专业码头、专门机械和装卸工艺的出现，使集装箱运输的优势进一步显现，这反过来又推动了集装箱运输自身的发展。由于集装箱运输具有高效率、高效益、高质量以及便于开展国际联运等特点，使集装箱运输深受货主、船公司、港口及有关部门欢迎，发展极其迅速，很快扩展到东南亚、中东及世界各主要航线。1971 年年底，世界 13 条主要航线基本上实现了件杂货集装箱化。集装箱船舶运输能力迅速增加，1970 年约为 23 万 TEU，1983 年达到 208 万 TEU。发达国家的海上件杂货运输基本上实现了集装箱化，发展中国家的集装箱运输也得到了较大发展。在这一时期，集装箱船舶迅速大型化，出现了第二代、第三代集装箱船；世界各国普遍建设集装箱专用泊位，港口设施不断现代化，许多集装箱专用泊位开始配备跨运车、第二代集装箱装卸桥及堆场轮胎式龙门起重机；计算机的广泛使用，使现代化管理水平和手段得到了更大的提高。1980 年 5 月《联合国国标货物多式联运公约》在日内瓦通过，并在美国出现了集装箱多式联运。

（三）集装箱运输的成熟阶段（1984 年至今）

从 1984 年至今，国际集装箱运输的发展进入成熟期。集装箱运输船舶、码头泊位、装卸机械、集疏运道路桥梁等硬件设施日臻完善，集装箱运输在全世界得到普及，多式联运得到进一步发展。集装箱运输的经营管理、业务管理系统越来越现代化。国际集装箱运输呈现船舶大型化、码头深水化、运输联运化、竞争激烈化的发展趋势。

20 世纪 80 年代以来，世界集装箱船舶运力大量增加，单船规模越来越大。集装箱船舶由发展阶段的第二代集装箱船经过了第三、第四、第五代，发展到第六代及第六代以上的超大型集装箱船。与船舶大型化相适应的现代化大型深水集装箱码头应运而生，而且已成为当代国际集装箱干线港的主要硬件设施之一。

在集装箱管理运输方面，广泛采用电子数据交换系统（EDI），实现集装箱动态跟踪管理，加速集装箱的周转，降低集装箱运输中的用箱成本。

在运输组织上，国际集装箱多式联运得到迅速发展，尤其以亚欧大陆桥运输最为典型。由于各国运输基础条件的差异，发达国家之间的集装箱运输基本上实现了“门到门”的多式联运，而发达国家和发展中国家之间的集装箱“门到门”的多式联运尚不平衡，发展中国家的集装箱多式联运正处于起步阶段。

当今世界各国普遍采用国际标准化的集装箱运输方式进行外贸运输，全球 90% 以上的外贸货物由海运完成，其中采用集装箱运输的份额占相当大的比例。四通八达的国际集装箱运输已被世界各国作为对外贸易的主要运输手段，极大地推动了国际贸易稳步发展。国际集装箱运输发展至今，集装箱海上运输量、港口集装箱吞吐量、港口集装箱国际中转量，已经成为衡量一个国家港航实力和地位的重要指标之一。

五、中国集装箱运输发展概况

鉴于我国对外贸易的需要，我国国际集装箱运输始于 20 世纪 70 年代。

（一）试运阶段（1973 年—1978 年）

在 20 世纪 70 年代，发达国家的国际集装箱运输已进入全集装箱船环球航线和洲际钟摆式航线的营运阶段，形成了全球干支线运输网络的第 3 个发展高潮。1973 年，我国政府提出实现“四个现代化”的方针，推行整顿和恢复国民经济政策。鉴于当时国家间的外贸件杂货物大多已采用国际集装箱运输方式，为赶上世界发展趋势，维护我国对外贸易和货物承运的权益，把发展集装箱运输列为了实现交通运输现代化的重要一环，推动了国际集装箱海上运输试运。

1973 年 5 月 25 日至 6 月 6 日，由中国外轮代理公司、中国远洋运输总公司、中国对外贸易运输总公司共同出面与日本新和海运株式会社、日新仓库株式会社于北京达成协议，在中日航线班轮上使用小型（8ft 和 10ft）集装箱，在我国上海、天津至日本横滨、大阪、神户之间开展两年试运。同年 7、8 月间，上海、天津口岸相继成立“集装箱试运小组”，由港口、外贸、动植物检、铁路等单位人员组成。1973 年 9 月日本川崎汽船公司“渤海一号”轮装载小型集装箱由日本神户市抵天津港，标志着我国第一条海上国际集装箱班轮航线的开通。同时新和海运公司派船运来空箱，在天津、上海两港装箱启运。中远上海分公司“风雷”轮在上海至日本航线上，用杂货船试运 20ft 国际集装箱成功，在中国集装箱水运史上写下了具有历史意义的一笔。1977 年末该公司又增加杂货船“丰城”“盐城”两轮各装 20ft 集装箱 20 只，在上海至日本航线上进行国际集装箱标准箱的试运。

1977 年 12 月，中远上海分公司从国外购进我国第一艘半集装箱船“萍乡”轮，1978 年 5 月，又购进我国第一艘滚装船“南口”轮。虽然都是二手船，却是我国拥有集装箱船的开端。集装箱试运相继理顺了集装箱及其货物海关监管、港口收费、单证提供、集装箱理货等业务环节及程序，为以后正常运输和发展奠定了基础。

在我国沿海港口集装箱专业化泊位建成前，天津、上海两港均利用件杂货泊位及港口现有装卸设备、设施和船舶吊装设备进行集装箱装卸作业，装卸工艺及作业管理基本沿用杂货模式，此后随着设备、设施专业化，人员素质提高，才逐步向国际标准靠拢。

（二）创业阶段（1979 年—1990 年）

1976 年后，我国国民经济和对外贸易发展不协调，甚至连年出现严重的压船、压港、压货现象，国家有关部门不得已采取临时疏港措施。这其中的部分原因，也与我国当时的集装箱运输并不普及有关。1977 年末，邓小平同志做出重要批示：“要搞装卸机械化，搞集装箱，港口必须搞集装箱，集装箱并不复杂。”与此同时，交通部部长考察北欧海运状况后，非常重视在我国开展集装箱运输工作。1978 年交通部据此批示确定把发展集装箱运输作为远洋运输和港口建设的重点。部署组建集装箱船队，加强港口基础建设，加强培养集装箱运输管理专业人才等。1977 年 8 月 18 日，交通部成立集装箱运输筹备小组。1980 年 4 月，正式成立集装箱运输领导小组。同年 5 月 17 日，交通部水运司集装箱运输处正式成立，作为集装箱运输领导小组的办事机构，加强对全国集装箱运输行业的规划和管理。同时，上海、天津、黄埔、大连、青岛等港相继组建集装箱装卸公司，承担集装箱装卸任务。

1979 年年初，中远洋运输总公司（以下简称“中远”）在京召开远洋运输和班轮运输会议，以提高在国际航运市场的竞争力和企业经济效益。20 世纪 80 年代，该公司已有集装箱船 51 艘，其中全集装箱船 38 艘，滚装船 13 艘，载箱能力 4 万 TEU。1986 年以后，随着远洋运输航线的陆续开辟，中远提出“稳步发展，调整结构，更新改造，增加部分运力”的方针，重点购入大箱位的全集装箱船。上海远洋运输总公司 1990 年新增世界第三代 2 761TEU 箱位的“泰河”“普河”“民河”“东河”“高河”等 5 艘全集装箱船，投入香港至北欧航线。此时，中远直属的上海分公司、广州分公司和天津分公司的全集装箱船增至 89 艘，占全公司船舶总数的 15.4%，载箱能力达到 9.2 万 TEU，在当时世界经营集装箱运输的船公司中居第 4 位。

中远兴办国际集装箱运输业务初期，天津、上海、青岛 3 港每月有近 700TEU 集装箱出口到美国、加拿大和澳大利亚，全部由日本船公司承运至日本港口，再转运至上述 3 国，这样要多支付转口运费，延长交货时间。为此，交通部向当时的国家经委建议，上述 3 条航线改由国轮承运。1978 年 9 月 26 日，中远上海分公司半集装箱船“萍乡”轮，由上海首航澳大利亚悉尼港，标志着我国正式开始用自有的集装箱投入国际集装箱海上运输，并开辟了我国第一条集装箱远洋直达航线。

1980 年 3 月，中远“西江”轮首先开辟香港至菲律宾全集装箱定期班轮航线。1981 年 2 月，中远滚装船“张家口”轮首航美国西海岸的旧金山港，开辟了中国至美国的集装箱航线。与此同时，中远还开辟了上海、天津、大连、青岛至日本各港口的多条全集装箱定期班轮航线。1982 年 3 艘 1 200TEU 箱位的全集装箱船“汾河”“青河”“唐河”轮，开辟了中国至美国东海岸港口的直达班轮航线。同时，又开辟了中国至波斯湾、新加坡，至西欧和北欧各港的集装箱班轮航线。

经过 5 年的努力，到 1983 年中远已先后辟建了中澳、中美、中日、中欧及内地至香港的全集装箱班轮航线，以及中国至波斯湾、西非、西北欧的半集装箱班轮航线 16 条、24 个班次。1986 年后，中远又开辟了中国至南非航线。1990 年，还由中远广州分公司开辟了上海、青岛、新港、大连 4 港沿海集装箱运输支线。至此初步形成以中国港口为中心到达世界各国主要港口的我国国际集装箱海上运输网络和国内支线运输网络。

从 1978 年至 1990 年年底，中远经营着中国至美东、美西、地中海、欧洲、波斯湾、澳大利亚、新西兰、日本、东南亚等国家和地区的集装箱海上运输航线，集装箱运输干支线网络连接着世界各大洲大多数国家的主要港口。

（三）大发展阶段（1991 年至今）

进入 20 世纪 90 年代，经济全球化的发展，促进了国际合作与互助。在这种大环境下，国内加快对外开放的步伐，发达国家和地区从事国际集装箱运输的船公司，竭力追求规模经济效益和争当“全球承运人”，不断实施集装箱船舶大型化，在国际干线上营运的船舶，从第四代、第五代、第六代，节节攀升，直至过万 TEU 箱位的超大型集装箱船已投入使用。20 世纪 90 年代后期，我国集装箱海上运输业急起直追，与国际接轨，进入大发展阶段。

1. 集装箱船队不断壮大。自 20 世纪 90 年代中期，规模较大、效益较好的中远、中海、中外运集团等船公司拥有的大型全集装箱船日益增多，为适应集装箱班轮营运管理的特点，实现规模效益，1997 年前后，新组建的专业化集装箱船公司集装箱船船公司，相继从“母体”脱胎而出，并落户上海，逐步构成当代我国国际集装箱海上运输三大主力船公司：中运集装箱运输有限公司、中海集装箱运输股份有限公司和中外运集装箱运输有限公司。

此外，中国先后从事近洋和沿海国际集装箱运输的中小型船公司有：民生轮船公司、锦江航运有限公司、海兴集装箱运输有限公司、上海新兴海运公司、上海振东船务公司、上海海华轮船公司、上海天海海运公司、大通国际航运公司等多家船公司。

2. 公路集装箱运输系统日益完善。我国公路集装箱运输，伴随着海运集装箱运输和铁路集装箱运输的发展而兴起，最早始于 1977 年，为加强疏港工作，当年由交通部在天津组建了第一家集装箱运输专业车队，并通过技术改造，建成第一座集装箱公路中转站。

近几年，随着公路集装箱运输系统场站建设和运力增加，经营管理和公路运输总体技术装备水平的提高，高等级公路的建设，通过公路运输完成的港口国际集装箱集疏运量，一直占港口重箱量的 80% 以上。经过近 40 年的建设，中国集装箱运输系统在港口国际集装箱集疏运、铁路集装箱“门到门”运输以及干支线集装箱运输方面发挥着重要作用。

3. 铁路集装箱运输快速发展。我国铁路集装箱运输经历了漫长、曲折的发展历程。现已形成由铁路局、47 个铁路办事处和站段构成的中国铁路集装箱运输系统，承担全国铁路集装箱运输及经营管理，铁路集装箱办理站到、发的集装箱，通过公路集装箱运输实现“门到门”服务的比重超过 70% 以上。中国铁路用于发展集装箱运输的投资正逐年增加，全国集装箱运输条件有较大改善。从运输方式看，从国内到国际，从单一运输到多式联运，再到陆桥运输方向发展，在促进铁路国际集装箱运量逐年增长的同时，支持集装箱和港口集装箱和港口集疏运有序运转。

4. 国际集装箱综合运输、产业化体系日臻完善。时至今日，我国国际集装箱运输体系包括海运、内河、港口、铁路、公路、场站等方面的建设规模与现代化程度，正逐渐接近发达国家（地区）水平，正在实现由数量增长型向质量提高型、由管理粗放型向集约经营型的两个转变，有力地支持了国民经济和综合交通运输体系的发展。同时，我国国际集装箱以港航运输发展为前导，铁路、公路、内河、内支线集装箱运输为支撑，带动了集装箱制造工业、集装箱装卸机械制造业、集装箱船舶制造业和集装箱码头建设工程等同步发展。

六、集装箱运输的特点

从集装箱运输实践看，在远洋和近洋的班轮运输中，集装箱运输已经取代普通散件杂货运输，集装箱运输是班轮运输的主流，集装箱运输变成了班轮运输的代名词。因为普通散件杂货运输长期以来存在着装卸及运输效率低，时间长，货损、货差严重，货运手续繁杂、影响工作效率等缺点，它对货主、船公司及港口的经济效益产生极为不利的负面影响。航运实践证明了使用普通货船运输散件杂货无法克服以上缺点，只有集装箱运输方式才能彻底解决以上问题。集装箱运输有以下几个特点。

（一）高效益的运输方式

集装箱运输经济效益高主要体现在以下几方面。

1. 简化包装，大量节约包装费用。为避免货物在运输途中受到损坏，必须有坚固的包装，而集装箱具有坚固、密封的特点，其本身就是一种极好的包装。使用集装箱可以简化包装，有的甚至无须包装，实现件杂货无包装运输，可大大节约包装费用。

2. 减少货损货差，提高货运质量。由于集装箱是一个坚固密封的箱体，集装箱本身就是一个坚固的包装。货物装箱并铅封后，途中无须拆箱倒载，一票到底，即使经过长途运输或多次换装，也不易损坏箱内货物。集装箱运输可减少因被盗、潮湿、污损等引起的货损和货差，并且由于货损货差率的降低，减少了社会财富的浪费，具有很大的社会效益。

3. 减少营运费用，降低运输成本。杂货船在港口停靠时间较长，一般要占船舶营运时间的40%～50%，同时在港口发生的装卸等费用较高，一般占运输总成本的55%。而集装箱的装卸基本上不受恶劣气候的影响，船舶非生产性停泊时间缩短，装卸效率高，装卸时间缩短，对船公司而言，可提高航行率，降低船舶运输成本；对港口而言，可以提高泊位通过能力，从而提高吞吐量，增加收入。

（二）高效率的运输方式

传统的运输方式具有装卸环节多、劳动强度大、装卸效率低、船舶周转慢等缺点，而集装箱运输完全改变了这种状况。

1. 普通货船装卸，一般每小时为35t左右，而集装箱装卸，每小时可达400t左右，装卸效率大幅度提高。同时，由于集装箱装卸机械化程度很高，因而每班组所需装卸工人数很少，平均每个工人的劳动生产率大大提高。

2. 集装箱装卸效率高，受气候影响小，船舶在港停留时间大大缩短。因而使航次时间缩短，船舶周转加快，航行率大大提高，船舶生产效率随之提高。从而提高了船舶运输能力，在不增加船舶数量的情况下可完成更多的运量，增加船公司收入，这样高效率可带来高效益。

（三）高投资的运输方式

集装箱运输虽然是一种高效率的运输方式，但是它同时又是一种资本高度密集的行业。

1. 船公司必须对船舶和集装箱进行巨额投资。根据有关资料表明，集装箱船每立方英尺的造价约为普通货船的3.7倍~4倍。集装箱的投资相当大，开展集装箱运输所需的高额投资，使得船公司的总成本中固定成本占有相当大的比例，高达2/3以上。

2. 集装箱运输中的港口投资也相当大。专用集装箱泊位的码头设施包括码头岸线和前沿、货场、货运站、维修车间、控制塔、门房，以及集装箱装卸机械等，耗资巨大。

3. 为开展集装箱多式联运，还需有相应的内陆设施及内陆货运站等，为了配套建设，这就需要兴建、扩建、改造、更新现有的公路、铁路、桥梁、涵洞等，这方面的投资更是惊人。可见，没有足够的资金开展集装箱运输，实现集装箱化是困难的。

（四）高协作的运输方式

集装箱运输涉及面广、环节多、影响大，是一个复杂的运输系统工程。集装箱运输系统包括海运、陆运、空运、港口、货运站以及与集装箱运输有关的海关、商检、船舶代理公司、无船承运人、货运代理公司等单位和部门。如果互相配合不当，就会影响整个运输系统功能的发挥，如果某一环节失误，必将影响全局，甚至导致运输生产停顿和中断。因此，要搞好整个运输系统各环节、各部门之间的高度协作。

（五）适于组织多式联运

由于集装箱运输在不同运输方式之间换装时，无须搬运箱内货物而只需换装集装箱，这就提高了换装作业效率，适于不同运输方式之间的联合运输。在换装转运时，海关及有关监管单位只需加封或验封转关放行，从而提高了运输效率。国际多式联运是一个资金密集、技术密集及管理要求很高的行业，是一个复杂的运输系统工程，这就要求管理人员、技术人员、业务人员等具有较高的素质，才能胜任工作，才能充分发挥国际集装箱运输的优越性。

七、集装箱运输的发展趋势

（一）集装箱班轮运输运营联盟化、全球化

国际集装箱班轮航运市场班轮运输经营联盟化、全球化，已成为21世纪全球集装箱航运的发展方向。面对激烈的国际班轮市场的竞争，班轮公司通过集装箱班轮运输联盟化以增强实力和竞争力，获得规模经济效益。国际集装箱班轮运输经营联盟化可以获得以下好处。

1. 通过轮流派出大型集装船的方式，以减少协议方派船的频率和数量，优化航线的生产要素，降低单箱运输成本。

2. 通过舱位、箱位互租互拼，舱位、箱位共享，舱位采购、联合派船等进行业务经营，从而保证了协议方都能向客户提供运输服务，以巩固和扩大班轮公司各自航运市场份额。

3. 通过联营体可增加发船密度，提高为客户服务的频率，吸引更多的集装箱货源，揽取更多的集装箱货载，占领更大的市场份额，以保持在航运市场竞争的优势地位。

4. 采用联合和合作方式，可共享诸如集装箱，集装箱场站、装卸搬运机械、维修设施设备和信息系统等资源，以提高设施设备资源的利用率，降低投资和经营的风险。

5. 通过联合和合作经营后，联营协议的各方可统一与各支线运输服务公司签订支线运输合同，以扩大支线运输网络范围、降低支线运输费用。

6. 可以充分利用联盟协议各方的运输、货运、信息和营销网络系统等庞大的资源优势，开展国际多式联运，并向现代物流方向发展。

（二）国际集装箱运输量呈不断增长趋势

集装箱运输作为一种较为先进和有较好发展前景的运输方式，自诞生以来一直处在不断发展之中，在整个海运市场上所占份额也越来越大，其运输量的增长速度在20世纪80年代已超过其他任何种类的运输方式。

1. 未来集装箱运输量还将保持较快增长速度。究其原因，主要是由于发展中国家，一方面依靠科技进步发展经济，从传统的单纯原材料出口转变为科技含量较高的工业制品及成品出口；另一方面，集装箱承运人不断增加投资，逐步完善集装箱运输系统，使集装箱运输在经济、安全、可靠和准时等方面更具优势，吸引越来越多的具有一定货值的原适合件杂货船和散货船运输的货物逐步实现集装箱化，从而使适箱货比例增加；与此同时，发达国家出口货物结构更趋高级化，高、精、尖产品不断增加，适箱货源相应增多，从而促使集装箱运输量不断提高。

近年来，世界上一些主要的集装箱班轮航线为了在激烈的市场竞争环境中占据有利地位，纷纷订造超大型集装箱船舶，试图借此进一步降低单位运输成本，增强市场竞争力。这种状况加速了船舶大型化的趋势，全球各大集装箱班轮公司纷纷订造10 000TEU左右的超大型船舶。

2. 集装箱港口向大型化和高效化发展。集装箱船舶大型化必然要求港口码头也大型化，因为大型船舶要求港口航道和泊位水深足够，泊位长度、陆域纵深和装卸机械大型化以及内陆集疏运系统发达，这样才能缩短船舶在港停泊时间、最终实现船舶大型化所带来的规模经济效益。同时，为吸引更多大型干线船停靠和发挥港口的中转枢纽作用，世界集装箱港口也不断向深水化、大型化和高效化方向发展。世界上许多国家和地区，纷纷制定港口发展计划，不断地扩建和新建大型集装箱专用码头，以增加港口集装箱吞吐能力。可以说，21世纪将是那些条件优越、财力资源雄厚并能不失时机地调整改革以适应集装箱船舶大型化趋势的港口的世界。

3. 箱体更趋大型化，箱型更趋专用化。集装箱箱体向大型化发展，以载运品种繁多的大尺度货物，如成套机械设备、钢管、车辆、木材和石材等。据统计，进入21世纪以来，40ft箱的增长率是20ft箱的2倍，所占比例也已超过20ft箱，未来将有更多的45ft箱甚至更大尺度箱投入使用。可见，集装箱箱体大型化的趋势不可避免。

同时，随着全球经济贸易的不断增长，未来将有更多货种进入集装箱运输领域，尤其是冷藏货、危险货、干散货、液体散货、服装、设备和车辆等特殊货种的箱运量将快速增长，所占比例也将增加。可以预见，冷藏箱、罐式箱、开顶箱、挂衣箱、框架箱及平板箱等专用集装箱将有不断增加的趋势。

（三）国际集装箱运输系统向个性化方向发展

所谓"个性化"运输是指集装箱承运人尽可能满足客户提出的富有"个性化"的运输需求。随着社会的发展，客户已越来越不满足于原先那种被动适应的运输服务方式，而正在寻找适合自己需求的服务。客户对于运输服务的多样化需求，预示着运输服务方式应具有更灵活的适应性，也就是说，不能再像过去那样对客户的个性化运输服务需求无法做出相应的反应，而是应该根据现代社会的发展提供更为"个性化"的运输服务方式，不断满足客户对货物运输多样化的需要，逐步完善适应性更强、更为个性化的集装箱运输服务系统。日趋完善的集装箱多式联运正顺应了这种变化，多式联运将集装箱这种现代运输方式的触角一直伸到物流的始末端，伸向客户和消费市场。这种需求势必产生“运输支线与运输干线相连接、分流港与枢纽港相配合、大箱与小箱相配套、海运与陆运相结合”的集装箱运输格局。

（四）国际集装箱运输是现代物流发展的必然产物

1. 集装箱运输是现代企业经营模式发展的趋势。现代企业经营模式是强调管理的核心，而现代企业的核心则在于核心技术的创新与研究以及企业的资金管理。

现代企业管理的主要目标实现财务成果的最大化和财务状况的最优化，企业的各项工作都应该围绕着这个目标来进行，把这个目标作为各项管理工作的出发点和归宿。而这一目标的确定，决定了财务管理在现代企业管理中的核心地位和主导作用。企业管理只要抓住财务管理这根牵一发而动全身的主神经，才可能带动其他各项管理，从而推动企业管理水平的整体提高。因此，企业管理以财务管理为中心是社会经济发展的必然结果。

同时，在日益激烈的市场竞争中，企业的应变能力和资源整合能力则是现代企业经营模式的发展趋势的取向。因此，现代企业的管理主要强调核心的技术投资和控制生产管理的资金。而现在物流企业在管理上也遵循现代企业的模式发展，在管理上追求零库存。

2. 集装箱运输是经济基础活动变化的趋势。经济基础活动由生产、流通、消费三方面组成，而当今流通环节正在逐步扩大，在生产上，物流已经深入到工厂，并且物流已经能够实现“门到门”服务（图 1 – 1）。

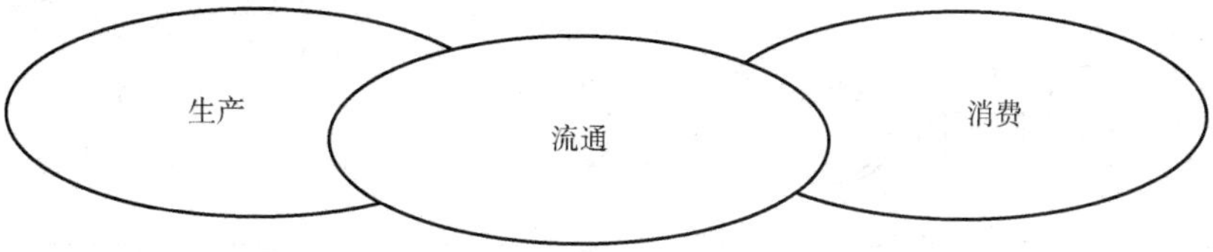

图 1 – 1

3. 集装箱运输是现代运输（物流）发展的要求。现代运输的发展有以下几方面的要求。

首先是运输的快捷性。从运输技术方面讲，运载工具的速度有所提高。随着船舶的大型化，船速也在不断增加。同样的，其他运载工具的速度也在随着科技的发展而不断增长。同时，运输方式的科学组织管理也能够加快运输的快捷性，加强综合运输中各个环节的衔接也能提高现代运输的速度。

其次是运输的安全性。从技术方面讲运载工具应当运行平稳以避免运载货物受损，并且根据货物的性质对货物进行相应的包装，以减少货损、货差。从管理方面来讲，应当减少拆解、装卸次数，减少货物受损机会。

再次是经济性。在提高物流技术水平的同时，注意在技术上降低成本也是关键举措，例如从减少运具的耗能方面着手。在管理方面也要尽量提高管理效率以增加企业的收益，例如在运输中实行货物的单位化运输，这样既可以减少货损、货差，也可以提高管理效率以降低管理成本。

最后是运输的可靠性。所谓可靠性就是能够在技术方面保证运输时间的可控性；在管理上保证作业时间的可控性。

因此，在管理上必须寻找一种标准基本运输单元，以满足现代运输的发展要求。

4. 集装箱运输是现代物流运作的目标。首先是物流运作的实现要求。货物从网络的任意点输入通过运输、仓储、包装、加工、分拨等有效率和有效益的活动,保证在任意点的有效输出。

其次是物流运作的控制要求。物流运作控制的基础条件由物流网络、物流运载工具及物流单元(集装箱)三部分组成。而控制内容则是从时间、批量、成本三方面进行:时间上应当是运载工具在物流网络中时间衔接得刚刚好;批量运输的货物能够使运输网络中的运输工具都刚好达到最大利用率;而从成本控制来说,则是将成本控制到最低。

5. 集装箱运输是构建交通运输网络的基础。集装箱运输管理研究有其结构特点,可在图1-2集装箱运输网络示意图中看出,集装箱运输网络由场、站、库三种节点,以及水路、铁路、公路三种路径共同构成。集装箱货物发生位移既是集装箱在节点堆存、储存,并通过路径实现集装箱的时空位移,以此完成集装箱的运输。当然,集装箱运输是研究集装箱在运输网络中各个状态下的经营管理。

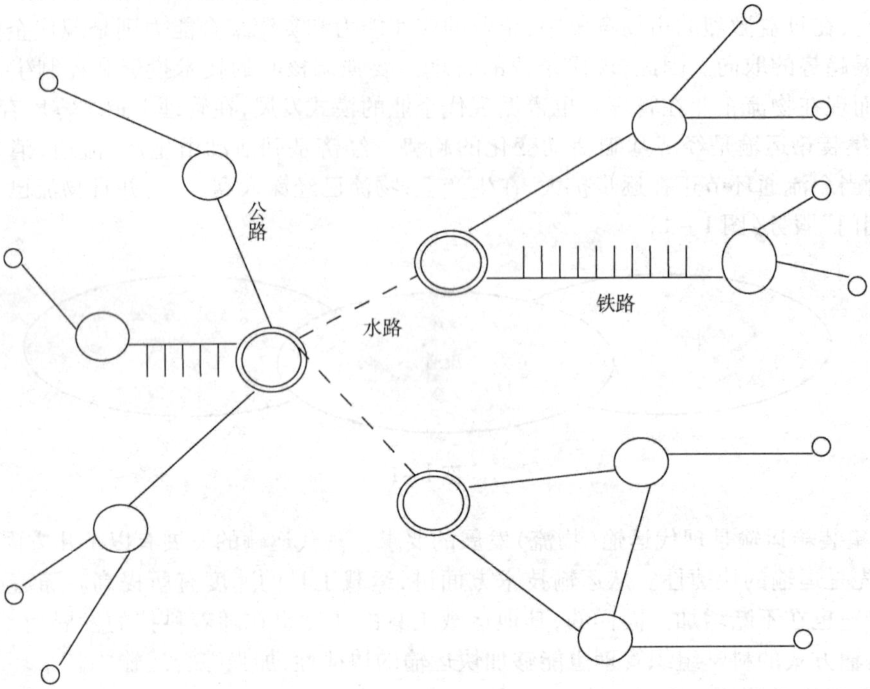

图1-2 集装箱运输网络示意图

首先是针对集装箱货物流。货物在集装箱运输过程中分别处于动态(船上、集卡上、火车上、飞机上)和静态(堆场、货运站、仓库)。

同时,还研究航线运行原理、投资/收益分析、生产组织结构、业务规范流程、经营管理模式。

其次是信息流。所谓集装箱运输的信息流就是利用单证流和货币流完成各种运输方式的衔接过程。

以上两方面充分揭示了集装箱运营的基本原理和经营管理的基本特点及模式。

第二节 集装箱

一、概述

集装箱，是指具有一定强度、刚度和规格专供周转使用的大型装货容器。使用集装箱转运货物，可直接在发货人的仓库装货，运到收货人的仓库卸货，中途更换车、船时，无须将货物从箱内取出换装。按所装货物种类分，有杂货集装箱、散货集装箱、液体货集装箱、冷藏箱集装箱等；按制造材料分，有木集装箱、钢集装箱、铝合金集装箱、玻璃钢集装箱、不锈钢集装箱等；按结构分，有折叠式集装箱、固定式集装箱等，在固定式集装箱中还可分密闭集装箱、开顶集装箱、板架集装箱等；按总重分，有30t集装箱、20t集装箱、10t集装箱、5t集装箱、2.5t集装箱等。

国际标准化组织制订了集装箱的统一规格，力求实现集装箱标准化。标准化组织不仅对集装箱尺寸 、术语、试验方法等进行规定，而且就集装箱的结构、性能等技术特征作了一些具体规定。根据《国际标准化组织104技术委员会》的规定，集装箱应具有如下条件。

（1）具有耐久性，其坚固强度足以反复使用。

（2）便于商品运送而专门设计的，在一种或多种运输方式中无须中途转换。

（3）设有便于装卸和搬运，特别是便于从一种运输方式转移到另一种运输方式的装置。

（4）设计时应注意便于货物装满或卸空。

（5）内容积为$1m^3$或$1m^3$以上。

各国有关规章和其他国际公约对集装箱进行定义，对集装箱应具备的条件也作了相关规定，虽有差异，但其实质内容基本相同。图1－3为集装箱的外表轮廓。

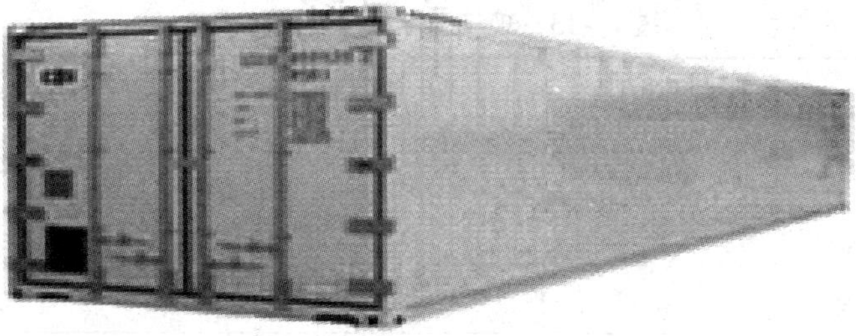

图1－3 集装箱外表轮廓

二、集装箱标准

为了有效地开展国际集装箱运输多式联运，必须强化集装箱标准化，进一步做好集装箱标准化工作。集装箱标准按使用范围分，有国际标准、国家标准、地区标准和公司标准4种。

（一）国际标准集装箱

1958年，美国标准协会、美国海运管理署、美国国际运输协会开始了集装箱标准化的工作。1964年4月，美国标准协会规定10ft型（8×8×10），20ft型（8×8×20），30ft型（8×8×30），40ft型（8×8×40）集装箱为国家标准集装箱。1961年6月，国际标准化组织成立了集装箱技术委员会(ISO/TC104),专门研究、制定集装箱的国际统一标准,并于 1964 年 7 月汉堡会议上颁布了第一套集装箱规格尺寸的国际标准。

集装箱标准化历经了一个发展过程。国际标准化组织集装箱技术委员会(ISO/TC104)自 1961 年成立以来,对集装箱国际标准作过多次补充、增减和修改,现行的国际标准为第 1 系列共 13 种,其宽度均一样(2 438mm)、长度有 4 种(12 192mm、9 125mm、6 058mm、2 991mm)、高度有 4 种(2 896mm、2 591mm、2 438mm、<2 438mm)。

(二)国家标准集装箱

各国政府参照国际标准并考虑本国的具体情况,可制订本国的集装箱标准。

我国现行国家标准《集装箱外部尺寸和额定重量》(GB1413—85)规定了集装箱各种型号的外部尺寸、极限偏差及额定重量。

(三)地区标准集装箱

此类集装箱标准,是由地区组织根据该地区的特殊情况制订的,此类集装箱仅适用于该地区。如欧洲国际铁路联盟(VIC)制订的集装箱标准。

(四)公司标准集装箱

某些大型集装箱船公司,根据本公司的具体情况和条件而制订了集装箱船公司标准。这类箱主要在该公司运输范围内使用,如美国海陆公司的 35ft 集装箱。

此外,目前世界还有不少非标准集装箱。如非标准长度集装箱有美国海陆公司的 35ft 集装箱、美国总统轮船的 45ft 及 48ft 集装箱;非标准高度集装箱,主要有 9ft 和 9. 5ft 两种高度集装箱;非标准宽度集装箱有 8. 2ft 宽度集装箱等。

美国航运业为集装箱国际标准化的产生做出了重要的基础性贡献,现行的国际集装箱的规格标准见表 1 - 13。

表 1 - 13　现行国际标准集装箱规格

规 格	箱型	长(LENGTH)	宽(WIDTH)	高(HEIGHT)	最大总重量(RATING)(kg)
40ft 箱	IAAA	40ft0in	8ft0in	9ft6in	30 480
	IAA			8ft6in	
	IA			8ft0in	
	IAX			<8ft0in	
30ft 箱	IBBB	29ft11. 25in	8ft0in	9ft6in	28 400
	IBB			8ft6in	
	IB			8ft0in	
	IBX			<8ft0in	
20ft 箱	ICC	19ft10. 25in	8ft0in	8ft6in	24 000
	IC			8ft0in	
	ICX			<8ft0in	
10ft 箱	ID	9ft9. 75in	8ft0in	8ft0in	10 160
	IDX			<8ft0in	

目前,在海上运输中,经常使用的是 I 系列中的 IAA 型和 ICC 型集装箱,其他规格的集装箱用得不多。在实际使用中常以不同长度作为区别的标准,如 20ft、40ft 集装箱就是指 IC、IA 型集装箱。为了方便集装箱的数量统计,国际上通行的办法是以 20ft 的箱子作为换算标准,其他长度的箱子则换算成 20ft 进行计算。集装箱尺寸基本单位是 TEU(Twenty - foot Equivalent Units),而各种规格集装箱尺寸的关系是:40ft = 2TEU,30ft = 1. 5TEU,20ft = 1TEU,10ft = 0. 5TEU。集装箱尺寸换算图见图 1 - 4 所示。

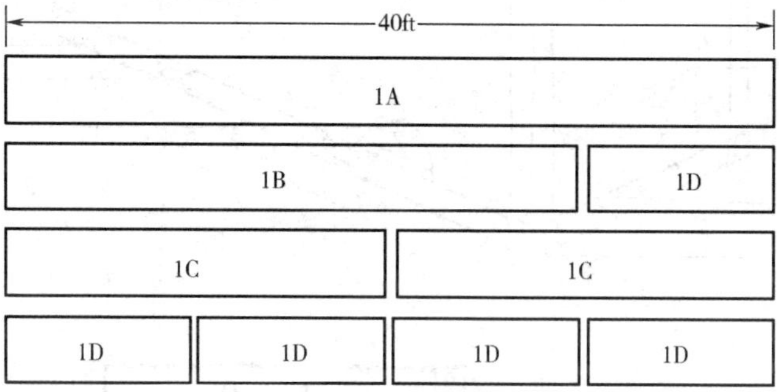

图 1 - 4　集装箱尺寸换算图

三、集装箱运输结构

本部分内容,主要介绍通用集装箱构成部件及结构。

(一)集装箱部件和结构

集装箱部件也可称为集装箱构件。通俗地讲,就是组成一个集装箱的“零件”,见图 1 - 5。

通用的干货集装箱是一个六面长方体,它是由一个框架结构,两个侧壁,一个端面,一个箱顶,一个箱底和一对箱门组成的。集装箱各构件及其名称如下。

1. 角件(corner fliting):位于集装箱角部,用于支承、堆码、装卸和拴固集装箱的零件。
2. 角柱(corner post):位于集装箱四角,连接顶角件与底角件的支柱。
3. 上端梁(top end rail):位于箱体端部连接顶角件的横向构件,也称上横梁。
4. 下端梁(bottom end rail):位于箱体端部连接底角件的横向构件,也称下横梁。
5. 上侧梁(top side rail):位于箱体端部连接顶角件的纵向构件。
6. 下侧梁(bottom side rail):位于箱体端部连接底角件的纵向构件。
7. 顶板(roof sheet):箱体顶部的板。
8. 顶梁(roof bow):支撑刚性集装箱的顶部或敞顶集装箱的罩布的横向构件,也是连接上侧梁的构件。
9. 底板(floor):铺在集装箱底梁上承托载荷的板。
10. 底梁(cross member):设在底板下,承托底板的横向构建。两端与下侧梁连接。
11. 端壁(end wall):端框架平面内与端框架相连接形成封闭的板壁(不包括端框架)。它与上、下端梁相连接,由端壁板、端柱和断壁内衬板组成。
12. 叉槽(fork pockets):贯穿箱底结构,供叉举集装箱用的槽。
13. 端柱(end post):竖向支撑和加强集装箱端壁板的构件,它与集装箱端框架的上端

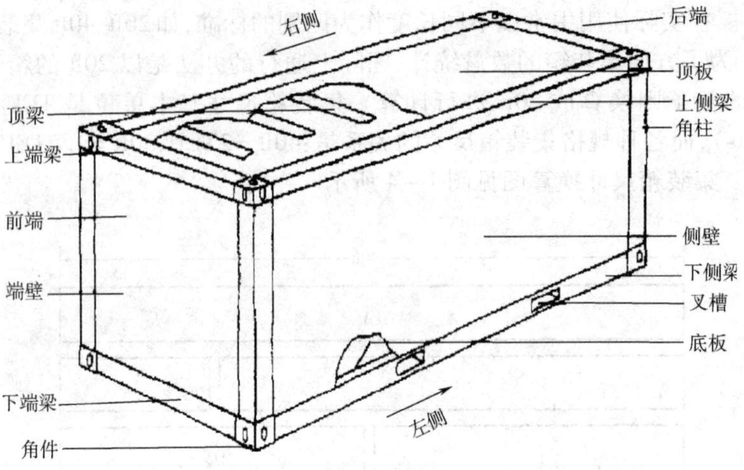

(a)

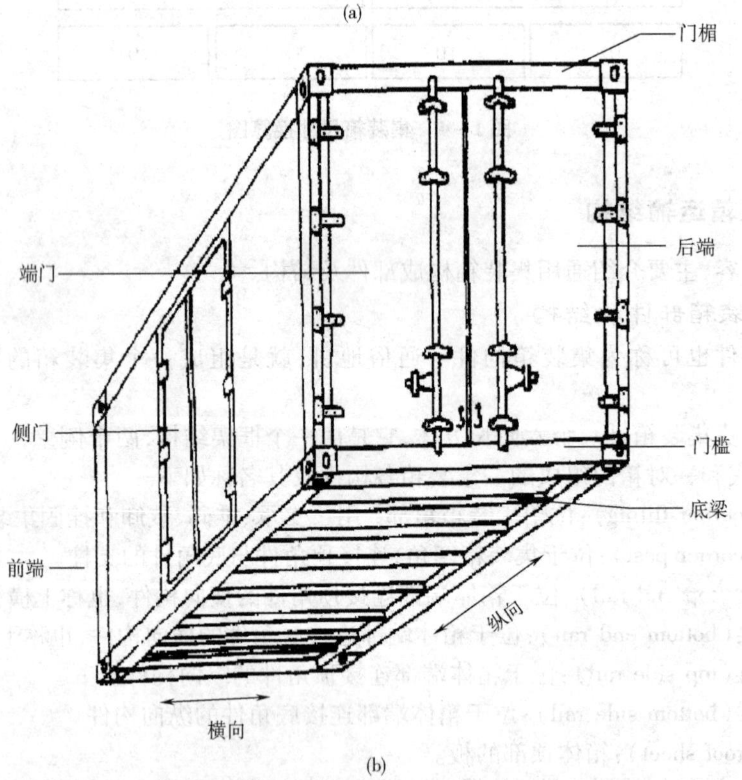

(b)

图 1－5　集装箱配件示意图

梁和下端梁相连接。

14. 侧壁(side wall):与上侧梁、下侧梁与角结构相连接形成封闭的板壁(不包括上侧梁、下侧梁和角结构在内),一般由侧壁板、侧柱和侧壁内衬板组成。

15. 门楣(door meader):箱门上方的梁。

16. 门槛(door sill):箱门下方的梁。

17. 端门(end door):设在箱端的门。

18. 侧门(side door):设在箱侧的门。

19. 前端(front):一般指没有箱门的一边。

20. 后端(rear):一般指有箱门的一边。

(二)集装箱角件

集装箱的角件设在集装箱各个角部的必备部件,见图 1－6 所示。

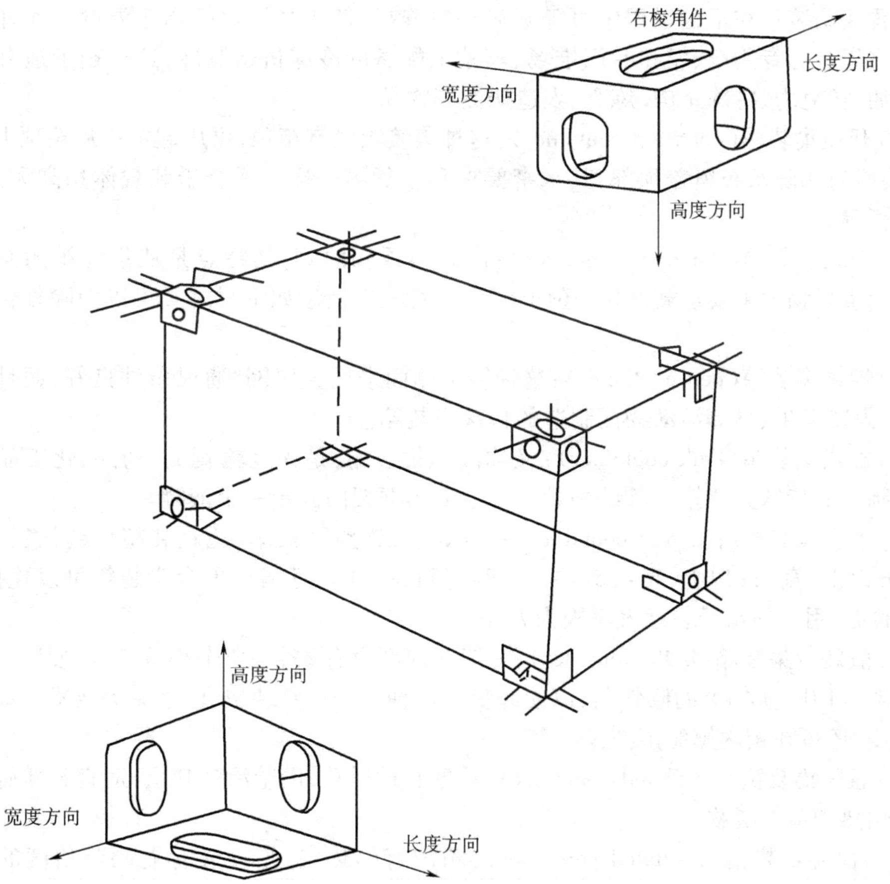

图 1－6 集装箱配件示意图

它有 3 个孔,孔的尺寸与装卸设备上的扭索相配合。根据 ISO 的规定,不论集装箱的尺寸大小,都使用同一尺寸的角件。角件的形状和强度,ISO 都有详细的规定。角件在集装箱的起吊、搬运、固定、堆码和拴固作业当中,都起着关键的作用。一般讲来,箱体所承受的任何作用力几乎全是通过角件来传递的。作为箱体的最外缘,角件还起着保护整箱的作用。

(三)集装箱箱门结构

箱门活动角度为 270°,这样设计的原因是考虑到集装箱装卸的安全性以及方便性。

四、集装箱类型

以下几种是比较常见的集装箱类型。

(1)普通集装箱,又称干货集装箱(dry container):以装运件杂货为主,通常用来装运文化用品、日用百货、医药、纺织品、工艺品、化工制品、五金交电、电子机械、仪器及机器零件等。这种集装箱占集装箱总数的70% ~80%。

(2)冷冻集装箱(reefer container):分外置和内置式两种。温度可在 -28℃ ~ +26℃调整。内置式集装箱在运输过程中可随意启动冷冻机,使集装箱保持指定温度。而外置式则必须依靠集装箱专用车、船和专用堆场、车站上配备的冷冻机来制冷,这种箱子适合在夏天运输黄油、巧克力、冷冻鱼肉、炼乳、人造奶油等物品。

(3)开顶集装箱(open top container):这种集装箱没有箱顶,可用起重机从箱顶上面装卸货物,装运时用防水布覆盖顶部,其水密要求和干货箱一样。适合于装载体积高大的物体,如玻璃板等。

(4)框架集装箱(flat rack container):没有箱顶和两侧,其特点是从集装箱侧面进行装卸。以超重货物为主要运载对象,还便于装载牲畜,以及诸如钢材之类可以免除外包装的裸装货。

(5)牲畜集装箱(pen container):这种箱子侧面采用金属网,通风条件良好,而且便于喂食,是专为装运牛、马等活动物而制造的特殊集装箱。

(6)罐式集装箱(tank container):又称液体集装箱,是为运输食品、药品、化工品等液体货物而制造的特殊集装箱。其结构是在一个金属框架内固定一个液罐。

(7)平台集装箱(platform container):形状类似铁路平板车,适宜装超重超长货物,长度可达6m以上,宽4m以上,高4.5m左右,重量可达40t。且两台平台集装箱可以连接起来,装80t的货,用这种箱子装运汽车极为方便。

(8)散装货集装箱(bulk container):一般在顶部设有2个~3个小舱口,以便装货。底部有升降架,可升高成40°的倾斜角,以便卸货。这种箱子适宜装粮食、水泥等散货。如要进行植物检疫,还可在箱内熏舱蒸洗。

(9)通风集装箱(ventilated container):箱壁有通风孔,内壁涂塑料层,适宜装新鲜蔬菜和水果等怕热怕闷的货物。

(10)保温集装箱(insulated container):箱内有隔热层,箱顶又有能调节角度的进出风口,可利用外界空气和风向来调节箱内温度,紧闭时能在一定时间内不受外界气温影响。适宜装运对温湿度敏感的货物。

(11)散装粉状货集装箱(free flowing bulk material container):与散装箱基本相同,但装卸时使用喷管和吸管。

(12)挂式集装箱(dress hanger container):适合于装运服装类商品的集装箱。

以上介绍的几种集装箱,除了干货箱以外,其他几种都是特种箱,随着国际贸易的发展,商品结构不断变化,今后还会出现各种不同类型的专用或多用集装箱。

五、集装箱运输标识

为了便于海关及其他相关方面对在国际流通的集装箱进行监督和管理,每一个集装箱均须在适当和明显的部位涂刷以下永久性标志。

（一）第一组标识：箱主代码、顺序号、核对号

第一组标识，如：COSU 800111$\boxed{2}$。

1. 箱主代码：集装箱所有者的代码，它由 4 位拉丁字母表示；前 3 位由箱主自己规定，并向国际集装箱局登记；第 4 位字母为 U，表示海运集装箱代码。如中国远洋运输公司的箱主代号为：COSU。

2. 顺序号：为集装箱编号，按照国家标准（GB 1836—86）的规定，用 6 位阿拉伯数字表示，不足 6 位，则以 0 补之。

3. 核对号：用于计算机核对箱主代码与顺序号记录的正确性。核对号位于顺序号之后，用 1 位阿拉伯数字表示，并加方框以示提醒。

4. 关于核对号的计算方法。首先，将表示箱主代码的 4 个字母转换成相应的数字，字母和数字的对应关系见表 1－14。

表 1－14　字母和数字的对应关系

字母	A	B	C	D	E	F	G	H	I	J	K	L	M
数字	10	12	13	14	15	16	17	18	19	20	21	23	24
字母	N	O	P	Q	R	S	T	U	V	W	X	Y	Z
数字	25	26	27	28	29	30	31	32	34	35	36	37	38

须注意，表 1－14 中去掉了 11 及其倍数的数字，这是因为后面的计算将把 11 作为模数。

其次，将前 4 个字母对应的数字加上后面的顺序号的数字，共计 10 位数列出。如：中国远洋运输公司某箱的箱主代码和顺序号为：COSU 800111。其对应的数字为：13－26－30－32－8－0－0－1－1－1

而后采用加权系数法进行计算，其计算公式为：

$$S = \sum_{i=10}^{9} C_i \times 2^i$$

其中：C_i——10 个数字中的第 i 个数字。

最后将 S 除以模数 11，再取其余数，即得其核对号。

现仍以 COSU 800111 箱为例：

$$S = 13 \times 2^0 + 26 \times 2^1 + 30 \times 2^2 + 32 \times 2^3 + 8 \times 2^4 + 0 \times 2^5 + 0 \times 2^6 + 1 \times 2^7 + 1 \times 2^8 + 1 \times 2^9 = 1\,465$$

除以 11，取其余数，余数为 2。

因此，核对号为：$\boxed{2}$。故，第一组标记为：COSU800111$\boxed{2}$。

注意，计算所得如果余数为 0 或 10 时，其核对号为$\boxed{0}$。

（二）第二组标识：国籍代号、尺寸代号、类型代号

第二组标识，如：PRC 45 30 或 PRC 45 R。

1. 国际代码。用 3 位拉丁字母表示，用于说明集装箱的登记国，例如“PRC”为中华人民共和国的代码。各国的国际代码可从各国和地区代码表中查得，但要注意有的也用两位拉丁字母表示如：中国－CN。

2. 尺寸代码。由2位阿拉伯数字组成，用于表示集装箱的尺寸大小，具体表示可从集装箱尺寸代码表中查取。代码表中用数组表示各类长度箱的分类如下：

10～19　表示10ft长的箱子；

20～29　表示20ft长的箱子；

30～39　表示30ft长的箱子；

40～49　表示40ft长的箱子。

其中第二位数字用1～9表示箱高的不同，0为标准8ft高的箱子，5(含5)以前的数字表示为高于8ft以上的高箱，6以后的数字表示低于8ft的矮箱。

3. 类型代码。由2位阿拉伯数字组成，或用1个字母，用于说明集装箱的类型，如：30或R表示用制冷剂方式的冷藏集装箱。集装箱类型代码可从集装箱类型代码表中查找。代码表中由00～99表示不同类型的集装箱。

如：G(general)表示通用集装箱；V(ventilated)表示通风集装箱；B(bulk)表示散货集装箱；R(reefer)表示保温集装箱中的冷藏集装箱；H(heated)表示集装箱中的隔热集装箱；U(up)表示敞顶集装箱；P(platform)表示平台集装箱；T(tank)表示罐式集装箱；A(air)表示空陆水联运集装箱；S(sample)表示以货物命名的集装箱。

如：PRC　45　30或　CN　45R表示中国40ft的冷藏箱。

(三)第三组标识：最大总重和自重

如，MAX CROSS：×××　TARE：×××NET：×××

1. 最大总重量(MAX GROSS)，又称额定重量，是集装箱的自重和最大允许载货重量之和。最大总重量单位要求用公斤(kg)和磅(lb)同时标出。各种类型集装箱的最大总重量可见表1－15。

表1－15　各类集装箱的最大总重量

箱类(型)	40ft	30ft	20ft	10ft
最大总重量(kg)	30 480	25 400	24 000	10 160

2. 自重(TARE)，是集装箱的空箱重量。同一类型、同一尺寸的集装箱，由于各自的制造材料不同，箱子的自重存在很大的差异。在船舶配积载图上，通常把20ft箱子自重定为2t，40ft箱子自重定为4t。其表示如下，MAX GROSS：×××　TARE：×××　NET(PLAYLOAD)：×××。

(四)第四组标识：最大容积

如，CU CAP：ft^3。

第三节　集装箱班轮运输主要国际公约

在世界航运发展史上，广大货主与承运人的利益之争可谓始终不断，其斗争的结果最终体现在相关的国际公约中。目前，调整班轮运输的国际公约主要有三个，即《海牙规则》《维斯比规则》《汉堡规则》。

《海牙规则》是海上运输方面一个十分重要的公约，1924年8月25日在布鲁塞尔签署，于1931年6月2日生效。几十年来，许多的航运公司都在其制发的提单上规定采用本规则，据以确认承运人在货物装船收受、装载、承运、保管、照料和卸载过程中所应承担的责任和义务，以及其应享受的权利与豁免。自1924年《海牙规则》实施以来，由于本身存在的和在实施过程中出现的各项问题，以及近年来国际经济、政治的变化和海运技术的发展，某些内容已经过时，多数国家特别是代表货方利益的国家和第三世界国家强烈要求修改本规则。目前，对《海牙规则》的修改存在两个方案：一个是代表英国及北欧各传统海运国家的《维斯比规则》，另一个是由联合国国际贸易法委员会所属国际航运立法工作组提出的代表第三世界和货方利益的《汉堡规则》。由于目前正处于新旧交替过程中，而这3个规则在实际的海运业务中，分别为有关国家及船公司所采用，所以，我们对这3个规则都应该有所了解。

中国未参加上述3个公约，但中国的海商法在有关班轮运输法律规定上是以海牙—维斯比体系为基础，同时还吸收了《汉堡规则》的内容。

一、《海牙规则》

《海牙规则》全称为《1924年统一提单的若干法律规则的国际公约》。《海牙规则》是在承运人势力强大的背景下产生的。《海牙规则》使得海上货物运输中有关提单的法律得以统一，在促进海运事业发展、推动国际贸易发展方面发挥了积极作用，是最重要的和目前仍被普遍使用的国际公约，我国于1981年承认该公约。《海牙规则》的特点是较多地维护了承运人的利益，但在风险分担上很不平衡，因而引起了作为主要货物国的第三世界国家的不满，纷纷要求修改《海牙规则》，建立航运新秩序。该公约共有16条规定，其主要内容有：承运人最低限度的义务，承运人的责任期间，承运人的免责，赔偿责任限额，运输合同无效条款，托运人的义务和责任，索赔通知与诉讼时效，公约的适用范围。

二、《维斯比规则》

《维斯比规则》全称是《1968年修改统一提单的若干法律规则的国际公约的议定书》。在第三世界国家的强烈要求下，修改《海牙规则》的意见已为北欧国家和英国等航运发达国家所接受，但他们认为不能急于求成，以免引起混乱，主张折中各方意见，只对《海牙规则》中明显不合理或不明确的条款作局部的修订和补充，《维斯比规则》就是在此基础上产生的。所以《维斯比规则》也称《海牙—维斯比规则》，1968年2月23日在布鲁塞尔通过，于1977年6月生效。《维斯比规则》的内容只是对《海牙规则》的补充和修改。该规则的主要内容有：明确规定提单对于善意受让人是最终证据，责任限制，承运人的雇佣人或代理人的责任限制，诉讼时效，公约的适用范围。《海牙规则》仅适用于在缔约国签发的提单，《维斯比规则》将其适用范围扩大了，规定有下列情况之一，即可适用该公约：一是提单在缔约国签发；二是从一个缔约国的港口起运；三是提单中列有首要条款（首要条款就是法律条款，即合同双方当事人合意选择适用该公约）。

三、《汉堡规则》

《汉堡规则》的全称为《1978年联合国海上货物运输国际公约》。1976年由联合国贸易法律委员会草拟，1978年经联合国在汉堡主持召开并在会议上审议通过。《汉堡规则》可以说是在第三世界国家的反复斗争下，经过各国代表多次磋商，并在某些方面做出妥协后通过的。《汉堡规则》全面修改了《海牙规则》，其内容在较大程度上加重了承运人的责任，保护了货方的利益，代表了第三世界发展中国家意愿，这个公约已于1992年生效。但因签字国为埃及、尼日利亚等非主要航运货运国，因此目前《汉堡规则》对国际航运业的影响不是很大。该公约共34条，公约对《海牙规则》进行了实质性的修改。最主要的特点是扩大了承运人的责任，主要表现在下列几个方面：承运人的责任基础与免责，延迟交货的责任，承运人的责任期间，责任限额，关于保函的效力，货物的适用范围，关于承运人与实际承运人的关系，索赔通知和诉讼时效，公约的适用范围。

《汉堡规则》提高了承运人的最高赔偿限额，规定承运人对货物灭失或损坏的赔偿责任为每件或每单位835特别提款权（SDR），或每公斤2.5特别提款权，以高者为准。《汉堡规则》也采用了对货主有利的双重责任限额，依《汉堡规则》的规定，索赔通知应在收货后的第一个工作日内提交。在损害不明显时，于收货后15日内提交。延迟交付的索赔通知应在收到货后连续60天内提交。公约规定的诉讼时效为2年。

依公约第2条的规定，公约适用于两个不同国家之间海上运输合同，并且有以下规定：提单或作为海上运输合同证明的其他单证在某一缔约国的签发；提单或作为海上运输合同证明的其他单证中载有适用《汉堡规则》或采纳该规则的任何国内法的首要条款；装货港、卸货港或备选卸货港位于缔约国；公约不适用于租船合同，但适用于租船合同项下的提单。

四、《统一国际航空运输某些规则的公约》

《统一国际航空运输某些规则的公约》的主要内容是统一航空运输规则，明确国际航空运输承运人责任，以促进国际航空运输有序发展，保护消费者权益。我国批准该公约有利于提高中国民航的国际竞争力，保护航空运输消费者权益。

《统一国际航空运输某些规则的公约》首次于1929年10月12日在华沙签署（简称《华沙公约》），1933年2月13日生效。我国于1958年7月20日递交了加入该公约的通知书，同年10月18日开始对我国生效。随后，该公约于1955年9月28日在海牙修订（简称《海牙议定书》），1963年8月1日生效，我国于1975年8月交存加入书，同年11月8日起对我国生效。该公约第三次于1999年在蒙特利尔修订（简称《1999年蒙特利尔公约》），因修改较大，国际民航组织要求各国再次批准。该公约为调整国际航空货物运输合同关系创立了基本制度，虽多次修改，仍然是调整国际航空货物运输的主要公约。

《1999年蒙特利尔公约》主要规定了公约的适用范围、当事人的权利和义务、航空运单、货物的交付、承运人的责任和损害赔偿范围、免责、异议、管辖、诉讼与时效、联合运输、保险等具体内容，并明确规定：在某些情况下，该公约应当优先于国际航空运输所适用的任何规则，包括《华沙公约》、《海牙议定书》、1961年9月18日的《瓜达拉哈拉公约》、1971年3月8日的《危地马拉城议定书》等规则。

五、《联合国国际货物多式联运公约》

《联合国国际货物多式联运公约》是在联合国贸发会议（贸易和发展会议）主持下起草的，1980年5月24日我国参加了该公约在日内瓦的起草和最后文件鉴定。《多式联运公约》的主要内容包括名词定义的规定，多式联运公约的适用范围的规定，多式联运承运人赔偿责任的规定，多式联运单据的规定，发货人责任的规定，索赔与诉讼的规定。

本章思考题

1. 为什么国际集装箱运输从 20 世纪 80 年代后得以飞速发展？
2. 在远洋和近洋的班轮运输中，集装箱运输取代普通件杂货运输的原因是什么？
3. 我国从事国际集装箱运输的船公司主要有哪些？
4. 集装箱标准化工作在国际集装箱运输发展中的意义是什么？
5. 简述集装箱运输结构和运输标识在国际集装箱运输实务中的作用。
6. 简述国际集装箱班轮运输中主要国际公约涉及的内容。

第二章　集装箱货物

第一节　概述

集装箱货物(containerizable cargo),指的是宜用集装箱装运的商品或物品。一般而言,货物是否适合装箱,要受商品或物品的物理因素和经济因素的影响。

一、集装箱货物的分类

随着国民经济的发展和国际贸易的扩大,运输货物的种类不断增加,运输要求不断变化,承运人为保证货物运输的安全和提高货运的质量,对货物进行了相应的科学分类。在集装箱货物运输中,对货物不同的分类方法如下。

(一)按货物的性质分

集装箱货按照货物的性质可以分为普通杂货和特殊货物。

1. 普通杂货,该类货物又分为清洁货和污脏货。

2. 特殊货物,主要包括冷藏货、活动植物、笨重货、贵重货、危险货、液体货、易腐货、散货等除了普通杂货之外的集装箱货。

(二)按适箱程度分

集装箱货按适合装箱的程度可以分为最适合装箱货、适合装箱货、临界装箱货和不适合装箱货等。为保证货物或物品在运输中不被损坏,应根据不同货物或物品的特性,选用适合于装载该类货物或物品的集装箱。

1. 最适合装箱货(prime containerizable cargo)。主要是价格较高、运费较高,容易损坏和被盗,且包装尺寸与集装箱的尺寸相配合,可充分利用集装箱载重量和载货容积的商品或物品。如各种酒、香烟及烟草、中西药品、工艺品、光学仪器、各种家用电器、摩托车、小型机械以及各种冷藏货和冷冻货等。

2. 适合装箱货(suitable containerizable cargo)。主要是价格不太高,运费比最适合装箱货便宜,遭受损坏或盗窃的可能性较小的一类商品或物品,如纸浆、木板、电线、小五金、兽皮、炭精棒、颜料、煤焦油等。此类货物中有一些属于污脏货,运输中支付的货物赔偿费相对较高,但装箱运输可限制其污损的范围,故适合装箱运输。

3. 临界装箱货(marginal containerizable cargo)。其又称边际装箱货,这一类货物从技术上看是可以装箱的,但由于价格低廉、运费便宜,从经济角度看是不利的。这些货物在包装方面均难以进行集装箱化。属于这一类商品的有钢锭、铅锭、生铁块、原木、砖瓦等。这些商品一般不会受损或被盗。

4. 不适合装箱货(unsuitable containerizable cargo)。这一类货物是指那些从技术上看装箱是有困难的,或货流量大时可以用专门运输工具(包括专用车、专用船)运输的货物,因为利用专用运输工具可以提高装卸效率,降低成本。例如原油、矿砂、砂糖等均有专门的油船、矿砂船及其他散货船装运,原油和矿砂等不宜装箱运输。又如桥梁、铁路、大型发电机等设备,由于尺寸大大超过国际标准集装箱中最大尺寸的集装箱,故装箱有困难,但可以装在组合式的平台箱上运载。

由于集装箱运输的不断发展,货物包装等运输条件不断优化,客户需求多样性不断变化,市场竞争不断深化等原因,货物是否适宜装箱的问题日趋淡化。

二、集装箱货物装箱方式

根据集装箱货物装箱数量和方式可分为整箱货和拼箱货两种。

(一)整箱货(full container load,FCL)

整箱货一般有货主或其代理自行装箱,是指货主自行将货物装满整箱以后,以箱为单位托运的集装箱。当货主有足够货源装载一个或数个整箱时通常采用整箱货,除有些大的货主自己备有集装箱外,一般都是向承运人或集装箱租赁公司租用一定的集装箱。空箱运到工厂或仓库后,在海关人员的监管下,货主把货装入箱内、加锁、铅封后交承运人并取得站场收据,最后凭收据换取提单或运单。

(二)拼箱货(less than container load,LCL)

拼箱货一般由无船承运人、货运站或其代理装箱,是指无船承运人(或代理人)接收货主托运的数量不足整箱的小票货运后,根据货类性质和目的地进行分类整理。把去同一目的地的货物集中到一定数量拼装入箱。由于一个箱内由不同货主的货拼装在一起,所以叫拼箱货,在货主托运数量不足装满整箱时采用拼箱货。拼箱货的分类、整理、集中、装箱(拆箱)、交货等工作均在承运人码头集装箱货运站或内陆集装箱转运站进行。

通常国际多式联运中的货物是相对于集装箱整箱货而言,而无船承运人和货运代理一般从事拼箱货的相关业务。

第二节　集装箱货物的装载方式

在进行集装箱货物装箱前,应根据所运输的货物种类、包装、性质和其运输要求,选择合适的集装箱。采用统一标准规格的集装箱,不仅能保证货运质量,而且还是提高集装箱运输效率的必要条件。所选择的集装箱应具备的条件如下。

(1)集装箱符合 ISO 标准。

(2)集装箱四柱、六面、八角完好无损。

(3)集装箱各焊接部位牢固。

(4)集装箱内部清洁、干燥、无味、无尘。

(5)集装箱不漏水、不漏光。

(6)集装箱具有合格检验证书。

一、集装箱货物装载的一般要求

随着集装箱货物国际多式联运的发展,不同种类、性质、包装的货物进入了集装箱运输领域。与此同时,从事集装箱运输的管理人员、操作人员不断增加,为确保货运质量,做好箱内货物的积载工作是很重要的。许多货损事故的发生都是装箱不当所致。货物在集装箱内的堆装,特别是在海上运输区段风险更大,货损事故难免发生。货物在箱内由于积载、装箱不当不仅造成货损,还会给运输及装卸机械等设备造成损坏,甚至引发人身伤亡。

集装箱货物在积载、堆装时,应把集装箱视为船舶的一个货舱,按船舶配积载的业务要求办理，在货物装箱时应注意的事项有以下几个方面。

(1)不同件杂货混装在同一箱内时，应根据货物的性质、重量、外包装的强度、货物的特殊性等情况，将货物区分开。一般将包装牢固、重件货装在箱子底部，而包装不牢的、轻货则装在箱子上部。

(2)货物在箱子内的重量分布应均衡。如箱子某一部分装载的负荷过重，则有可能使箱子底部结构发生弯曲。在吊机和其他机械作业时，箱子会发生倾斜，致使作业不能进行。此外，在陆上运输时，如存在上述情况，拖车前后轮的负荷因差异过大，也会发生故障。

(3)在进行货物堆码时，则应根据货物的包装强度，决定货物的堆码层数。另外，为使箱内下层的货物不致被压坏，应在货物堆码之间垫入缓冲器材。

(4)货物与货物之间应加隔层板或隔热器材，避免货物相互擦伤、沾湿、污损。

(5)货物的装载要严密整齐，货物之间不应留有空隙，这样不仅可充分利用箱内容积，也可防止货物相互碰撞而造成损坏。

(6)在目的地拆箱时，由于对货物没有采取系牢措施，曾发生货物倒塌，造成货物损坏和人身伤亡的事故。因此，在装箱完毕，关箱前应采取系牢措施，防止箱口附近货物倒塌。

(7)应使用清洁、干燥的垫料(胶合板、缓冲器材、隔热板)，若使用潮湿的垫料，则易发生货损事故。

(8)根据货物的不同性质、种类、包装，选用不同规格的集装箱，选用的箱子应符合国际标准，须经过严格的检查，并具有检验部门颁发的合格证书。

二、典型货物的集装箱装载作业

(一)纸箱货的装箱操作

纸箱是集装箱货物中最常见的一种包装，一般用于包装比较精细和质轻的货物。

纸箱装箱操作的注意事项如下。

第一，当集装箱内装的是统一尺寸的大型纸箱时，会产生空隙。当空隙为10cm左右时，一般不需要对货物进行固定，但当空隙很大时，就需要按货物具体情况加以固定。

第二，如果不同尺寸的纸箱混装，应就纸箱大小合理搭配，做到紧密堆装。

第三，拼箱的纸箱货应进行隔票。隔票时可使用纸、网、胶合板、垫货板等材料，也可以用粉笔、带子等做记号。

第四，纸箱货不足以装满一个集装箱时，应注意纸箱的堆垛高度，以满足集装箱底面占满的要求。

纸箱的装载和固定操作注意事项如下。

第一，装箱是要从箱里往外装，或从两侧往中间装。

第二，在横向产生250cm～300cm的空隙时，可以利用上层货物的重量把下层货物压住，最上层货物一定要塞满或加以固定。

第三，所装的纸箱很重时，在集装箱的中间层就需要适当地加以衬垫。

第四，箱门端留有较大的空隙时，需要利用方形木条来固定货物。

第五，装载小型纸箱货时，为了防止塌货，可采用纵横交叉的堆装法。

(二)木箱货的装箱操作

木箱的种类繁多，尺寸和重量各异。木箱装载和固定时应注意的问题有以下几个方面。

1. 装载比较重的小型木箱时，可采用骑缝装载法，使上层的木箱压在下层两木箱的接缝上，最上一层必须加以固定或塞紧。

2. 装小型木箱时，如箱门端留有较大空隙，则必须利用木板和木条加以固定或撑紧。

3. 重心较低的重、大木箱只能装一层且不能充分利用箱底面积时，应装在集装箱的中央，底部横向必须用方形木条加以固定。

4. 对于重心高的木箱，紧靠底部固定是不够的，还必须在上面用木条撑紧。

5. 装载特别重的大型木箱时，经常会形成集中负荷或偏心负荷，故必须有专用的固定设施，不让货物与集装箱前后端壁接触。

6. 装载框箱时，通常使用钢带拉紧，或用具有弹性的尼龙带或布带来代替钢带。

（三）货板货的装箱操作

货板上通常装载纸箱货和袋装货。纸箱货在上下层之间可用粘贴法固定。袋装货装板后要求袋子的尺寸与货板的尺寸一致，对于比较滑的袋装货也要用粘贴法固定。

货板在装载和固定时应注意的问题有以下几个方面。

1. 货板的尺寸如在集装箱内横向只能装一块时，则货物必须放在集装箱的中央，并用纵向垫木等加以固定。

2. 装载两层以上的货物时，无论空隙在横向或纵向，底部都应用档木固定，而上层货板货还需要用跨档木条塞紧。

3. 如货板数为奇数，则应把最后一块货板放在中央，并用绳索通过系环拉紧。

4. 货板货装载框架集装箱时，必须使集装箱前后、左右的重量平衡。装货后应用带子把货物拉紧，货物或装完后的集装箱上应加罩帆布或塑料薄膜。

5. 袋装的货板货应根据袋包的尺寸，将不同尺寸的货板搭配起来，以充分利用集装箱的容积。

（四）捆包货的装箱操作

捆包货包括纸浆、板纸、羊毛、棉花、面布，及其他棉织品、纺织品、纤维制品、废旧物料等，其平均每件重量和容积通常比纸箱货和小型木箱货大。

一般捆包货都用杂货集装箱装载。捆包在装载和固定时应注意的问题如下。

1. 捆包货一般可横向装载或竖向装载，此时可充分利用集装箱箱容。

2. 捆包或装载时一般都要用厚木板等进行衬垫。

3. 用粗布包装的捆包货，一般比较稳定而不需要加以固定。

（五）袋装货的装箱操作

袋包装的种类有麻袋、布袋、塑料袋等，主要装载的货物有粮食、咖啡、可可、废料、水泥、粉状化学药品等。通常袋包装材料的抗潮、抗水湿能力较弱，故装箱完毕后，最好在货顶部铺设塑料等防水遮盖物。

袋装货在装载和固定时应注意的问题如下。

1. 袋装货一般容易倒塌和滑动，可用粘贴剂粘固，或在袋装货中间插入衬垫板和防滑粗纸。

2. 袋装货一般在中间呈鼓凸形，常用堆装方法有砌墙法和交叉法。

3. 为防止袋装货堆装过高而有塌货的危险，需要用系绑用具加以固定。

（六）滚筒货的装箱操作

卷纸、卷钢、钢丝绳、电缆、盘元等卷盘货，塑料薄膜、柏油纸、钢瓶等滚筒货，以及轮胎、瓦管等均属于滚动类货物。滚动货装箱时一定要注意消除其滚动的特性，做到有效、合理地装载。

1. 卷纸类货物的装载和固定操作。卷纸类货物原则上应竖装，并应保证卷纸两端的截面不受污损。只要把靠近箱门口的几个卷纸与内侧的几个卷纸用钢带捆在一起，并用填充物将箱门口处的空隙填满，即可将货物固定。

2. 卷钢的装载和固定操作。卷钢虽然也属于集中负荷的货物，但是热轧卷钢一般比电缆轻。装载卷钢时，一定要使货物之间互相贴紧，并装在集装箱的中央。对于3t左右的卷钢，除用钢丝绳或钢带通过箱内系环将卷钢系紧外，还应在卷钢之间用钢丝绳或钢带连接起来；对于5t左右的卷钢，还应再用方形木条加以固定。固定时通常使用钢丝绳，而不使用钢带，因为钢带容易断裂。

3. 电缆的装载和固定操作。电缆是绕在电缆盘上进行运输的，装载电缆盘时也应注意箱底的局部强度问题。大型电缆盘在集装箱内只能装一层，一般使用支架以防止滚动。

4. 盘元的装载和固定操作。盘元是一种只能用机械装载的重货，一般在箱底只能装一层。最好使用井字形的盘元架，大型盘元还可以用直板系板、夹件等在集装箱箱底固定。

5. 钢瓶的装载和固定操作。普通卡车用的小型轮胎竖装或横装都可以。横装时比较稳定，不需要特别加以固定。大型轮胎一般以竖装为多，应根据轮胎的直径、厚度来研究其装载方法，并加以固定。

（七）桶装货的装箱操作

桶装货一般包括各种油类、液体和粉末类的化学制品、酒精、糖浆等，其包装形式有铁桶、木桶、塑料桶、胶合板桶和纸板桶等5种。除桶口在腰部的传统鼓形木桶外，桶装货在集装箱内均以桶口向上的竖立方式堆装。由于桶体呈圆柱形，故在箱内堆装和加固的方法均由具体尺寸决定，使其与箱形尺寸相协调。

1. 铁质桶的装载和固定操作。集装箱运输中以0.25m^3的铁桶最为常见。这种铁桶在集装箱内可堆装两层，每一个20ft型集装箱内一般可装80桶。装载时要求桶与桶之间要靠近，对于桶上有凸缘的铁桶，为了使桶与桶之间的凸缘错开，每隔一行要垫一块垫高板，装载第二层时同样要垫上垫高板，而不垫垫高板的这一行也要垫上胶合板，使上层的桶装载稳定。

2. 木质桶的装载和固定操作。木桶一般呈鼓形，两端有铁箍，由于竖装时容易脱盖，故原则上要求横向装载。横装时在木桶的两端垫上木楔，木楔的高度要使桶中央能离开箱底，不让桶的腰部受力。

3. 纸板桶的装载和固定操作。纸板桶的装载方法与铁桶相似，但其强度较弱，故在装箱时应注意不能使其翻倒而产生破损。装载时必须竖装，装载层数要根据桶的强度而定，有时要有一定限制，上下层之间必须插入胶合板做衬垫，以便使负荷分散。

（八）各种车辆的装箱操作

集装箱内装载的车辆有小轿车、小型卡车、各种叉式装卸车、推土机、压路机和小型拖拉机等。杂货集装箱只能装一辆小轿车，因此箱内会产生很大的空隙。如果航线上有回空的冷冻集装箱或动物集装箱，用来装小轿车比较理想，因为冷冻集装箱和动物集装箱的容积比较小，可以更有效地利用集装箱的箱容。而对于各种叉式装卸车、拖拉机、推土机及压路机等特种车辆的运输，通常采用板架集装箱来装载。

1. 小型轿车和卡车的装载和固定操作。小型轿车和卡车一般都采用密闭集装箱装载。

固定时利用集装箱上的系环把车辆拉紧，然后再利用方形木条钉成井字形木框垫在车轮下面，防止车辆滚动，同时应在轮胎与箱底或木条接触的部分用纱布或破布加以衬垫。也可按货主要求，不垫方形木条，只用绳索拉紧即可。利用冷冻箱装箱时，可用箱底通风轨上的孔眼进行拉紧。

2. 各种叉车的装载和固定操作。装载叉式装卸车时，通常都把货叉取下后装在箱内。装箱时，在箱底要铺设衬垫，固定时要用纱头或破布将橡胶轮胎保护起来，并在车轮下垫塞木楔或方形木条，最后要利用钢丝绳系紧板架集装箱箱底的系环。

3. 推土机和压路机的装载和固定操作。推土机、压路机每台重量很大，一般一个板架集装箱内只能装一台，通常都采用吊车从顶部装载，装载时必须注意车辆的履带是否在集装箱下侧梁上，因为铁与铁相接触，很容易产生滑动，所以箱底一定要衬垫厚木板。

4. 拖拉机和其他车辆类货物的装载和固定操作。小型拖拉机横向装载时可使其装载量增加，但装载时也应注意集中负荷的问题，故箱底要进行衬垫，以分散其负荷，并要用方形木条、木楔以及钢丝绳等进行固定。

三、特殊货物的集装箱装载

（一）超尺度和超重货的装载

所谓超尺度和超重货指货物的尺度超过了国际标准集装箱的尺寸而装不下的货物，以及单件货物重量超过了国际标准集装箱的最大载重量而不能装载的货物。在集装箱运输装载时，应注意集装箱在容许范围内可以超高、超宽、超长，但不能超重。

1. 超高货。通常情况下，干货集装箱门的有效高度，20ft 型箱为2 135mm ~ 2 154mm，40ft 型箱为 2 265mm ~ 2 284mm，如货物超过了这一高度，则称为超高货。超高货的运输必须用开顶集装箱，或用板架集装箱装载。集装箱运输装载超高货箱时，只能堆装在舱内或甲板上的最高层。但集装箱船的设计高度一般是 8ft 6in，而 IC 型集装箱的通常高度为 8ft，因此，在舱内装载 8ft 高的集装箱时，舱内垂直方向将留有一定的空隙。另外，如超高量太大，整个货物的重心高度必然会提高，会影响船舶稳性高度，给海上货物运输带来不安全因素。

2. 超宽货。集装箱运输不允许货物在横向突出的距离，是受到集装箱船箱格结构的限制。在陆上运输时其超宽的限制没有像超高那样严格。关于装卸机械对超宽的限制则根据所使用的机械设备种类而定，如跨运车，一般对每边超宽 10cm 以内的集装箱可从底盘车上卸下，但如超过了 10cm，跨运车则无法作业。

3. 超长货。在集装箱船的箱格结构上，船舱内是无法装载超长货的，因为每一个箱格都有横向构件，所以必须装运时，也只能装载在甲板上运输。从集装箱本身条件看，只有板架集装箱才能装载超长货，因板架集装箱可将两端插板取下，装货时，把插板铺在货物下面即可。

4. 超重货。集装箱装载货物的重量和箱子自重的总重是有限制的，所有与其有关的运输工具和集装箱机械也都是根据这一总重来进行设计。因此，应注意在装箱完毕后，其总重量不能超出其限制的数值，否则会影响集装箱的安全运输。一旦在装箱完毕后发现已超出所规定的最大允许重量，应取出一部分货物，因为箱子超重是绝对不允许的。

（二）液体货的装载

液体货也可看作是散装货物的一种。利用罐式集装箱运输液体货可大量减少包装费和装卸费。运输液体货物的集装箱主要有两种：一是用罐式集装箱运输，二是液体货物在装入其他容器后再用集装箱装载。在采用罐式集装箱运输液体货物时应注意以下几点。

第一，罐式集装箱本身结构、性能、箱内表面的涂料是否满足货物的运输要求。

第二，查明集装箱的容量和所允许的载重量的比例与货物密度是否接近一致，当货物密度较大装载半罐的情况时，在装卸和运输过程中有损罐的危险。

第三，查明排罐时是否具有必要的设备，这些设备是否适用于集装箱的阀门。

第四，检查安全阀是否有效。

第五，了解货物的特性，在运输和装卸过程中是否需要加温，以及装卸地是否具有蒸汽源和电源。

第六，了解有关法规是否受其制约。

从航运实际看，液体货较常用罐式集装箱装载运输，虽然在经济上有较大收益，但发展较慢，其主要原因如下。

第一，制造罐式集装箱工艺难，成本高。

第二，由于液体货的特性各异，其物理性能和化学性能不同，制造多种液体货集装箱在技术上有困难。

第三，食品货物存在受污染的问题，而有些食品会受到有关法规的制约。

第四，清扫该种箱子的场所难以满足，污水处理有困难。

第五，国际上对该种集装箱的运输、装载缺乏明确规定。

（三）冷藏货的装载

冷藏货集装箱装载可分为冷却货物（chilled cargo）和冷冻货物（frozen cargo）两种，冷却货物是指选定不冻结的温度，或者是货物表面有轻微冻结，其温度范围在－1℃～＋11℃，冷却货物目的是为了维护货物的呼吸和防止箱内出汗。冷冻货物是指将货物冻起来运输，其温度范围通常在－20℃～－1℃。

对冷藏货物在运输途中应保持的温度，货主在托运时都有明确指示，对承运人来说必须严格遵照执行。同时，把货主签发的有关该票货物在运输途中所需要的文件保管好，避免在货主与承运人之间发生纠纷后，就温度问题引起争执。

冷藏货集装箱装载前，对集装箱和货物都应进行如下检查。

1. 冷藏装置的启动、运转、停止。
2. 通风孔处于何种状态（开启或关闭）。
3. 泄水管是否堵塞。
4. 集装箱本身的气密性。
5. 冷藏货是否达到规定的温度。
6. 装箱时，应注意货物不要堵塞冷气通道，天棚部分留有一定的间隙。
7. 装箱期间，冷冻装置应停止运转。

（四）动、植物的装载

动物的运输一般采用动物集装箱，关于动物集装箱的结构、强度、装载方法、动物的照料人等，各国都有详细的规定。

通常在装载时应考虑如下事项。

1. 装载位置应在甲板上风浪较小的地方，周围应堆装杂货集装箱，对风浪进行遮蔽。
2. 为了能在航行中进行清扫和喂料，箱的周围应留有空位。
3. 根据动物集装箱的结构和强度，只能在甲板上装一层，而不能堆装第二层，故会产生空载间隙。

4. 由于装载位置受到限制，在装载前需要进行仔细而周密地计划，以便不影响其他集装箱的装载，也不要因检疫而发生倒载。

植物货物有啤酒麦，柠檬、橘子等水果，洋葱等蔬菜，以及木材等。这些货物可用杂货集装箱、散货集装箱、冷藏集装箱、通风集装箱、台式集装箱等进行装载。

（五）散装货的装载

用集装箱装载运输散装货可节约包装费、装卸费。散装集装箱主要用于装载运输小麦、麦芽、谷物、树脂、铅粉等，在装载该类货物时应注意以下几点。

1. 装卸地的装卸设施。
2. 箱型的选定及清扫。
3. 防止因出汗而造成的货损。
4. 不同货物的自然特性。
5. 箱子应清洁、干燥、无味。

（六）危险货物的装载

危险货物的装载方法和运输要求与非危险货物是完全不同的，这是因为要考虑该类货物的物理性质、化学性质以及运输安全的要求。

《国际海运危险货物规则》中对危险货物的集装箱装载要求如下。

1. 不符合国际海运危险货物规则要求的货物，或已货损、渗漏的货物不得装入箱内。
2. 危险货物的任何部分不得突出箱容，装箱后应关门封锁。
3. 不应将危险货物与不相容的物质装载于同一箱内。
4. 只有按《国际海运危险货物规则》中有关规定包装后才能装载集装箱运输。
5. 液体货物和非冷藏的压缩气体的装载应得到主管部门的批准。
6. 装载危险物质和其他任何物质的包件，在集装箱内应装紧或有足够的支撑和固定，以适合航行的要求。包装的方式应尽量减少在运输过程中因集装箱装置造成损坏，用于包装上的这些集装箱装置应充分加以保护。
7. 干燥的散装危险货，可装载于主管当局特准制作的用于该种货物运输的集装箱内。
8. 当一票危险货物只构成集装箱箱容的一部分时，最好装载在箱门附近。
9. 对托运人来说，应在货物托运单上或单独的申报单上保证其所托运的货物已正确地加以包装、标记，并具有适运的条件。就危险货物来说，还应写明其正确的名称，单证内应确切说明所属危险货物的类别。
10. 运输时，应准备与运输其他种类货物所需的同样单证，这些单证的格式和应填写的具体内容及其所承担的责任由适用于该项运输方式的国际公约和有关立法加以确定。
11. 装入集装箱内的危险货物，应目测其有无损坏，如证实有实质性的损坏，则不宜装箱。
12. 负责将危险货物装入箱内的工作人员，应提交"装箱证明书"，已证实正确装箱并应符合以下规定：集装箱清洁、干燥、外观上适合装货；集装箱内未装入不相容的货物；所有包件都经过外部破损检查，装入箱内的包件是完好的；所有包件都已恰当地装入集装箱内并加以牢固；集装箱及其包件都有正确的标示、标志；对集装箱内所装的每一票货物，应收到其根据国际海上货物运输规则所要求的危险货物申报单。
13. 装有危险货物的集装箱，应有规格不少于 250mm × 250mm 的国际海上危险货物运输规则类别标志(标牌),应至少有4幅这种标志(标牌),并将其贴在外部明显的位置,每侧各一幅,前后端各一幅。

14. 集装箱一经认为无危险性,所有危险标志应从箱上去掉或加以遮盖。

15. 装载有危险货物的集装箱,应检查外部有无所装货物的破损、撒漏或渗漏现象,一旦发现有破损、撒漏或渗漏的集装箱,在未加以修理或将容器移走前,都不予承运。

16. 装载易于散发易燃的危险货物集装箱,不应与可能提供水源的冷藏或加热的集装箱装载在同一舱内。

17. 装载危险货物的集装箱卸空后,应采取措施保证集装箱没有污染,而使集装箱不具有危险性。

第三节　集装箱货物的交接

一、集装箱货物的流转程序

在国际集装箱运输实践中,通过海运的集装箱货物的流转程序见图2-1所示。

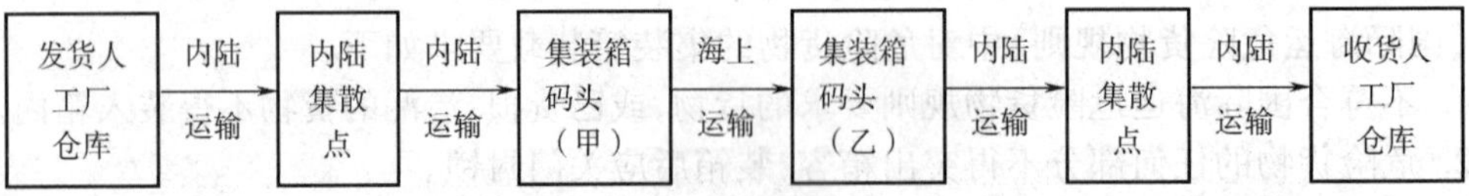

图2-1　海运集装箱货物流转程序

在发货人将货物从工厂或仓库运至集装箱码头时往往有两种途径:一种是货物在工厂或仓库直接装入集装箱,运至集装箱码头;另一种是将货物先运到内陆某集散点集中,通过集散点将到达同一个货流方向的货物集中后装入集装箱,运至集装箱码头。

经海运抵达另一个集装箱码头,从集装箱码头运至收货人工厂或仓库,也有两种途径:一种是整箱货物运到收货人工厂或仓库,另一种是将整箱货物运至内陆集散点,拆箱后,将货物运到收货人手里。

在上述集装箱货物流转程序中,集装箱货物的交接有两种形式:一种是整箱货交接,另一种是拼箱货交接。

(一)整箱货流转程序

整箱货的流转可归纳为以下程序。

1. 在发货人工厂或仓库配置集装箱。
2. 由发货人在自己工厂或仓库装箱。
3. 通过内陆或内河运输。
4. 在集装箱码头堆场办理交接。
5. 将集装箱根据堆场计划堆放。
6. 装船。
7. 通过海上运输。
8. 卸船。
9. 将集装箱根据堆场计划堆放。

10. 在集装箱码头堆场办理交接。

11. 通过内陆或内河运输。

12. 在收货人工厂或仓库掏箱。

13. 集装箱空箱回运。

上述发货人至集装箱码头堆场,以及从集装箱码头堆场运至收货人方面的内陆运输,可在以下三种运输系统之间选择。

第一,货主自己拖运。按这一系统,有关空箱的配置、实箱的运输,均由货主自己负责,将货物运至集装箱码头堆场大门时,与承运人办理交接。

第二,承运人拖运。按这一系统,有关空箱的配置以及空箱的运输(内陆),均由承运人安排并支付运费,承运人的责任从发货人的工厂或仓库开始。

第三,混合拖运。按这一系统,承运人负责并监管空箱配置,有关实箱的运输由货主安排,并支付运费。由承运人负责托运时,内陆运输费用作为全程费用一部分。

(二)拼箱货流转程序

拼箱货的流转可归纳为以下程序。

1. 货运站从码头领取空箱。

2. 货运站配箱、装箱。

3. 对已装箱的实箱加铅封。

4. 将实箱运至码头堆放。

5. 装船。

6. 通过海上运输。

7. 卸船。

8. 将实箱运至货运站。

9. 货运站掏箱。

10. 货运站交货。

11. 集装箱空箱回运。

二、集装箱货物交接方式

集装箱货运分为整箱和拼箱两种,因此在交接方式上也有所不同,纵观当前国际上的做法,大致有以下4类。

(一)整箱交,整箱接(FCL/FCL)

货主在工厂或仓库把装满货后的整箱交给承运人,收货人在目的地以同样整箱接货,换言之,承运人以整箱为单位负责交接。货物的装箱和拆箱均由货主负责。

(二)拼箱交、拆箱接(LCL/LCL)

货主将不足整箱的小票托运货物在集装箱货运站或内陆转运站交给承运人,由承运人负责拼箱和装箱运到目的地货站或内陆转运站,由承运人负责拆箱,拆箱后,收货人凭单接货。货物的装箱和拆箱均由承运人负责。

(三)整箱交,拆箱接(FCL/LCL)

货主在工厂或仓库把装满货后的整箱交给承运人,在目的地的集装箱货运站或内陆转运站由承运人负责拆箱后,各收货人凭单接货。

(四)拼箱交,整箱接(LCL/FCL)

货主将不足整箱的小票托运货物在集装箱货运站或内陆转运站交给承运人。由承运人分类调整,把同一收货人的货集中拼装成整箱,运到目的地后,承运人与收货人整箱交接。

上述各种交接方式中,以整箱交、整箱接效果最好,也最能发挥集装箱的优越性。

三、集装箱货物交接地点

集装箱货物的交接,根据贸易条件所规定的交接地点不同一般分为以下几种。

(1)门到门(door to door):从发货人工厂或仓库至收货人工厂或仓库。

(2)门到场(door to CY):从发货人工厂或仓库至目的地或卸箱港的集装箱堆场。

(3)门到站(door to CFS):从发货人工厂或仓库至目的地或卸箱港的集装箱货运站。

(4)场到门(CY to door):从起运地或装箱港的集装箱堆场至收货人工厂或仓库。

(5)场到场(CY to CY):从起运地或装箱港的集装箱堆场至目的地或卸箱港的集装箱堆场。

(6)场到站(CY to CFS):从起运地或装箱港的集装箱堆场至目的地或卸箱港的集装箱货运站。

(7)站到门(CFS to Door):从起运地或装箱港的集装箱货运站至收货人工厂或仓库。

(8)站到场(CFS to CY):从起运地或装箱港的集装箱货运站至目的地或卸箱港的集装箱堆场。

(9)站到站(CFS to CFS):从起运地或装箱港的集装箱货运站至目的地或卸箱港的集装箱货运站。

以上9种交接方式,进一步可归纳为以下4种方式。

第一,门到门:这种运输方式的特征是在整个运输过程中,完全是集装箱运输,并无货物运输,故最适宜于整箱交、整箱接。

第二,门到场站:这种运输方式的特征是由门到场站为集装箱运输,由场站到门是货物运输,故适宜于整箱交、拆箱接。

第三,场站到门:这种运输方式的特征是由门到场站是货物运输,由场站到门是集装箱运输,故适宜于拼箱交、整箱接。

第四,场站到场站:这种运输方式的特征是除中间一段为集装箱运输外,两端的内陆运输均为货物运输,故适宜于拼箱交、拆箱接。

本章思考题

1. 简述国际集装箱运输中集装箱货物各种交接方式的特征。
2. 简述在国际集装箱运输中,整箱货和拼箱货流转程序的区别和联系。
3. 简述国际集装箱货物的分类与一般货物的分类的异同点。
4. 简述国际集装箱货物装箱的一般要求。
5. 简述集装箱特殊货物和典型货物装载作业时有哪些注意事项。

第三章 集装箱运输船舶和机械

第一节 集装箱船舶及配积载

集装箱船舶是现代水路运输的主要运输工具，通过实现货物的空间位移，成为集装箱物流网络中连接场与场或口岸与口岸之间的重要水路运输方式。

一、集装箱船舶的类型

（一）全集装箱船（full container ship）

全集装箱船所有货舱专门为装运集装箱设计，不能装载其他货物，作业所需而采取的集装箱吊进、吊出，均须利用岸上专用的集装箱装卸设施，故也称集装箱专用型船。

（二）半集装箱船（semi – container ship）

半集装箱船一部分货舱装载集装箱，另一部分可装载一般件杂货。专用集装箱舱一般在船体中央，这种船也称分载型船。

（三）兼用集装箱船（convertible container ship）

兼用集装箱船又称可变换的集装箱船，舱内备有简易可拆装设备，装运一般货物时可拆下，如散、集两用船（bulk or container carrier）或多用途船（multipurpose carrier）等。

（四）滚装集装箱船（roll on or roll off container ship）

滚装集装箱船码头装卸不需要码头装卸设备，利用设在船舷、船首或船尾的开口跳板，将集装箱连同底盘车一起拖进（出）船舱。滚装集装箱船通用性强，可装集装箱、车辆、货盘、超大货物等，其装卸流水作业效率高，不受码头装卸设备限制。但其舱容利用率低，船舶造价高，大多用于近洋或沿海运输、短航线运输，特别是水陆联运。

（五）载驳船（barge carrier）

载驳船又称子母船。驳船装入母船体内，集装箱装在驳船上，海上运输由母船完成。该类型船可以加快母船的周转，简化对码头设施要求，适合于江海联运。

二、集装箱船舶结构特点

总体上说，集装箱船采取吊入、吊出方式，船上无起重设备，利用岸上专用集装箱装卸桥进行装卸，其装卸效率、货运质量均较高，且船舶营运速度快，船舶的稳性较高，其特点如下。

（1）集装箱船机舱基本设置在艉部或偏艉部，这种布置使货舱尽可能方整，尽可能多装集装箱。

（2）船体线形尖瘦、外形狭长、船宽、甲板面积较大，可以保证高航速和合理的甲板装载。

（3）单层甲板，甲板上无舷弧和梁拱，不设置起货设备，甲板上可堆放 2 层 ~ 5 层集装箱，直接堆装在舱口盖上，甲板上有专用加固件或捆扎装置，利于固定货箱。

（4）船体由水密横舱壁分隔为若干货舱，舱口大，舱口宽度等于货舱宽度，为船宽70% ~ 90%，以便于装卸和有效利用舱容。

(5)货舱内装有固定隔栅结构和导管,便于装箱,也可防止船舶摇摆时箱子移动。货舱内为格栅结构,舱内6层~9层。

(6)船体为双层结构,舱口有加固件,具有两重侧壁和双层底。

三、集装箱船舶箱位容量和箱位编号方法

(一)集装箱船舶箱位容量

1. 标准箱容量:集装箱船舶所能承载最大标准集装箱(20ft)的数量。

2. 20ft集装箱容量:最多装载20ft集装箱数量。一般与标准箱容量相同,但与专门装载40ft集装箱箱位的船舶不同。

3. 40ft集装箱容量:最多装载40ft集装箱数量。其不等于20ft容量一半,因为船舶有些地方只能装20ft集装箱。

4. 特殊箱容量:船舶承运危险货箱、冷藏箱等的最大限额。

5. 巴拿马运河箱容量:巴拿马运河当局对通过运河的船舶驾驶盲区有特殊要求,许多船舶舱面前部许多箱位上不能承载集装箱,因此,集装箱船舶除有一般箱容量外,还有一个通过巴拿马运河的标准箱容量。

(二)集装箱船舶箱位编号方法

为准确地表示每一集装箱在船上的装箱位置,以便于计算机管理和有关人员正确辨认,集装箱船每一装箱位置应按国际统一的代码编号方法表示。

目前,装箱船箱位代码编号是采用ISO/TC104委员会规定的方法。以集装箱在船上呈纵向布置为前提,每一箱位坐标以6位数字表示。

前两位表示行号(Bay No.),自船首向船尾,装20ft箱的箱位依次以01、03、05…奇数表示,40ft箱占用两个20ft箱位,箱位依次以02、04、06…偶数表示;中间两位表示列号(Row No. or Slot No.),以船舶纵中剖面为基准,自船中向右舷以01、03、05…奇数表示,向左舷以02、04、06…偶数表示,若中剖面上存放一列,以00表示;最后两位表示层号(Tier No.),从舱内最底层开始,自下而上以02、04、06…偶数表示,舱面集装箱以全船舱面最低层开始,自下而上以82、84、86…表示。

四、集装箱船舶配积载基本要求

(1)充分利用集装箱船舶的箱位容量。

第一,预配时,当箱源数量接近标准箱容量时,20ft、40ft箱数量与船舶20ft箱容量和40ft箱容量相适应,从而提高箱位利用率。

第二,为提高中途港承载后续卸港的承载能力,减少或避免倒箱,尽量保持不同卸港装箱垂向选配箱位和卸箱通道各自独立。

第三,在选配特殊箱位时,箱源充足则应尽量减少承运这类货箱以避免引起箱位损失。如条件许可时可将原安排舱内占用两个箱位的超高集装箱选配于舱面顶层,减少舱内箱位损失。

(2)保证集装箱船舶具有适度的稳性。配积载时,应把重箱装载舱底,轻箱及结构强的集装箱装在甲板上,保证船舶稳性及集装箱的稳固。

(3)保证集装箱船舶具有适当的吃水差。船舶不允许有艏倾也不宜有过大的艉倾,配积载时应注意集装箱重量在船舶纵向上的分配。预配船舶进出吃水受限港口时,更应注意纵

向分布，减少使用压载水调整吃水差，减少船舶总排水量和平均吃水，顺利进出港口。

(4)保证集装箱船舶的纵向强度。集装箱船舶大多为艉机型，油舱、淡水舱一般也集中艉部，开航满载时容易出现中拱，而且集装箱船为大舱口，纵向强度本来就弱，因此，配载时要适当地在船中部多配重箱。

(5)保证集装箱船舶的局部强度。配载应注意堆积负荷，即舱底、甲板和舱盖上所允许堆积集装箱的最大重量。

(6)尽量满足装卸要求，避免中途港倒箱。箱位配置应满足卸箱先后顺序，应考虑便于装卸作业，避免同一卸港的集装箱过分集中。

(7)满足特殊集装箱的积载要求。

(8)装卸作业中要保持船舶左右平衡。

(9)注意平衡舱时，消灭重点舱。

对于箱量特别多的港口集装箱，应分舱装载，不要集中在一个舱内，以免造成重点舱，延长船舶在港装卸时间。在分舱配载时还应注意几台装卸桥同时作业的可能性。

五、集装箱船舶的配积载过程

(一)集装箱预配过程

预配图是由船公司(或其代理人)编制，依据船舶积载能力和航行条件等，按不同卸货港顺序以及集装箱装货清单上拟配的集装箱数量，编制而成的全船行箱位总图，以集装箱船上装20ft箱的行箱位横剖面图，自船首到船尾按顺序排列而成的总剖面图。

预配图绘制后，应认真审核每个卸港的箱量与订舱单是否相符、每个卸港的箱区分布是否合理、特殊箱的配位是否符合要求等内容。审核无误后，可将预配图送交码头集装箱装卸公司，或发送给船舶代理，再由船舶代理送交码头集装箱装卸公司。

(二)集装箱实配过程

集装箱装卸公司收到预配图后，按照预配图要求，根据码头上集装箱的实际进箱量及在码头上的堆放情况，着手编制集装箱实配图。

集装箱实配图是由全船行箱位总图(封面图 master plan，表明装箱纵向积载情况)和每行位一张的行箱位图(bay plan)组成。

1. 封面图，与预配图不同，只标注集装箱卸货港和特殊箱标记。卸港标注方法有两种：一是用一个大写英文字母表示，二是用不同颜色表示不同卸港。

2. 行箱位图为每行位一张。每一个行箱位的方格内应标注装港、卸港英文代码，集装箱箱号，集装箱总重，特殊箱标注，集装箱箱位号。

(三)集装箱配载审核过程

装船前集装箱装卸公司将实配图送交给船长或大副审核，确认后按实配图装船。审核内容如下。

1. 集装箱每个卸港的数量是否正确。

2. 核对每列集装箱的堆积负荷是否超过船舶允许的负荷，否则调整。

3. 核对特殊箱的配位是否符合要求，否则调整。

4. 审核各卸港的箱位安排是否合理，是否便于中途挂靠港加载或卸箱，否则调整。

5. 校核实配后的稳性、吃水差及纵向强度，确保航行安全及货物质量。

（四）编制最终配积载图

集装箱船实配积载计划在装箱过程中会因某些原因需要进行一些修改。集装箱船现场理货员对每一装船集装箱箱号、所配箱位等均作记录。在集装箱装船结束后，由理货员根据船舶实际装箱情况及每只集装箱在船上的箱位，编制最终配积载图（final bay plan），大副负责进行实际装载条件下船舶稳性、船体受力、吃水和吃水差的核算。

集装箱船最终配积载文件通常包括集装箱最终封面图、最终行箱位图、稳性及吃水差计算表及集装箱装船统计表等内容。

总之，根据装货清单预配时，应对货物装船顺序、货物在船上位置等情况做出详细计划，可以用字母图、重量图、箱位图表示，具体显示各票货物具体位置，改变装载计划原则上应征得船长或大副的同意。具体配载流程见图 3－1 所示。

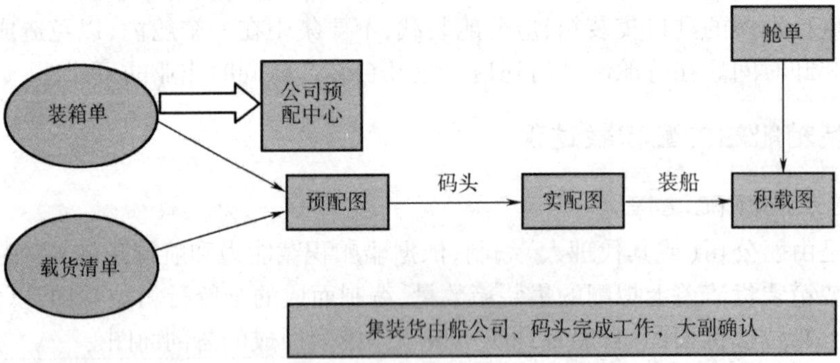

图 3－1　集装箱配载流程图

第二节　集装箱船队的机构模式

一、集装箱船队机构

集装箱船队机构是企业存在的主要形式，是企业管理和生产运作的基本形态。一般来说，集装箱船队机构设置的目标是机构的高效运行及风险的制约机制；培养企业核心竞争力的个性化机构设置。机构设置的内容主要包含部门的设置和部门之间的衔接方式。在企业经营中，影响机构设置的因素主要有企业内部、外部的运作环节；企业内部、外部对作业流程要求的标准；企业内部自身选择的组织结构等。

一般而言，在环节少、流程简单、效率高但风险大的企业机构中，应适当地采用制约机制；而在环节多、流程复杂、效率低的机构中，有效的协调沟通是企业解决问题的有效机制。

二、企业机构设置的基本原则

企业机构设置的基本原则是企业的机构能够保证各部门顺利实施各项职能，以实现各个部门的协调，规避企业的经营风险和机制风险，达到机构的高效运营。因此，合理的企业机构设置是打造企业经营管理模式的基础和保证，是反映企业管理水平高低的一项重要标志。

集装箱船队在经营不同类型的航线时，需根据航线运营特点设置不同形式的组织结构。

集装箱航线有布局广、作业地点分散的特点，其机构设置与其他行业有一定的差异。下面根据其特点重点介绍两种常见的集装箱船队组织结构以及各个机构的职责。

（一）干、支线联营集装箱船队机构模式

这种机构模式与企业组织中的直线职能结构相近，它把组织内的任务、权力和责任有效地进行组织协调。该模式体现了组织设计中的任务目标原则、管理幅度原则、分工协作原则、统一指挥原则、精干高效和权责一致原则。

上述机构模式的特点是设立职能机构，但职能机构无指挥权，有利于集中统一地指挥；可以充分发挥专家的专业管理作用，但容易产生本位主义，职能部门的作用受到限制。

（二）直线与支线集装箱船队机构模式

直线与支线集装箱船队机构模式见图 3－2 所示。这种机构模式与企业组织中的事业部结构相近，其特点是企业集中决策，分散经营，便于组织专业化生产，有利于组织高层领导摆脱日常事务，也有利于事业部发展，更有利于培养高级管理人才。但这种模式机构重叠，部门间直接连接，会导致部门之间各司其职，无法相互制约，管理效率较差，缺少监控环节，事业部易滋长本位主义倾向。

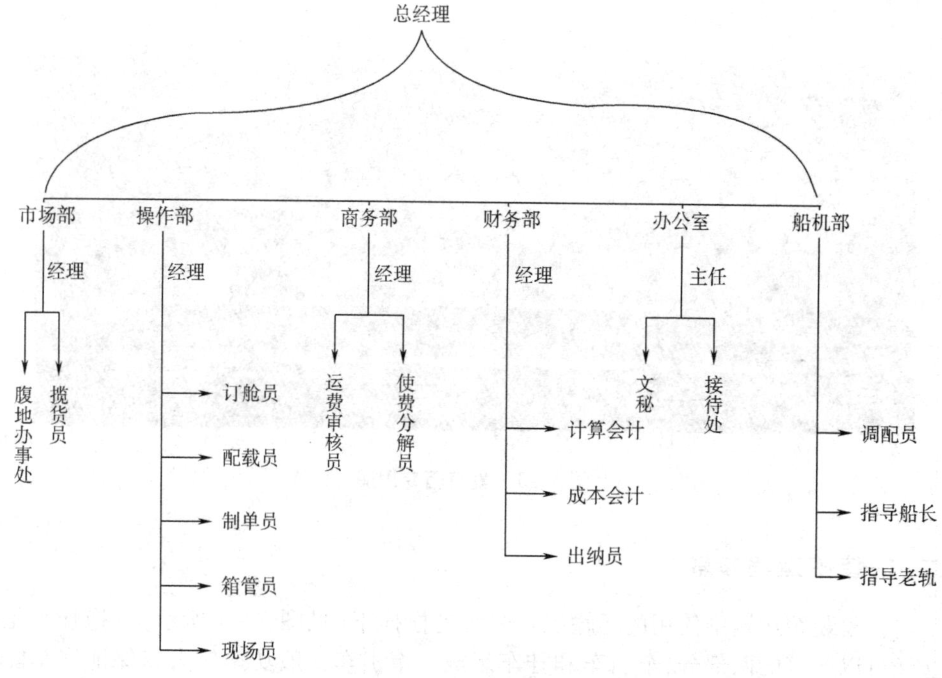

图 3－2　直线与支线集装箱船队机构模式

在实际机构模式设置时，要根据企业自身的实际情况，即优势资源：人力资源、物力资源、资金资源、技术资源、资产资源、社会资源等，打破传统部门间的直接业务连接方式，增加控制环节选择合适的模式来构造核心竞争力。

第三节 集装箱运输常用设备

集装箱运输常用设备主要包括铁路、公路和水路运输工具,码头、货运站、机场等专用设备,这里主要介绍一些水路运输中常用的运输设备。

一、水上运输船舶

集装箱货物水上运输工具是指能实现集装箱货物在水面上空间位置移动的各类船舶,包括远洋船、近洋(或沿海)船、内河船舶等,其专用船舶可分为两类:集装箱专用船(或称全集装箱船)和多用途船。

集装箱专用船的全部舱位都按集装箱运输的要求和特点设计建造的,是专门用于集装箱货物运输的船舶。这类船舶的规模有很大差别,目前投入使用和正在建造的最大船舶的载箱量已达到20 000TEU,而在内河航线上使用的集装箱专用驳船载重量仅有几十个TEU。目前在各条干线上配置的全集装箱船的载箱量大多是18 000TEU以上。在国内支线、近洋支线和直达航线上配置的一般是5 000TEU以下的全集装箱船。图3－3为集装箱专用船。

图3－3 集装箱专用船

二、集装箱运输车辆

目前在集装箱运输中使用的运输工具主要是拖挂车(见图3－4所示)。拖挂车是由相互独立又可以连接的两部分:牵引车和挂车组成。牵引车一般功率较大以保证拖车能高速行驶。挂车主要有全挂车和半挂车两种形式,目前在我国使用的挂车以全挂车居多,但在有些国家使用半挂车的较多。

三、集装箱装卸、搬运机械

集装箱装卸、搬运设备是指在集装箱码头、各类场站中完成装卸(车、船)、库场堆码、水平搬运、转运和装拆箱等操作的专用设备。主要有以下几种。

图3－4　集装箱拖挂车(全挂车)

(一)集装箱装卸桥

集装箱装卸桥(也称岸边集装箱起重机或岸桥,见图3－5和图3－6所示)是配置在集装箱码头前沿的完成集装箱船舶装卸作业的大型起重设备,主要由起重机构、大车行走机构、小车行走机构和俯仰机构四大部分组成,其主要技术参数有起重量、起升高度、外伸距、后伸距、轨距、工作速度、生产率等。这些装卸机械的额定起重量应在30.5t(集装箱标准规定的40ft箱最大重量)以上,外伸距一般根据接收停靠船舶的宽度确定(35.5m以上),内伸距一般不少于11m,总计起升高度一般不少于35m。

图3－5　集装箱装卸桥

图3－6　正在作业的集装箱装卸桥

(二)集装箱桥式起重机(场桥)

集装箱桥式起重机(集装箱龙门起重机或场桥,见图3－7所示)是配置在集装箱码头堆场、各类大型场站和较大型铁路集装箱办理站等处的进行堆码和装卸(车)作业的大型专用起重设备。其主要由起升机构、大车行走机构和小车行走机构3部分组成,主要技术参数有起重量、起升高度、跨距、工作速度、轮压和生产率等。

场桥根据大车行走机构不同可分为轮胎式和轨道式两大类见图3－8和图3－9所示。

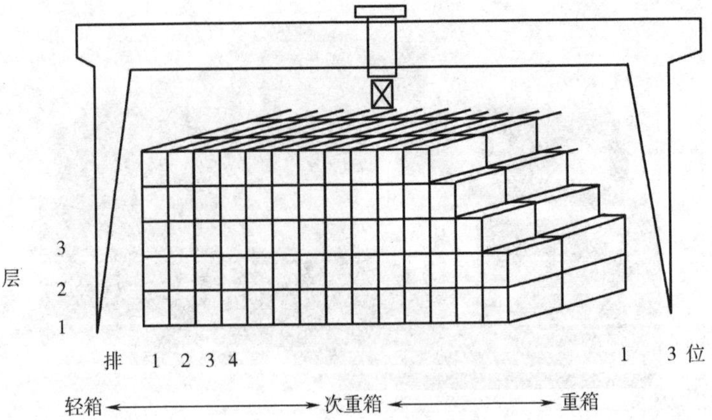

图 3-7 集装箱码头的门吊式堆场示意图

图 3-8 轮胎式场桥

图 3-9 轨道式场桥

(三)集装箱跨运车

集装箱跨运车是在集装箱码头堆场和各类场站货场搬运、堆码集装箱的专用机械,也可以装卸底盘车。其主要技术参数有起重量、宽度、高度、转弯半径、稳定性和装卸搬运效率等,具体可见图 3-10 所示。由于使用跨运车堆码集装箱时货场利用率较低,目前,国内集装箱码头堆场极少使用,仅在少数场站货场中可以见到。除此以外承担集装箱装卸船的机械和码头堆场之间搬运任务的机械一般采用拖挂车。根据采用的装卸工艺不同,拖车和挂车配备数量有较大差别,但其数量一般应满足装卸船机械效率与工艺的需要。

(四)集装箱正面吊运机

集装箱正面吊运机(简称正面吊,见图 3-11 所示)是集装箱堆场、各类场站使用的流动式装卸搬运机械,其主要技术参数有起重量、起升高度、工作幅度、工作速度、轮压等。因其具有可伸缩和可左右旋转 120°的吊具,拥有能带载变幅的伸缩式臂架,并且能堆码多层集装箱并进行跨箱作业,此外还有多种保证操作安全的多种保护装置,因此特别适用于货场作业,进而被广泛应用。

图 3－10　跨运车

图 3－11　正面吊

（五）集装箱叉车

集装箱叉车是集装箱码头和货场常用的装卸、堆码及短距离搬运机械。集装箱叉车分为重箱叉车和空箱叉车（见图 3－12 和图 3－13 所示）。其主要技术参数有额定起重量、载荷中心距、起升高度和速度、行驶速度、转弯半径等。

图 3－12　重箱叉车

图 3－13　空箱叉车

（六）集装箱拆装箱叉车

集装箱拆装箱叉车是在集装箱货运站进行装箱和拆箱作业、库内货物搬动时使用的小型叉车，见图 3－14 所示。

以上介绍的是集装箱运输中常用的设备和设施，它们是完成集装箱运输不可或缺的条件，随着集装箱运输的不断发展以及科学技术的不断创新，集装箱专用设备的发明和创造日新月异。例如，目前最大的集装箱装卸桥可以同时起吊 3 个标箱；最大的装卸桥吊长可达 130m、宽 28m、高 70m、臂长 65m，港口桥吊可装卸高 8 层，宽 18 排的集装箱船舶等。

图 3-14 拆装箱叉车

本章思考题

1. 简述集装箱船舶箱位容量和箱位编号对集装箱运输有何作用。
2. 集装箱船舶结构对船舶运营与船舶配积载有何要求?
3. 简述集装箱船舶配积载过程。
4. 简述何种船队机构设置模式更有利于企业发展。
5. 简述海上集装箱运输的常用设备及其功能。

第四章　集装箱航线

第一节　集装箱船舶运输航线

一、集装箱运输航线发展概况

自1956年4月美国海陆联运公司开辟纽约—休斯敦航线至今，海上集装箱船舶运输航线已有60多年的历史了。世界上主要航线已达40多条，既有像远东—北美航线，远东—欧洲、地中海航线，北美—欧洲、地中海航线的干线运输航线；也有形成网络化的支线运输航线；还有环球航线、陆桥运输航线等。但1966年前的集装箱运输航线均为国内沿海航线，开展地区为美国和澳大利亚沿岸，运量较少。1966年美国海陆联运公司最先使用改装的全集装箱船费尔兰德在北大西洋开辟了国际集装箱航线，该船载箱量为220TEU，航行于北美、西欧、日本、澳大利亚等地区的发达国家之间，通常称为"北—北航线"。

到1970年年底，日本—加利福尼亚航线（1967年开辟）、日本—澳大利亚航线（1969年开辟）、日本—西雅图、温哥华航线（1970年开辟）等几条航线的集装箱运输体制已准备就绪。此外，欧洲—澳大利亚航线（1969年开辟），北美—欧洲航线的集装箱运输也走上正轨。部分美国船公司利用半集装箱船在远东、北美和欧洲之间开展了集装箱运输。

1971年开始，特别是20世纪70年代后期到80年代初，主要开辟了许多发达国家与发展中国家之间的集装箱航线，例如美国、日本、西欧至东亚、东南亚、南亚、中东、南美、东非、西非、东欧等地区的国家间的航线，通常称为"北—南航线"。

20世纪80年代，集装箱运输得到大幅发展后，新兴国家的轮船公司相继投入集装箱航运市场。由于世界经济形势发生变化、燃料费高涨等原因，航运成本急剧提高，加重了航运公司负担。1984年中国台湾长荣海运开辟环球集装箱运输航线，取得巨大成功，1985年利润比1984年增长了150%，促使大船公司相继开辟环球航线。这一阶段航线发展的另一个特征是支线运输在世界范围内形成网络化、系统化。

二、集装箱航线类型

集装箱航线按作用分为干线运输航线、支线运输航线、陆桥运输航线和环球运输航线等。在远程航线中一般都采用大型高速集装箱船运营，航线货运工作比较繁忙。

（一）干线运输航线

干线运输航线指大型集装箱船舶在各设有集装箱码头的枢纽港之间载运集装箱的远距离运输。世界上主要集装箱运输干线：远东—北美、远东—地中海和欧洲、北美—欧洲和地中海三大航线。

1. 远东—北美：可分为两条，即远东到北美西海岸和远东到东海岸及海湾航线。它们是第二次世界大战后集装箱货运量增长最快和货运量最大的航线之一，也是太平洋集装箱运量最大的航线。

2. 远东—地中海和欧洲：这条航线经马六甲海峡向西，经苏伊士运河到达地中海、西北欧。它可以分为远东—地中海和远东—欧洲两条航线。

3. 北美—欧洲和地中海：实际包括北美东岸、海湾—欧洲、地中海，以及北美西岸—欧洲、地中海两条航线。

（二）支线运输航线

支线运输航线指用小型集装箱船，在内河、沿海等地的小港口之间以及与枢纽港之间载运集装箱的短程运输方式。目前世界两大支线运输网络主要在亚洲区域和欧洲区域。

（三）陆桥运输航线

陆桥运输航线指利用横跨大陆的铁路，把海与海连接起来的一种集装箱运输方式，也是多式联运中的一种运输方式，其主要优点是缩短运输距离，节省运输时间。

大陆桥运输起始于20世纪50年代初期，著名的陆桥运输航线有北美大陆桥、北美小陆桥、北美微陆桥、西伯利亚大陆桥、新亚欧大陆桥、南亚大陆桥以及南美大陆桥等。

（四）环球运输航线

环球运输航线类似干线运输航线，即用大型集装箱船舶，在集装箱枢纽港之间载运集装箱的环绕地球的运输方式。环球航线分东行线和西行线，它们都是从东亚开始出发。其中：东行线是太平洋—巴拿马运河—大西洋—地中海—苏伊士运河—印度洋—太平洋；西行线反向而行。

三、航线配船

不同航线的自然条件不同，货物种类不同，船舶所停靠港口的装卸、集疏运、码头、泊位等发展水平不一，航线配船就是为不同航线上找寻最优的船型。在集装箱航线设计时，拥有稳定的货源和适宜的营运船舶是集装箱航线开设的基本条件，同时，还应遵循低成本、低风险、高收益的效益原则进行航线配船。在航线配船时还要遵循如下原则。

（一）航线设计的适宜原则

1. 就航线距离而言，做到小船配短线，大船配长线。

2. 就停靠港口数量而言，力争满舱满载，满足船舶指定的受载要求。

3. 就班期制定而言，应根据船舶数量、船速决定，最适宜班期一般为周班。

（二）以船选线原则

对船东而言，应充分考虑公司已有船舶的大小、数量、船速和选择挂靠港口数量等因素。

1. 抢入已开辟的营运航线。一般而言，这种航线运营成熟，并且航线的运营有一定的利润。但是这种航线一般都处于饱和状态，因此想要进入成熟市场，应当在高峰季节或是有船公司下线时。当抢入现有航线经营时，一般以公司现有船舶的大小、数量、船速适合航线即可，无须决策挂靠港口，但是应当特别注意有效规避行业壁垒，降低行业壁垒成本。

2. 开辟全新航线。全新航线一般是没有集装箱船舶运营，但有件杂货船舶运营。因此，在开辟新航线的初期货源可能不够稳定。在开辟全新集装箱航线时，一定要做好论证、预测、保护措施等基础工作，开发、培育市场，去除不确定性因素等，以实现市场货源稳定，同时制定合理的企业发展战略决策，分阶段增加运力规模。

（三）以线选船原则

因为航线经营人一般都由货代发展而来，所以此原则一般是针对国际货代或者货主而言的。

1. 掌握某航线的一定货源。一般有实力的货代掌握大量的货源，可根据航线的货源选取船舶，其箱位的多少一般为掌握货源的 150% 左右。他们能够通过调用船舶、选择合作伙伴、租用船舶来占领市场。

2. 按市场占有额开辟航线。一般国际上有实力的航线经营人，他们都会在某港口的进出口货量达到一定标准时，根据自身在全球其他航线上占有的市场额比例选船上线。

（四）连端点开辟航线原则

一般是指已经营航线的承运人所扩展的新航线，新航线要与原有航线的一端点相连开线，这样可有效避免货源不稳定风险及运行成本风险。这样做有以下几方面优点。

第一，降低调箱成本。

第二，降低机构设置成本。

第三，充分利用原航线市场的影响。

航线配船是研究集装箱船舶在各航线上的合理配置问题，即在集装箱运输航线上如何合理地配置船型，确定船舶规模及其数量是多少，解决船舶性能适应航线货物种类、流量、流向以及挂靠港状况等问题，使其不仅满足航线的技术和运营要求，而且使船公司获得良好的经济效益。

一般航线所配集装箱船舶航行性能应满足航线和港口条件，对适箱货源充足、港口现代化水平高的集装箱航线，配置大吨位全集装箱船是经济合理的；对集装箱化程度不高、货源较少或处于发展初期航线，宜采用小型半集装箱船或多用途船。即“大船大线”配船原则。

第二节　集装箱航线优化设计

航线优化设计的目标是舱位均天收益最大化，可以根据选择区域内港口间的货物流量和运价，设计航线的优化方案。

一、影响航线优化设计的因素

（一）港口间的货物流量

航线优化设计首先要根据货物流量来判断，是否需要对航线进行优化，并且要按照航线间的货物流量来优化航线。

（二）港口间的运价率

港口间的运价率也是影响航线运输成本的重要因素，因此，在设计航线时也将其作为重要的参考因素。

（三）公司船舶的大小、数量、航速

根据船公司拥有船舶的大小、数量、航速来评估航线运行船舶的收益是否能够达到最优，据此来对航线进行设计。

（四）班期密度频率

航线的班期、密度也会对船公司做航线优化设计产生重要影响，如果航线已有班期密度过大，则可以考虑放弃该航线；反之，则可以考虑加大对航线的投入、优化。

（五）船舶运行成本和费用

船公司开辟新航线、优化现有航线时都是为了船公司的经营收益，因此船舶运行成本和费用就是其中的一个重要影响因素。

二、决策变量的选择和问题描述

本书将挂靠港口的选择、挂靠港口的顺序、发班频率(货量观察期)、船舶大小等决策变量作为主要影响因素,并采用枚举法进行航线优化。

首先,挂靠港口的选择问题属于KP(背包)问题,而挂靠港口顺序的选择则是TSP(旅行商)问题,而KP、TSP属于NP完备问题,通常采用遗传算法,但是无法获得最优解。这种问题的特点是属于两阶段问题。解决该类问题的方法则是求近似值最优解。

三、基本模型

第一阶段:港口选择。

$$\max \quad \sum_{k \in v} \bar{P}^k \times a_k \text{(收益最大)}$$
$$\text{s.t.} \quad \sum_{k \in v} a_k = 1, \quad a_k \in \{0,1\} \ \forall k \in v$$

其中:v——挂靠港组合集;

$a_k = 1$,若挂靠港口组选中,否则等于0;

$\bar{P}$——均天收益。

第二阶段:挂靠顺序。

目标函数如下。

$$\max \quad \bar{P} = \{I(W) - C(W)\}/T(W) \text{(均天收益最大)}$$
$$\text{s.t.} \quad \begin{cases} \sum_{j \in N} W_{ij} = \sum_{j \in N} W_{ji}, \ \forall i \in N \\ \sum_{i \in S} \sum_{j \in S} W_{ij} \geqslant 1, \ \forall S \subseteq N \\ W = \{W_{ij} \mid i \in 1 \cdots N; j \in 1 \cdots N\} \\ W_{ij \in} \in \{0,1\}, \forall i,j \in N \end{cases}$$

其中:N——挂靠港口组合集,$k \in v$;

S——N的非空子集;

$I(W)$,$C(W)$,$T(W)$——船舶运行收益、成本和时间;

$W_{ij} = 1$,船舶经过的路径为(i,j),否则等于0。

第三节　集装箱航线优化运行

在航线挂靠港口、挂靠顺序、班期密度和运行船舶大小及数量确定的条件下,可以根据航线各港口间的货物流量分布和市场运价情况,研究和分析航线在收益最大化下的运行特点及运行规律。

一、影响航线优化运行的主要因素

第一,船舶在挂靠港口装载货物的数量,决定了船舶在港作业量。

第二,船舶在挂靠港口装载货物的流向分配,决定了舱位在港分配即集装箱的配积载,包括重箱和轻箱的分配,在航线运行管理中必须要明确流向分配以确定决策变量。

第三,航线的运行集中反映了航线运行存在问题,应指挥协调各港之间的作业量。

由于各个港口之间的货量不均匀,会导致集装箱分布混乱,因此,为了能够保证海运的正常进行,均衡各港口间的集装箱量,不得不采用空箱调拨,但是这样做就增加了运营成本,因而要求航线的运行要保持资产配置的均衡性。对于集装箱航线运行的基本特征而言,航线应该成闭合性,即不论是什么形式的航线,船舶的航行轨迹特点应呈环绕闭合性。而对于集装箱航线运行的均衡要求来说,基于资产配置的运行稳定性,箱子的数量和船舶规模应合理搭配,一旦确定,不应再改变其固定性,保证投资的相对稳定性。

二、环绕集装箱航线的优化运行

端港或端点是指船舶连续挂靠的若干个港口,当它们之间不存在货物流动时,理论上可将它们合并为一个港口,称之为端港或端点。

(一)n 个端港环绕航线运行描述

为了便于对闭合环绕航线的基础理论进行研究,首先应对其进行理想模型的设计。其条件要求如下。

1. 航线是由 n 个端港组成的闭合航线,$n\geqslant 2$。
2. 航线上运营的船舶规模相同,按等数量分两组反向依次挂港绕行。
3. 任意端港装卸箱量相等,即航线上运营的船舶任何时候均保持满载。
4. 在任意端港,船舶只承接本港去同运行方向半环绕航程上端港的集装箱,其箱量去各挂靠端港依次按固定比例分布,而去反向半环绕航程上端港的集装箱由反向运营的船舶载运,箱量去向分布与上相同。

图 4-1 为理想环绕航线正反两个方向航行示意图,其中:n 表示停靠的港口;x 表示两个港口之间的货运量。各种符号的表达意义详见下文。

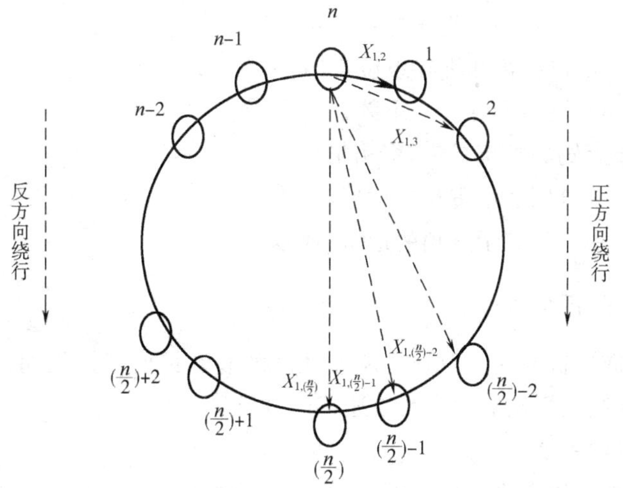

图 4-1 理想环绕航线

(二)关于港口间货物需求量的分布描述

n 个端港环绕航线矩阵描述如下港口顺序号 1,2,3…n。

$$\begin{pmatrix} 0 & d_{12} & d_{13} & d_{14} & \cdots & d_{1n} \\ & 0 & d_{23} & d_{24} & \cdots & d_{2n} \\ & & 0 & d_{34} & \cdots & d_{3n} \\ & & & 0 & \cdots & d_{4n} \\ & & & & 0 & \vdots \\ & & & & & 0 \end{pmatrix}$$

这是正方向绕行的各港口间货运量分布,反方向亦然。

(三)模型优化运行原理

目标函数:航次收益最大,见下式。

$$\max P = \sum_{i}^{n}\sum_{j}^{m}\{(R_{ij}^{x} - C_{ij}^{x}) \times x_{ij} + (R_{ij}^{y} - C_{ij}^{y}) \times y_{ij}\} - T\sum_{i=1}^{n}(C_{i}^{l} \times L_{i} + C_{i}^{l} \times I_{i}) - (C^{s} + C^{c})$$

约束条件如下。

1. 需求限制 $\sum_{i \in n}\sum_{j}^{n}(x_{ij}) \leqslant d_{ij}, \ \forall i \in n(x_{ij} \leqslant d_{ij}; \forall i,j \in n)$。

2. 租箱堆存 $L_{i} = S_{\max}\{OUT - IN, 0\}, \forall i \in n;$

$I_{i} = S_{\max}\{IN - OUT, 0\}, \ \forall i \in n;$

$OUT = \sum_{i}\sum_{j}^{n}(x_{ij} + y_{ij}), \ \forall i \in n;$

$IN = \sum_{i}\sum_{j}^{n}(x_{ij} + y_{ij}), \forall i \in n$。

3. 仓容限制 $\sum_{i \in n}\sum_{j(<i) \in n}(x_{ji} + y_{ji}) \leqslant CAP, \ \forall i \in n$。

4. 在港作业量 $Q_{i} = S_{\max}\{\sum_{i}\sum_{j}^{n}(x_{ji} + y_{ji}), \sum_{i}\sum_{j}^{n}(x_{ij} + y_{ij})\}, \ \forall i \in n$。

其中:C^{s}, C^{c}——船舶运行和箱子配备成本;

C_{i}^{i}, C_{i}^{l}——港口租箱和堆存单位费用;

T——租箱和港口堆存时间系数;

x_{ij}, y_{ij}——分别表示重箱量、空箱量;

R_{ij}^{x}, C_{ij}^{x}——分别表示重箱的运价、成本;

R_{ij}^{y}, C_{ij}^{y}——分别表示空箱的运价、成本。

三、环绕优化运行分析

集装箱航线均衡运行的基本原则是船舶在港的装卸量要保持相同,各船舶在港的装卸量也应保持相同,在线运行船舶大小及航速相同。

(一)理想环绕航线

理想环绕航线港口均衡作业量分析时,如果设计的航线运行具有如下特点:由 n 个港口组成,各港货物流出按船舶形成方向的半程分布;航线上运营的船舶大小、航速相同,按等量分两组反向依次挂靠港绕行;挂靠港口的大小相同。即进出口的货物量相同,那么船舶在各港作业量相同;各港的货物流向分布相同,货物流向比例相同。

这时就可以用优化比率来确定船舶在港口的优化均衡作业。

根据优化结果，令 $d_{ij}=\dfrac{x_{ij}+y_{ij}}{\sum\limits_{i}\sum\limits_{j\neq i}(x_{ij}+y_{ij})}$ 为第 i 港货箱流出优化分布率。

（二）理想环绕航线的模型实例

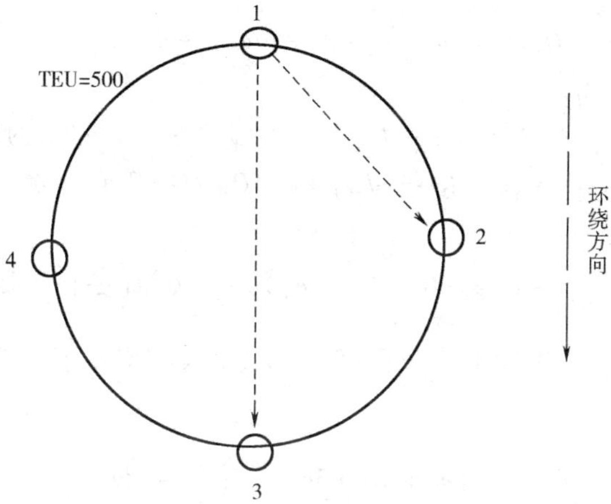

图 4－2　理想环绕航线

【例题】假设船舶实载箱量为 500TEU，船舶在每港的装箱量按 1/3 和 2/3 的优化分布率分配。求船舶在各港的均衡优化作业量是多少？

解：其航线均衡运行情况如下。

当船舶满载离开第 1 端港后，船在第 2 港卸下 300TEU 的集装箱，船上余下的 200TEU 是由第 1 港的等待去第 3 港卸的箱量；同时船还应在第 2 港再装上 300TEU，其中 100TEU 是去第 3 港卸的箱量，200TEU 是去第 4 港卸的箱量。

（三）环绕航线均衡作业量分析

要维持航线的均衡运营，必须要求船舶在任意端港的装卸量相等。各端港的装卸量均等，即：

$$Q_{S装}=Q_{S卸}=Q_{S作业}$$

航线端港均衡作业量之比只与环绕航线挂靠的端港数量和货箱流向优化分布率有关。即：

$$\frac{Q_{S作业}}{Q_S}\propto m,x_i$$

其中：Q_S——船舶额定载箱量。

下面将对挂靠 n 个端港的环绕航线，通过设计船舶在各端港货箱流向分布率，根据航线均衡运行原理，分析和推导航线端港均衡作业量与端港数量及货箱流向优化分布率之间的函数关系。

由于任意端港装的箱量必须在其绕行的半程内卸下。故：$d_1+d_2+\cdots d_{\frac{n}{2}-1}+d_{\frac{n}{2}}=1$。

由于船舶在航线的任意端港作业量相等，因此，其在航线运行中应始终满足下式：

$$Q_S=Q_{S待}+Q_{S作业}$$

其中：Q_S ——船舶额定载箱量（TEU）；

$Q_{S待}$ ——船上等待将在后续挂靠的诸端港卸下的箱量；

$Q_{S作业}$ ——船舶在本港的装卸作业箱量(TEU)。

根据理想环绕航线模型的设计条件，船舶在第 n 港的装卸作业量等于其装箱量，因此在如下 $1,2,3\cdots\frac{n}{2}$ 各端港，均应按 $d_1,d_2,d_3\cdots d_{\frac{n}{2}}$ 的比例卸下。

故得：
$$Q_{S作业}=(d_1+d_2+d_3+\cdots d_{\frac{n}{2}-1}+d_{\frac{n}{2}})Q_{S作业}$$

而船上等待的箱量为：
$$\begin{aligned}Q_{S待}=&(d_2+d_3+\cdots d_{\frac{n}{2}-1}+d_{\frac{n}{2}})Q_{S作业}(\text{在第 } n \text{ 端港装的})\\&+(0+d_3+\cdots d_{\frac{n}{2}-1}+d_{\frac{n}{2}})Q_{S作业}(\text{在第 } n-1 \text{ 端港的})\\&\cdots\cdots\qquad\cdots\cdots\\&+(0+\cdots 0+d_{\frac{n}{2}-1}+d_{\frac{n}{2}})Q_{S作业}\left(\text{在第}\left(\frac{n}{2}\right)+2\text{ 端港的}\right)\\&+(0+0+\cdots 0+0+d_{\frac{n}{2}})Q_{S作业}\left(\text{在第}\left(\frac{n}{2}\right)+1\text{ 端港的}\right)\end{aligned}$$

由此可得：
$$Q_S=Q_{S待}+Q_{S作业}=\left[d_1+2d_2+3d_3+\cdots\left(\frac{n}{2}-1\right)d_{\frac{n}{2}-1}+\frac{n}{2}d_{\frac{n}{2}}\right]Q_{S作业}$$

如设：$k=\dfrac{Q_{S作业}}{Q_S}$，则：
$$k=\frac{1}{d_1+2d_2+3d_3+\cdots+\left(\frac{n}{2}-1\right)d_{\frac{n}{2}-1}+\frac{n}{2}d_{\frac{n}{2}}} \qquad (式 4.1)$$

关于 n 的有效取值：$n=f(i)=\begin{cases}i,\text{当 } i \text{ 为偶数时；}\\ i-1,\text{当 } i \text{ 为大于 3 的奇数时；}\\ i+1,\text{当 } i \text{ 为 3 时。}\end{cases}$

其中：$i=1,2,3\cdots n$ 自然数，表示环绕航线上端港的数量。

三个端港环绕航线不应像两端港那样，一端港装满，下一端港卸空，故不具有实际意义，因此应做矫正，即按四端港环绕航线运行。

（四）实例

如上实例中（图 4－2）环绕航线的情况，当船舶在任意端港所装箱量去其同航行方向环绕航线上的各端港卸箱量分布比率：$d_1=\frac{1}{3}$，$d_2=\frac{2}{3}$ 时。则：
$$k=\frac{1}{\left(\frac{1}{3}+2\times\frac{2}{3}\right)}=\frac{3}{5}$$

故各港的作业量为：
$$Q_{S作业}=k\times Q_S=\frac{3}{5}\times 500=300(\text{TEU})$$

当 $d_1=d_2=d_3=\cdots=d_{\frac{n}{2}-1}=d_{\frac{n}{2}}=\dfrac{1}{\frac{n}{2}}=\dfrac{n}{2}$，即去各港货按等量均匀分布，则：
$$k=\frac{1}{\left(1+2+3+\cdots\frac{n}{2}\right)\cdot\frac{2}{n}}=\frac{4}{n+2} \qquad (式 4.2)$$

其中：n 取值与式 4.1 相同。

式 4.1 和式 4.2 表达了集装箱理想环绕航线均衡作业量比与航线挂靠端港数量以及货箱流向优化分布率的函数关系。

理想环绕航线的均衡作业理论为指导航线的经营管理、箱务管理中的资产配置和航线效益评估分析奠定了重要的理论基础。

四、确定基本港

货源充足的航线，船舶规模越大，挂靠港数目应越少；货源不充足，为了提高船舶载箱量利用率，可适当增加挂靠港。确定基本港时应考虑的因素如下。

第一，地理因素。基本港地理位置应处于航线上或离航线不远处，还应考虑与其附近港口之间的地理位置，便于与内陆运输连接。

第二，货源因素。设置货源较集中的港口，减少集装箱转运成本，提高发船密度，加速船舶周转，提高运输效率。优先考虑货源集中的沿海大城市为基本港。

第三，港口因素。港口必须能满足大型集装箱船舶靠泊及装卸作业要求，还应具备良好的集疏运体系。

第四，其他因素。应具有高度发达的金融、保险、服务设施等行业和部门。

五、拟制船期表

船期表内容一般有航线编号、船舶名称、航次编号、挂靠港名（始发港、中途港、终点港）、到达和驶离各港时间等。一般以月为周期发布，本月月底发布下个月的船期表。

拟制船期表还要考虑船舶数量、船舶规模、航速、挂港数量、港口工班工作制度以及与其他运输方式运行时刻衔接配合等因素。

（一）集装箱航线班期计算

$$t_{往返} = t_{航} + t_{港装卸} + t_{港其他}$$

其中：$t_{往返}$——航线往返航次时间（天）。

$t_{航}$——航线往返航行时间（天）：

$$t_{航} = L_{往返}/24 \cdot v$$

$L_{往返}$——航线往返航次总航程（海里）；

v——平均航速（节）。

$t_{港装卸}$——航线往返航次各港总装卸停泊时间（天）：

$$t_{港装卸} = Q/(24 \cdot M)$$

Q——航线往返航次各港装卸总量（TEU）；

M——航线往返航次各港装卸平均效率（TEU/h）。

$t_{港其他}$——航线往返航次船舶在各港其他停泊时间（天）。

（二）集装箱航线配船数计算

$$N = t_{往返} \cdot Q_{max}/(f \cdot D \cdot t_{营})$$

其中：N——集装箱航线配船数（艘）；

Q_{max}——航线两端点港之间运量较大流向之年最大运箱量（TEU）；

f——船舶载箱量利用率（%）；

D——集装箱船箱位容量（TEU）；

$t_{营}$——集装箱船年营运时间(天)。

(三)集装箱航线发船间隔计算

$$t_{间} = t_{往返}/N = (f \cdot D \cdot t_{营})/Q_{max}$$

其中，$t_{间}$——航线发船间隔(天)。

为了保证班轮有规律运行，要求集装箱船舶的往返航次时间要为航线发船间隔时间的整数倍；要求航线的发船间隔时间为昼夜的整数倍。集装箱班轮航线船舶往返航次时间与航线发船间隔时间的整倍数关系，这个“倍数”就是航线配船数：

$$N = T_{往返}/t_{间}$$

第四节　航线可行性分析与评价

集装箱航线的可行性分析与评价是船队航线经营决策的依据，也是指导航线运营管理的基础。可行性分析与评价的主要内容首先是针对船舶买卖和租赁；其次是针对航线开辟，即对是否开线进行可行性分析，如果可行则要考虑开线的利润空间、抵御风险的能力以及资金的投入量。集装箱航线可行性分析与评价的关键是建立综合评价指标，以分析航线运行存在的问题和不足。

一、收益—成本分析

(一)简单往返航次理想模型的设定

假定理想航线为两港一线式，即两个端港，一船在线。理想模型(设定)如下。

1. 两点一线：两端港和一条船。
2. 闭合航次：两港均装卸货(即两装 + 两卸)，船舶往返一个回合。
3. 定期班轮：采用班轮运价，航行、停泊作业时间固定。

利润函数：

$$P = \{(R_1^x - C_1^x) + (R_2^x - C_2^x) + \cdots(R_{Q_1}^x - C_{Q_1}^x)\} + \{(R_1^y - C_1^y) + (R_2^y - C_2^y) + \cdots (R_{Q_2}^y - C_{Q_2}^y)\} - \{C_1 + C_2 + \cdots C_i\}$$

上述函数表示每一往返航次航线实际营运数值。按航段分：

$$P = \{\sum_{i=1}^{Q_{12}^x}(R_{12}^x - C_{12}^x) + \sum_{i=1}^{Q_{12}^y}(R_{12}^y - C_{12}^y)\} + \{\sum_{i=1}^{Q_{22}^x}(R_{22}^x - C_{22}^x) + \sum_{i=1}^{Q_{22}^y}(R_{22}^y - C_{22}^y)\} - \sum_{i=1} C_i$$

由于空箱调运无收益，$R_i^y = 0$，即：

$$P = \sum_{i=1}^{Q_{12}^x}(R_{12}^x - C_{12}^x) - \sum_{i=1}^{Q_{12}^y} C_{12}^y + \sum_{i=1}^{Q_{22}^x}(R_{22}^x - C_{22}^x) - \sum_{i=1}^{Q_{22}^y} C_{22}^y - \sum_{i=1} C_i$$

(二)航次营运收益

航次营运收益是指集装箱船舶往返航次所有净收入的总和，即：

$$P = \{\sum_{i=1}^{Q_{12}^x}(R_{12i}^x - C_{12i}^x) + \sum_{i=1}^{Q_{21}^x}(R_{21i}^x - C_{21i}^x)\} - \{\sum_{i=1}^{Q_{12}^y} C_{12i}^y + \sum_{i=1}^{Q_{21}^y} C_{21i}^y\}$$

其中：Q_i^x、Q_i^y——往返航次实载重和空箱数量，如果船舶最大箱用 Q 表示，则 $Q_i^x + Q_i^y \leq Q$；

R_i^x——集装箱运价(各种尺寸、种类集装箱运价)，其实际数值可依据市场行情确定；

C_i^x、C_i^y——每一集装箱在两港的装卸费用及其港杂费、代理费等。

各港口都有自己的装卸费、港杂费等费用标准，航线经营人可通过协议与各港确定费率标准。

（三）航次船舶营运成本

$$C = \sum_{i=1}^{l} C_i$$

其中：l——船舶航次经营中发生成本的种类。

具体成本种类如下。

船舶租金 C_1：船舶日租金乘以航次往返营运天数。

箱租金 C_2：各种类单箱日租金乘以其箱数和航次往返营运天数。

油耗费用 C_3：航次往返所耗重油费用加轻油费用。

船舶港口使用费 C_4：系解缆费、开关舱费、吨位费、引水费、拖轮费、航道费、船舶代理费之和。

管理费 C_5：航次平均费用、员工费用、市场开发费之和。

航次船舶营运成本是指船舶每一往返（闭合）航次发生的所有营运成本之和，即航次固定成本。

（四）航次营运利润

集装箱船舶营运一个往返航次的实际利润为收益和成本之差。即：

$$P = I - C$$

$$P = \left\{ \sum_{i=1}^{Q_{12}^x} (R_{12i}^x - C_{12i}^x) + \sum_{i=1}^{Q_{21}^x} (R_{21i}^x - C_{21i}^x) \right\} - \left\{ \sum_{i=1}^{Q_{12i}^y} C_{12i}^y + \sum_{i=1}^{Q_{21i}^y} C_{21i}^y \right\} - C$$

其中：R_i^x—— 第 i 箱的运价；

$\sum_{i=1}^{Q^x} C_i^x + \sum_{i=1}^{Q^y} C_i^y$—— 往返航次所运载集装箱在港装卸作业费用之和。

上式中第一项 $\sum_{i=1}^{Q_1} R_i^x$ 是整个往返航次运费毛收入。

如果航线市场的运价相对稳定，把大箱、小箱及各类箱的运价和港口费用都折算成标准 TEU 运价，用 $\bar{R}_i$ 表示单位 TEU 的平均运价；$\bar{C}_T$ 表示单位 TEU 的平均费用；把船舶实际装载箱子的数量折算成标准 TEU 数，用 x_T 和 y_T 表示。上式可表示如下：

$$P = x_{T12} \times (\bar{R}_{T12}^x - \bar{C}_{T12}^x) + x_{T21} \times (\bar{R}_{T21}^x - \bar{C}_{T21}^x) - (y_{T12} \times \bar{C}_{T12}^y + y_{T21} \times \bar{C}_{T21}^y) - C$$

$$P = \{x_{T12} \times (\bar{R}_{T12}^x - \bar{C}_{T12}^x) + x_{T21} \times (\bar{R}_{T21}^x - \bar{C}_{T21}^x)\} - (C^y + C)$$

因此，航次利润 P 值的大小不仅和船舶实际的载箱量有关，而且和港口装卸费用以及成本费用有关。

二、航线运行评价指标

（一）平均值概念

在成本核算中必须将各类集装箱尺寸换算成标准 TEU，平均值可描述为：

$$TEU = (x'_{20} + x'_{40}) / x_T$$

上式表示船舶只载 20ft 和 40ft 普通干货箱。

据此,可得标准 TEU 的平均运价和成本如下:

$$\bar{R}_T = \frac{x_{20}}{x_T}(R^x_{20}) + \frac{x_{40}}{x_T}(R^x_{40})$$

$$\bar{C}^x_T = \frac{x_{20}}{x_T}(C^x_{20}) + \frac{x_{40}}{x_T}(C^x_{40})$$

$$\bar{C}^y_T = \frac{y_{20}}{y_T}(C^y_{20}) + \frac{y_{40}}{y_T}(C^y_{40})$$

也就是说,只要已知航线船舶载运大小箱的比例和大小箱的运价及成本,就可以计算出其相应的平均值。如果还有其他种类的箱子,均可用此公式求其平均值。

常规表达式如下:

$$\bar{R}^x_T = \frac{1}{x^x_T}\sum_{l=1}^{m}\sum_{k=1}^{4}x_{lk}(R^x_{lk})$$

$$\bar{C}^x_T = \frac{1}{x_T}\sum_{l=1}^{m}\sum_{k=1}^{4}x_{lk}(C^x_{lk})$$

$$\bar{C}^y_T = \frac{1}{x_T}\sum_{l=1}^{m}\sum_{k=1}^{4}x_{lk}(C^y_{lk})$$

$i=1,2,3\cdots k$,i 表示集装箱的种类; k 表示箱子的类型。

【例题】船舶载运箱情况:2×(20ft)和 2×(40ft),市场运价情况:$\frac{R^x_{20}}{R^x_{40}} = 2\,200/4\,000$(元),求该船载箱的单位 TEU 平均运价。

解:总 TEU 量为

$$Q^x_T = 2 + 2 \times 2 = 6(\text{TEU})$$

$$\bar{R}^x_T = \frac{2}{6} \times (2\,200) + \frac{2}{6} \times (4\,000) = 2\,066.67(\text{元/TEU})$$

(二)舱位成本

舱位成本是指集装箱船舶在一个闭合航次运行中,在每个货物流向航段上的单位 TEU 的运输成本。它是航线中各流向航段运价制定的基础参考依据和标准,以航线中各流向航段货物流向需求分布权重(期望)进行描述,其表达式如下:

1. 从两点航线看。

(1)去程回程货量相同。

$$C_{T12} = C_{T21} = \frac{(C + C^y) \times \frac{1}{2}}{Q_{11}} = \frac{(C + C^y) \times \frac{1}{2}}{Q_{22}} = \frac{(C + C^y)}{2Q_S}$$

其中:C——舱位重箱成本;

C^y——舱位空箱成本。

(2)1 去 2 满舱,2 回 1 无货。

$$C_{T12} = \frac{(C + C^y)}{Q_{11}} = \frac{(C + C^y)}{Q_{22}}, \quad C_{T21} = 0$$

(3)1 去 2 满舱,2 回 1 半舱。

$$C_{T21} = \frac{100}{150} \times \frac{(C + C^y)}{Q_{11}}, \quad C_{T21} = \frac{50}{150} \times \frac{(C + C^y)}{Q_{22}}$$

(假设船舶有 100 个舱位)

2. 假设航线是由 3 个以上港口构成。常规表达式：

$$C_{Tij} = \frac{x'_{Tij} \times (\frac{d_{isij}}{D})}{\sum_{i}^{n} \sum_{j}^{n} \left[x'_{Tij} \times (\frac{d_{isij}}{D}) \right]} \times \frac{C + C^y}{(\frac{x'_{Tij}}{\sum_{j}^{n} x'_{Tij}}) \times Q_{ij}}$$

其中：C_{Tij} ——第 i 港到第 j 港的舱位成本；

x'_{Tij} ——第 i 港到第 j 港的重箱流量需求；

d_{isij} ——第 i 港到第 j 港的距离；

$D = \sum_{i=1}^{n-1} \sum_{j=i+1}^{n} d_{isij}$ ——航线的总距离；

$Q_{ij} = \sum_{j}^{n} (x_{Tij} + y_{Tij})$ ——船舶在第 i 港的作业量；

$C^y = \sum_{i=1}^{n} \sum_{j=1}^{n} y_{Tij} \times C^y_{Tij}$ ——闭合航次所有空箱调运总成本。

3. 舱位均天收益。它是评价航线运行效益质量的一项最重要的指标，等于航次利润除以航次时间和船舶舱位数：

$$\bar{P} = \frac{P}{T \times Q_S}$$

其中：$\bar{P}$ —— 一个闭合航次的均天舱位收益；

P—— 一个闭合航次的航次利润；

T—— 一个闭合航次的航次时间；

Q_S ——航线运行船舶的箱位数。

均天收益一般适用于不同大小的船舶在不同航线上运行的收益比较。

（三）保本箱量

根据航线运行的盈利要求，即收益大于等于成本：

$$P = I - C \geqslant 0$$

或：

$$\sum_{i}^{n} \sum_{j}^{n} [x_{Tij} \times (\bar{R}^x_{Tij} - \bar{C}^x_{Tij}) + y_{Tij} \times (\bar{R}^y_{Tij} - \bar{C}^y_{Tij})] \geqslant C$$

由于空箱运价为 0，即 $\bar{R}^y_{Tij} = 0$。那么：

$$\sum_{i}^{n} \sum_{j}^{n} [x_{Tij} \times (\bar{R}^x_{Tij} - \bar{C}^x_{Tij})] \geqslant C + \sum_{i}^{n} \sum_{j}^{n} y_{Tij} \bar{C}^y_{Tij}$$

可推出：

$$\sum_{i}^{n} \sum_{j}^{n} [x_{Tij} \times (\bar{R}^x_{Tij} - \bar{C}^x_{Tij})] \geqslant C + C^y$$

考虑到各个流向航段的货运量在整个航线运行中的收益权重，其表达式描述如下。

流向航段保本箱量： $$x^0_{Tij} = \frac{(C + C^y) - \sum_{g \neq i}^{n} \sum_{k \neq j}^{n} x_{gk} \times (\bar{R}^x_{gk} - \bar{C}^x_{gk})}{\bar{R}^x_{Tij} - \bar{C}^x_{Tij}}$$

闭合航次保本箱量： $$x^0_T = \sum_{i} \sum_{j} x^0_{Tij}$$

即在市场运价保持不变的条件下，箱量保本点。

（四）利润增长率

在航线的实际运营中，各个流向航段上承运的单位 TEU 重量箱 x_{Tij} 通常要求大于 x_{Tij}^0，即其取值范围为：

$$x_{Tij}^0 \leqslant x_{Tij} \leqslant (x_{Tij} + y_{Tij})$$

或，

$$x_{Tij}^0 \leqslant x_{Tij} \leqslant (d_{ij} \times Q_{ii})$$

其中，Q_{ii} ——额定箱量。

这个范围的大小可以决定船舶在航线上往返航次盈利空间的大小。通常在航线成本分析中，要对此留有一定的范围，这是考核航线设计是否合理的一项重要指标。在实践中一般取其空间为总量的 30% ~40% 。

即：

$$1 - \frac{x_{Tij}^0}{x_{Tij}} \geqslant (0.3 \sim 0.4)$$

闭合航次中，总利润增长率：

$$1 - \frac{\sum_i^n \sum_j^n x_{Tij}^0}{\sum_i^n \sum_j^n x_{Tij}} \geqslant (0.3 \sim 0.4)$$

（五）保本运价

同样，根据航线运行的盈利要求有如下不等式。

即：

$$P = I - C \geqslant 0$$

或，

$$\sum_i^n \sum_j^n [x_{Tij} \times (\bar{R}_{Tij}^x - \bar{C}_{Tij}^x) + y_{Tij} \times (\bar{R}_{Tij}^y - \bar{C}_{Tij}^y)] = C$$

可得保本运价的表达式为：

$$\bar{R}_{Tij}^{x0} = \frac{(C + C^y) - \sum_{g \neq i}^n \sum_{k \neq j}^n x_{gk} \times (\bar{R}_{gk}^x - \bar{C}_{gk}^x)}{x_{Tij}} + \bar{C}_{Tij}^x$$

即在货量不变的情况下，航线平均单位 TEU 的临界运价值。

最低保本运价为航段满载情况下的保本运价，表达式为：

$$\bar{R}_{Tij_{\min}}^{x0} = \frac{(C + C^y) - \sum_{g \neq i}^n \sum_{k \neq j}^n x_{gk} \times (\bar{R}_{gk}^x - \bar{C}_{gk}^x)}{d_{ij} \times Q_{ij}} + \bar{C}_{Tij}^x$$

对于两港航线，保本运价即航次收益等于舱位成本与航次成本之和：

$$\bar{R}_{T12}^{x0} = \frac{C + C^y}{x_{T12}} + \bar{C}_{T12}^x$$

$$\bar{R}_{T21}^{x0} = \bar{C}_{T21}^x$$

最低保本运价：

$$\bar{R}_{T12\min}^{x0} = \frac{C + C^y}{Q_{ij}} + \bar{C}_{T12}^x$$

$$\bar{R}_{T21}^{x0} = C_{T21}^x$$

（六）风险承受能力

如果用单位 TEU 的保本运价与平均运价的比值来表示船队在经营中对市场运价波动

的承受能力，则航线运营的风险承受力应满足下列条件。

单流向航段承受力：

$$1-\frac{\overline{R_{Tij}^{x}}^{0}}{\overline{R_{Tij}^{x}}^{0}}\geqslant 0.2$$

最大风险承受力：

$$1-\frac{\overline{R_{Tij_{\min}}^{x}}^{0}}{\overline{R_{Tij}^{x}}^{0}}\geqslant (0.2\sim 0.25)$$

闭合航次总风险承受力：

$$1-\frac{\sum_{i}^{n}\sum_{j}^{n}\overline{R_{Tij}^{x}}^{0}}{\sum_{i}^{n}\sum_{j}^{n}\overline{R_{Tij}^{x}}}\geqslant 0.2$$

最大风险承受力：

$$1-\frac{\sum_{i}^{n}\sum_{j}^{n}\overline{R_{Tij_{\min}}^{x}}^{0}}{\sum_{i}^{n}\sum_{j}^{n}\overline{R_{Tij}^{x}}}\geqslant (0.2\sim 0.25)$$

它们表达了航线运营的基本条件，即在箱量不变和满足需求的情况下，对市场价格波动必须具有相应的承受力。

（七）敏感性分析

$$P=\sum_{i}^{n}\sum_{j}^{n}[x_{Tij}\times(\bar{R}_{Tij}^{x}-\bar{C}_{Tij}^{x})]-(C+C^{y})$$

将运价、船舶租金、燃油费、租箱费用作为影响因素，分析敏感因子波动对利润的影响、对指标的影响。

从保本运价可见：

$$x_{Tij}^{0}=\frac{(C+C^{y})-\sum_{g\neq i}^{n}\sum_{k\neq j}^{n}x_{gk}\times(\bar{R}_{gk}^{x}-\bar{C}_{gk}^{x})}{\bar{R}_{Tij}^{x}-\bar{C}_{Tij}^{x}}$$

其总体要求不仅要对企业自有的在线船舶进行分析评价，还要对其他航线经营人的在线船舶情况进行分析评价，为制定企业的市场博弈策略提供依据。

本章思考题

1. 简述典型集装箱航线类型及特点。
2. 集装箱航线配船应遵循哪些原则？
3. 集装箱航线优化设计应遵循哪些原则？
4. 集装箱航线运行评价指标有哪些？如何计算？
5. 简述集装箱航线优化设计及优化运行的原理和方法。

第五章　集装箱箱务管理

第一节　集装箱箱务管理内容

箱务管理是国际集装箱运输业务的一项重要工作。企业进行集装箱运输经营，其港口设备和设施、集装箱船舶建造和集装箱设备均需巨额投资。集装箱的造价从 3 000 美元至 30 000 美元不等，企业对集装箱设备的投入比例较高。做好集装箱箱务管理工作，对加快集装箱的周转、提高集装箱货物的装载质量以及集装箱运输企业的经济效益均有重要的意义。

箱务管理的主要业务有集装箱的使用、租用、调运、保管、发放、交接、装卸、中转、堆存、装箱、拆箱、运输、检验、修理、清洗、熏蒸、租赁、跟踪等。在箱务管理中涉及港、航、陆、站、场等诸多部门，因此，集装箱箱务管理是一项十分复杂的系统工程，其管理水平的高低将直接影响国际集装箱运输业的发展。下面就集装箱箱务管理中的主要内容进行介绍。

一、集装箱空箱调运及管理

在集装箱运输航线货源不平衡的情况下，空箱调运在所难免。集装箱空箱调运及管理关系到集装箱的利用程度、空箱调运费的开支、适箱货物的及时发送以及企业的经济效益。通过合理的空箱调运，可以降低船公司航线集装箱需备量和租箱量，从而降低运输成本，提高船公司的竞争能力和经济效益。据统计，仅美国每年因空箱调运而产生的各种费用高达 35 亿美元，如按每个标准箱 2 400 美元购置费计算，可以购买 145 万个标准箱。因此，必须研究如何合理调运空箱，同时还须考虑租箱策略，以求最大限度地节约空箱调运费。

（一）产生空箱调运的原因

1. 企业运作不规范，集装箱管理失误。具体体现在由于相关集装箱运输单证的交接不规范、流转不及时，影响集装箱的调配和周转，而产生空箱调运；有些集装箱发生损失和灭失，但却因为运输责任不明确而无法追回，或不能及时追回，只能调运空箱补充；货主超期提箱，造成港口重箱积压，影响集装箱在内陆的周转，为保证船期，需要从附近港口调运空箱；等等。

2. 进、出口货源不平衡。由于贸易顺差或逆差，导致集装箱航线货流不平衡，因而造成进、出口集装箱比例失调，大量空箱积压在航线的某一端，产生空箱调运的问题。

3. 进、出口货物结构的差异。由于进、出口货物种类和性质往往存在很大的差异，在航线的不同流向上需要使用不同种类和规格的集装箱，从而导致某规格或某类集装箱出现短缺现象，需要从其他地区调运同一规格的空箱，以满足不同货物的需要。

4. 集装箱修理。出于对修箱费用和修箱要求考虑，船公司会将空箱调运至修理费用低、修箱质量高的地区去修理，产生了箱在空间的位移。

由此可见，由于客观上货物存在着流向、流量及货种的不平衡，产生一定数量的空箱调运是必然的、不可避免的。但是，通过加强箱务管理，实现箱务管理现代化，减少空箱调运量是完全可以实现的。

（二）减少空箱调运的途径

由于空箱调运费用大且影响公司的竞争能力和经济效益，因此，应研究减少空箱调运的组织技术措施。目前行之有效的途径主要有以下几种。

1. 组建联营体,实现船公司之间集装箱的共享。联营体通过互相调用空箱,可减少空箱调运量和航线集装箱需备量,节省昂贵的空箱调运费和租箱费。

2. 强化集装箱集疏运系统,缩短集装箱周转时间。通过做好集装箱内陆运输各环节的工作,保证集装箱运输各环节紧密配合,缩短集装箱内陆周转时间和在港时间,以提供足够箱源,不致因集装箱短缺而调运空箱。

3. 强化集装箱跟踪管理系统,实现箱务管理现代化。通过优化集装箱跟踪管理计算机系统,如采用 EDI 系统,以最快、准确的方式掌握集装箱动态信息,科学而合理地进行空箱调运,最大限度地减少空箱调运量及调运距离。

总之,空箱调运应综合论证空箱调运费用与租箱费用的比较,根据二者费用的高低,再考虑航线集装箱配备量因素,决定采取空箱调运或租箱的决策。当租箱费用大于或等于空箱调运费时,船公司可采取空箱调运;否则,可考虑租箱。

二、集装箱调运方式

(一)国际空箱调运

箱管部门应与货运部门配合,及时掌握各港的空箱数量以及各港的空箱需求量,及时做好调运计划,通过在各港的船代部门(集装箱代理人)做好报关、装运等工作,及时根据调运计划将空箱按类型、数量调运到指定的港口。一般情况下尽可能安排本公司的船舶运载空箱,特殊情况下利用其他公司船舶运输。

(二)国内调运

一方面不需海关申报手续,箱管部门应与货运部门配合,掌握空箱情况;另一方面箱管部门与航运部门合作,了解船舶配船情况,充分利用船舶的剩余舱位进行空箱调运。

(三)港到堆场、货运站、中转站间的调运

实际中会出现空箱在港大量积压,因此需将空箱调运到各堆场、货运站。箱管部门需及时掌握空箱到达时间、数量,及时为各堆场、货运站、内陆运输部门签发集装箱设备交接清单,联系运输单位,采取直取方式或尽早将空箱调运到使用空箱的地点。

此外,在港间调运空箱时,经常是将各堆场的闲置集装箱调运至港口,所以箱管部门必须及时与集装箱代理人及各堆场进行联系,及时将调运计划安排的空箱运至港口。

(四)堆场、货运站之间的调运

空箱除少部分在港口堆存外,大量的空箱是在堆场和货运站堆存,箱管部门根据各场地空箱需求量,进行堆场、货运站等地之间的空箱调运。在场地之间调运时,箱管部门应制定相应调运计划,联系运输单位(水运、公路、铁路),签发集装箱设备交接清单,将空箱从指定的提箱地点运至指定的收箱地点。

(五)临时租用的空箱调运

箱管部门向租箱公司或其他船公司申请,经同意取得集装箱设备交接清单后,联系运输公司,到租箱公司或其他船公司指定的场地,将空箱运至本公司的协议堆场或货运站等地,做好设备交接手续。用完后将空箱运至租箱公司或其他船公司指定的场地,或与租箱公司协议将临时租用的集装箱转为期租集装箱,并支付租用费用。

(六)还箱的调运

租箱部门与集装箱所有人联系还箱手续,按集装箱所有人指定的地点将空箱运至目的

地并办理交接手续。

（七）其他

拆空的集装箱一般由货方（或其代理）、内陆承运人负责还箱运输。箱管部门应及时掌握集装箱动态。集装箱在修理、清洗、改装、熏蒸、检验时，箱管部门应做好调运计划，联系运输公司将集装箱运至指定地点，以便使集装箱满足货载要求，加快集装箱的周转速度。

三、集装箱的堆存和保管

（一）重箱的堆存、保管

港口为避免港内集装箱的大量积压现象发生，规定各航班装运的重箱应在指定的入港开始时间和截止时间内将重箱（或出口空箱）运至港区内指定的堆场堆存。箱管部门应与港口箱管部门密切合作，通知货方（或其代理人）、内陆运输人，将重箱及时运至港内，并做好集装箱设备交接工作。

（二）空箱的堆存、保管

集装箱所有人和箱管部门所管理的空箱一般在码头堆场、货运站堆场等地堆存和保管，通常委托箱管代理或各堆场经营人作为代理人进行实际管理，并需支付堆存和管理费用。这些费用也是集装箱运输成本的重要组成部分。

集装箱箱管代理人在安排空箱堆存过程中，应将各航运公司的集装箱分别堆放，同一公司的集装箱也应按照箱型分别堆放，便于提箱。

在搬运过程中，应规范操作，避免集装箱出现残损。在收箱时，应做好集装箱的核查工作，一旦出现集装箱损坏的现象，要及时通知箱主安排修理等事宜。

集装箱所有人在掌握各堆场的空箱类型、数量的基础上，应充分利用各堆场入场初期的免费条款，将堆存期较长的集装箱调运出该堆场，做出口载货用箱或调运到所需的地方。

在我国，有些货运站采用集装箱堆存费包干的形式，集装箱所有人可以充分利用这一条件，将空箱存放在该种货运站中。

（三）出口箱进场安排

出口箱进场堆放时，必须遵循一定的规则，使出口箱在配载装船时，减少倒箱，提高装船效率，由中央控制室负责计算道口指挥入港箱去向和泊位。

1. 位（贝）堆放。同一位内，堆放同一箱型、同一卸港、同一吨级的箱在同一排。

2. 排（列）堆放。同一排内，堆放同一箱型、同一卸港、同一吨级的箱在同一位。在位堆放时，最重的箱堆放在靠近车道的一排，最轻的箱堆放在最里面的排，次重级的箱堆放在中间的排。在多条路进箱时，采取分组或分头作业，要求集卡司机持票作业，不要搞混。

（四）进口箱进场安排

根据调度室计划、编制的卸船顺序单，中央控制室在组织卸船作业中，各船及所属的各作业组或作业头应根据卸船作业单要求严格按程序作业。做到同一位中相同提单号的，进同一排；一个位结束后，再选另一个位；箱子在实际堆放时如与卸船顺序单有差异，一定要及时通知中央控制室。

（五）冷藏箱的堆存与转栈

1. 冷藏箱入场后接通电源，对正常箱进行 4 小时 1 次的巡检、记录；而对起冷箱进行 2

小时1次的巡检、记录。

2. 冷藏箱堆存超期规定，一般限定为15天（各码头不同）。如发生箱堆存超期管理，管理员要报中央控制室通知承运人催提，并做好冷藏箱超期堆存费的核算。

3. 装载危险品货物冷藏箱管理应当按照海事部门的要求和操作程序指定堆区（堆位）。

4. 冷藏箱故障处理要做好当班日志记录。

在码头发生故障，应立即通知承运人或其代理，如装载危险品还应向海事局报告，通知船名、航次、箱号、提单号、货名、装箱地等内容。

（六）集装箱码头堆场的智能监控管理

通过计算机的专门程序设计，建立集装箱堆场的总立体图以及街、区的立体图，直接进行智能监控。对于想了解的集装箱，点击该箱即可显示如下情况。

1. 箱状态：箱型、箱类，重箱还是空箱，箱内的货物情况。

2. 箱动态：何时入场、从何处来，应何时出、从何处出，所去的目的港，箱主等相关内容。

可设置预警、预报提示系统，对于堆存超期的集装箱要求该系统自动报警提示，并明示超期堆存箱的超期时间和有关超期箱的相关内容。

四、集装箱的发放和交接

（一）集装箱发放和交接的依据

集装箱的发放和交接，应依据进口提货单、出口订舱单、场站收据以及这些文件内列明的集装箱交付条款，实行集装箱设备交接单交接制度。从事集装箱业务的单位必须凭集装箱代理人签发的集装箱设备交接单办理集装箱的提箱、交箱、进场（港）、出场（港）等手续。

（二）交接责任的划分

船方与港方交接以船边为界；港方与货方（或其代理人）、内陆（公路）承运人交接以港方检查桥为界；堆场、中转站与货方（或其代理人）、内陆（公路）承运人交接以堆场、中转站道口为界；港方、堆场中转站与内陆（铁路、水路）承运人交接以车皮、船边为界。

（三）进口重箱提箱出场的交接

进口重箱提离港区、堆场、中转站时，货方（或其代理人）、内陆（水路、公路、铁路）承运人应持海关放行的进口提货单到集装箱代理人指定的现场办理处办理集装箱发放手续。

集装箱代理人依据进口提货单、集装箱交付条款和集装箱运输经营人有关集装箱及其设备使用和租用的规定，向货方（或其代理人）、内陆承运人签发出场集装箱设备交接单和进场集装箱设备交接单。货方、内陆承运人凭出场集装箱设备交接单到指定地点提取重箱，并办理出场集装箱设备交接；凭进场集装箱设备交接单将拆空后的集装箱及时交到集装箱代理人指定的地点，并办理进场集装箱设备交接。

（四）出口重箱交箱进场的交接

出口货箱进入港区，货方、内陆承运人凭集装箱出口装箱单或场站收据、进场集装箱设备交接单到指定的港区交付重箱，并办理进场集装箱设备交接。指定的港区依据出口集装箱预配清单、进场集装箱设备交接单、场站收据收取重箱，并办理进场集装箱设备交接。

（五）空箱的发放和交接

空箱提离港区、堆场、中转站时，提箱人（货方或其代理、内陆承运人）应向集装箱代理人提出书面申请。集装箱代理人依据出口订舱单、场站收据或出口集装箱预配清单向提箱人签发出场集装箱设备交接单或进场集装箱设备交接单。

提箱人凭出场集装箱交接单到指定地点提取空箱,办理出场集装箱设备交接,凭进场集装箱设备交接单到指定地点交付集装箱,并办理进场集装箱设备交接。

(六)收、发箱地点应履行的手续

至指定的收、发箱地点,凭集装箱代理人签发的集装箱设备交接单受理集装箱的收、发手续。凭出场集装箱设备交接单发放集装箱,并办理出场集装箱设备交接手续;凭进场集装箱设备交接单收取集装箱,并办理设备交接。

1. 出场集装箱设备交接的主要内容包括:提箱人(用箱人和运箱人);发往地点;用途(出口载货、修理、进口重箱等);集装箱号、封号(铅封号、关封号);集装箱尺寸、类型;集装箱所有人;提离日期;提箱运载工具牌号;集装箱出场检查记录(完好或损坏)。

2. 进场集装箱设备交接单的主要内容包括:送箱人;送箱日期;集装箱号、封号;集装箱尺寸、类型;集装箱所有人;用途(返还重箱或出口集装箱);箱运载工具牌号;装箱进场检查记录。

集装箱交接地点应详细认真地进行检查和记录,并将进出场集装箱的情况及时反馈给箱管代理或集装箱代理人,积极配合集装箱代理人的工作,使集装箱代理人能够及时、准确地掌握集装箱的利用情况,及时安排集装箱的调运、修理工作,及时追缴集装箱延期使用费以及集装箱的损坏、灭失赔偿费用等。

(七)集装箱的损坏、灭失、逾期还箱的处理

表5-1为集装箱超期使用费标准;表5-2为集装箱丢失和推定全损赔偿标准。

表5-1　集装箱超期使用费标准　　单位:美元(USD)/天

货箱种类	尺寸(ft)	1天~4天	5天~10天	11天~40天	41天以上
干货箱	20	免费	免费	3.00/天	12.00/天
	40			5.00/天	20.00/天
开顶箱 框架箱	20	免费	免费	4.50/天	18.00/天
	40			9.00/天	36.00/天
冷藏箱 罐箱 等特殊用途箱	20	免费	18.00/天	24.00/天	72.00/天
	40		30.00/天	42.00/天	120.00/天

表5-2　集装箱丢失和推定全损赔偿标准　　单位:美元(USD)

货箱种类	尺寸(ft)	集装箱价格	年折旧率	最低赔偿额
干货箱	20	3 200	5%	1 280
	40	4 300		1 720
超高箱9.6ft以上	40	5 000	5%	2 000

续表

货箱种类	尺寸(ft)	集装箱价格	年折旧率	最低赔偿额
开顶箱	20	4 000	5%	1 600
	40	5 000		2 000
框架箱	20	5 500	5%	2 000
	40	7 500		3000
冷藏箱 罐箱 等特殊用途箱	20	25 000	5%	12 500
	40	33 000		16 500

货方(或其代理人)、内陆承运人或从事集装箱业务的有关单位不得将集装箱及其设备移作集装箱设备交接单规定之外的目的使用,必须按规定的时间、地点交换集装箱,而且应保持集装箱及其设备的完好性。

凡不按规定地点交还集装箱者,港区、堆场、中转站等地应拒绝收箱。集装箱损坏时,应根据前述的交接责任划分确定责任者,根据损坏程度确定赔偿金额,责任者有义务向集装箱代理人(所有人)支付赔偿费用。

第二节　集装箱跟踪管理

随着全球国际集装箱运输的快速发展,集装箱的数量日益增多。同时,在国际集装箱运输及多式联运过程中,集装箱流动范围极广,很难进行有效控制,因此,集装箱运输过程中由于集装箱灭失造成的经济损失非常惨重。为了最大限度地减少经济损失,提高集装箱的周转率,最大限度地发挥集装箱的运输能力,防止因种种原因集装箱灭失现象的发生,世界各国都在研究和设置集装箱跟踪管理系统。

集装箱跟踪管理是指集装箱经营者为了可随时掌握和控制集装箱动态而采用的一种管理方式。一般船公司在自己所经营的集装箱航线的基本港和挂靠港建立集装箱跟踪管理信息传递网络,从而随时或定时通过其各港的代理人,利用各种信息传递方式向船公司提供集装箱的最新动态,经整理可输出所需的各种文件资料。集装箱跟踪管理方式一般分为手工跟踪管理方式和计算机跟踪管理方式两种。

一、集装箱跟踪管理方式

(一)手工跟踪管理方式

对于集装箱拥有量较少、经营规模和范围较小的船公司,可考虑采用手工跟踪管理方式。具体操作是:制作一套包括自备箱在内的历史档案记录卡片和一张集装箱跟踪图表,每个集装箱对应一张卡片。为了使集装箱管理部门易于区分集装箱的固有特征,卡片的形式可以是不同式样的,如以不同尺寸的卡片表示不同尺寸的集装箱,或以不同颜色的卡片表示不同类型的集装箱等。船公司的集装箱管理部门,根据各地提供的集装箱动态信息,登记在集装箱档案记录卡片上,再记录在集装箱跟踪图表上。

手工跟踪管理方式十分麻烦，滞后性大，无法及时地向集装箱管理部门提供盘存所需的各种报表，特别是当船公司经营集装箱运输规模扩大，集装箱拥有量越来越多、周转加快时，这种跟踪管理方式无法满足集装箱运输管理的需要。

（二）计算机跟踪管理方式

集装箱计算机跟踪管理方式是运用电子计算机技术建立起来的信息传递和数据处理的管理系统。具体操作是：首先，应将集装箱所必要的信息，如箱号、箱型、尺寸、购（租）箱及其地点、日期等预存储在计算机内；然后，再将集装箱日常动态和信息利用某种特定的代码形式，及时输入计算机，并根据事先编好的程序，通过计算机进行有效的数据处理，随时可直观地显示或打印出集装箱管理部门所需的各种类型的报表、资料和文件。

集装箱计算机跟踪管理方式按其信息和传递系统可分为联机和脱机两大类。

所谓联机系统是指船公司的计算机中心与其在各港代理处所设置的终端机联成计算机网络，有关的集装箱动态信息可直接由代理人随时通过终端输入到船公司计算机中心储存处理，并能将所需处理结果返回至终端的显示或打印设备上。

所谓脱机系统是指信息的传递由各港代理处采用普通的通信交换方式，传递给船公司，然后再由船公司的计算机输入设备输入至计算机内存储或处理。这种方式适时性较差，但对远距离的信息传递还是较适用的。

集装箱跟踪计算机应用系统的复杂程度，主要依集装箱管理部门需要计算机处理及通过显示或打印提供的资料、表格的复杂程度和种类多少而异。一般而言，其信息系统是由固定资料、动态信息、显示查询和打印盘存报表组成。目前，利用计算机对集装箱进行管理，已由初级阶段的动态控制（即跟踪管理），发展到高级阶段的编目控制动态业务处理。船公司不仅能够掌握及跟踪分布在国内外集装箱码头堆场、集装箱货运站、内陆货运站、货主仓库以及运输途中的有关集装箱的地理位置和使用状态变化的动态信息，而且还可以对各个运输环节的集装箱需求情况做出预测等。

总之，要实现箱务管理现代化、大数据化，首先要实现规范化，这就要求建立分工明确、有效率的各级组织管理机构；必须有完整的业务规章和办法；必须有一整套科学的管理方法和高素质的箱管队伍；还必须拥有先进的管理技术和现代化的管理手段。

（三）箱务管理现代化

利用先进的计算机技术建立集装箱管理信息系统并实现科学化管理是实现箱务管理现代化的重要手段。利用先进的计算机联网技术建立大范围、多机种、远距离的计算机网络，为箱务管理的现代化提供了基础。

1. 先进的管理技术。EMS 系统通过箱管中心和分中心及航线经营人、港口箱管代理联网，可以掌握跟踪国内外的集装箱码头堆场、集装箱货运站、中转站、货主仓库或运输途中的集装箱地理位置和使用状况等动态信息，可以对各个运输环节的集装箱需求情况做出预测；还可以汇总、统计、分析箱务管理方面的各项经营指标，从而为公司的经营决策提供准确可靠的辅助依据。

2. 科学的管理方法。建立庞大的集装箱管理系统，除依靠先进的计算机技术外，必须实行科学、严格的管理。其中包括建立健全严密的、有明确分工的和能高效率运转的各级组织管理机构，制定一系列完整的、切实可行的内部规章制度、工作标准和业务管理办法等。

二、集装箱码头道口管理

集装箱码头道口(检查口)是集装箱通过集卡运载进出码头的唯一陆路通道,它是码头管理的一个重要关口部门。道口是港口与内陆承运代理人(货运站)、托运人(车队)进行集装箱设备及其所装货物的交界处,也是各自承担责任的分界线。

(一)道口的必备设备

1. 道口自动地秤。它可在集卡通过时自动测定进出集装箱的重量,并记录和自动核对"集装箱装箱单"的登记重量。

2. 电子监视系统。检、录有关集卡和集装箱的相关信息。

3. 计算机系统。可与码头中央控制室、计算机中心联网的终端计算机,记录进出道口的所有的集装箱信息和处理相应的业务。

(二)道口的主要工作内容

道口工作内容主要包括:审核进、出港集装箱的有关单证;检查进、出港集装箱的箱况及交接签证;将集装箱的进、出信息输入计算机,交到中央控制室;打印"发箱小票"或"入箱小票";指挥集卡;整理进、出场的集装箱有关单证;打印集装箱进、出场日报表。

三、集装箱跟踪管理和考核

集装箱跟踪是实施集装箱航线生产运营监控的重要手段之一。集装箱监控的必要性在于箱子数量多、分布广、流动性大,常处于托管状态,因此需及时了解和掌握箱子在航线周转过程中的各种状态,从而防止集装箱的丢失、残损,以提高箱子的使用效率。集装箱监控的目的是保证航线营运的正常开展,达到集装箱的有效使用。集装箱监控时通常采用计算机网络智能跟踪系统,建立集装箱智能跟踪系统。

(一)集装箱的动态信息

1. 集装箱载具的流动情况。

2. 集装箱货物的流向。

(二)集装箱的状态信息

及时了解货物是否出现空、重、残损等。

(三)集装箱的信息传输方式

集装箱的信息传输方式主要有自有网、物联网、EDI(电子数据交换)、互联网以及模拟、仿真。

1. 建立自有独立网络系统。

2. EDI 联网系统。

图 5-1 为 EDI 数据传输图,通过港口的 EDI 数据中心进行数据传输。关于 EDI 技术的应用将在第十一章论述。

(四)集装箱适时智能监控系统

1. 数据采集。各港口所在地的各托管部门输入集装箱的动态、状态变化的原始数据。

2. 部门监控如图 5-2 所示。

3. 技术开发。计算机技术的发展为集装箱监控系统技术开发奠定了基础,智能监控系统是集装箱箱务管理发展的趋势。一般监控系统应显示的集装箱情况主要有以下

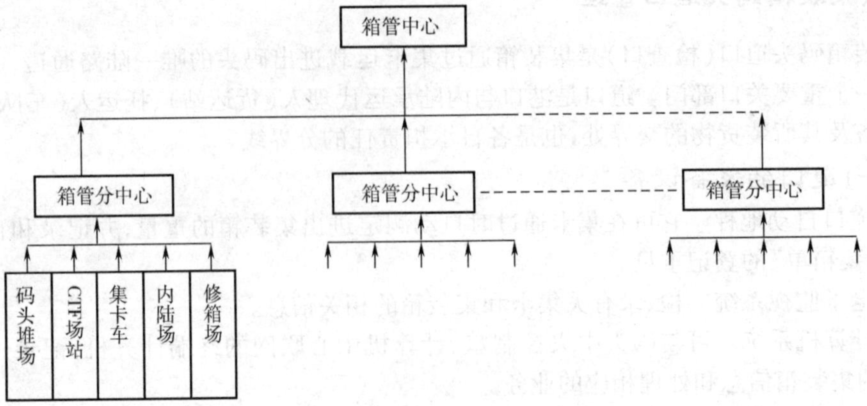

图 5－1　EDI 数据传输

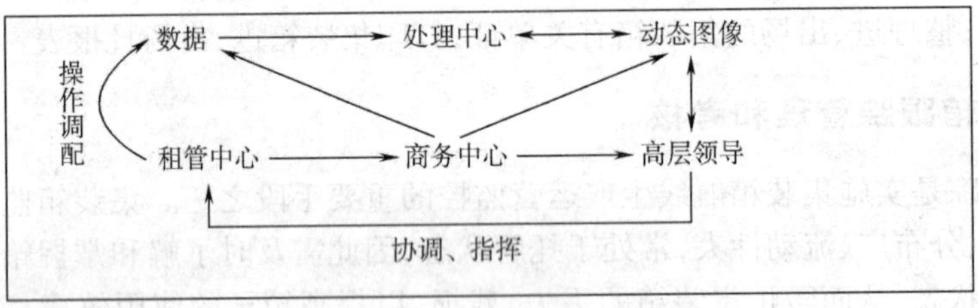

图 5－2　指挥监控

内容。

第一，所有集装箱的动态分布情况。

陆上：端港腹地内箱子的总量，其动态、状态情况的汇总，细分到各场、站、车队托管箱子的数量、动态、状态情况。

海上：在航船舶集装箱的动态、状态情况，细分到每个具体箱子内的货物和流向。

第二，查询系统。当输入某一箱号后，系统应立即显示该箱的即时动态、状态，并能查阅该箱的一段历史动态、状态情况。

第三，提示系统。自动提示、报警。

（五）箱务管理的考核系统

对集装箱管理的常规考核指标为：重箱率、在航重箱率、配箱率、平均周转率、空箱堆存率、调运率等。目前，集装箱管理考核系统存在以下不足：收集、统计、分解、处理海量信息，信息烦琐；信息属于静态，每周更新一次；信息不具有即时操作性、指导性；无法实现有效监控，只能事后指导。

在考核系统中，箱管员、场、站、车队等信息源应及时输入；输入信息保证其准确性后不得改动；信息的删改权统一归商务部门管理。同时也采用报警显示系统，用箱人超期使用系统就应当自动报警；箱子超期使用费应计算后显示；箱子在港滞留时间超过发班间隔时间应报警；历史报警保存；领导批准后方可消除商务输入数据。

第三节　集装箱租赁业务

集装箱租赁业务是一个随着集装箱运输的发展而派生出来的行业。由于集装箱价格昂贵,需要花费巨额资金购置,所以很多船公司采用部分或全部租用集装箱来开展运输。租箱管理的主要目标是合理确定航线集装箱的需备量、航线各港的配置量;合理地调整航线运力的供给量;合理调拨集装箱,提高集装箱的利用率、周转率;保证箱子完好,确认箱子残损、丢失发生后的责任。

一、集装箱租赁的主要优点

(一)可避免占用过多的资金

由于集装箱造价很高,如果船公司所有集装箱都采用自备的方式,一方面购置大量集装箱需要巨额投资,占用大量的固定资金;另一方面如果是贷款购箱,还要支付为数可观的利息,对船公司造成沉重的经济压力。如果采用租赁办法,租用部分集装箱来使用,只需支付少量租金即可获得集装箱使用权,并可根据公司的经营安排合理的集装箱租赁方式。这样,既可避免占用大量的固定资金,也无须支付巨额贷款的利息。

(二)节省空箱调运费用,可满足用箱要求

某些航线上往往存在往返货量不平衡、季节性货源变化等情况,这就会导致船公司在用箱方向上的不均衡。这种不均衡的问题也可通过租箱的办法来解决。例如,采用单程租赁、短期租赁及灵活租赁等办法,既能满足用箱的不均衡要求,又可节省置箱费及空箱调运费。

(三)避免集装箱陈旧、过时

集装箱运输的发展十分迅速。为了满足集装箱运输发展的要求,作为集装箱运输设备的集装箱也在不断改善、完备。集装箱在使用过程中存在着过时的风险,有些集装箱会因尺寸、规格不再适用而被淘汰。而使用租赁的集装箱,就不会面临这些风险,当旧规格的集装箱即将被淘汰时,可重新租用新规格的集装箱,无须承担因旧箱报废而造成的经济损失。

二、集装箱租赁方式

目前,国际运输中的集装箱租赁方式有很多种,对各种集装箱租赁的定义也不尽相同,但总的来说,主要分为以下三大类。

(一)期租

集装箱期租是指租用人在一定时期内租用集装箱的租赁方式。在期租内租箱人可以像自己拥有箱子一样自由调配使用。

集装箱的期租分为长期租赁和短期租赁两种方式。长期租赁一般是指有一段较长的租用期限,而短期租赁则根据所需要的使用期限来租用集装箱,时间比较短。

长期租赁又可分为金融租赁与按实际使用期租赁两种方式。前者指租箱人在使用期届满后买下所租用的箱子,后者指租箱人在使用期届满后将箱子退还给集装箱出租公司。长期租赁对租箱人和出租公司都有好处。对公司来说,在出租期间有较稳定的租金收入;对租箱人来说,只要按时支付租金,箱子如同自己的一样,且长期租赁的租金较低。但短期租赁较灵活,租箱人可根据自己需要的时间、地点来确定租用期限,但其租金比较高。

（二）程租

程租也称作即期租赁，是指租期由航程时间决定的租赁方式，一般分为单程租赁和来回程租赁两种方式。在此租赁方式下，一般对提箱、还箱地点有严格的限制，且租金较期租要高。

单程租赁多用于同一条航线上来回程货源不平衡的情况，即从起运港至目的港单程使用集装箱。例如某船公司经营 A 港至 B 港的集装箱货物运输业务，A 港至 B 港的货运量较大，而 B 港至 A 港的货物运输所使用的集装箱较少，即来回程货运量不平衡，而该公司从 B 港至其他地区又没有集装箱运输业务，营运结果必然是在 B 港导致空箱积压。在这种情况下，该公司可租用 A 港至 B 港的单程集装箱，这样既可节省空箱在 B 港的保管费，又可节约空箱从 B 港运回 A 港的运费等。

在采用单程集装箱租赁时应注意，租箱人除支付租金外，有时还要支付提箱和还箱费。如果集装箱使用人从租赁市场行情好的地方租用至行情差的地方，租箱人就须支付提箱费、还箱费；反之，则不支付或仅少量支付这部分费用。

来回程租赁通常用于来回程有较平衡货运量的航线。该种租赁方式租期不受限制，在租赁期间，租箱人有较大的自由使用权，不局限于一个单纯的来回程。

（三）灵活租赁

灵活租赁是在租期上类似于长期租赁（一般为一年），而在箱子使用上类似于短期或程租的租赁方式。在这种租赁方式下，租箱人在租期内至少保证租用一定数量的集装箱（一般可以多租）；在具体使用中，这些箱子不是固定不变的，租用人可以根据自己的实际需要，按照合同规定的时间、地点、数量随租随还。在大量租箱的情况下，租箱人可享受租金回扣的优惠，租金甚至接近长期租赁。在集装箱货源较多，往返航次货源又不平衡的情况下，采用这种租赁方式是比较合理的。

在灵活租赁的情况下，由于提、还箱灵活，因而给租箱公司带来一定的风险，所以在合同中往往要规定一些附加约束条件。如规定最少租期，规定基本的日租金费率，租箱人按租期支付租金；规定起租额，规定租箱人在合同中应保持一定租箱量，并按超期租额支付租金（即当实际租箱量少于起租额时采用）；规定全球范围内月最大还箱限额；规定最小月提箱量；规定各还箱地区的最大还箱量；等等。

尽管集装箱租赁方很多，但最重要的是租箱人应根据航线货源情况、航运市场及租箱市场情况、租箱人的资金状况，经过论证、分析后，确定采用何种租赁方式及租箱量。

三、集装箱租赁合同及主要条款

（一）集装箱租赁合同

集装箱租赁合同（containner lease agreement，简称租箱合同）是规定租箱人与租箱公司双方权利、义务和费用的协议和合同文本。以下是集装箱短期租赁合同的基本格式。

出租方（下简称甲方）：×××货柜服务有限公司　　×××　138××××××××

承租方（下简称乙方）：

甲乙双方本着平等互利的原则，经协商一致，根据《中华人民共和国合同法》及有关法律法规，就乙方受托租用甲方集装箱事宜签订本合同。

一、租赁集装箱的类型、规格、数量

1 个 40ft 普通集装箱。

二、期限

租赁期限为30天，各个集装箱的租赁期限分别按该箱的实际起租日计至退租日止。

三、用途

乙方租赁甲方集装箱应用于通常的合理的用途，不得用于从事非法活动，否则，因此造成的一切损失和后果均由乙方承担全部责任。

四、租赁集装箱的交付

1. 时间、地点、方式：自本合同签订之日起20天内，乙方凭甲方的提箱通知单到甲方在×××指定的堆场提箱（按SEAWORTHY标准）；甲方将集装箱交付至乙方（包括乙方的代理人，乙方雇员或其雇用的独立卡车司机）；由乙方在交箱单上签收，并标明箱体状况。

2. 上下车费、制冷费等费用：乙方在提箱和退箱时，集装箱在甲方堆场所发生的上下车费，由乙方负担。

40ft普通集装箱上下车费为人民币100元每箱每次。

五、押金/担保（该条款不适用于本合同）。

六、租金及支付方式

1. 租金：租金按日计算，自交箱日起计至退箱日止，包括起租日和退租日。

40ft普通集装箱日租金为人民币200元每箱。

2. 支付方式：付款应在交箱日7天内将租金支付到下述账号。

开户行：

户　名：

人民币账号：

七、集装箱在租赁期间的保养和维修

乙方在租用期限内应正常使用并妥善维护集装箱。如果集装箱在使用中发生故障，乙方应按集装箱的技术支持手册进行检查后，并予以维修。

八、集装箱的退还

1. 在退箱期内，乙方凭甲方的退箱单将集装箱退还至甲方在×××指定的堆场，且乙方应保证退箱时集装箱完好如初，并以乙方签收的交箱单上标明的状况作为退箱依据。

2. 退箱时由甲方负责检验（按SEAWORTHY标准）。若甲方发现集装箱损坏需要修理的，则修理费由乙方承担。但甲方在修理前应将估计的修理费金额、修理时间书面通知乙方，并允许乙方进行检验。如果乙方在收到通知之日起5个工作日内未检验，也未对该修理费金额提出异议，则视为乙方同意，乙方应在收到通知之日起15天内向甲方支付该修理费。

3. 若集装箱在租赁期间丢失、损毁或甲方确定已不能修复时，乙方须根据集装箱重置费向甲方赔偿实际损失，即集装箱的重置费自出厂日起按每年4%折旧，但最少不得低于重置费的60%，一般40ft普通集装箱每箱重置费为人民币50 000元。

九、租赁集装箱的转租或转借

在租赁期间内，乙方未经甲方同意，不得擅自将集装箱转租或转借给第三人使用，也不得变卖或抵押集装箱。

十、违约责任

1. 乙方未按约定时间交纳租金，则应每日按日租金的2%支付逾期付款违约金。

2. 乙方不符合本合同第六条第1款的约定条件而擅自提前退租，则仍应支付至少30天的租金；租期满30天，租金率按第六条第1款，乙方支付甲方实际租箱天数的租金即可。

3. 未经甲方同意，乙方拖欠租金达3个月，或擅自转租、变卖、抵押租赁集装箱，则甲方有权解除合同，如数收回全部集装箱，乙方还应向甲方支付违约金人民币贰仟元每箱。

十一、争议解决

本合同履行过程中发生的争议，由甲乙双方协商解决；协商不成，由合同签订地人民法院诉讼管辖。

十二、本合同规定的租赁期届满前，甲乙双方需变更、终止本合同的，经双方协商一致后，可以书面形式做出变更或终止；如在合同有效期截止日的30天前双方均未提出终止协议，合同可继续有效，直到任何一方提前30天提出终止为止。

十三、本合同未尽事宜，一律按《中华人民共和国合同法》的有关规定，合同双方共同协商，做出补充规定，该补充规定与本合同具有同等法律效力。

十四、本合同自签订之日起即发生法律效力。本合同一式两份，双方各持一份，具有同等效力。

甲方　　　　　　　　　　　　　　　　　　乙方

签订日期：

签订地点：

（二）集装箱租赁合同主要条款

租箱人在签署合同之前一般要与租箱公司（或其代理人）洽定租箱方式、数量、租金，交、还箱期，地点，租、退箱费用，损害修理责任及保险等事宜。租箱合同的主要条款一般有以下几个方面内容。

1. 交箱条款。交箱条款主要是制约租箱公司的条款，是指租箱公司应在合同规定的时间和地点将符合合同条件的集装箱交给租箱人。其内容主要有如下几方面。

（1）交箱期。交箱期是指租箱公司将箱子交给租箱人的时间。为了给双方都提供一些方便，交箱期通常规定一个期限，一般为7天~30天。

（2）交箱量。为了适应市场上箱、货供求关系的变化，合同中对交箱量一般有两种规定方法，一种是规定的交箱数量（或最低交箱量）；另一种是实际交箱量（可高于或低于前者）。在可能情况下租箱公司都希望租箱人超规定量租箱。

（3）交箱时箱子状况。租箱公司交给租箱人的箱子应符合有关国际公约与标准的规定，同时租箱人还箱时应保证箱子保持和接近原来的状况。为了保证这一点，双方在提箱时箱子的状况是通过双方签署的设备交接单来体现的。在具体操作中，规定租箱人雇用的司机和箱子所在堆场的箱管员，门卫可作为双方代表签署设备交接单。

2. 还箱条款。租箱合同中的还箱条款主要是制约租箱人的条款，是指租箱人应在租用期满后，按合同规定的时间、地点将状况良好的箱子还给租箱公司。其主要内容有以下几个方面。

（1）还箱时间。还箱时间指规定的还箱日期。如超期还箱，合同一般通过对超期天数加以收取租金方式解决。如果可能提前还箱，则当事人订立有提前终止条款（early termination clause）时，租箱人方可提前还箱；如未订立此条款，即使是提前还箱，租箱人仍需补交提前日数的追加租金。

（2）还箱地点。租箱人应按合同规定或租箱公司另用书面形式确认的具体地点还箱。在订立合同时，租箱人应尽量使还箱地点与箱子最终使用地点一致或接近，这样可以减少空箱运输费用。

(3)还箱时箱子状况。租箱人在还箱时应保证箱子外表状态良好，即保证箱子保持提箱时双方签订的设备交接单上说明的状况。该条款一般规定如果还箱时外表有损坏，租箱人应承担修理责任与费用。

租箱合同中一般还规定还箱期满若干天（有的是30天）后，租箱人仍未还箱，租箱公司将作为箱子全损处理。租箱人应按合同规定的金额支付赔偿金，在租箱公司未收到赔偿金前，租箱人仍需按实际天数支付租金。

3. 损害修理责任条款。租箱人还箱时，应按设备交接单上记载的状况还箱，如有损坏，则应负责将箱子修理好后还箱，或承担修理时费用。如租箱时在合同中订立损害修理条款（damage protection plan，DPP）并按规定付费，则租箱人对租箱期内所造成的损坏在一定程度上不负修理责任，可将未修理的箱子退还租箱公司，避免一旦发生箱子损坏后所引起的有关修理安排、查核、检验、应对修理费等繁杂事务，并可节省将受损的箱子运至修理厂的额外费用。但应注意到，合同中一旦订有DPP条款，不论箱子在租箱期内是否损坏，租箱人除支付租金外，还要支付DPP费用，而且该费用一律不予退还。

DPP条款从某种意义上讲，相当于租箱人对租箱期内集装箱的损害进行了保险（但不是向保险公司投保）。但租箱人必须了解，DPP费用一般只保箱子的部分损害，不承担全损和共同海损等责任。习惯上只负责比箱子当时价值低一些的一个固定限额（如80%），损害修理实际费用在这个限额之内，由租箱公司承担；如超过此限额，则超过部分仍需要租箱人承担。DPP费用一般按租箱天数收取。

4. 租金及费用支付条款。租箱人应按时支付合同中规定承担的各种费用及租金，这是自由使用集装箱和具有某些权利和减少责任的前提，不按时支付费用和租金，则构成违约，租箱公司有权采取适当的行动直至收回集装箱。租箱合同的租金与费用支付条款主要包括下列内容。

(1)租期。租期一般理解为从交箱之日起至还箱之日止的一段时间。

(2)租金计算方法。租金按每箱每天计收。租用天数计算一般从交箱当日起算至租箱公司接收还箱的次日为止。在超期还箱情况下，超期天数按合同规定的租金另行支付（通常比正常租金高一倍）。如合同中定有提前终止的条款，租箱人支付提前终止费用（一般相当于5天~7天租金）后，租期到集装箱进入还箱堆场日终止。

(3)租金支付方式。一般租金支付方式有两种：按月支付或按季支付。租箱人应在收到租金付款通知单后，在规定时间内（一般为30天）支付。如延迟则需按合同规定的费率加付利息。

(4)交、还箱手续费。租箱人应按合同规定支付交、还箱手续费。该费用主要用来抵偿因在堆场交、还箱所产生的费用（装卸车费、单证费等），其数额可以由合同规定，或按交、还箱所在堆场费用确定。

5. 设备标志更改条款。租箱人可以在租赁的集装箱箱体外表上贴上自己的标志，但未经租箱公司同意，不得更改原有标志。在长期租赁情况下，租箱公司一般接受租箱人更改原有标志加上自己标志的要求，但还箱时租箱人必须除去更改的标志，恢复原来标志或承担恢复费用。租箱合同中除上述条款外，一般还有设备标志更改条款及其他有关租箱的责任、义务、保险和转租等条款。

在集装箱租赁业务中，租箱人除根据自己的需要选择集装箱出租公司外，还应注意到：出租公司的业务范围、管理水平和信誉；对目的地还箱数量的限制规定；对租箱费率的调研、比较；对提箱费、还箱费的规定；对所租用箱子的检查；有关合同责任条款和租金支付规定等。因此,作为租箱人,在进行租箱业务时,工作应细致、周到,充分了解并掌握各租赁公司的特点,尽可能利用各公司的长处,与多家租赁公司签订灵活租赁合同。

第四节　集装箱的业务操作管理

集装箱业务操作管理是航线经营人的日常业务管理工作。操作部(航运部)是具体操作实施的核心部门。航线经营人应当做到部门间良好的分工与协作以及对外的联系与协作。

集装箱业务的循环过程:托运人或代理委托订舱→装箱→装船→费收→签发提单。而航线经营人的主要业务模块包括市场营销即负责市场的揽货业务;订舱、制单、签单及服务业务;预配积载、船代、码头协作等协作业务;现场指挥协调等执行业务。

一、集装箱出口业务操作管理

集装箱出口业务流程如图 5-3 所示。

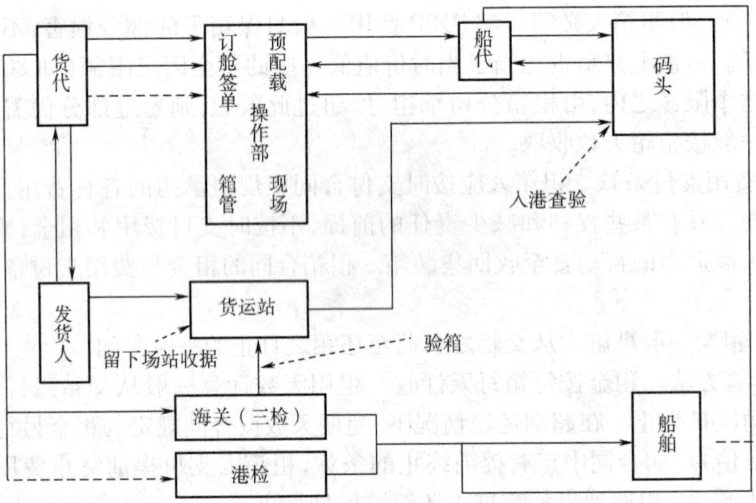

图 5-3　集装箱出口业务流程

(一)集装箱出口业务流程

1. 货代从发货人那里揽货。
2. 货代通知发货人将货物送往集装箱货运站。
3. 货代再向集装箱船公司订舱。
4. 货代向集装箱箱管部门或是集装箱货运站调箱。
5. 货代向海关给集装箱报关。
6. 货代向港监报箱。
7. 发货人向集装箱货运站提供货物。
8. 货运站将集装箱货物交给集装箱操作部。
9. 集装箱操作部将集装箱预配载图交给船代。
10. 船代再将集装箱预配载图交到码头。

11. 码头再将集装箱预配积载图经过核对之后交给船代。

12. 再由船代将核对后的集装箱预配积载图交给操作部。

13. 操作部根据此图进行现场配积载。

14. 在货运站完成集装箱配积载之后,将集装箱送往码头。

15. 集装箱装船。

16. 海关三检。

17. 船舶出港。

(二)有关强调的事宜

1. 提单。严格按信用证要求填制,使格式、字符都符合货主的要求;货主确认要使场站收据一致。

2. 载货清单(舱单)。要求与场站收据内容一致(方便验箱、箱入港)。

3. 签发提单要求。

(1)要求货主持装箱单和场站收据,结清运费、杂费(装箱费、港杂费等)。

(2)企业操作部列出应收费用,商务部核算费用(按协议、公司规定)签字,财务部收取费用(据商务部门审核通过),操作部最后放提单。

4. 提单电放的要求。在某些短程航线,为了解决货物先到但提单未到目的港的情况,即船比单证先抵目的港的情况,往往采取签发提单电放的方式处理,以方便货主提货。提单电放对于承运人而言,这是一种异地交单行为,所以承运人签发提单电放时要求收发货人提出申请、出具保函(承担一切责任和后果)、并在签发的提单上盖电放印。

5. 倒签提单。倒签提单即提单签发日期比装船时间早。签发这种提单的风险非常大,为了规避这种风险,特别要求:托运人提供保函(其承担由此产生的一切责任和后果);货主的贸易合同必须是信用证结算;公司最高领导审批(其他任何人无权);货主、发货人、收货人为一家。

6. 预借提单。预借提单是指由于信用证规定的装运期和交单结汇期已到,货主因故未能及时备妥货物或尚未装船完毕的,或由于船公司的原因船舶未能在装运期内到港装船,应托运人要求而由承运人或其代理人提前签发的已装船提单。简而言之,就是指提单在货物尚未全部装船时,或者货物虽然已经由承运人接管但尚未开始装船的情况下签发。出现这种情况的原因是货主的贸易出现问题。签发这种提单的要求同集装箱运输倒签提单类似。

二、集装箱进口业务操作管理

集装箱进口业务流程如图 5 - 4 所示。

(一)换取提货单

接到客户的全套单据后,要查清该进口货物属于哪家船公司承运、哪家作为船舶代理、在哪儿可以换到供通关用的提货单(注:全套单据包括带背书的正本提单或电放副本、装箱单、发票、合同)。

1. 提前与船公司或船舶代理部门联系,确定船到港时间、地点,如需转船应确认二程船名。

2. 提前与船公司或船舶代理部门确认换单费、押箱费、换单的时间。

3. 提前联系好场站,确认好提箱费、掏箱费、装车费等。

4. 凭带背书的正本提单(如是电报放货,可带电报放货的传真件与保函)去船公司或船

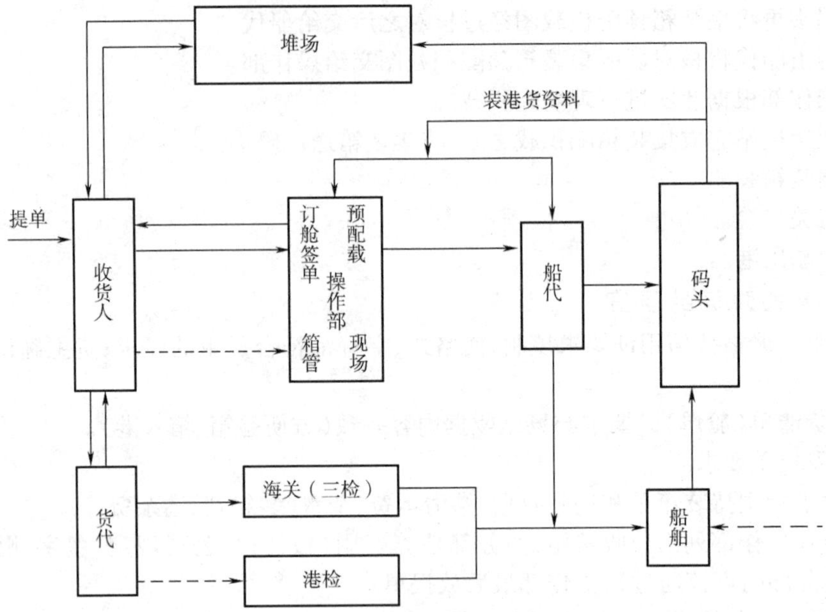

图5-4　集装箱进口业务流程

舶代理部门换取提货单和设备交接单。

（二）提货时应该注意的事项

1. 提单背书方式有两种形式，如果提单上收货人栏显示“TO ORDER”则由“SHIPPER”背书；如果收货人栏显示其真正的收货人，则需收货人背书。

2. 保函是由进口方出具给船舶代理的一份请求放货的书面证明。保函内容包括进口港、目的港、船名、航次、提单号、件重尺码及进口方签章。

3. 换单时应仔细核对提单或电放副本与提货单上的集装箱箱号及封号是否一致。

4. 提货单共分五联，白色提货联、蓝色费用账单、红色费用账单、绿色交货记录、浅绿色交货记录。

（三）用换来的提货单联并附上报关单据前去报关

提货单（1、3联）海关放行后，在白联上加盖放行章，发还给进口方作为提货的凭证。正本箱单、正本发票、合同、进口报关单一式两份、正本报关委托协议书、海关监管条件所涉及的各类证件均应齐全。提货时应注意以下几点。

1. 接到客户全套单据后，应确认货物的商品编码，然后查阅海关税则，确认进口税率、确认货物需要什么监管条件，如需做各种检验，则应在报关前向有关机构报验。报验所需单据：报验申请单、正本箱单发票、合同、进口报关单两份。

2. 换单时应催促船舶代理部门及时给海关舱单，如有问题应与海关舱单室取得联系，确认舱单是否转到海关。

3. 当海关要求开箱查验货物时，应提前与场站取得联系，调配机力将所查箱子调至海关指定的场站（事先应与场站确认好调箱费、掏箱费）。

（四）法定检验商品办理验货手续

如需商检，则要在报关前，拿进口商检申请单（带公章）和两份报关单办理登记手续，并在报关单上盖商检登记在案章以便通关。验货手续在最终目的地办理。如需动植检,也要在报关前拿箱单发票合同报关单去代报验机构申请报验,在报关单上盖放行以便通关,验货手续可在通关后堆场进行。

(五)海关通关放行后去三检大厅办理三检

向大厅内的代理报验机构提供箱单、发票、合同报关单,由他们代理报验。报验后,可在大厅内统一窗口交费,并在白色提货单上盖三检放行章。

(六)三检手续办理后去港池大厅交港杂费

港杂费用结清后,港方将提货联退给提货人供提货使用。

(七)注意事项

所有提货手续办妥后,可通知事先联系好的堆场提货,但提货时应注意以下几点。

1. 首先应与港池调度室取得联系安排计划。

2. 根据提箱的多少与堆场联系足够的车辆尽可能按港方要求时间内提清,以免产生转栈堆存费用。

3. 提箱过程中应与堆场有关人员共同检查箱体是否有重大残破,如有则要求港方在设备交接单上签残。

重箱由堆场提到场地后,应在免费期内及时掏箱以免产生滞箱。

货物提清后,从场站取回设备交接单,以证明箱体无残损,去船公司或船舶代理部门取回押箱费。

三、集装箱内贸业务操作管理

内贸集装箱业务与外贸集装箱业务有很多相同点,其流程如图 5－5 所示。

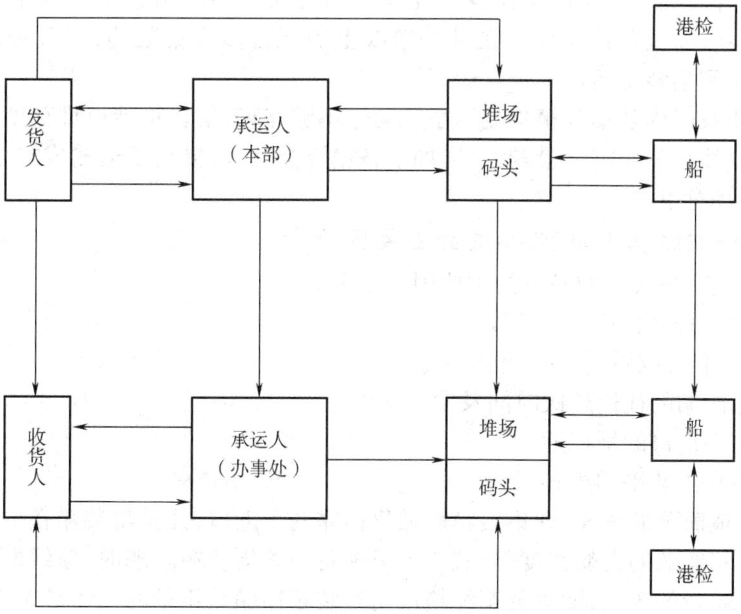

图 5－5　内贸集装箱业务流程

其主要的特点如下。

第一,无货物通关要求和相应的手续。

第二,交货方式不同,由港与港之间直接实行交接。承运人指示发货人交货,发货人将货物交到装港,并由港口行使代理作用;货物运达集装箱卸货港后,又由港口发挥代理作用,通知收货人提货,收货人将持运单到港口提取货物。

第三,以运单形式流转。由集装箱装港签发集装箱托运单,或由集装箱承运人直接签发托运单,托运单不具有流通性,且不具有专卖、抵押、交易等功能。

第五节　集装箱航线配置量的确定

一、航线集装箱需备量的确定依据

需备量是航线正常运营必须备有的最低集装箱的数量,而配置量是港口最少应配置的集装箱数量。它们的确定与航线配置的集装箱船舶规模(数量、大小),航线挂靠港口数量,船舶完成往返航次所需时间,集装箱在航线端港及其腹地内的平均周转时间,集装箱船舶载箱量及利用率等关联因素有关。下面以简单理想航线模型为例来说明集装箱航线的需备量。

简单理想航线即两端港加一艘船舶式的航线。箱子在端港及其腹地内的周转时间小于船舶往返航次所需时间(船舶发班间隔时间)。航线集装箱需备量为船舶载箱量的三倍,或称为三套,船上一套,两端港各为一套。

二、航线集装箱配备量确定方法

船公司要开展集装箱运输业务,除了合理地配备集装箱船舶之外,必须投入巨资配备一定数量的集装箱,以供运输需要。在某一航线上需配备多少集装箱,以及采用什么方式配备,将直接影响到集装箱运输的正常运行。

目前,由于我国内陆集装箱集疏运系统运输不够完善,集装箱港口堆存期及内陆周转期比较长,致使航线集装箱需配量较大,增加了备箱资金投入,提高了运输成本,影响到企业的经济效益和市场竞争力。

(一)影响航线集装箱配备量的主要因素

通常影响航线集装箱配备量的主要因素如下。

1. 航线配置的集装箱船舶艘数。
2. 集装箱船舶的载箱量及其利用率。
3. 集装箱船舶的往返航次时间及发船密度。
4. 集装箱在港口的堆存期。
5. 集装箱在内陆平均周转天数。

假设一种最简单的情况,即集装箱船舶仅挂靠两个港口,并且集装箱在内陆周转时间少于航线上集装箱船舶的发船密度,当航线上只配备一艘集装箱船舶时,航线配备的集装箱箱量应为船舶载箱量的3倍,即集装箱配箱量与集装箱船舶载箱量的比例是3:1。

(二)航线集装箱配备方式

船公司在确定航线集装箱的配备量时,通常采用的方式有三种。

1. 全部由船公司自备。

2. 部分自备,部分租箱。

3. 全部租箱。

在以上 3 种方式中究竟采用哪种,除了考虑航线配置的集装箱船舶艘数及其载箱量、集装箱船舶的往返航次时间及发船间隔等情况,还要综合考虑航线特点、货源情况、集装箱港口堆存期及内陆周转期的长短等因素,经过系统论证,选择合理的租箱方式,确定合理的自备量和租箱量。一般情况下,如航线货源稳定,可适当增加自备量或长期租箱量;否则,应适当增加灵活租箱量或减少自备量。如果决定一部分需备量通过租赁集装箱方式来解决,就应进一步考虑是采用长期租赁、短期租赁、即期租赁或是灵活租赁。

(三)航线集装箱配备量的计算方法

1. 典型条件下航线集装箱配备量的计算方法。当集装箱班轮航线为简单直达航线,集装箱船舶仅挂靠两个端点港(A、B),并且该班轮公司在两端点既无调剂箱又无周转机动箱时,航线集装箱需备量可按以下方法确定:

$$Q = S \cdot N$$

其中:Q ——航线集装箱需备量(TEU);

S ——航线集装箱需备套数;

N ——每套集装箱数量(如船舶满载则为船舶载箱量)。

航线集装箱需配量套数(S)取决于航线集装箱平均总周转天数和航次发船间隔,其计算公式为:

$$S = \frac{T}{I}$$

式中:T ——航线集装箱平均周转天数(d);

I ——发船间隔(d)。

航线集装箱平均总周转天数 T,是集装箱船舶往返航次时间与集装箱在 A、B 两个挂靠港平均堆存期以及内陆周转时间的总和,即:

$$T = T_A + T_B + T_R$$

其中:T_R ——船舶往返航次时间;

T_A、T_B ——A、B 两港内陆平均周转时间及港口堆存期之和。

发船间隔 I 取决于船舶往返航次时间及航线配置的船舶艘数,其计算公式如下:

$$I = \frac{T_R}{C}$$

其中:C ——航线配备船舶艘数。

一般集装箱船舶并不满载,故在决定实际集装箱需备量时,可以考虑船舶载箱量利用率:

$$D = N \cdot f$$

其中:D ——考虑船舶不满载的需备量;

f ——船舶载箱量利用率(根据航线具体情况确定)。

2. 实际情况下航线集装箱配备量的计算方法。实际的箱务管理过程中,集装箱航线配备量不仅与上述因素有关,且与集装箱在内陆周转过程中可能发生的修理、积压和延误等情况密切相关。故还需考虑由于各种集装箱箱型在往返航向上的使用量不平衡需增加的箱量数,以及在挂靠两个以上港口时需在中途港配置周转箱量等。所以,实际配箱量还应结合具

体航线上的实际情况,可用以下计算公式求得:

$$S=(K\cdot D\cdot f+\sum C_i\cdot L_i+R_N+S_N)\cdot\lambda$$

其中:L_i ——中途港卸箱量(设中途港卸箱后再装同样数量的集装箱),$i=1,2,\cdots m$ 为中途港编号;

C_i ——中途港箱量系数(如中途港集装箱在内陆周转时间小于发船时间间隔,则系数为1;如内陆周转时间大于发船间隔,则系数大于1);

S_N ——往返航次特种箱不平衡所增加的箱数;

R_N ——全程周转期内港口内陆修理、积压和延误总箱量;

λ ——富余系数,一般取值在1.05~1.10。

在往返航次时间不变的情况下,如缩短发船时间间隔,配置的船舶艘数就增加,集装箱返回港口等待装船的时间就会减少,集装箱在端点港内陆平均周转天数因此会下降,因此平均每艘船配备的集装箱套数会随着航线配置的船舶数的增加而减少。但是,当航线船舶数增加到一定数目时,由于码头堆存能力不足,集装箱管理水平未跟上,内陆集疏运能力有限等因素的制约,集装箱内陆周转时间及港口堆存期反而会增加。

在发船间隔不变的情况下,集装箱配备总套数与其航线平均总周转时间成正比关系。中途挂靠港的多少以及箱型的不平衡等因素将直接影响航线集装箱的需备量。在满足航线货源需要的情况下,班轮公司应想方设法缩短集装箱的港口堆存期和内陆周转期,加速船舶的周转,以减少航线集装箱需备量,从而节省班轮公司置箱的巨额投资或租金,这对降低集装箱运输总成本、提高船公司经济效益具有重要意义。

三、实例分析

下面将通过4个实例求算航线集装箱的需备量及其在航线端港配置量的分布情况。

(一)实例1

某集装箱班轮公司,开辟一条仅有A、B两端点港的简单航线,航线配备3艘载箱量为2 500TEU的全集装箱船,船舶往返航次时间为30天,在端点港A的港口堆存期和内陆周转时间平均为7天,在端点港B的港口堆存期和内陆周转期的时间有以下比例变化:60%的集装箱为10天,30%的集装箱为20天,10%的集装箱为30天,船舶载箱量利用率为80%。求:该班轮公司在该航线上集装箱需备量是多少TEU?

求解过程如下。

1. 发船间隔 I。

$$I=\frac{T_R}{C}=\frac{30}{3}=10\text{(天)}$$

2. 确定端点港A的港口堆存期及内陆周转时间 T_A。

由于该时间共为7天,而发船间隔为10天,它小于发船间隔,因此应以发船间隔作为端点港A的集装箱堆存期及内陆周转时间,所以应为:

$$T_A=I=10\text{(天)}$$

3. 确定端点港B的港口堆存期及内陆周转时间 T_B。

$$T_B=10\times60\%+20\times30\%+30\times10\%=15\text{(天)}$$

4. 航线集装箱平均周转天数 T。

$$T=T_A+T_B+T_R=10+15+30=55\text{(天)}$$

5. 航线集装箱配备总套数 S。

$$S = \frac{T}{I} = \frac{55}{10} = 5.5\text{（套）}$$

6. 每套集装箱数量 D。

$$D = N \cdot f = 2\ 500 \times 80\% = 2\ 000\ (\text{TEU})$$

7. 航线集装箱需备量 Q。

$$Q = S \cdot D = 5.5 \times 2\ 000 = 11\ 000\ (\text{TEU})$$

（二）实例2

某集装箱航线上营运的集装箱船舶数量为4艘，箱位数均为3 000TEU，船舶往返航次所需时间为28天。箱子在航线各端港及其腹地内的周转时间情况分别为：在端港A平均返回时间为5天；在端港B为60% <7天，7天≤30% <14天，14天≤10% <21天。

如果船舶的平均载箱利用率为80%，求：①航线集装箱总需备量；②航线两端港集装箱配置量的分布情况。

求解过程如下。

1. 发班间隔时间。

$$I = \frac{T_R}{n} = \frac{28}{4} = 7\text{（天）}$$

2. 箱子在两端港及其腹地内平均周转时间。

在端港A：$T_A = 7(5 < I)$（天）

在端港B：$T_B = 10.5$（天）

3. 集装箱平均总周转时间。

$$T = T_R + T_A + T_B = 28 + 7 + 10.5 = 45.5\text{（天）}$$

4. 航线集装箱的总套数。

$$S = \frac{T}{I} = \frac{45.5}{7} = 6.5\text{（套）}$$

端港A：$S_A = \frac{T_A}{I} = \frac{7}{7} = 1$（套）

端港B：$S_B = \frac{T_B}{I} = \frac{10.5}{7} = 1.5$（套）

5. 每套集装箱需备的数量。

$$Q_S = \overline{Q}_S \times \lambda = 3\ 000 \times 80\% = 2\ 400\ (\text{TEU})$$

6. 航线所需配备的集装箱总量。

$$Q = S \times Q_S = 6.5 \times 2\ 400 = 15\ 600\ (\text{TEU})$$

7. 航线两端港箱子的配置量。

在端港A：$Q_A = S_A \times Q_S = 1 \times 2\ 400 = 2\ 400$（TEU）

在端港B：$Q_B = S_B \times Q_S = 1.5 \times 2\ 400 = 3\ 600$（TEU）

（三）实例3

某航线两端港分别由两个港构成，即两港装/两港卸（常见航线）。该航线营运船舶数量为4艘，箱位数均为3 000TEU，船往返航次时间为28天。

求：①该航线集装箱的总需备量；②集装箱在各港及其腹地的配置量。

已知：A端港的两个港分别为A_1和A_2，B端的两个港分别是B_1和B_2，该航线的船舶平均载箱利用率为80%,箱子在各港及其腹地内的周转情况如下。

A_1 港箱子平均5天内周转返回,航次舱位分配为40%。

A_2 港箱子平均周转情况为:60% <7 天,7 天≤40% <14 天,航次舱位分配为60%。

B_1 港箱子平均周转情况为:50% <7 天,7 天≤30% <14 天,14 天≤20% <21 天,航次舱位分配为50%。

B_2 港箱子平均周转情况为:80% <7 天,7 天≤20% <14 天,航次舱位分配为50%。

求解过程如下。

1. 发班间隔时间。

$$I = \frac{T_R}{n} = \frac{28}{4} = 7(\text{天})$$

2. 箱子在各端港及其腹地内平均周转时间。

在端港A:

$$T_{A_1} = 7(\text{天});T_{A_2} = 7 \times 60\% + 14 \times 40\% = 9.8(\text{天})$$

平均周转时间:

$$T_A = 7 \times 40\% + 9.8 \times 60\% = 8.68(\text{天})$$

在端港B:

$$T_{B_1} = 7 \times 50\% + 14 \times 30\% + 21 \times 20\% = 11.9(\text{天})$$

$$T_{B_2} = 7 \times 80\% + 14 \times 20\% = 8.4(\text{天})$$

平均周转时间:

$$T_B = 11.9 \times 50\% + 8.4 \times 5\% = 10.15(\text{天})$$

3. 箱子平均总周转时间。

$$T = T_R + T_A + T_B = 28 + 8.68 + 10.15 = 46.83(\text{天})$$

4. 航线集装箱需备的总套数。

$$S = \frac{T}{I} = \frac{46.83}{7} = 6.69(\text{套})$$

其中,

$$S_{A_1} = \frac{(T_{A_1} \times 40\%)}{I} = \frac{(7 \times 40\%)}{7} = 0.4(\text{套})$$

$$S_{A_2} = \frac{(T_{A_2} \times 60\%)}{I} = \frac{(9.8 \times 60\%)}{7} = 0.84(\text{套})$$

$$S_{B_1} = \frac{(T_{B_1} \times 50\%)}{I} = \frac{(11.9 \times 50\%)}{7} = 0.85(\text{套})$$

$$S_{B_2} = \frac{(T_{B_2} \times 50\%)}{I} = \frac{(8.4 \times 50\%)}{7} = 0.6(\text{套})$$

5. 每套集装箱需备的数量。

$$Q_S = \bar{Q}_S \times \lambda = 3\ 000 \times 80\% = 2\ 400(\text{TEU})$$

6. 航线所需配备的集装箱总量。

$$Q = S \times Q_S = 6.69 \times 2\ 400 = 16\ 056(\text{TEU})$$

7. 航线两端港箱子的配置量。

$$Q_{A_1} = S_{A_1} \times Q_S = 0.4 \times 2\ 400 = 960(\text{TEU})$$

$$Q_{A_2} = S_{A_2} \times Q_S = 0.84 \times 2\ 400 = 2\ 016(\text{TEU})$$

$$Q_{B_1} = S_{B_1} \times Q_S = 0.85 \times 2\ 400 = 2\ 040(\text{TEU})$$

$$Q_{B_2} = S_{B_2} \times Q_S = 0.6 \times 2\,400 = 1\,440(\text{TEU})$$

（四）实例4

这里介绍6端港的简单理想环绕航线。某理想环绕航线由6个端港构成，航线船舶数量为6艘，每艘船实载箱量为920TEU，船舶环绕航行一周的时间为24天。

箱子在各端港的周转情况如下：

在第1港，50%的箱子在4天内返回，50%的箱子在4天至8天内回；

在第2港，20%的箱子在4天内返回，30%的箱子在4天至8天内回，50%的箱子在8天至12天内回；

在第3港，30%的箱子在4天内返回，70%的箱子在4天至8天内回；

在第4港，80%的箱子在4天内返回，20%的箱子在4天至8天内回；

在第5港，70%的箱子在4天内返回，30%的箱子在4天至8天内回；

在第6港，60%的箱子在4天内返回，40%的箱子在4天至8天内回。

若船舶在任意港所装箱量在去其同航行方向的半环绕行线上各端港的优化分布率分别为：$d_1 = 50\%$、$d_2 = 30\%$、$d_3 = 20\%$。

求：环绕航行集装箱的总需备量及各端港的配置量。

求解过程如下。

根据已知可得，船舶环绕航行的周转时间为：$T_{环} = 24$（天）。

环绕航线上的船舶数量为：$m = 6$（艘）。

每套箱数量等于船舶实载箱量为：$Q_S = 920$（TEU）。

1. 各端港船舶发班的间隔时间。

$$I = \frac{T_{环}}{m} = \frac{24}{6} = 4(\text{天})$$

2. 各端港均衡作业量。

因 $n = 6, \frac{n}{2} = 3; d_1 = 50\%, d_2 = 30\%, d_3 = 20\%$，

$$k = \frac{1}{d_1 + 2d_2 + 3d_3} = \frac{1}{50\% + 60\% + 60\%} = \frac{10}{17}$$

故，
$$Q_{S作} = k \times Q_S = \frac{10}{17} \times 920 = 541(\text{TEU})$$

3. 集装箱在各端港的平均周转时间。

$$T_1 = k(I \times 50\% + 2I \times 50\%) = \frac{10}{17}(4 \times 50\% + 2 \times 4 \times 50\%) = 3.53(\text{天})$$

$$T_2 = 5.41(\text{天}); T_3 = 4(\text{天}); T_4 = 2.82(\text{天}); T_5 = 3.06(\text{天}); T_6 = 3.29(\text{天})$$

4. 航线所有集装箱的总平均周转时间。

$$T = T_{环} + \sum_{i=1}^{6} T_i = 24 + 22.11 + 46.11$$

5. 航线所需的集装箱总套数和总箱量。

总套数：
$$S = \frac{T}{I} = \frac{46.11}{4} = 11.53(\text{套})$$

总箱量：
$$Q = S \times Q_S = 11.53 \times 920 = 10\,607.6(\text{TEU})$$

6. 船上及各端港所需配置套数和箱量。

船上：
$$S_{船} = 6(\text{套}); \; Q_{船} = 5\,520(\text{TEU})$$

各端港：
$$S_1=\frac{T_1}{I}=\frac{5.53}{4}=0.89(\text{套});Q_1=819(\text{TEU})$$
$$S_2=\frac{T_2}{I}=\frac{5.41}{4}=1.35(\text{套});Q_2=1\ 242(\text{TEU})$$
$$S_3=\frac{T_3}{I}=\frac{4}{4}=1(\text{套});Q_3=920(\text{TEU})$$
$$S_4=\frac{T_4}{I}=\frac{2.82}{4}=0.7(\text{套});Q_4=644(\text{TEU})$$
$$S_5=\frac{T_5}{I}=\frac{3.06}{4}=0.75(\text{套});Q_5=708(\text{TEU})$$
$$S_6=\frac{T_6}{I}=\frac{3.29}{4}=0.82(\text{套});Q_6=754(\text{TEU})$$

需要进行如下说明。

第一，关于 S 的一般表达式如下：
$$S=\frac{T}{I}=\frac{T_{\text{往返}}}{I}+\frac{1}{I}\sum_{i=1}^{n}K_iT_i'$$
其中：i——第 i 端港。

如果航线上各端港由若干喂给港构成，则：
$$S=\frac{T}{I}=\frac{T_{\text{环绕}}}{I}+\frac{1}{I}\sum_{i=1}^{m}K_i\left[\sum_{j=1}^{l}(T_{ij}\times a_j\%)\right]$$
其中：$a_j\%$—— 分舱系数，故有 $\sum_{j=1}^{l}a_j\%=1$；

l——喂给港数量。

第二，航线端港的集装箱配置量，由于其部分在腹地的周转时间经常变化、经常还有残损箱子不能使用，这些因素都将影响端港集装箱的需备量。因此，在实际操作中，实际准备的量要比计算的数据稍多。一般在开始阶段，通过短期租箱来进行调整。

第三，关于航线上各种箱型的搭配，可根据航线货源市场调查、数据统计来确定，并通过短期租箱进行调整。

第六节　航线集装箱构成量的确定

集装箱作为航线运力供给的重要组成部分，其供给弹性是通过合理的箱构成量配置实现的。在航线运营的集装箱中，一般自有箱使用费用低，但是闲置时的风险大；长期租箱，使用费用较高，能够起到调节作用；短期租箱，费用较长期租箱还要高，但灵活性好且风险也较小，能够起到很好的调节作用。

集装箱的构成目标是降低投资风险，控制用箱成本，提高航线的经营效益，在航线上运营供给量起到微调作用。

一、前期设定

(1) 自有箱用箱成本 < 长期租箱用箱成本 < 短期租箱用箱成本。

(2) 自有箱闲置风险 > 长期租箱闲置风险 > 短期租箱闲置风险。

当航线上的船舶规模、闭合航行时间、挂靠港口数量和集装箱在各端港的周转时间情况确定后,其集装箱的需备量主要取决于船舶的载箱利用率,即承揽货箱的多少。

根据公式: $$Q = S \times Q_S$$

可得: $$Q = S \times \overline{Q}_S \times \lambda$$

即 Q 与 λ 成正比,而 λ 一般的范围在60% ~ 90%。

二、航线集装箱构成量的确定原理

设:资料年度内航线用箱(运箱)总量为:

$$U = \sum_{i=1}^{12} U_i$$

其中:U_i—— 资料年内月平均用箱量TEU的数据($i = 1,2,3\cdots12$)。

由此可得年度用箱量分布变化曲线(图5-6):

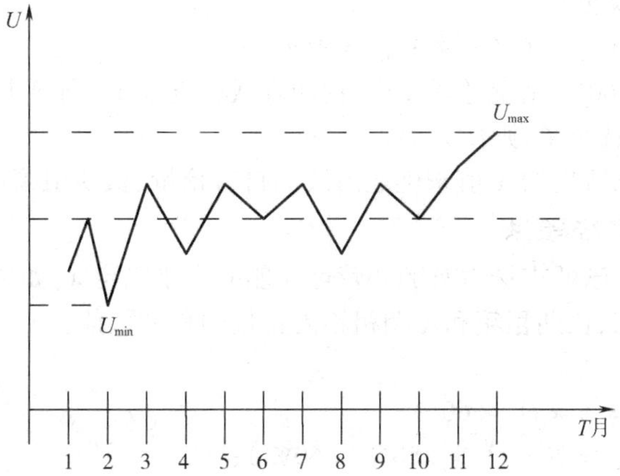

图5-6 年度用箱量分布变化曲线

从以上各月用箱量的分布变化情况可得出以下结论:

年度平均用箱量:$\overline{U} = \frac{1}{12}(\sum_{i=1}^{12} U_i)$。

年度内最小月用箱量:U_{min}。

年度内最大月用箱量:U_{max}。

这样可用它们来确定自备箱、长期租箱和短期租箱用箱量。

$\overline{U}_{min}$——确定自有箱月用箱量TEU。

$\overline{U} - U_{min}$——确定长期租箱月用箱量TEU。

$U_{max} - \overline{U}$——确定短期租箱月用箱量。

三、解决方案

第一,航线用箱量转换成需备量。

第二,用线性规划理论求解。

第三,航线集装箱构成量的舱位利用率法。

航线经营人需统计各航线营运船舶资料年度内舱位利用率的分布情况,依次确定航线集装箱的自有量、长期租箱量和短期租箱量。对航线年度各有(航次)用箱量统计作修改,但存在的最大问题是由于航线用箱量转换为需备量非常繁杂，难以核准。因此，有必要探索一种新的、简便的使用方法。

（一）舱位利用率统计法

1. 方法。

用 λ_{min} 确定自有箱量：$Q_{自有} = S \times \overline{Q}_S \times \lambda_{min}$；

用 $\bar{\lambda} - \lambda_{min}$ 确定长期租箱量：$Q_{长期} = S \times \overline{Q}_S \times (\bar{\lambda} - \lambda_{min})$；

用 $\lambda_{max} - \bar{\lambda}$ 确定短期租箱量：$Q_{短期} = S \times \overline{Q}_S \times (\lambda_{max} - \bar{\lambda})$。

由此可见，航线集装箱总量为：

$$Q = Q_{自有} + Q_{长期} = S \times \overline{Q}_S \times \bar{\lambda}$$

航线集装箱总需备量的最大值为：

$$Q = Q_{自有} + Q_{长期} + Q_{短期} = S \times \overline{Q}_S \times \lambda_{max}$$

2. 关于 λ 值的含义分析。

λ 的取值范围为：$\lambda_{min} \leqslant 60\%$ 及 $\lambda_{max} \geqslant 95\%$ 。

也就是说：当 $\lambda \leqslant 60\%$ 情况总是发生，说明在线船选大了，则换小船；当 $\lambda \geqslant 95\%$ 情况总是发生，说明在线船选小了，则换大船。

故可通过经验换取适当的 λ 值来确定航线的自有箱量、长期租箱量和短期租箱量。

（二）舱位利用率经验法

航线经营人根据自己的市场占有额和营运船舶的大小确定 λ，如选择 $\lambda = 80\%$，则可确定该航线所需的自有箱、长期租箱和短期租箱需备量的具体数值。

即：

自有箱量为 $Q_{自有} = S \times \overline{Q}_S \times 60\%$；

长期租箱量为 $Q_{长期} = S \times \overline{Q}_S \times (80\% - 60\%)$；

短期租箱量为 $Q_{短期} = S \times \overline{Q}_S \times (95\% - 80\%)$。

由此可见，此种方法计算非常简单，也快捷实用。

本章思考题

1. 集装箱箱务管理包含哪些内容？
2. 集装箱空箱调运及管理的目的和方式是什么？
3. 集装箱重箱和空箱堆存、保管工作的区别和共同点是什么？
4. 如何实现箱务管理的现代化？
5. 集装箱租赁合同一般包含哪些主要条款？
6. 集装箱进出口业务操作管理有哪些主要环节？
7. 简述集装箱航线集装箱需备量与端港集装箱配置量的计算方法，并用实例计算。

第六章　集装箱运输业务单证

在国际海上货物运输中，由于涉及的当事人、部门、环节较多，所以集装箱运输单证是集装箱运输过程中有关各方（包括货方及其代理人、运输经营人及其代理人、实际承运人、港口、场站、监管部门等）责任、权利、义务协调和转移的凭证。其一般由三大类组成：进出口运输业务单证；箱管业务单证；向口岸各监管部门申报所用的单证。本章中所涉及的是集装箱运输过程中的主要单证。

第一节　集装箱发放、交接单证

一、设备交接单

集装箱设备交接单（equipment interchange receipt）是集装箱所有人或代理人签发的，用以进行集装箱设备发放、收受等移交手续，并证明移交时箱体状况的书面凭据。单证上除了有关集装箱基本资料、提取时间与地点、船舶航次相关资料外，还有移交时对该箱子状况实施检查的记录内容，相关责任人和鉴定人应进行责任签署。设备交接单是集装箱进出港区、场站时，用箱人、运箱人与管箱人或其代理人之间交接集装箱及设备的凭证，所以它既是一种交接凭证，又是一种发放凭证，对集装箱箱务管理起着巨大作用。

设备交接单一式六联，前三联用于出场，印有“出场 OUT”字样，第一联盖有船公司或其集装箱代理人的图章，集装箱空箱堆场凭以发箱，第一、第二联由堆场发箱后留存，第三联由提箱人（无船承运人或者托运人）留存。设备交接单的后三联用于进场，印有“进场 IN”字样，该三联是在货物装箱后，箱送到港口作业区堆场时重箱交接之用，第一、二联由送货人交付港区道口，其中第二联留港区，第一联转给船方，船方据以掌握集装箱的去向，送货人（无船承运人）自留第三联作为存根。

（一）设备交接单内容

设备交接单见图 6－1，其具有如下内容。

1. 交接单号码：按船公司（船代）编制的号码序列。
2. 经办日期：制单日期。
3. 经办人：用箱单位的经办人员。
4. 用箱人：一般为订舱的无船承运人单位名称。
5. 提箱点：空箱存放地点。
6. 船名、航次、提单号、货物发往地点：须与关单相关项目一致。
7. 经营人：集装箱经营人，如属船公司营运箱，则填船公司名称。
8. 尺寸、类型：可简写，如 20/DC，即 20ft 干货箱。
9. 箱号：提取空箱箱号。
10. 用箱点：无船承运人或货主的装箱地点。
11. 收箱点：出口装船的港口作业区。
12. 运箱工具：集卡车号等。

中国外运天津有限公司集装箱分公司

TIANJIN CONTAINER COMPANY FOR CHINA SINOTRANS

集装箱发放　设备交接单

EQUIPMENT LNTERCHANGE RECRIPT

OUT 出场

No

用箱人/运箱人(CONTAINER USER/HAULIER)			提箱地点(PLACR OF DELIVERY)
发往地点(DELIVERED TO)		返回 收箱地点(PLACE OF RETURN)	
船名/航次(VESSEL/VOYAGE NO)	集装箱号(CONTAJNER NO)	尺寸/类型(SIZE/TYPE)	营运人(CNTR.OPTR.)
提单号(B/L NO.)	铅封号(SEAL NO.)	免费期限(FREE TIME PEROD)	运载工具牌号(TRUCK.WAGON.BARGE NO.)
出场目的/状态(PPS OF GATE-OUT/STATUS)	进场目的状态(PPS OF GATE-IN/STATUS)	出场日期(TIME-OUT)	
		月　日　时	

①外运留底

出场检查记录(INSPECTION AT THE TIME OF INTERCHANGE)

普通集装箱(GP CONTAINER)	冷藏集装箱(RF CONTAINER)	普通集装箱(SPECIAL CONTAINER)	发电机(GEN SET)
□正常 (SOUND) □异常 (DEFECTIVE)	□正常 (SOUND) □异常 (DEFECTIVE)	□正常 (SOUND) □异常 (DEFECTIVE)	□正常 (SOUND) □异常 (DEFECTIVE)

损坏记录及代号(DAMAGE & CODE)

BR	D	M	DR	DL
破损 (BROKEN)	三损 (DENT)	丢失 (MISSING)	污箱 (DIRTY)	危标 (DG LABEL)

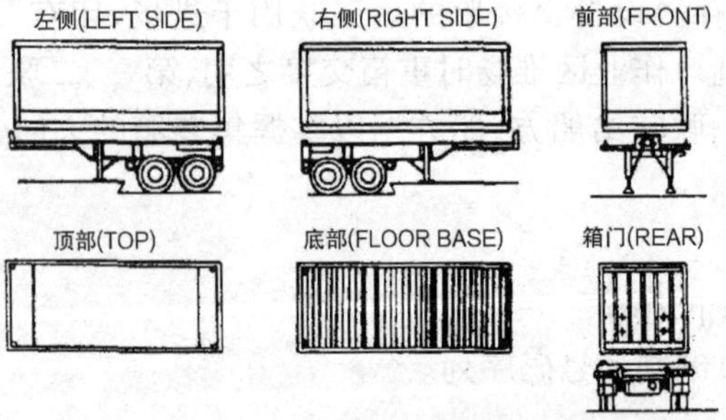

如有异状,请注明程度及尺寸(REMARK)。

除列明者外，集装箱及集装箱设备交接时完好无损，铅封完整无误。

THE CONTAINER/ASSOCIATED FOUIPMENT NTERCHANGED IN SOUND CONDITION AND SEAL INTACT UNLESS OTHERWISE STATED

用箱人/运箱人签署
(CONTAINER USER/HAULIER'S SIGNATURE)

码头/堆场值班员签署
(TERMINAL/DEPOT CLERK'S SIGNATURE)

图 6-1　设备交接单格式内容

13. 出场目的/状态:如提取空箱,目的是“装箱”,状态是“空箱”。
14. 进场目的/状态:如重箱进区,目的是“卸箱”,状态是“重箱”。
15. 出场日期:空箱提离堆场日期。
16. 进场日期:重箱进入港口作业区日期。

（二）需要签发设备交接单环节

集装箱设备交接单各联分上下两部分，上部分的描述基本相同于件杂货运输中的装货单，设备交接单的下半部分是出场或进场检查记录，由用箱人（运箱人）及集装箱堆场或码头工作人员双方交接空箱或重箱时验明箱体，记录具体状况，用以分清双方责任。其中，空箱交接标准：箱体完好、水密、不漏光、清洁、干燥、无味，箱号及装载规范清晰，特种集装箱的机械、电气装置正常。重箱交接标准：箱体完好、箱号清晰、封志完整无损，特种集装箱机械、电气装置运转正常，并符合出口文件记载要求。船代膳制的设备交接单主要用于收发集装箱，理货公司膳制的设备交接单主要用于推定责任。

集装箱设备交接单用于推定当事人责任的唯一依据，所以当集装箱在当事人之间转换时，在重、空箱进出港口时，在箱体装卸、中转时，在拆箱前后，在箱体检验、修理、清洗、熏蒸时，在箱退租、转租等情况下均需要签发 E/R（设备交接单）。集装箱设备交接单的背书条款相当于合同条款用来划分各方责任，其条款内容主要有：用箱人在使用集装箱期间的超时费计算标准，损坏或丢失时的责任划分、赔偿要求，对第三者造成损害时的赔偿责任，等等。

（三）集装箱设备交接单记录栏中必须记载的情况

在集装箱运输中，当集装箱箱号不明，集装箱货载不规范；集装箱封志出现问题；集装箱焊缝爆裂；集装箱内凹超箱表面 3cm，外凸超外角件外表面端；集装箱受污染或虫害；集装箱装过有毒、有害货物而未作处理；集装箱箱体危险品原标志未作处理；集装箱机械装置出现异常；集装箱是特种箱等时，必须在集装箱设备交接单记录栏中记载相关情况。

二、集装箱通知单

集装箱通知单又称空箱放行单，它用于船公司代理人签发给集装箱货物托运人，指明在指定地点提取指定空集装箱及其他设备的书面凭证。集装箱发放单位根据此书面凭证向提箱者发放集装箱。该单证一般一式三份，分别由代理人、托运人和集装箱发放单位留底。实务中往往以设备交接单代替集装箱发放通知单。

三、集装箱预配清单

集装箱预配清单是为集装箱管理而设计的单据，有船公司根据订舱单进行预配后发给空箱堆存点，船公司或其代理据此核发 E/R，以便用箱人提取空箱。

第二节　场站收据

场站收据（dock receipt，D/R）是由承运人发出的证明已收到托运货物并开始对货物负责的凭证。场站收据一般是在托运人口头或书面订舱，与船公司或船代达成货物运输的协议，船代确认订舱后由船代交托运人或货代填制，在承运人委托码头堆场、集装箱货运站或内陆站收到整箱货或拼箱货后签发生效，托运人或其代理人可凭场站收据向船代换取已装船提单或待装船提单。场站收据是把件杂货的托运单（订舱单）、装货单（关单）、大副收据、理货单、配舱回单、运费通知单等汇总的综合单证。

一、场站收据各联名称与用途

在集装箱运输中，D/R 是复合联，实务中一般 2、5、6、7 联必不可少；它由场站经营人签发,而非大副签发;船公司需将由场站经营人签发的 D/R 上的批注内容转批到集装箱提单上,此时场站签的是收货待运提单,船代签的是货物已装船提单;D/R 上必须注明集装箱的交付方式,否则船公司一律按 CFS/CFS 交付方式处理。其各联的名称与用途见表 6 – 1。

表 6 – 1　场站收据各联的名称与用途

顺序	名称	颜色	主要用途
1	集装箱货物托运单——货方留底	白色	托运人留存备查
2	集装箱货物托运单——船代留底	白色	据此编制装船清单、积载图、预制提单
3	运费通知(1)	白色	计算运费
4	运费通知(2)	白色	运费收取通知
5	装货单——场站收据副本(1)	白色	报关并作为装货指示
	缴纳出口货物港杂费申请书	白色	港方计算港杂费
6	场站收据副本(2)——大副联	粉红色	报关,船上留存备查
7	场站收据	淡黄色	报关,船代凭此签发提单 缮制货物流向单
8	货代留底	白色	
9	配舱回单(1)	白色	货代缮制提单等
10	配舱回单(2)	白色	根据回单批注修改提单

二、场站收据流转程序

托运人或其代理缮制场站收据时,编号、订舱确认、运费及支付方式栏,由船公司或其代理填写与签章;箱号和封号栏,待货物装箱完毕后,根据装箱点报上箱号和封号,再补充填入有关单据中;集装箱箱号、封志号和件数以及实收数、场站员签字、场站章、接收日期栏,在托运人或其代理送货/箱进货运站或堆场时,由场站人员将核对以后的箱号、封号、件数等填入表格内,并签字盖章,注明收货/箱日期。场站收据首先是货物托运人/货代填单下委托,承运人/船代接受委托(在装货单联盖印);然后托运人/货代持承运人/船代委托确认后向海关报关,随后货物入站或场(装箱)→海关验箱→封箱;之后集装箱入港,码头验收后由托运人/货代支付费用(港杂费)后,由码头盖章(留装货单联、留大副联→装船后,理货→大副)换取场站收据正本及余下退还货,再将场站收据交还托运人/货代;最后托运人/货代持场站收据到承运人/船代付运费换取提单。

十联场站收据具体的流转程序如下。

(1)货运代理接受托运人的委托后缮制十联场站收据,并将第 1 联货主留底联交予货主,由货主留存备查,将其余 9 联送船代或有订舱权的货运代理处订舱。

(2)船代或有订舱权的货运代理确定船名、航次,给每一票货物分配一个提单号,将提单号填入九联单,并在装货单联加盖确认订舱章,明确表示同意订舱。然后留下第 2 联 ~4 联,即船代留底联、运费通知(1)联、运费通知(2)联,其余第 5 联 ~ 10 联退还托运人或其代理。对于有订舱权的货运代理而言,代表船方确认订舱后,除了应将订舱信息输入计算机,还应立即把订舱信息传送给相关船公司或其代理,船公司或其代理则应将全船订舱信息汇总后传送给海关以便办理船舶报关。

（3）货运代理留下第8联货代留底联，用于缮制货物流向单及作为日后查询根据，第9，10联配舱回单（1），（2）联退给托运人，以证明承运人已确认订舱和缮制提单等单证。

（4）货运代理将第5联～7联（即已加盖船代签单章的装货单及场站收据、大副联），随同报关单等单证向海关报关。

（5）海关对船代传送的信息核对无误后，如果认为需要查验，则将报关单、场站收据及其他单据做成关封，送口岸海关处查验货物。如果装箱点为海关监管区，则一般不进行查验。海关放行后，在装货单上盖放行章，并将第5联～7联单退还报关人。

（6）货主或货运代理将已盖海关放行章的装货单、场站收据、大副联，包括港口费收联连同货物送装箱点装箱。货物装箱后，各个装箱点应将各票货物的场站收据的箱号、铅封号、箱数及时告知托运人或货运代理，以便托运人或货代将这些数据填制在场站收据相应栏内。

（7）托运人或货运代理将货物或集装箱及上述第5联～7联单送港区或货运站。CY或CFS查验集装箱或货物，首先应查验第5联的海关放行章，再检查进场或进站货物的内容、箱数、货物总件数是否与单证记载的相符，并核对场站收据所列载的集装箱箱号、提单号、铅封号等是否与单证（包括随货递交的单证）记载相符。如果单货相符、单单相符，则应在场站收据上加批实收箱数，并签字，加盖场站收据签证章；如果集装箱或货物的实际状况与场站收据记载不符，则须在正本场站收据上做出批注。场站留下装货单及大副联，其中，装货单联归档保存供日后查询，装货单附页用来向托运人或货运代理结算费用；大副联连同配载图应及时转交理货部门，由理货员在装船完毕后，将大副联交船上大副留底。

（8）理论上，正本场站收据应退回托运人或货运代理，以便托运人或货运代理凭此要求船代签发正本提单。但在实际业务中，托运人或货运代理并不将场站收据取回，而是在集装箱装船后4h内，由船代在港区的现场人员与港区场站签证组交接将其带回，船代据此通知货代放单信息（在该货代被授权代理船公司签发提单的情况下）或签发"装船提单"。

三、场站收据作用

场站收据主要作用如下。

（1）船公司或船代确认订舱并在场站收据上加盖有关报关资格的单证章后，场站收据交给托运人或其代理人，意味着运输合同开始执行。

（2）出口货物报关的凭证之一。

（3）承运人已收到托运货物并开始对货物负责的证明。

（4）换取航运提单或联运提单的凭证。

（5）船公司、港口组织装卸、理货、配载的资料。

（6）运费结算的依据。

（7）如信用证中有规定，可作为向银行结汇的单证。

四、填写场站收据时的注意事项

（1）托运人/货代要用打字机填写，内容按单的要求准确填写。

（2）装箱、关封后，场站要及时通知托运人/货代箱号、封号、箱数，便于他们立即将其填入场站收据内。

（3）箱入港后，需要退关或更改场站收据内容时，须向承运人/船代提交更改申请书，并经海关同意方可(现实行付费改单)。

(4)承运人/船代委托场站签发场站收据必须有书面协议,并经港口码头同意后,该场站签发场站收据才有效。

(5)采用CY交接条款,托运人对箱内货物的准确性负责;如采用CFS交接条款,装箱场站对货物的准确性负责。

第三节 集装箱提单

集装箱提单(bill of lading,B/L)是集装箱运输下的主要运输单证。适用于集装箱运输的提单有两类:一类是港—港的海运提单;另一类是内陆—内陆的多式联运提单。不论哪一类提单,其法律效力和作用与传统提单都是相同的。

一、集装箱提单的说明

为了适应集装箱运输的需要,其正面内容除了与传统海运提单相同外,还增加了收货地点、交货地点、交接方式、集装箱号、封志号等内容。由于集装箱交接一般都不在船边,集装箱提单一般是待装船提单。为了与信用证要求一致,集装箱提单一般增加装船备忘录栏,以便必要时加上“已装船”批注使之成为已装船提单。

集装箱提单制作(填制)时,应注意在箱数或件数栏内,既要填写集装箱数,又要填写箱内所装货物件数。否则发生灭失、损害时只能以箱作为一个理赔单位。对于拼箱货件数表示方法与传统提单相同,但应填写交接方式(CFS/CY或CY/CFS、CFS/CFS等),使同一箱内的所有货物记载在同一箱号及封志号下。

与一般海运提单一样,集装箱提单正面和背面都印有提单条款,而且有相当多的内容与一般海运提单和格式相同,只是为满足集装箱运输的实际需求,对某些条款的内容做了修改,增加了一些新条款。一般正面条款说明货物在使用集装箱运输下所签发的提单性质和作用,由确认条款、承诺条款和签署条款组成。

确认条款——表明负责集装箱运输的人,是在货物“外表状况良好、铅封完整”下接收货物,并以同样的状况交货,并说明签发给货物托运人的提单是一张收货待运提单。

承诺条款——表明承运人承认提单是运输合同成立的证明,承诺按照提单条款的规定承担义务并享受权利,而且也要求托运人承诺接受提单条款制约的条款。

签署条款——表明由谁签发提单,以及正本提单签发的份数。普通船提单都列明有船长签署的规定,尽管在实际上提单并非由船长签发。现行的集装箱提单一般都列入船公司的名字,而且不管由谁签发提单,都仅是“代表承运人”签字,或者“仅以代理人身份”签字。

二、集装箱提单与海运提单背面条款主要区别

(一)承运人的责任期限

集装箱运输条件下,承运人除了在装船港的集装箱码头堆场接收货物外,有时接收地点是离港口较远的内陆货运站,以及发货人的工厂、仓库。这样普通提单中对承运人责任期限就不适用了,因此,一般都规定为“从收到货物时起到交付货物时止”,以替代普通提单下的“钩到钩原则”。

(二)舱面(甲板)货选择权条款

现行海上运输法规定:只有在根据航海习惯可装在甲板上运输或事先货主同意并在提单上加注“装载甲板运输”字样两种情况下,承运人可将货物在甲板运输,否则将违反合同,各种法规、合同中给予承运人的一切抗辩理由、责任限制、免责事项等均无效,承运人必须承担由此造成的一切损失的赔偿责任。

而由于集装箱运输本身的特殊性,一般在集装箱提单中规定了舱面(甲板)货选择条款:承运人有权将集装箱货物装载在甲板下(舱内)或甲板上(舱面)运输,而无须征得货方同意和通知货方。货物无论装载在甲板上或甲板下,对包括共同海损在内的所有情况,都视作甲板下(舱内)装载。

(三)承运人赔偿责任限制

承运人的赔偿责任限制一般是指承运人对每一件或每一货损单位负责赔偿的最高限额。不同运输方式由于风险程度不同有很大差别。

集装箱运输下,承运人收到的只是一个外表良好、铅封完整的集装箱,至于里面装载什么货、多少件数,承运人只能从有关单证上获悉。显然,如果以一个集装箱作为一个计费单位,而不考虑内装件数,按海牙规则规定的每单位不超过100英镑的责任限制,对于集装箱来说太低,为此,维斯比规则做了修改,对集装箱、托盘或类似的装运工具或包装作如下规定:如在提单中已载明这种工具内的货物件数或单位数,则按载明的件数或单位数赔偿,否则,这种载运工具及其内装的货物则作为一件或一个单位赔偿。如果集装箱、托盘或类似的装运工具为货主所有,赔偿时也作为一件。

(四)一些制约托运人的责任条款

1. 发货人装箱、计数条款(或不知条款)。整箱交货的情况下,承运人对箱内货物即使有怀疑也无适当方法检验,海牙规则规定,这种情况下承运人可以拒绝在提单上载明箱内货物的详细情况,但这会影响提单的流通。因此,为了便于提单流通和最大限度达到免责目的,集装箱提单中在如实记载箱内货物详情的同时,背面条款中又保留了发货人装箱、计数条款(或不知条款),内容一般为:如本公司承运的集装箱是由发货人或其代理人装箱并加封的,则本提单正面所列内容(有关货物的重量、尺码、件数、标志、数量等)本公司均不知悉。但实际中如货主能够举证说明承运人明知货物详情且订上不知条款的,承运人仍不能免责。

2. 铅封完整交货条款。提单中这一规定是承运人在集装箱外表良好、铅封完整的情况下收货、交货,就可以认为承运人已完成货物运输并解除其所有责任,该情况仅限于整箱交货使用。

3. 货物检查权条款。这是指承运人有权但没有义务在掌管货物期间的任何时候,将集装箱开箱检验、核对,如发现货物全部或部分不适于运输,承运人有权对该货物放弃运输或由托运人支付附加费用后继续完成运输,或存放在岸上或水上遮蔽或露天场所,而且这种存放可视为按提单交货,承运人责任终止。该条款使承运人对箱内有所怀疑或发现积载不正常时有启封检查权利而不必征得托运人同意。但在操作中,对货主自装的集装箱启封检查时一般需征求货主同意并由货主支付费用。

4. 海关启封检查条款。《国际集装箱海关公约》规定,海关有权对集装箱货物开箱检查。因此集装箱提单中一般都规定:如海关当局因检查箱内货物对集装箱启封检查并重新加封,由此而造成或引起的各种货物灭失、损害及其他后果,承运人概不负责。但实际操作中,承运人对这种情况应做详细记录并保留证据以免除责任。

5. 发货人对货物内容正确性负责条款。集装箱提单中记载的货物内容，或由发货人填写，或其代理人根据发货人提供的托运文件填写。提单一般规定承运人接收货物即可视为发货人已向承运人保证其在提单中提供的货物内容准确无误，如属于危险货物，还应说明其危险性。如发货人提供内容不准确或不当造成货损或其他损害，发货人应对承运人负责，即使已发生提单转让也不例外。

6. 承运人运价本。由于篇幅限制，集装箱提单上无法将有关集装箱运输的术语、交接办法、计费方法、费率、禁运规定等内容全部列出，各公司一般以承运人运价本的形式将这些条款装订成册对外提供。在集装箱提单条款中规定，有关的承运人运价本是提单的组成部分，运价本与提单内容发生矛盾时，以提单为准。

第四节　交货业务单证

在国际集装箱运输中，承运人有通知收货人提货的义务，其中通知环节包括提货通知，它是船公司卸港代理向收货人或通知人发出的船舶ETA（预计到达时间），一般船舶抵港前近洋24h，远洋7天向收货人发出，但船公司不负责通知不到的责任；到货通知，它是船舶到港办理好货物交接手续后船公司卸港代理书面通知，上面明确提货日期及其他事项，它是计算货物堆存费、滞期费等的单证；提货单通知。

一、提货单

提货单（delivery order）俗称小提单。它由船公司或其代理人签发给提单持有人或其他指定收货人，要求在规定时间和指定地点提取指定货物的单证。提货单也是收货人报关、报检的必备单据之一，收货人提货时，场站经营人应检验海关章、承运人章。

提货单是提单的延伸性文件，是货物所有权的一种凭证，提货单不能转让。通常情况下，收货人凭其持有的正本提单向签发提单的承运人或其代理人办理提货手续和换取提货单。提货单格式由各船公司自行设计，内容一般包括与提单记载相同的货物资料，提货地点、时间，提货时应注意事项与要求，空箱归还时间及归还地点与要求，等等。

二、交货记录

交货记录（delivery record）是集装箱运输经营人把货物交付给取货人或其代理人时，双方共同签署的证明货物已经交付及货物交付时情况的单证，同时也证明运输经营人对货物责任已告终止。它是港口企业和航运企业间关于集装箱货物交接的单证，其格式见表6－2。

表6－2　港航集装箱货物交接清单

船名　　　航次　　　起运港　　　到达港

编号	运单号码	托运人	收货人	箱号	封志号	尺寸箱型	空/重箱	重量（t）	实装状况	实卸状况

续表

编号	运单号码	托运人	收货人	箱号	封志号	尺寸箱型	空/重箱	重量(t)	实装状况	实卸状况

起运港： 到达港：

港口经营人(签章) 船方(签章) 港口经营人(签章) 船方(签章)

年 月 日 年 月 日 年 月 日 年 月 日

交货记录的格式：(五联组成)

第一联 到货通知联(白) →收货人/货代

第二联 提货单联(白) 提货人 →场站回收

第三联 费用账单联(红、蓝) →付费用

第四联 同上

第五联 交货记录(白) →场站留底

货到后(预先最好)承运人/船代向收货人发到货通知；收货人持到货通知单和提单到承运人/船代处核对提单、付费(FOB)，承运人在交货记录的提货单盖承运人专用章后去海关办理进口报关；收货人持交货记录(提货单)去场站，在核对无误及双方验货后，填写交货记录，双方签字、盖章后集装箱货运站放货；收货人提货时填写交货记录，在交货记录上签字后交场站留底。

第五节 其他业务单证

一、载货清单

载货清单(manifest)是指承运人/船代编制的按卸货港顺序逐票列明全船应载运货物的汇总清单。托运单不同于提单的是不具有流通性和抵押功能。此单根据大副收据(M/R，收货单)或提单(B/L，提货单)编制，是海关对进出口货物进行监管的单证，也是货代申请出口货物退税单据，船方进出口报关单据。它由船长签认后留下数份随船同行，在此单上如增加运费项目，即为载货运费清单，载货清单和载货运费清单又称舱单。

(一)主要内容

载货清单包括船名、航次、开航日期、卸货港、目的港；货物的重量、件数、尺寸等描述；提单号、收货人、发货人、通知人；等等。

(二)载货清单的主要作用

它是货物装箱后海关验收放行单，用于箱子入港、码头审核，清单信息应当保证与舱单在内容上一致，箱和船舶成一整体向海关办理进出口岸报关。

二、装箱单

装箱单(container load plan，CLP)是详细记载每一集装箱内所装货物的名称、数量、包装种类、标志等货运资料和积载情况的单证，是集装箱运输中记载箱内货物详细情况的唯一单证。此单以箱为单位制作，所有集装箱货物均应制作此单，FCL(整箱)由货代制，LCL拼箱由货运站制，根据需求一式数份，用于装箱人存底，供承运人或代理、海关、港方、理货公司使用，还需备足足够份数随船带往卸货港，用于交接、报关、拆箱等业务。它由装箱人填制并经装箱人签署后生效，一般船公司预先给予箱号、船名、航次号、铅封号等，其格式见表6－3。

表6－3　集装箱货物装箱单

船名＿＿＿＿＿航次＿＿＿＿＿

装货港＿＿＿卸货港＿＿＿换装港　　　　　　　　　　发运日期　　年　月　日

托运人	收货人	箱号／封志号	货名	件数	包装	重量	箱体情况	货物情况

(一)涉及的具体内容

货物情况：货名/数量/尺码/重量/包装/标识等。(危险品：等级、燃点；冷藏品：温度)

载具情况：船名/航次/装卸港/收、交货地/箱号/箱型/铅封号。

联系情况：提单号/收、发货人/通知人。

(二)装箱单的主要作用

1. 向承运人、收货人提供箱内货物明细的清单。
2. 集装箱货物向海关申报的主要单证之一。
3. 货方、港方、船方之间货、箱交接的凭证。
4. 船方编制船舶积载计划的依据，是辅助货物舱单。
5. 办理集装箱货物保税运输、安排拆箱作业的资料。
6. 集装箱运输货物商务索赔的依据。
7. 计算船舶吃水、稳性等的数据来源。

本章思考题

1. 简述集装箱设备交接单的主要内容及流转程序。
2. 集装箱提单与一般意义的提单背面条款的异同点有哪些？
3. 提货单和交货记录在提货业务中的异同点有哪些？
4. 如何理解载货清单在国际货物运输中的地位？
5. 装箱单的作用有哪些？
6. 简述集装箱提单的业务。

第七章　集装箱费收

第一节　集装箱运费概述

水路运输业是个特殊的物质生产部门，水路运输业的生产经营活动是从事货物和旅客的运输。水路运输业既有自己的产品，同时也创造价值。水路运输产品的社会劳动消耗量或社会生产费用构成了运输产品的价值，简称运输价值。而集装箱运输费用的单位价格称为集装箱运价。国际集装箱运价不是一个简单的价格金额，而是包括费率标准、计收办法、承托双方责任、费用、风险划分等的一个综合价格体系。

由于集装箱运输打破了"港到港"交接的传统，可以实现"门到门"的运输等，使得承运人的运输路线增长，运输环节增多，运输过程中花费的成本构成也与传统运输有很大区别，而且由于以集装箱为运输单元，其计费方式较件杂货运输也有了很大变化。

一、制定运价的原理

（一）成本定向型定价方法

此方法是根据成本定价原理进行定价的，也称为成本加成定价方法，其基本模型是：

运价 = 单位成本 + 加成额

式中的单位成本既包括平均变动成本，也包括分摊的固定成本；加成额主要是利润，还包括税金等。用这种方法首先要计算出运输总成本及总运量，求出单位运输成本后，再加上一定比例的利润和税金，最后得出单位运输价格——运价。

（二）负担能力定向型定价方法

负担能力定向型定价方法是根据负担能力定价原理和运输价格定价原理进行定价的，它主要是从需求者对运输服务质量的要求角度，考虑货物对运价的承受能力进行定价。这种定价方法的基本模型是：

运价 = 货物价值 × 承受能力系数

其中货物价值是指投入运输的单位货物（通常以重量吨或容积吨计算）的市场价格；承受能力系数通常根据市场或经验确定。一般来说，商品价值较高的贵重货物具有较大的承受能力，运价可以定得高一些；商品价值较低的货物对运价承受能力较低，运价不能定得过高。

（三）竞争定向型定价方法

竞争定向型定价方法是以对付竞争对手、确保市场占有率或者为了渗入市场而针对市场的形势进行定价的。由于运输市场竞争的激烈性，在定价决策时不能只从企业利益、货主的承受力考虑，还要根据市场供求状态和竞争对手的运价水平来定价。

在运用竞争定向型定价方法时，可以根据企业的内部条件与外部环境、企业与货主的关系、企业的长期目标与短期目标等具体情况进行决策。

（四）供求关系定向型定价方法

供求关系定向型定价方法是以运输市场的供求关系变化进行定价，这是一种理想状态下的定价方法。其运输价格取决于运输市场的供需关系，运输价格将随着运输供给的增加而下降，随着运输供给的减少而提高，构成运输供给价格曲线；运输价格又随着运输需求的增加而上升，随着运输需求的减少而下降，构成运输需求价格曲线。

二、制定运价的策略

定价策略主要包括以下内容：正确的定价原则；根据市场状态决定定价的目标；经过对市场的分析拟定运价方案；最后完成定价方案的选择。

（一）定价原则

运输企业定价应遵循以下基本原则。

1. 运输服务对货主提供满意的使用价值。

2. 运费收入对运输企业具有利润的贡献。

（二）决定定价的目标

根据运输企业的目标不同，定价策略也有所不同。例如定期船的定价目标通常包括以下几种。

1. 为了达到一定的投资报酬率。航运公司（或班轮公司）为了达到一定的投资报酬率，为了企业得到发展，必须保证有稳定的利润，因此，通常以总成本加上投资报酬率作为定价。

2. 为了使运价稳定。当航运市场不景气时，为了稳定运价，一些势力庞大的班轮公会及轮船公司会制定较实际市场状况稍高的运价。当然，这些船公司和公会组织要具有足够的势力及影响力，否则无法达到稳定运价的目标。

3. 为了更具竞争力。运价是航运市场上各航运企业（船公司）之间进行竞争的锐利武器，为了对抗竞争者，阻止“入侵者”，航运企业常常在运价上明争暗斗，或以低运价使潜在的竞争者望而却步，或以低运价渗入市场并不断扩大市场占有率。

4. 为了追求最大利润。追求最大利润是航运企业最重要的目标。因此，在决定运价时，应该考虑最大利润目标。定期船为追求每航次的最大利润，要求载重吨位与载货容积的充分利用，即所谓的“航次满舱满载”，以使运费收入最大，故对不同积载因数的货物应制定不同的运价。

5. 为了考虑货主的负担能力。不同的货物对运价的负担能力是不一样的，同时，在本国货币升值致使出口利润减少的情况下，贸易者为降低成本，往往寻求运费更低廉的航运服务。

（三）运价策略的选择

1. “价格领袖”与“价格追随者”的选择。价格领袖即主价者，价格追随者即随价者。运价决策首先应审度本企业所能提供服务的能力与水准，确定扮演什么样的价格角色。作为价格领袖须考虑维持市场占有率及运价稳定的能力，而价格追随者则应根据企业本身条件、竞争对手服务水准和价格的变化调整运价，跟随其相应的价格，而不能僵化地盯住某航运公司做机械式的价格调整。

2. “竞争导向”定价或“营销导向”定价的确定。营销学者多主张维持利润的企业应采取“营销导向”定价，以提供最能满足托运人的服务，制定托运人愿意接受的最大极限运价。但由于价格领袖制度的运作者往往是具有实力的运输公司，他们领导的降价会瞬间扰乱市场秩序，其他运输公司为巩固现有货源，不得不做出相应行动，因而，竞争型企业往往多倾向于采取“竞争导向”定价。

3.“取脂定价”策略或“渗透定价”策略的把握。取脂策略又称高价策略，是一种以高价投放新产品的定价策略。在通常情况下，在产品生命周期的早期阶段，可选用高价策略，以支付大量的生产与营销成本。当然，产品的创新者必须在价格弹性消失前，尽快收回其投资费用。

渗透策略又称低价策略，做法与取脂策略相反，新产品推出之际，采取低价位，以扩张市场占有率，并降低竞争者进入市场的意图。

三、集装箱运输与国际贸易价格条件

常用的国际贸易价格条款主要有离岸价格(FOB)、运费到岸价格(CFR)及运费保险费到岸价格(CIF)。它们是建立在“港到港”货物交接的基础上，主要适用于传统的散杂货物海上和内河运输。随着集装箱运输和国际多式联运的发展，货物交接向内陆延伸，实现了“门到门”交接。此时，上述三种常用价格条件难以完全适应发展的需要。有鉴于此，国际商会(ICC)在《INCOTERMS 1990》中推出了三种贸易价格条件：货物交至指定地点承运人价格(FCA)、运费付至目的地价格(CPT)、运费保险费付至目的地价格(CIP)。这三种贸易价格条件不仅适用于公路、铁路、海运、内河、航空等单一运输方式，而且适用于两种或两种以上运输方式相结合的国际集装箱多式联运。

四、集装箱运费的基本结构

集装箱运输产生之前，传统的件杂货运价是分方式、分段计算运费的，其中海运段运价结构是建立在“港到港”货物交接基础上的，其包括货物的海上运费和船边装船、卸船费用，一般把这三项费用称为海运费。在国际多式联运下，集装箱货物交接从港口向内陆延伸，交接地点的延伸使运输经营人的责任和风险扩大到内陆港口、货运站、货主工厂或仓库等内陆地点，于是集装箱运费构成不仅包括海运运费，还包括内陆集疏运费、堆场服务费、货运站服务费、集装箱及设备使用费和港口中转费等。

(一)海运运费

海运运费包括“港到港”货物运输基本运费和各种附加费。

(二)港区服务费

1. 堆场服务费：或称码头服务费(THC)，即装货港堆场接收出口的整箱货，以及堆存和搬运至装卸桥下的费用；卸货港包括装卸桥下接收进口箱及搬运至堆场和堆存的费用，还包括装卸港单证等费用。THC 可以分别向收货人和发货人收取，也可在 CY/CY 条款下并入海运费，在某些国家以附加费形式计收。

2. 货运站服务费：指拼箱货经由货运站作业时的各种操作费用，拼箱服务费包括以下几项。

(1)将空箱从场地运到 CFS 的费用。

(2)在装箱港将装货的集装箱送到船边的费用，在卸货港从船边运到的费用 CFS。

(3)理货费用。

(4)签收收货单和装箱单的费用。

(5)CFS 中正常的货物搬运费用。

(6)拆装箱费用。

(7)一定期限内的堆存费用。

(8)分票与积载费用。

(9)提供集装箱内部积载图的费用等。

在收取拼箱货总费用时,有时分海运费及拼箱服务费两部分分别收取,有时合并计收。

(三)集疏运费

集疏运费也称转运费,指由发货地运往集装箱码头堆场或由集装箱码头堆场运往交货地的费用。经由水路和陆路的转运运费分别如下。

1. 集散运输费:指将集装箱货物由收货地经水路运往集装箱码头堆场间的运费。

2. 内陆运输费:指经陆路(公路或铁路)将集装箱货物在港口与交货地之间的运费。

五、集装箱不同交接方式下的运费构成

不同交接方式下集装箱的运费构成见表 7－1。

表 7－1 不同交接方式下集装箱运费构成

交接方式	交接地——装港				海运	卸港——收货地				费用结构
	A_1	B_1	C_1	D_1	E	D_2	C_2	B_2	A_2	T
D——D	A_1	B_1			E	B_2	A_2			$A_1+B_1+E+B_2+A_2$
D——CY	A_1	B_1			E	C_2	B_2			$A_1+B_1+E+C_2+B_2$
D——CFS	A_1	B_1			E	D_2	B_2			$A_1+B_1+E+D_2+B_2$
CY——D	B_1	C_1			E	B_2	A_2			$B_1+C_1+E+B_2+A_2$
CY——CY	B_1	C_1			E	C_2	B_2			$B_1+C_1+E+C_2+B_2$
CY——CFS	B_1	C_1			E	D_2	B_2			$B_1+C_1+E+D_2+B_2$
CFS——D	B_1	D_1			E	B_2	A_2			$B_1+D_1+E+B_2+A_2$
CFS——CY	B_1	D_1			E	C_2	B_2			$B_1+D_1+E+C_2+B_2$
CFS——CFS	B_1	D_1			E	D_2	B_2			$B_1+D_1+E+D_2+B_2$

在集装箱的不同交接方式下,其费用结构的组成原则如下。

(1)所有交接方式均包含港口的堆场服务费和海运费。

(2)有门就有转运费。

(3)有场就有装卸车辆费。

(4)有站就有货运站服务费。

第二节 集装箱海运运费计算

海上集装箱运输都是采用班轮运输营运组织方式经营,所以集装箱海运运费也是根据费率表中规定的费率和计费办法计算运费,并有基本运费和附加费之分。集装箱海运运费的计算办法有两种:一种与普通班轮运输的运费计算办法一样,即对具体的航线按货物的等级及不同的计费标准计算运费;另一种是对具体航线实行分货物等级和箱型的包箱费率或者不分货物等级只按箱型的包箱费率计算运费。

一、集装箱运价按箱计费

包箱费率(commodity box rates)是按箱计收运费的费率,采用包箱费率计算运费时,只需用对具体航线及箱型的费率乘以箱数即可。但按照普通班轮运输的运费计算办法时,因集装箱货物既可以交集装箱货运站装箱拼箱托运,也可以由托运人自行装箱整箱托运因而有不同的具体计算办法。世界上大多数班轮公司集装箱的海运运价其整箱货一般都采用包箱费率,这种包箱费率一般都包括集装箱的海上运费与在装卸船港码头的装卸费用。

集装箱港口装卸费一般也是以箱为单位计收的,大多采用包干费形式(装卸包干费与中转包干费)。另外,在运输全过程中,集装箱在起运地、中转地、终点堆场存放超过规定的免费堆存期时收取的滞期费一般也是按箱天数计收的。

二、拼箱货运费计算

目前,各船公司对集装箱运输的拼箱货运费的计算,基本上是依据件杂货运费的计算标准,按所托运货物的实际运费吨计费,即尺码大的按尺码吨计费,重量大的按重量吨计费。另外,在拼箱货海运运费中还要加收与集装箱货运站作业有关的费用。拼箱货运费计收应充分考虑货运站服务费用,同时应注意的要点如下。

(1)承运人在运费中加收了拼箱服务费等常规附加费后,就不能再加收件杂货码头收货费用。因为承运人运价本中规定 W/M 费率后,其基本运费与拼箱服务费均按货物的重量和尺码中的高者计算费用。

(2)拼箱货运费计算与船公司或其他类型的承运人承担的责任和成本费用是一致的。由于拼箱货运输中承运人的责任从装箱的货运站开始到拆箱的货运站为止,接收货物前和交付货物后的责任不应包括在运费之内。货运站应视为承运人的代理。

(3)由于拼箱货涉及不同的收货人,因而拼箱货不能接受货主提出的有关选港或变更目的港的要求,在拼箱货海运运费中也没有选港附加费和变更目的港附加费。

(4)拼箱货起码运费按每份提单收取,或计费时不足 1t 或 $1m^3$ 时按 1W/M 收费。在拼箱运输下,一个集装箱中一般装有多票货物。为保证承运人的利益,各船公司每票(提单)货物规定最低运费吨。

(5)在运价本中有关成组货物按拼箱货托运的,并符合成组货物运输要求的,一般给予运价优惠,计费时应扣除托盘本身的重量或尺码。

三、整箱货运费计算

对于整箱托运的集装箱货物运费的计收:一种是同拼箱货一样,按实际运费吨计费;另一种目前采用较为普遍的方法是根据集装箱的类型按箱计收运费。包箱费率可分为两类,分别是货物(或商品)包箱费率和均一包箱费率。前者是按货物的类别、级别和不同箱型规定的包箱费率;后者则不论货物的类别(危险品、冷藏货除外),只按箱型规定的包箱费率。

(一)包箱费率主要形式

1. FAK(freight for all kinds)包箱费率。FAK 包箱费率是对每一集装箱不细分箱内货物的货类级别,不计货量(当然不能超重),只按箱型统一规定的费率计费,也称为均一包箱费率。采用均一包箱费率收费时,所有相同航程的货物征收相同的费率,而不管其价值如何。它实际上是承运人将预计的总成本分摊到每个所要运送的集装箱上所得出的基本平均费率。其费率相比货物(或商品)包箱费率定得较低,体现了船公司对货主托运整箱货的优惠,是各集装箱公司开展市场营销的重要手段之一。

采用这种运价形式,对低价值商品的运输会产生负面影响,因为低费率货物再也难以从高费率货物那里获得补偿,故对于低费率商品的货主来说可能难以接受。例如,集装箱班轮公司对托运瓶装水和瓶装酒的货主统一收取同样的运价,尽管瓶装酒的货主对此并不在意,但瓶装水的货主则可能会拒绝接受这种状况,最终,船公司被迫对这两种货物分别收取不同的运价。因此,在目前大多数情况下,均一费率实际上还是将货物分为5个~7个费率等级。

采用均一费率时货物仅分普通货物、半危险货物(semi - hazardous cargo)、危险货物(hazardous cargo)和冷藏货物(reefer or refrigerated cargo)4类。不同类的货物,不同尺度(20ft/40ft)的集装箱费率不同。这种费率在激烈竞争形势下,受运输市场供求关系变化影响较大,变动也较为频繁,一般适用于短程特定航线的运输和以CY - CY、CFS - CY方式交接的货物运输。

2. FCS(freight for class)包箱费率。FCS包箱费率是按不同货物种类和等级制定的包箱费率。它一般将货物分为普通货物、非危险化学品、半危险货物、危险货物和冷藏货物等几大类,其中普通货物与件杂货一样为1级~20级,各公司运价本中按货物种类、级别和箱型规定包箱费率。但集装箱货的费率级差要大大小于件杂货费率级差。

一般来讲,等级低的低价货费率要高于传统件杂货费率,等级高的高价货费率要低于传统费率,同等级的货物按重量吨计费的运价高于按体积吨计费的运价。这也反映了船公司鼓励货主托运高价货和体积货。使用这种费率计算运费时,先要根据货名查到等级,然后按货物大类等级、交接方式和集装箱尺度查表,即可得到每只集装箱相应的运费。在中国—澳大利亚和中国—新西兰航线上采用这种费率形式。

3. FCB(freight for class and basis, FCB)包箱费率。FCB包箱费率是指按不同货物的类别、等级及计算标准制定的包箱费率。在这种费率下,即使是装有同种货物的整箱货,当用重量吨或体积吨为计算单位(或标准)时,其包箱费率也是不同的,这是与FCS费率的主要区别之处。

使用这种费率计算运费时,首先要查清货物的类别等级、查明货物应按体积还是重量作为计算单位,然后按等级、计算标准及交接方式、集装箱类别查到每只集装箱的运费。这种费率也属于货物(或商品)的包箱费率。中国—卡拉奇等航线上采用这种费率形式。

(二)运量折扣费率

运量折扣费率(time - volume contracts, TVC)是根据托运货物的数量给予托运人一定的费率折扣,即:托运货物的数量越大,支付的运费率就越低。目前使用的是“按比例增减制”原则。如拥有1 000TEU集装箱货物的货主,当他托运第一个200TEU数的集装箱时支付的是某一种运价;当他托运第二个200TEU数的集装箱时支付的是比第一次低的运价;又当他托运第三个200TEU数的集装箱时支付的是一个更低的运价,以此类推。

当然,这种费率可以是一种均一费率,也可以是某一特定商品等级费率。由于这种运量激励方式是根据托运货物数量确定运费率,故对大的货主有利。

(三)集装箱最低与最高计费吨运费

最低利用率和最高利用率又称集装箱最低计费吨与最高计费吨。在整箱托运集装箱货物且所使用的集装箱为船公司所有的情况下,承运人则有按集装箱最低利用率和集装箱最高利用率支付海运运费的规定。

1. 按集装箱最低利用率计费。集装箱最低利用率计费是指如果所装货物的吨数没有达到规定的要求，则仍按该最低利用率相应的计费吨计算运费，以确保承运人利益的方式。目前，按集装箱最低利用率计收运费的形式主要有 3 种：最低装载吨、最低运费额以及上述两种形式的混合形式。

一般说来，班轮公会在收取集装箱海运运费时通常只计算箱内所装货物的吨数，而不对集装箱自身的重量或体积进行收费。有些承运人或班轮公会只是当采用专用集装箱船运输集装箱时，方不收取集装箱自身的运费，而当采用常规船运输集装箱时则按集装箱的总重或总体积收取海运运费。在确定集装箱的最低利用率时，通常要包括货板的重量或体积。最低利用率的大小主要取决于集装箱的类型、尺寸和集装箱班轮公司所遵循的经营策略。

最低装载吨可以是重量吨或体积吨，也可以是占集装箱装载能力（载重或容积）的一个百分比，一般为集装箱箱内容积的 60%，如 20ft 箱为 21.5m^3 尺码吨，40ft 箱为 43m^3 尺码吨。最低运费额则是按每吨或每个集装箱规定一个最低运费数额，其中后者又被称为“最低包箱运费”。至于混合形式则是根据下列方法确定集装箱最低利用率：以集装箱载重能力或容积能力的一定百分比加上按集装箱单位容积或每集装箱规定的最低运费额；以最低重量吨或体积吨加上集装箱容积能力的一定百分比。

2. 亏箱运费计算。当集装箱内所装载的货物总重或体积没能达到规定的最低重量吨或体积吨，导致集装箱装载能力未被充分利用时，货主将支付亏箱运费（short fall freight）。亏箱运费实际上就是对不足计费吨所计收的运费，即所规定的最低计费吨与实际装载货物数量之间的差额。在计算亏箱运费时，通常是以箱内所载货物中费率最高者为计算标准。此外，当集装箱最低利用率是以“最低包箱运费”形式表示时，如果根据箱内所载货物吨数与基本费率相乘所得运费数额，再加上有关附加费之后仍低于最低包箱运费，则按后者计收运费。

3. 按集装箱最高利用率计费。集装箱最高利用率计费是指当集装箱内所载货物的体积吨超过集装箱规定的容积装载能力（集装箱内容积）时，运费按规定的集装箱内容积计收，也就是说超出部分免收运费。至于计收的费率标准，如果箱内货物的费率等级只有一种，则按该费率计收。如果箱内装有不同等级的货物，计收运费时通常采用下列两种做法：一是箱内所有货物均按箱内最高费率等级货物所适用的费率计算运费；二是按费率高低，从高费率起往低费率计算，直至货物的总体积吨与规定的集装箱内容积相等为止。

需指出的是，如果货主没有按照承运人的要求，详细申报箱内所装货物的情况，运费则按集装箱内容积计收，并且费率按箱内装货物所适用的最高费率计算。如果箱内货物只有部分没有申报数量，那么未申报部分运费按箱子内容积与已申报货物运费吨之差计收。

规定集装箱最高利用率的目的主要是鼓励货主使用集装箱装运货物，并能最大限度地利用集装箱的内容积。为此，在集装箱海运运费的计算中，船公司通常都为各种规格和类型的集装箱规定了一个按集装箱内容积折算的最高利用率，习惯按箱子内容积的 85% 计算，例如，20ft 集装箱的最高利用体积为 31m^3，而 40ft 集装箱的最高利用体积为 67m^3。最高利用率之所以用体积吨而不用重量吨为计算单位，是因为每一集装箱都有其最大载重量，在运输中超重是不允许的。

最低或最高计费吨一般是在货主使用的，集装箱是由船公司提供的，由货主自行装箱且计费方法是按货物等级或不同计费标准条件下采用的。在货主使用自有箱或由承运人货运站装箱或计算方式采用均一包箱费率情况下一般不实行这种规定。

(四)整箱货余箱运费

许多船公司为争取更多货源,对较大数量的货物给予优惠。如远东航运公会规定同时托运3个集装箱时,第3个箱的最低计费吨可小一些。船公司以整箱货余箱运费收取时,且当货主托运箱量达到一定数量时,最后一箱按实际装箱体积收费。

四、特殊货物海运运费计算

(一)集装箱特殊货物费收

采用集装箱装运货物,在运费计算上有以下几种特殊的规定。

1. 成组货物。对符合运价本中有关成组货物的规定和要求并按拼箱货托运的成组货物,通常给予运费优惠。在计算运费时,通常扣除托盘本身的重量或尺码,但扣除部分不得超过成组货物(货物加托盘)重量或尺码的10%,超出部分仍按托盘所装货物的费率计收运费。以整箱货托运的成组货物,托盘本身也按货物的费率标准计收运费,即不享受运价优惠。

2. 家具和行李。集装箱内的家具和行李,除组装成箱后再装入集装箱内的情况外,运费均按集装箱内容积的100%计收,其他费用也按箱计收。

3. 服装。服装以挂载于集装箱内的方式运输时,一般要求整箱CY/CY交接,衣架及箱内必需的装箱物料由托运人提供,运费按集装箱内容积的85%计收。如果集装箱内除挂载的服装外还装载其他货物时,服装仍按箱容的85%计收运费,其他货物则按实际尺码计收运费,但两者的总计费尺码超过集装箱的内容积时,超过部分免收运费,当然货方应提供经承运人认可的公证机构出具的货物衡量证书。

4. 回运货物。回运货物是指货物在卸货港或交货地点卸货后的一定时间内,由原承运人运回原装货港或收货地点的货物。若货物在卸货港或交货地点卸货后一年内由原承运人运回原装货港或收货地点,对整箱货(原箱)的回程运费按原运费的85%计收,拼箱货的回程运费按原运费的90%计收。但货物在卸货港或交货地点滞留期间发生的一切费用由申请方负担。

(二)附加费的计收

集装箱海运运费除基本运费外,也要加收各项附加费。附加费的标准、项目等根据航线、货种不同而有不同的规定。

1. 超重、超长、超大件附加费。该附加费只对由集装箱货运站装箱的拼箱货收取,其费率与计收办法和普通班轮运输相同。如果采用CFS/CY条款,则对超重、超长、超大附加费减半计收。

2. 变更目的港附加费。变更目的港只适用于整箱托运的整箱货,并按箱收取变更目的港附加费。提出变更目的港的全套正本提单持有人,还必须在船舶抵达提单上列明的卸货港48h前,以书面提出申请,经船方同意后可变更。如变更目的港的运费超过原目的港的运费时,申请人应补交运费差额,反之,承运人不予退还。若由于变更目的港所引起的翻舱及其他费用,也应由申请人负担。

3. 选择卸货港附加费。选择卸货港或交货地点只适用于整箱托运整箱交付的货物,而且一张提单的货物只能选定在一个交货地点交货,并按箱增收选择卸货附加费。经承运人同意后,托运人可指定承运人经营范围内直航的或经转运的3个交货地点内选择指定卸货港,其选卸范围必须按照船舶挂靠顺序排列。此外提单持有人还必须在船舶抵达选卸范围内第一个卸货港 96h 前向船舶代理人宣布交货地点，否则船长有权在第一个或任何一个选卸港将选卸货卸下。

4. 转船附加费。集装箱货物转船运输包括支线运输转主干线运输应收的转船附加费。

5. 港口附加费(port additional)。集装箱港口附加费是指在装港接收处理并把集装箱装上船舶，在卸港将集装箱卸离船舶并放置前方堆场以及处理相关单证而收取的附加费。此项费用在不同的港口有不同的名称和解释，如上海港称 SPS(Shanghai port surcharge)，日本港称 CY Charge，因而总称为 Port Surcharge。此项附加费与堆场服务费(THC)费收内容上有一定交叉，附加费的收取是船公司在特殊情况出现后作为弥补而收取的费用。

6. 服务附加费(service additional)。当承运人为货主提供了诸如货物仓储、报关或转船运输以及内陆运输等附加服务时，承运人将加收服务附加费。

7. 货物附加费(cargo additional)。某些货物，如钢管之类的超长货物、超重货物、需洗舱(箱)的液体货等，由于它们的运输难度较大或运输费用较高，因而对此类货物要增收货物附加费。当然，对于集装箱运输来讲，计收对象、方法和标准有所不同。例如对超长、超重货物加收的超长、超重、超大件附加费只对由集装箱货运站装箱的拼箱货收取，其费率标准与计收办法与普通班轮相同。如果采用 CFS/CY 或 CY/CFS 条款，则对超长、超重、超大件附加费减半计收。

除上述各项附加费外，其他有关的附加费计收规定与普通班轮运输的附加费计收规定相同。这些附加费包括由于调运空箱而征收的空箱调运费；集装箱货源旺季，船公司因舱位不足所征收的旺季附加费；因战争、运河关闭等原因迫使船舶绕道航行而增收绕航附加费(deviation surcharge)；对于贵重货物，如果托运人要求船方承担超过提单上规定的责任限额时，船方要增收超额责任附加费(additional for excess liability)

第三节 国际集装箱多式联运费率

一、多式联运采用单一费率

国际多式联运程序环节多，经营人在责任期间内要承担更多的义务，既要实现各区段运输与全程运输，又要完成各区段之间的运输衔接，并完成其他相关服务。因此，这种方式下的成本计算要比单一运输方式下的计费复杂。而采用单一费率，就是单位运量的全程费率，是国际多式联运的主要特点之一。

二、多式联运单一费率构成

以陆—海—陆集装箱门到门为例，按成本定价原则，多式联运单一费率由运输总成本、经营管理费用和利润构成。

(一)运输总成本

1. 从内陆接货地至枢纽港费用。

内陆接管货物地点发生的费用：包括从发货地“门”接管货物后至内陆集装箱中转站(货运站、内陆货站、铁路车站、公路中转站)等集散点的运输费用及在中转站发生的集装箱存放费、站内装卸车费用、站内操作费用等。

中转站至码头堆场运费及其他费用：指集装箱货物从最初的集散点至集装箱枢纽港之

间集运过程中发生的全部费用。主要包括两点之间运输使用的铁路、公路、内河水运或海上支线的运费，在多级集运中产生的各级中转费用，铁路、公路、水运、支线运输之间的中转全部费用及可能产生的相关的服务费用、代理费等。

干线港（枢纽港）码头服务费：在货物投入长距离海上运输的起运港堆场发生的费用。包括卸车费、移动费、港务费和其他附加费等。

2. 海上干线运费。其指多式联运经营人为实现货物海上干线运输，根据与海上承运人订立的分包合同需要支付的费用。如果多式联运经营人在该干线上具有较稳定的货源，一般可根据该线路上运营的不同船公司的航班情况、运价及与自身承揽货物衔接的可能性选择一个或一个以上的干线班轮公司作为长期合作伙伴，通过订立长期的协议以获得一定数量舱位订舱的优先权与优惠价格。

3. 从海运目的港到最终交货地费用。这部分费用是指从干线运输的卸船港至交货地点之间完成货物运输的全部费用，包括码头费用，码头至内陆中转站费用，中转站费用及交货地费用。

4. 集装箱租用费和保险费用。

集装箱租用费：由多式联运经营人提供的集装箱的租（使）用费。此项费用一般按全程预计天数（从提箱至还箱）包干计算。

保险费用：主要包括集装箱保险费和货物运输保险费。货物运输保险（全程或分段）一般由货方自己投保。如货方委托多式联运经营人代为办理，应由货方承担保险费及服务费。货物运输保险的费用一般不包含在单一费率之内。

（二）经营管理费

其主要包括多式联运经营人与货主、代理人、实际承运人之间信息、单证传递费，通信费用，单证成本和制单手续费，以及各派出机构的管理费用。这部分费用也可分别加到不同区段的运输成本中一并计算。

对于全程运输中发生的报关手续费、申请监管运输（保税运输）手续费，全程运输中的理货、检查及由发货人或收货人委托的其他服务引起的费用，一般单独列出，并根据贸易条件规定的向应承担的一方或委托方收取，而不包含在单一费率内。

（三）利润

这里的利润是指多式联运经营人预期从该线路货物联运中的毛利润。一般可通过运输成本和管理费用之和乘以一个适当的百分比确定。确定利润的多少要进行充分的调查研究，必须根据运输市场运价水平与自身具备的竞争能力、线路中存在的竞争实际情况等确定。

本章思考题

1. 简述集装箱运价的制定原理。
2. 简述集装箱运价的制定策略。
3. 不同运输方式下集装箱运费的基本结构如何？
4. 简述拼箱货运费计算的方法。
5. 简述整箱货运费计算的方法。
6. 不同特殊货物集装箱海运运费计算的原则是什么？
7. 如何理解集装箱多式联运费率构成？

第八章 集装箱码头

第一节 概述

集装箱码头(container terminal)是集装箱运输下各种运输方式汇聚的枢纽,它向外延伸国际远洋运输航线,向内连接国内的铁路、公路、水路等运输线路,是各种运输方式衔接的换装点和集散地。

集装箱运输在最开始并没有专业的集装箱码头,集装箱码头是由最原始的杂货码头发展起来的。首先是件杂货码头捎带少量的集装箱,随后发展为多用途码头,即集装箱和件杂货的混合作业,随后又伴随着集装箱运输的迅速发展而出现了集装箱的专用码头,现今的大型集装箱码头都成了核心港码头。

集装箱码头对口岸城市发展的牵动作用在诸多水上运输形式中,如油、散、客等各种运输中最为突出。城市的发展必定伴随规模的扩张,随之而来的是各种产品和材料的输入、输出,这将直接刺激集装箱码头的迅速发展,反过来集装箱码头的运营也为城市的发展带来巨大的作用。同时,口岸城市发展对集装箱码头同样有着推动作用,因为集装箱作为件杂货运输的标准单元,它首先满足了城市建设中产品和材料的运输要求,其次是两者之间呈正反馈作用。

一、集码货物通过能力的评价

通过能力是单位时间内货物流经(进/出)码头(场)的数量,是用来描述码头生产规模与生产组织的核心指标。通过能力的构成如下。

(一)衔接码头(场)通道的"容量"

它包括了陆路数量、密度及质量,道口(闸口)数量,泊位数量及大小,航线辐射度及航班的密度。

(二)通道与码头(场)衔接作业的速度

它包括各种运载工具的衔接速度,码头的装卸速度、海陆单证的流转速度,码头堆场的缓冲能力。

由于各种运输工具的单位载运能力差异非常大,通常船舶与火车的载运能力大于集卡上百倍,因此码头的作业衔接速度直接决定码头的通过能力。

(三)码头生产组织的效率

其目标是各种资源最佳调配,能够使码头的生产效率最高。

(四)货物流经码头(场)成本因素

在竞争条件下,货物选择流经码头(场)的经济性时会考虑其吸引货流的快捷、经济、可靠、安全四大因素。其包括货物在码头的操作费,装卸、操作、管理费,货物流经码头的受理费,代理、通关、检疫、行政管理费,各种运载工具与码头的衔接费。最终承运人要向货物上转嫁这些费用。

二、集装箱码头的特点和要求

现代集装箱码头的发展趋势将是泊位深水化、装卸设备大型化、装卸工艺系统化、集疏运设施现代化、生产信息化、码头泊位高效化、港口生产组织运营合理化。

集装箱码头具有如下特点:具备设计船型所需的泊位、岸线及前沿水深和足够的水域,保证船舶靠、离;具备码头前沿所需的宽度、码头纵深及堆场所需的面积,具有可供目前及发展所需的广阔陆域,可满足集装箱堆存、堆场作业和车辆通道的需求;具备集装箱装卸船作业、水平运输作业及堆场作业所必需的各种装卸机械和设施,以实现各项作业的高效化;具有足够的集疏运能力及多渠道的集疏运系统,以保证集装箱及时集中和疏散,防止港口堵塞并可加速船舶装卸作业;具有维修保养的设施及相应人员,保证正常作业需要;具有较高素质的管理人员和机械司机;具有现代化管理和作业的必需手段,采用电子计算机及 EDI 等数据交换系统。

三、集装箱码头布局及其设施

规范的集装箱码头布局示意图见图 8－1。

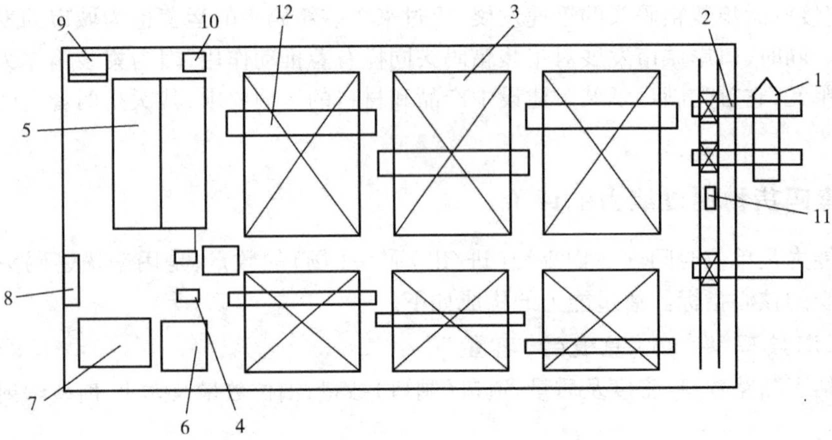

图 8－1　集装箱码头规范布局示意图

1—泊位(船舶);2—集装箱装卸桥;3—堆场;4—道口;5—仓库(CFS 站);6—办公楼(服务大厅,码头管理机构);7—停车场;8—大门;9—变电站;10—加油站;11—搬运机械(底盘车等);12—堆码机械(龙门吊等)

(一)靠泊设施

靠泊设施主要由码头岸线和码头岸壁组成。码头岸线是供来港装卸的集装箱船舶停靠使用,长度根据所停靠船舶的主要技术参数及有关安全规定而定;码头岸壁一般是指集装箱船停靠时所需的系船设施,岸壁上设有系船柱,用于船靠码头时通过缆绳将船拴住,岸壁上还应设置预防碰撞装置,通常为橡胶材料制作。

(二)码头前沿

码头前沿指沿码头岸壁到集装箱编排场(或称编组场)之间的码头面积,设置有岸边集装箱起重机及其运行轨道。

（三）集装箱编排（组）场

集装箱编排场又称前方堆场，是指把准备即将装船的集装箱排列待装以及为即将卸下的集装箱准备好场地和堆放的位置，通常布置在码头前沿与集装箱堆场之间，主要作用是保证船舶装卸作业快速而不间断地进行。

（四）集装箱堆场

集装箱堆场又称后方堆场，是指进行集装箱交接、保管重箱和安全检查的场所，有的还包括存放底盘车的场地。

（五）集装箱货运站

集装箱货运站有的设在码头之内，也有的设在码头之外。货运站是拼箱货物进行拆箱和装箱，并对这些货物进行贮存、防护和收发交接的作业场所，主要任务是出口拼箱货的接收、装箱，进口拼箱货的拆箱、交货等。

（六）控制塔

控制塔是集装箱码头作业的指挥中心，主要任务是监视和指挥船舶装卸作业及堆场作业。控制塔应设在码头的最高处，以便能清楚看到码头所有集装箱的箱位及全部作业情况。

（七）大门

大门是集装箱码头的出入口，也是划分集装箱码头与其他部门责任的地方。

（八）维修车间

维修车间是对集装箱及其专用机械进行检查、修理和保养的场所。

（九）集装箱清洗场

集装箱清洗场主要任务是对集装箱污物进行清扫、冲洗，一般设在后方并配有多种清洗设施。

（十）码头办公楼

码头办公楼是执行行政管理、业务管理的大本营。

第二节　集装箱码头堆场管理

一、集装箱区划分及箱位编码方式

（一）堆场箱区的划分

码头箱管人员在安排箱区时，原则上各箱区堆放哪一类箱是相对固定的，但也可以根据码头进出口箱的情况、实际堆存情况、船舶到港情况和船公司用箱情况等，适当调整各箱区的比例。堆场箱区可按不同分类方法划分：按进出口业务可分为进口箱区和出口箱区；按集装箱货种分为：普通箱区、冷藏箱区、特种箱区和中转箱区；按集装箱装载状态分为空箱区、重箱区。但危险品箱区、冷藏箱区因有特殊设备，如冷藏箱区有电源插座，危险品箱区有喷淋装置及隔离栏，所以该箱区是相对固定的。中转箱区虽无特殊设备，但因海关部门有特殊要求，也是相对固定的。

（二）堆场箱区的箱位编码方式

集装箱码头堆场一般在场地上都要按照集装箱的箱型、尺寸预先画出标准区域，并用一组代码来表示在堆场内的位置,这个位置就叫"场箱位"。在场箱位端线标出标号,叫作"场箱位号",一定区域或范围的箱位,再编上号码,叫作"场位号"。

场箱位由箱区、位、排、层组成。

1. 箱区:两种,一种是由一个英文字母表示,另一种是由一个英文字母和一位阿拉伯数字组成。英文字母表示码头的泊位号,阿拉伯数字表示堆场从海侧到陆侧后方堆场的顺序号。

2. 位(贝):一个箱区若由若干个位组成,位(贝)的编码一般可用两位阿拉伯数字表示,与集装箱船舶箱位(行)号表示类同,奇数 01、03、05…表示 20ft 箱的位,偶数 02、04、06…表示 40ft 箱位。

3. 排:一位阿拉伯数字表示。

4. 层:一位阿拉伯数字表示。

因此,集装箱的场箱位一般是 5 位或 6 位表示,如"A0111"表示该箱在 A 箱区 01 位第 1 排第 1 层。还有其他表示方式如下。

例一:A2 01 02 1

A2→表示 A 街(区)2 区(街);

01→表示位(贝);

02→表示第 2 排(列)的数字;

1→表示第 1 层的层数,由底向上。

例二:21 01 02 1

21→表示箱区;如 2 街 1 区;

01→意义如上所述;

02→意义如上所述;

1→意义如上所述。

二、堆场收箱、提箱管理

(一)堆场收箱管理

收箱业务一般是指进出口重箱集装箱港口堆场收箱交接,或码头货运站装箱后重箱返回堆场交接以及受船公司委托空箱的交接。前两种重箱在堆场出口区域内进行交接,而空箱返回的交接则在堆场专门设置的空箱堆存区域内进行。出口重箱收箱作业流程如下。

1. 集装箱卡车经营人凭设备交接单和其他相应业务单证,在码头检查进场通道与堆场理货员办理集装箱进场交接。

2. 集装箱卡车经营人将拖车开到检查桥地磅上称重,过磅理货员用计算机输入箱号、箱型、车号,打印过磅计量单。

3. 检查桥理货员核对设备交接单,检查箱体、箱号、铅封、船名、航次、车队、车号后双方签字。

4. 检查桥理货员在出口箱入场单上加盖箱检章、过磅章。

5. 运箱人将拖车开到堆场指定场位卸箱。

6. 堆场箱控部门根据堆场积载计划安排,指挥场地机械将重箱卸到指定场位、箱位。

7. 堆场理货员编制箱位图并输入计算机,供调度部门编制出口装船计划。

空箱返回进场业务，是码头堆场受船公司委托进行的，进场交接程序与出口重箱交接相同。码头堆场对进场空箱按不同船公司分别堆码。

（二）堆场提箱管理

提箱作业一般指进口重箱出场交接；货运站交货重箱出场交接；进口超期箱转栈出场交接；调运空箱出场交接。提箱作业流程如下。

1. 集装箱卡车经营人凭设备交接单、交货记录、集装箱提箱凭证，在检查桥与出场通道与堆场理货员办理出场交接。

2. 堆场理货员核对运箱人所持设备交接单、交货记录、集装箱提箱凭证、费用结算单证、有效放行单证，并经双方检查箱体、铅封后在设备交接单上签字交接。

3. 运箱人凭检查桥理货员开具的出门证，从检查桥出场通道运箱出场。

4. 堆场理货员将提箱信息输入计算机，及时变更堆场箱位图。

三、堆场堆存管理

（一）集装箱堆垛的基本要求

堆场堆垛的基本原则就是保证集装箱堆放安全，减少翻箱率，充分利用堆场面积。箱型不同、工艺不同、货种不同，堆垛方式也不相同。可根据集装箱的不同箱型及箱内装载货种不同分开堆垛；堆垛要满足堆场作业机械的工艺要求；堆码层高视码头具体条件及荷载而定；要合理安排出口箱进场堆放。

（二）集装箱堆场堆存管理

1. 堆场配载室业务：根据船公司或代理人提供的出口集装箱装货清单及预配清单、集装箱预配图，结合码头进箱堆存实际情况，编制出口集装箱实配图。

2. 堆场调度（策划）室业务：根据船舶靠离泊计划和堆场实际堆存能力，规划重箱、空箱进出口箱区；根据门卫整理的门票，为接收的集装箱指定堆场箱位，编制堆场箱位图和堆场作业计划图；根据靠泊船舶的积载图，编制装卸顺序单。

3. 堆场箱控室业务：执行装卸作业计划和堆场作业计划，包括进出场作业、验关移箱作业和装卸船作业。

（三）堆场管理的重要性

1. 替航线经营人管理好在码头的集装箱。

2. 堆场布局模式的选择直接影响码头的作业模式。

3. 进行合理的集装箱堆放，以方便装船进而提高效率。

4. 正确码垛以减少倒箱从而降低成本。

5. 实现现代化管理，适时跟踪集装箱，以保证箱子安全。

6. 最大限度地发挥场地的利用率，降低码头生产成本。

（四）集装箱码头堆场的布局模式

集装箱码头堆场的布局模式有平行式布局模式和垂直式布局模式两种，见图 8 – 2 和图 8 – 3。

1. 平行式布局模式。

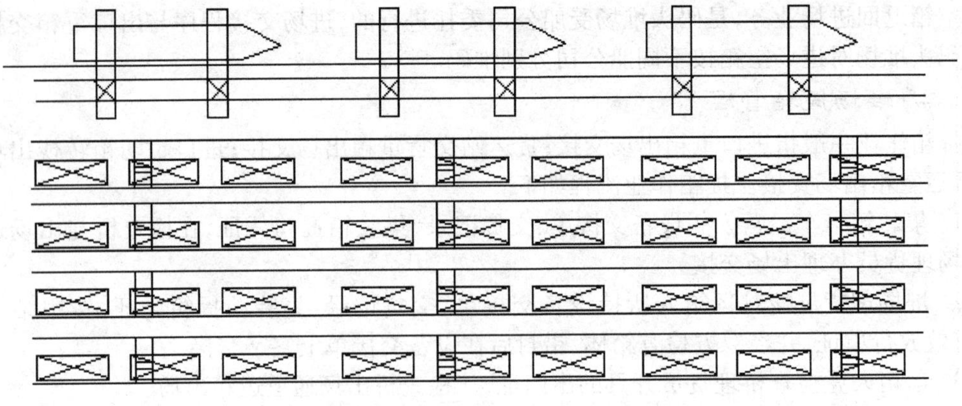

图 8－2　堆场街平行式布局示意图

2. 垂直式布局模式。

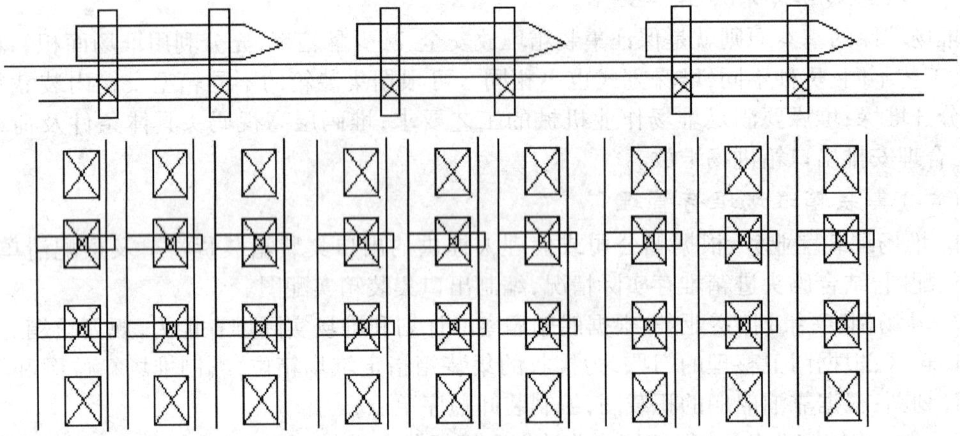

图 8－3　堆场街垂直式布局示意图

四、堆场清场作业

为保证核心班轮进出口作业正常进行，保证核心班轮班期，根据船期预报，提前做好场地安排是堆场管理中不可缺少的工作。堆场清场作业的程序如下。

1. 堆场箱控部门根据调度策划室下达的清场单中明确的箱位、箱量，针对需要清理的进出口场地，通知陆运调度员组织作业。

2. 调度员视清场作业的倒箱量，配备场地及水平搬运机械，按照清场单进行倒箱作业。

3. 清场作业后，堆场理货员将发生移动的集装箱箱号、场位号重新输入计算机并通知相关部门可以卸箱的场位。

五、堆场中转箱管理

中转箱有国内和国际中转箱。国内中转箱在境外装货港装船后，经国内中转卸船后转运到境内其他港口的集装箱，以及在国内装货港已办理结关手续，船公司出具全程提单，经国内中转港转运至国外目的港的集装箱。国际中转箱由境外起运，经中转港换装国际航线船舶后，继续运往第三国或地区指运口岸的集装箱。

（一）一程船卸船

一程船是对某一中转箱而言，它将该箱从起运港运至中转港的船舶。码头配载的计划员在收到船公司资料后，将其中的中转资料交中转业务员处理。业务员将中转资料输入电脑，在船舶卸船后将中转资料与实卸情况核对，发现问题通知有关方面协调解决。对于一程船卸船后超过一定时间（14天）还没出运的中转箱，码头中转业务员主动与代理联系，及时安排二程船转运。

（二）二程船装船

二程船是对某一中转箱而言将该箱从中转港载运至目的港的船舶。业务员收到中转通知书后，将通知书（需有海关放行章）连同外区拖进本码头的中转箱的动态表交配载员处理。装船结束后，中转业务员将经由配载员注明中转箱实际装箱情况和卸船时间的中转通知书与已装船的动态表等单证一起交收费部门。

（三）中转箱跨区拖运

如中转箱一程船与二程船装船不在同一码头，卸船后必须跨区拖运。拖出地码头的业务员在安排出场计划同时开具中转动态表（一式三联），附在作业申请单上交出场检查口。司机拖箱时与检查口人员办理设备交接，检查口人员自留动态表一联，附在出场报表上交收费部门，其余交司机。拖进地码头检查口业务员和司机办理设备交接，同时收下两联动态表，一联交业务员，另一联附在进场报表上交收费部门。

（四）危险品中转箱转存

凡不宜在码头堆存的危险品中转箱，码头中转业务员及时通知代理安排转运，出场时，中转业务员填写作业申请单和动态表（一式三联）交检查口。检查口自留一联，附在出场报表上交收费部门，其余交司机。司机进场将动态表交堆场业务员，堆场业务员保留以备日后进场之用。

（五）中转箱倒箱

国际中转箱如因箱体损坏、用错箱等原因需要倒箱的，船舶代理应出具联系单给码头和海关。如在码头外倒箱，码头应根据海关许可证，安排出场计划和进场计划；如在码头内倒箱，则要有海关、船舶代理、理货员在场。倒箱后海关加铅封。

第三节　集装箱货运站管理

集装箱货运站（container freight station，CFS）是提供拼箱货装箱、拆箱的场所，各类集装箱运输经营人经常托码头集装箱货运站作为自己的代表接收和交付货物。有些集装箱货运站还承担修箱、清扫等服务性业务。

一、集装箱货运站的种类及其作用

（一）码头货运站

码头货运站主要任务是承担收货、交货、拆箱和装箱作业，并对货物进行分类保管。不设在码头的货运站虽不是码头的组成部分，但实际工作中与码头的联系十分密切。集装箱码头货运站和传统的件杂货码头库场有很大区别,主要负责集装箱拆、装箱业务和仓库内货物管理,规模功能比件杂货码头库场小。集装箱码头除有完整的仓库外,还需要有一定面积的拆箱区,用于堆放所需拆箱的集装箱及方便客户提货车辆行走。

(二)内陆货运站

内陆货运站设置于经济腹地,深入内陆主要城市及外贸进出口货物较多的地方,主要用于将货物预先集中装箱,通过内陆运输至集装箱码头;或港口进口货物卸船后通过内陆运输疏运到内陆货运站。它具有集装箱货运站和集装箱码头堆场的双重功能。

二、集装箱货运站的主要任务

集装箱货运站的主要任务是集装箱货物的承运、验收、保管和交付,包括出口拼箱货的积载与装箱、进口拼箱货的拆箱与保管;对库存货物进行堆存保管及有关统计管理;重箱和空箱的堆存保管、整箱货中转;货运单证的交接及签证处理;运费、堆存费的结算;集装箱的检验、修理、清洗、熏蒸等业务;集装箱车辆的维修保养;为办理海关手续提供条件;代办海关业务等其他服务。

集装箱内陆货运站除具备上述码头货运站基本功能外,还须负责接收托运人托运的整箱货及其暂存、装车的货物,并集中组织向码头堆场的运输;或集中组织港口码头向该站的疏运、暂存及交付;受各类箱主委托承担集装箱代理人业务,对集装箱及设备的使用、租用、调运保管、回收、交接等行使管理权。

三、集装箱货运站管理

集装箱货运站的经营人是指对货运站进行投资建设、经营管理的机构。它可以是海上运输的集装箱公司、铁路或公路运输经营人,也可以是开展集装箱多式联运的经营人、无船承运人和有实力的货运代理人。货运站负责集装箱中转、储存保管、拆装箱等业务,有的还兼营集装箱的清洗和修理等,不仅要配合船公司、港口做好出口集装箱货物到站装箱、拼箱工作,还要协调港口做好进口拼箱货的保管和交付工作。

第四节　集装箱码头大门管理

集装箱码头大门,是进出口集装箱和各种运输机械的出入口,是区分码头内外责任和交接相关资料的地点。有的港口称为检查桥或闸口。

一、集装箱码头大门的设置

集装箱码头检查桥一般设在面向公路、背靠港池的适当地点。检查桥建筑结构一般是钢结构框架两层通道式建筑,下层设有检查桥工作人员工作室若干间,上层为通道式走廊,便于检查桥人员从地面、空中实施箱体检查。检查桥建筑应符合国家标准,上方应安装电子显示屏和其他标识牌,为公路集疏港车辆及时提供有关进港装卸箱信息。为方便进出港区车辆和作业机械通行,检查桥跨度(即设置几条通道)应视港区的地域条件而决定,其考虑因素包括进、出港通道,超高箱和港口装卸机械通道,码头工作人员通道。在检查桥面向公路一侧门前,应建有一定面积较为宽敞并与公路网相连的场地,作为进港集卡车辆等候、箱体检查、办理交接手续的停车场所。进港通道上应装有先进的地衡设施,以便随时对集装箱实施计量。闸口设有电子计算机终端并与业务主管部门联网。大门口良好设置可保障集装箱进出口的手续办理方便、高效、安全、畅通无阻。

二、集装箱码头大门主要业务

(1)集装箱(空箱或重箱)在接收、交付时的检查与交接,检查集装箱箱号、铅封号、箱体外表状况是否完整、有无破损,如有作记录。

(2)接收出口箱有关单证(场站收据、关单、集装箱装箱单),并输入电脑系统。

(3)编制整理门票(门票包括船名、箱号、发货人、转运人、箱型、目的港地、关单、重量、堆场箱位等),并为进场集装箱指定场箱位。

(4)接收货主提货时应出具提货单,并核对交货记录记载内容是否正确。

(5)集装箱出入大门时,备妥设备交接单,并会同驾驶员签字,设备交接单应包括船名、箱号、底盘车或卡车号、交箱地点、交箱日期、发货人、目的港等。

(6)填写门卫值班记录,值班记录应包括集装箱编号、空箱或重箱、箱型、目的港地、发货人、收货人等。

(7)编制堆场报告,以便对堆存的集装箱进行检查,并将进出堆场的集装箱交接单输入电脑系统。

第五节　集装箱码头发展基本模式

一、集装箱码头发展的基本模式

(1)港区联动模式:港区与保税区或自由贸易区连为一体的形式。其目标是增加流经货物的生成量,提高货物流经的受理速度。这种模式能够起到吸引货主的作用。

(2)联盟投资模式:港口与船东、货主、专业投资人共同联盟投资经营,专门用来吸引承运人开线和发展航线。

(3)市场竞争模式:一般港口在政府各种力量的推动下都具有垄断性趋势,但是口岸与口岸之间存在竞争。市场竞争模式与前两者相比,最大的优势是可降低货物流经场的成本,同时能够提高码头的竞争力也可以借此提高码头的经营管理水平。

二、集装箱在口岸的操作流程

(1)操作流程见图8-4。

(2)码头对操作环节的选择。码头应当根据资源状况合理地选择码头的经营模式以突出核心竞争。码头经营模式一般有四种:一是通吃模式,这种形式一般在码头初建使用时采用,此时码头资源充足,口岸垄断码头优先采用此模式,但是这种方式对市场开发不利;二是外装模式,这种模式是目前国内主导模式,码头内堆场容量受限,就集装箱码头与拆箱码头只能选择其中一项,因为拆箱收益高,故集装箱码头作为首选;三是集疏运模式,码头堆场相对货物流量有限,因此采用外货运站集疏形式;四是过渡模式,该模式下堆场规模很小或是没有堆场的码头。

三、集装箱码头的机构设置

码头组织结构有多种形式,详见图8-5,其组建的基本原则是使各资源要素发挥效率最

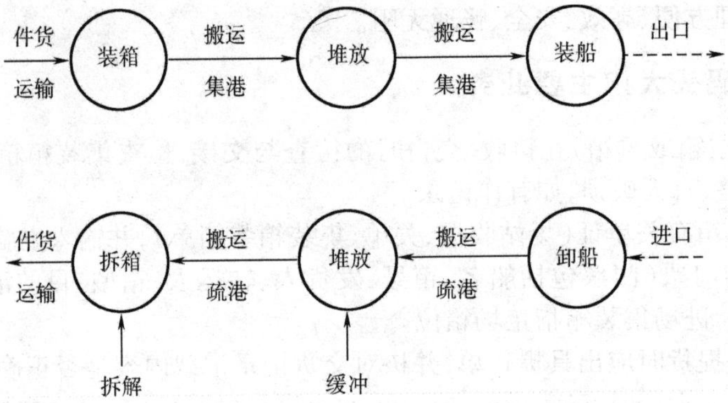

图8－4　集装箱在口岸的操作流程图

佳,即达到生产组织高效、成本控制降低的目的,这样既能相互协调、又能相互制约。

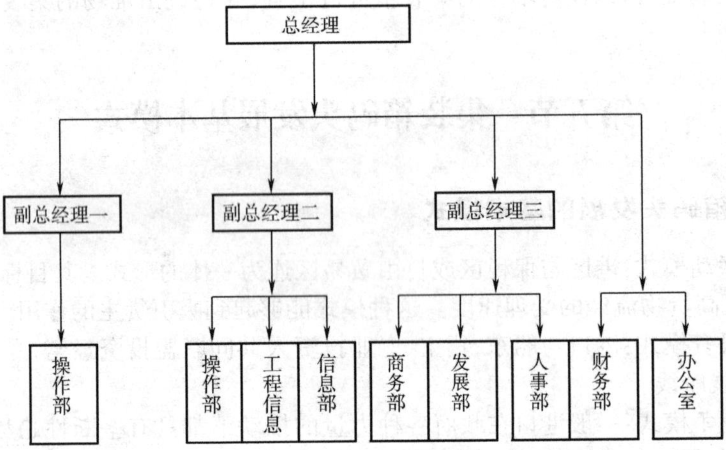

图8－5　码头组织结构

（一）操作部

操作部主要机构见图8－6。

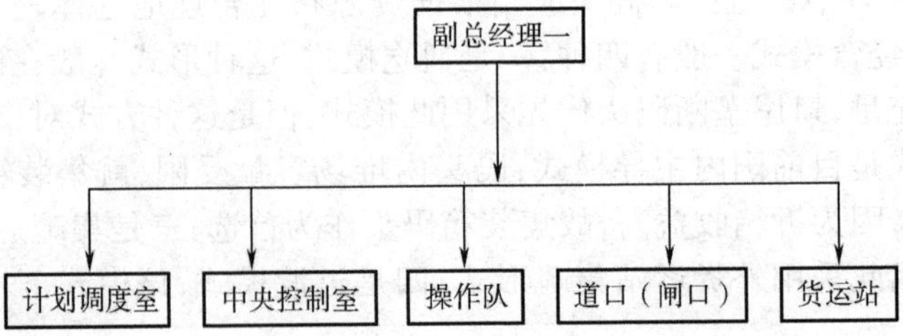

图8－6　码头组织主要机构

1. 计划调度室。依据协调和船舶积载图制定码头各项生产计划,对外制定船舶靠离泊计划、集装箱入港计划，进行外联协调，对内则是制定靠泊计划、装卸计划、堆存计划、集港计划，进行对外协作。

2. 中央控制室。根据计划调度安排组织和落实各项生产计划，指挥、监控、协调各生产环节。主要负责集装箱进出港和堆场作业，装卸机械、搬运机械、堆码机械的调配，船舶靠离泊位、船舶装卸作业，操作队的作业安排。

3. 操作队。操作队人员构成包括指导员、业务员（堆场）、司机（吊、车、桥）。其人员应按基本作业单元头数及基准岸桥配置。

4. 道口（闸口）。闸口是为查验陆路进出港的集装箱而设置的。同时还可以提供集卡的进场去向和提送场的位置，输入进出场箱的信息。

5. 货运站。用于完成集装箱的装箱和拆箱环节。

（二）商务部

商务部受理台负责进出港集装箱单证的审查以指示道口放行；负责集装箱港杂费用的核算收取；制定各船公司、部分重要托运人的协议合同；及时与客户（船公司、货主、货代）核对费用，催收欠款；主要负责收集事故发生的原始资料，如照片、文字资料；还须负责律师联络业务。

（三）信息部

信息部的建立是以港口为核心的 EDI 数据处理中心，向客户提供有效的信息通道、及时的信息服务，还须进行设计、开发与管理码头业务等相关信息工作。

（四）发展部

发展部进行对外业务的开发，如港口外联、合作企业；内陆场站、集装箱班列车联系；开发船公司、无船承运人、货主、货代、投资商；向口岸腹地宣传介绍港口情况；等等。

第六节　集装箱码头主要机械设备

一、岸边装卸机械

主要是指集装箱装卸桥，现行主要有 A 型和 H 型两种，其主要功能是将集装箱吊上、吊下，完成集装箱从船到岸之间的装卸任务。它们的基本结构图见图 8－7 和图 8－8。

一般岸桥能吊起货物的重量高达 65t 多；岸桥要大于船舱盖的重量 28t ~ 35t，且大于单箱重量；吊臂外伸距离 35m ~ 65m 以上，要求达到船宽；车行走速度最小 90m/s ~ 250m/s；吊臂水平高度最高已有 45m 以上，这些是决定装卸能力的重要指标。

二、水平搬运机械

（一）牵引车

牵引车又称为拖头（图 8－9），其本身不具备装货平台，必须和集装箱挂车连接在一起，才能拖带集装箱进行码头内或公路上的运输，它是一种早期使用比较广泛的集卡车。

（二）半挂车

半挂车（图 8－10）是当今使用最广泛的车型，尤其适用于中、长途运输。

（三）跨运车

跨运车（图 8－11）是一种专门用于短途水平搬运的机械。特点是起吊方便；岸桥装卸

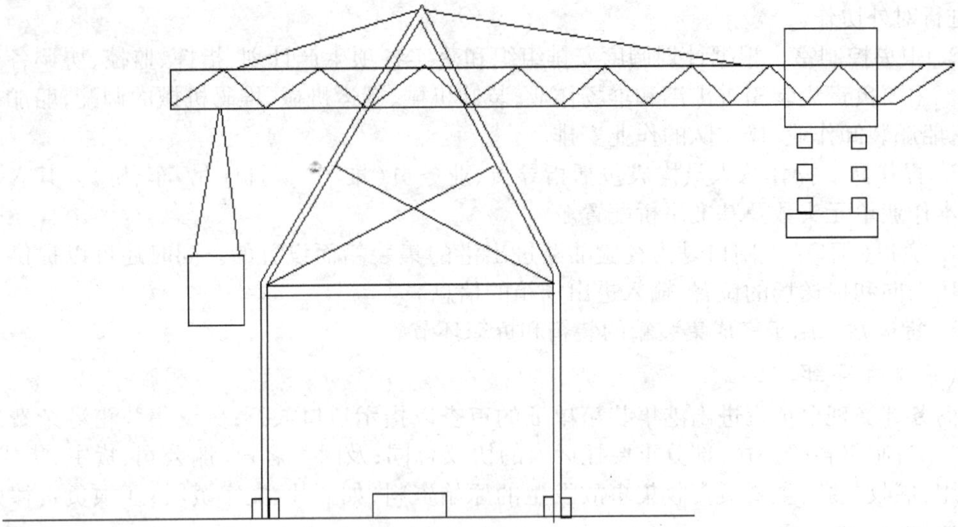

图 8-7　A 型集装箱岸桥

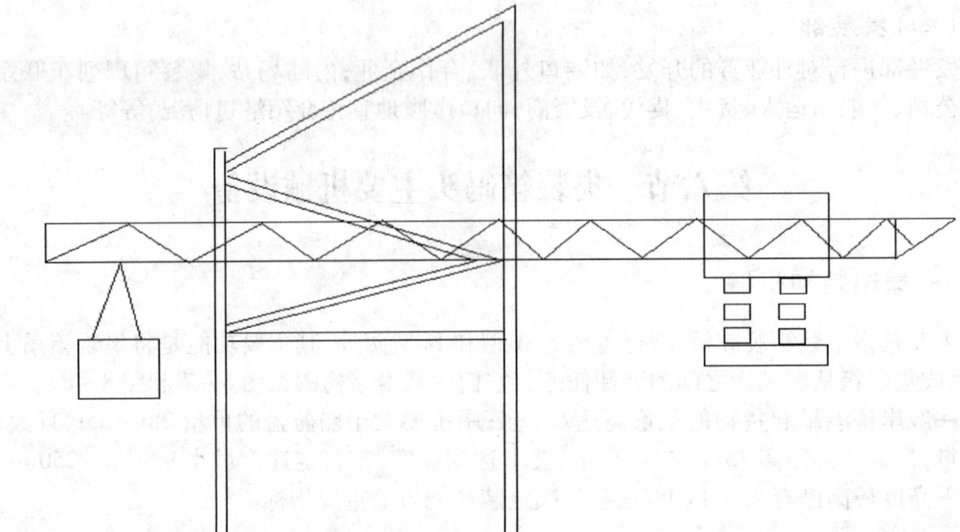

图 8-8　H 型集装箱岸桥

时，不需等车，提高了集装箱装卸效率；但车体过重，对地面承重要求高；车速较慢。

三、堆场堆码机械

(1) 叉车：主要用于空箱和特种箱堆存码垛。

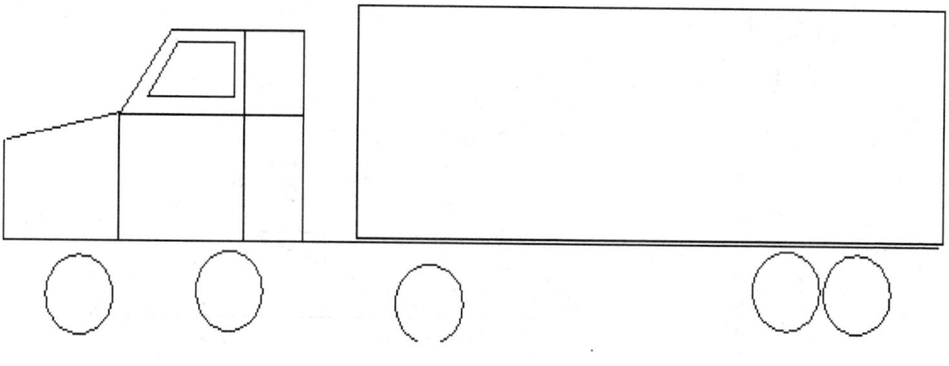

图 8－9　牵引车

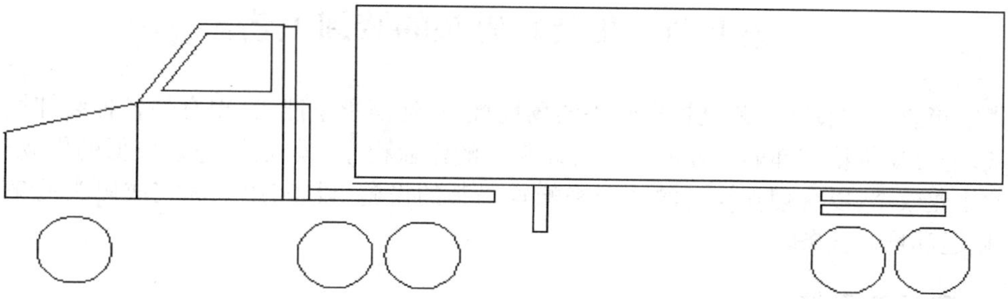

图 8－10　半挂车

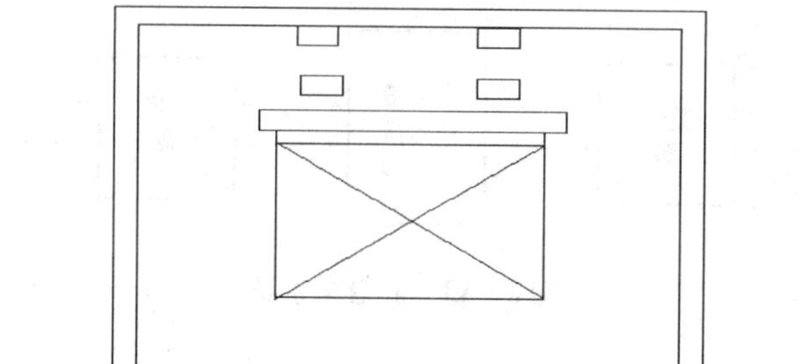

图 8－11　跨运车

（2）龙门吊：分轮胎式龙门起重机和轨道式龙门起重机，其特点是只用于某个固定的街；跨度大，堆场利用率高；作业速度快。

（3）正面吊（图 8－12）：其特点是可跨排作业；灵活机动；可承担水平搬运工作；活动占地面大。基于正面吊用途广的特点，它是一种非常受欢迎的港口机械。

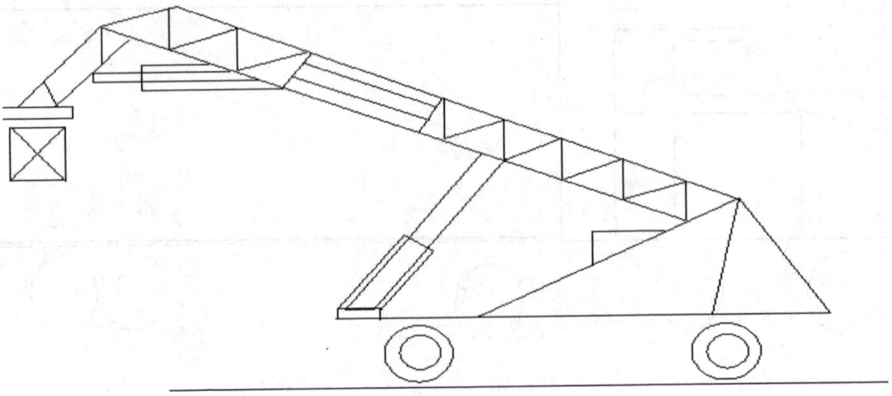

图 8－12　正面吊

第七节　集装箱码头的装卸工艺

集装箱码头的装卸工艺是根据码头的场地规模、地面承重能力、现有的各种装卸搬运机械设备，进行集装箱装卸船作业的一种有效组合的作业程序（模式）。它以较低的作业成本、较高的作业效率，以合理和经济的原则来配置码头的设施、设备，组织和完成码头的集装箱装卸、搬运和堆码任务。

一、底盘车系统

底盘车系统是一种早期的工艺系统，它要求码头堆场占地面积大，集装箱在堆场无须堆码堆放，但需要大量的底盘车，因此集装箱在码头的流动性好，详见图 8－13。

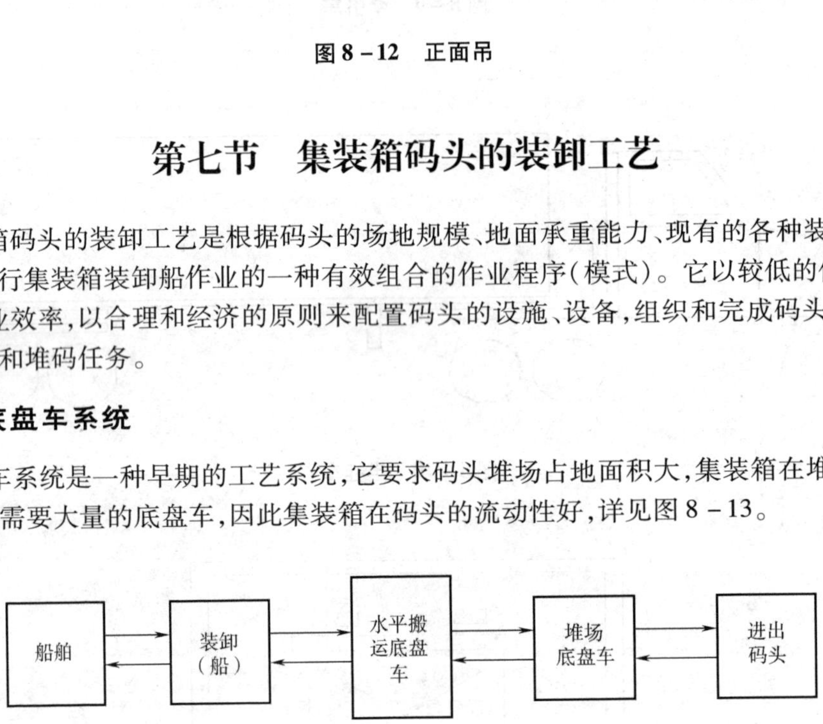

图 8－13　底盘车系统

二、跨运车系统

跨运车系统特点是岸桥装卸集装箱的效率较高，但要求码头地面的承重能力较大，见图 8－14。

三、龙门起重机系统

龙门起重机系统特点是作业效率较低，但灵活，可一机多用，见图 8－15。

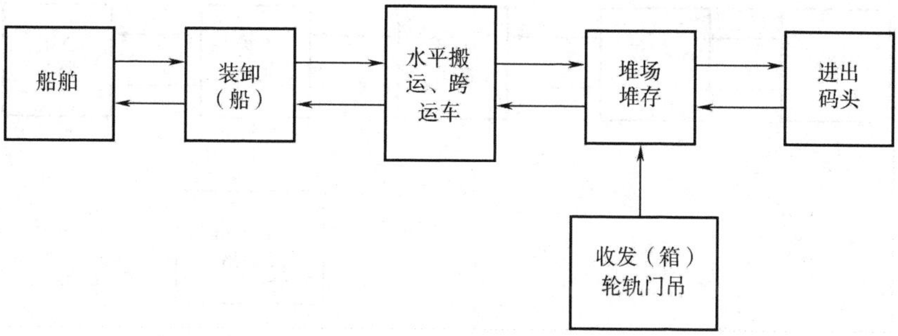

图 8－14　跨运车系统

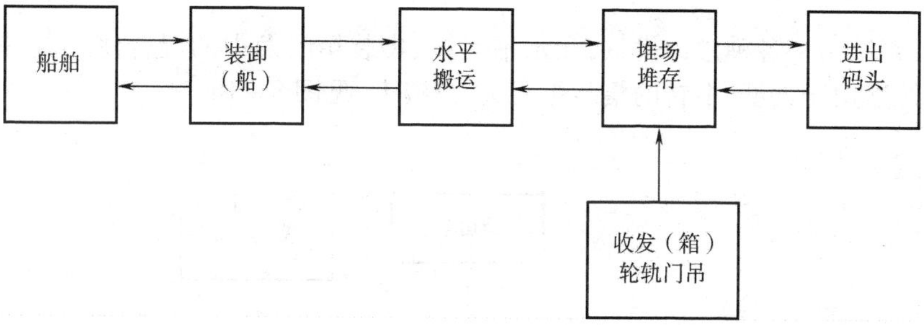

图 8－15　龙门起重机系统

四、叉车系统

叉车系统特点是作业效率较低，该系统一般用于集装箱吞吐量较小或多用途码头，详见图 8－16。

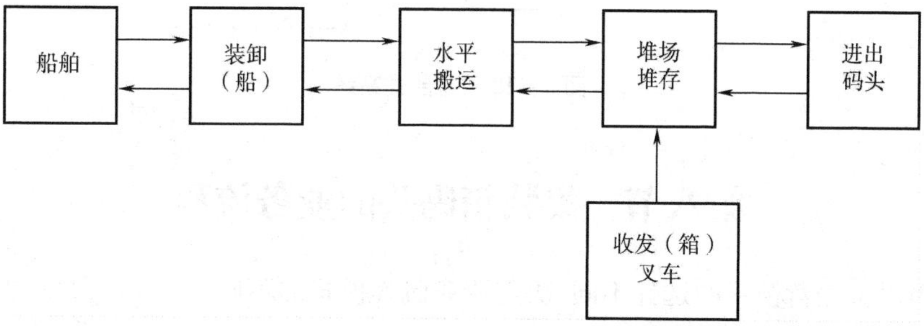

图 8－16　叉车系统

五、正面吊系统

正面吊系统特点是作业效率较低，但灵活，可一机多用，该系统主要用于集装箱吞吐量较小或多用途码头或场站，见图 8－17。

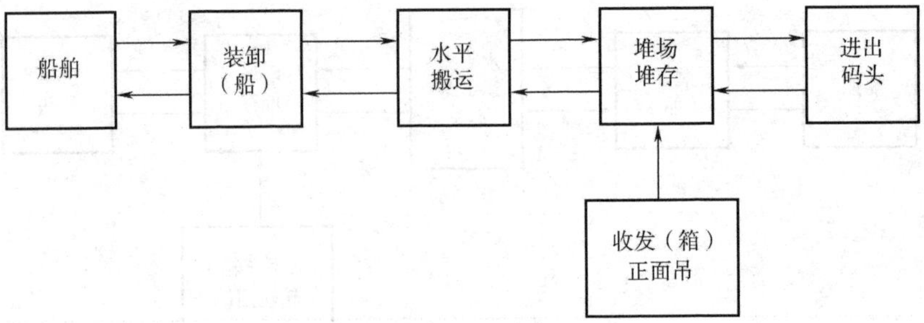

图 8－17　正面吊系统

六、混合式系统

混合式系统是将各种搬运机械，在水平运输、集装箱收发中的混合使用，包括空箱的堆码等，该系统适用于大型、中转的集装箱码头，投资大，见图 8－18。

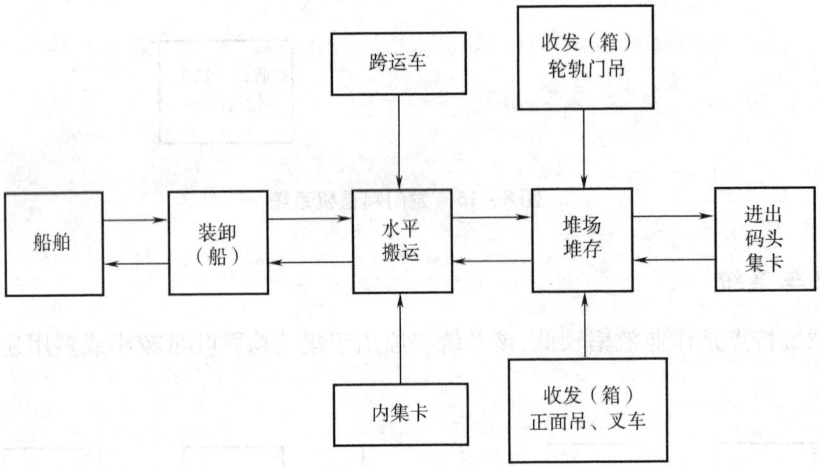

图 8－18　混合式系统

第八节　集装箱码头的业务流程

集装箱码头经营模式的选择不同，决定业务流程模式的不同。

一、进口业务及其流程

船舶抵达后，码头要保证及时靠泊、有序卸货、暂时堆放、正确交货等工作的顺利进行。其业务全过程主要有：卸船前准备、靠泊作业、卸船作业、卸船后小结、箱货交付 5 个部分。集装箱码头进口业务流程见图 8－19。

（一）卸船前准备工作

1. 进口资料收集。在船舶抵港前要向船公司或其代理，索要进口资料，包括进口舱单

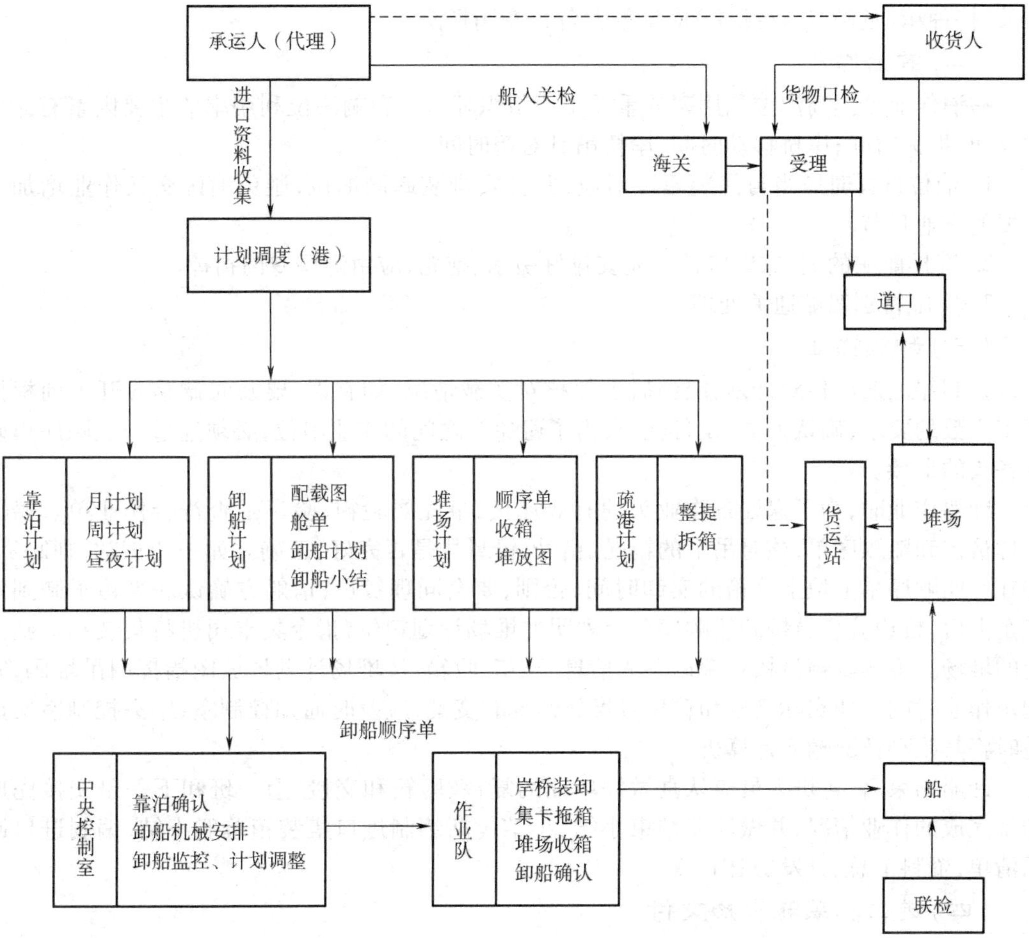

图 8－19　码头集装箱进口卸船作业流程示意图

(cargo manifest)；进口船图——配载图(bay plan)；集装箱箱号清单(container list)；危险品箱清单及准单(dangerous cargo list)；冷藏箱、特种箱清单(R/S cargo list)；集装箱残损单(exception list)；船舶抵港时间(ETA)。

依此了解和掌握该船在本港所卸货物(箱)在船(舱)的情况，制定卸船、堆存、分拨计划尽快卸船，及时疏港。以上资料可通过装货港的船代传真获取。

2. 制定船舶靠泊计划。制定船舶的近期靠泊计划，包括日计划、周计划、昼夜计划；制定单船靠泊计划，包括时间、泊位等。

3. 制定卸船计划。编制集装箱卸船顺序单、确定作业头数。作业顺序编制按贝进行，由前向后、由上到下、由里到外、逐层编制。中央控制室将卸船顺序单下发给操作队，进行设备配置，如岸桥、搬运机械、堆放场地的设备配置；同时配置船边指挥员、桥边验箱员、堆场业务员等。

4. 中央控制室工作。按卸船顺序单编制堆场堆放计划，再将计划发放到操作部指导员。堆场堆放图编制时堆放要合理，提货方便、减少倒箱。注意不同尺寸的集装箱要分开堆放；空箱与重箱分开堆放；整箱与拼箱分开堆放；同一提单号的大票货集中堆放；中转箱单独堆放；特种箱（危险品、冷藏箱）应堆放在各自专用场。

（二）靠泊作业

靠泊作业是提高泊位利用率的重要生产组织环节。影响泊位利用率的主要因素有靠离泊时间、损失时间；岸桥移动时间；岸桥吊具对箱时间。

1. 泊位选择时应当与待装箱区对应，并且安排装卸同泊位，避免泊区交叉作业增加不必要的作业环节。

2. 安排船舶的离、靠岸应该预先安排好引水、拖轮，应由港调专门指挥。

3. 实施特别船舶通关处理。

（三）卸船作业

在卸船之前应核对计划，船到后上船核对实载情况，如有误，要及时调整。开工前根据开工头数的要求，确认人员、设备就位；为了避免头之间的作业串位，必须通过作业顺序单确认各头的衔接。

卸船作业时，为了保证各作业头的有效连接，事先要验箱、验车是否符合作业单。船边指挥员按卸船顺序单，核对吊下的箱况、箱号、铅封号是否完好、正确。如一切正常，则卸货，并在卸船顺序单上填上该箱的实卸时间；否则，要会同理货员，请船方确认。当箱子卸到集卡车上后，桥边验货员按卸船顺序单上列明的堆场计划箱位，指令集卡司机将集装箱运到指定的堆场。堆场收箱员核对搬运车辆信息，验箱、收箱，按堆场计划堆放图指挥门吊堆码，并记录作业时间。如实际箱号和箱位号堆放情况有变动，应及时通知控制室，中央控制室文员适时将其改动情况输入计算机。

卸船结束后，各班人员应认真做好单证的复核、验箱和交接，上一班和下一班交接完成与未完成的作业情况，并做卸船结束小结，小结包括编制进口集装箱单船小结，编制进口卸船清单，资料汇总、分发、归档。

（四）进口集装箱货物交付

进口集装箱货物交付即为集装箱的疏港业务，是指货物由船上卸至岸后，离港的提货业务，主要形式有直接交付和集中疏港两种。这里主要介绍码头直接进行集装箱货物交付业务。

首先，收货人接航线经营人或代理通知后，持提单到航线经营人或船代换提货单（交货记录），办理一关三检手续后，到码头实施提货。

其次，到码头服务（受理）台办理相关手续、结清相关费用，领取“提箱凭证”，办理提箱。提箱凭证的主要内容有：船名、航次、箱号、堆场位置、作业时间等。

再次，验“提箱凭证”，发“发箱凭证”。集卡司机根据“发箱凭证”上的场箱位号进入指定场区，堆场管理员核单后，指挥场桥向集卡车装箱，并在发箱凭证上签字，交给集卡司机。

而后，进行出场道口检查。集卡司机载货箱出检查口时，将签字的发箱凭证交检查口业务员，业务员核对箱号、车号后，打印出场“门票”，并在设备交接单上确认。集卡凭“门票”出码头。

最后，空箱返还。当码头堆场和装箱站为航线承运人指定的业务站时，收货人应根据承运人的指示，在规定的时间内，将空箱返还至码头，并办理“设备交接单”。

二、出口业务及其流程

集装箱码头出口业务及其流程与其进口的反向流转有相同之处，也分 5 个部分，但具体内容不同。图 8－20 为码头集装箱出口卸船作业流程示意图。

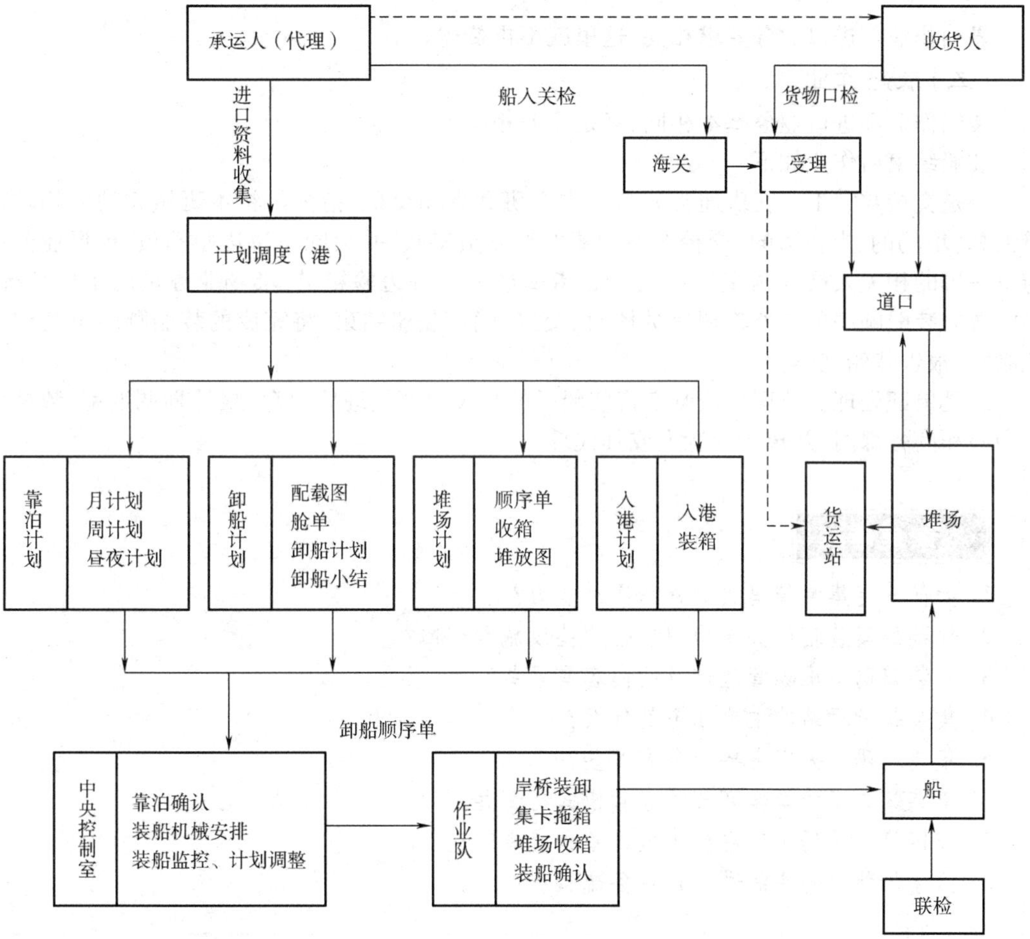

图 8－20　码头集装箱出口装卸作业流程示意图

（一）船舶抵港前业务

码头调度室在船舶抵港前必须向船公司或其代理收集如下资料：出口集装箱预配积载图、出口集装箱舱单、船舶预计抵港时间。码头计划调度室根据以上资料制定船舶靠泊计划、出口集装箱集港计划、堆场堆存计划、装船作业计划、作业顺序单、编制箱堆场堆放图。

（二）出口集装箱集港业务

为提高码头堆场的利用率和使用率，应确定集港时间和船舶预定到港时间；通知航线经营人或代理，按指定时段，实施集港。在出口集港业务中，须受理台业务，办理出口入港手续、费用结算等；道口入场业务中，须验箱、验单以及中央控制室要安排指挥入场位置；堆场堆放业务中，须按堆放图要求堆放，实施后交由中央控制室负责。

（三）出口集装箱堆放业务

应依据船舶靠泊计划指定街区安排堆放街区；依据港调计算机编制的出口船舶配积载图编制出口堆放图；集装箱的堆放应当按进出口堆放计划要求操作，堆场管理员应该对进场出口箱核对后，指挥堆放。在实施这一系列操作后，将信息传至中央控制室。

（四）靠泊作业

靠泊作业与进口业务要求相同，这里就不再赘述。

（五）装船作业

装船作业和进口业务基本相同，只是流向相反。

装船结束后作业如下。

一是交接与完工。交班通常分为集中交班和现场交班，指挥员将本班做完的装船顺序单汇总（堆场的、岸桥边的）交控制室的船舶控制员签收，并会同岸桥边验箱员、堆场业务员与下一班的相关人员现场交接。完工后指挥员汇总桥边验箱员、堆场业务员的工作情况。将完成的装船顺序单与外轮理货员核对、交接，确认装船结束，将完成的装船顺序单交中央控制室，报告装船完毕。

二是单证处理。外理和控制室将装船后的相关单证整理后保存，报计划调度室、数据传输中心和商务部门，并转送承运人或其代理。

本章思考题

1. 如何确定集装箱码头的货物通过能力？
2. 规范的集装箱码头布局中包括哪些设施和部门？
3. 集装箱码头堆场管理涉及的内容有哪些？
4. 集装箱货运站的主要任务是什么？
5. 集装箱码头大门主要业务有哪些？
6. 集装箱口岸的操作环节和经营模式有哪些？
7. 简述集装箱码头的主要机械设备和装卸工艺。
8. 简述集装箱码头的进出口业务流程。

第九章　国际多式联运

第一节　国际多式联运概述

一、国际多式联运相关概念

（一）国际多式联运

《联合国国际货物多式联运公约》，将国际多式联运定义为：按照多式联运合同，以至少两种不同的运输方式，由多式联运经营人将货物从一国境内接管货物的地点运至另一国境内指定交付货物地点。

（二）国际多式联运经营人

本人或通过其代表订立多式联运合同的任何人，是事主而不是发货人的代理人或代表，也不是参加多式联运的承运人的代理人或代表，并负有履行合同的责任。

（三）多式联运合同

它是指多式联运经营人凭以收取运费、负责完成或组织完成国际多式联运的合同。

（四）多式联运单据

它是指证明多式联运合同及证明多式联运经营人接管货物并负责按照合同交付货物的单据，一般称为多式联运提单。

（五）发货人

以本人或以其名义或代表按照多式联运合同将货物交给多式联运经营人的任何人。

（六）收货人

按照多式联运合同有权提取货物的人。

（七）货物

货物包括由发货人提供的任何集装箱、货盘或类似的装运工具或包装的物品。

（八）契约承运人与实际承运人

契约承运人是指签订运输合同的承运人，在多式联运中，是指与发货人签订多式联运合同的承运人，即多式联运经营人。

实际承运人是指实际完成运输的承运人。在多式联运中，是指实际完成运输全程中某一区段或几个区段货物运输的分运人。这些实际承运人与多式联运经营人订立区段运输合同并据以完成区段运输，但他们与多式联运合同中的发货人没有合同关系。

二、国际多式联运的基本条件

按国际多式联运公约的规定，国际多式联运的基本条件如下。

(1)有包含全程的联运合同。无论货物全程运输涉及几种运输方式，必须订立多式联运合同，该合同是多式联运经营人与发货人之间权利、义务、责任和豁免的合同关系，是区别多式联运与一般单一方式货物运输、确定多式联运性质的主要依据。

(2)多式联运经营人对全程运输负责。通过订立分运合同或委托、仓储等合同来完成运输,并以其本人身份订立相关合同。

(3)从事国际货物运输。在一国境内接收货物,在另一国境内交付货物,不仅区别于国内联运,还涉及国际运输法规的适用等问题。

(4)至少使用两种或两种以上的运输方式,而且必须是不同方式之间的连续运输。

(5)有一张包含全程的运输单据。

三、国际多式联运的特征

(1)根据国际多式联运合同履行。合同是多式联运经营人与发货人订立的,符合多式联运条件的运输合同。该合同是以多式联运经营人签发多式联运单证(即多式联运提单)来证明的,是有偿、承揽和非要式的合同。

(2)多式联运的货物主要是集装箱或集装化的货物。

(3)在全程运输中至少使用两种不同的运输方式,而且是不同区段的连续运输。

(4)多式联运是一票到底,实行全程单一费率的运输。

(5)多式联运是不同运输方式的综合组织。无论涉及几种运输方式,分为多少个运输区段,其全程运输都是由多式联运经营人完成或组织完成的,多式联运经营人要对运输全程负责。

(6)各区段实际承运人对自己承担的区段货物运输承担责任。在全程运输中,除由其本人承担或不承担部分区段运输外,多区段的运输通过与各区段实际承运人订立分运合同完成,各区段实际承运人对自己承担的区段货物运输负责。

(7)运输过程需要委托他人完成。在起运地接管货物,在最终目的地交付货物及全程运输各区段的衔接工作,有关服务业务,由多式联运经营人在各地的分支机构(或代表)或委托的代理人完成。这些代理人及随后各项业务的第三者对自己承担的业务负责。

(8)绩效较好。多式联运经营人可以通过合理地选择货物运输路线、运输方式,以及合理划分运输区段和对各区段实际承运人的择优选择达到降低运输成本、提高运达速度、实现合理运输的目的。

四、国际多式联运的优点

(1)统一化、简单化。一次托运、一份运输合同、一次保险、一张单证、单一费率,简化运输、结算手续。

(2)减少中间环节,缩短货物运输时间,降低货损、货差事故,提高运输质量。以集装箱为运输单元,实现"门到门"运输中,尽管经过多次换装、过关,但保持运输单元里货物不动,只保持外表良好、铅封完整即可,减少了中间环节。尽管经过多次装卸,但不涉及箱内货物,因此货损、货差、被盗可能性大大降低。全程由专业人员组织,衔接紧凑、配合较好、中转及时,停留时间短,从而使运输速度提高。

(3)降低运输成本,节约运杂费。联运经营人同区段承运人和各代理人长期合作,对方一般给予优惠运价或较低佣金。通过对运输路线的合理选择和运输方式的合理使用,可降低全程的运输成本。货主可在货交第一承运人后即可取得运输单证,可以提前结汇,减少货物占有资金的周转。采用集装箱,可节省包装和保险费用。一张单证、单一费率,简化制单结算手续,节省人力、物力、财力等。

(4)扩大运输经营人业务范围，提高运输组织水平，实现合理运输。传统运输只能运营自己拥有的运输工具能够抵达范围的运输业务，货运量受到限制。多式联运扩大到世界各地，其他运输有关行业如仓储、港口、代理、保险、金融等都可通过参加多式联运扩大业务。国际多式联运是由专业人员组织的全程运输，这些人对世界的运输网，各类承运人、代理人、相关行业和机构及有关业务都有较深的了解和紧密的关系，可以选择最佳的运输路线、使用合理的运输方式、选择合适的承运人、实现最佳运输衔接与配合，从而提高运输组织水平，发挥现有设施和设备的作用，实现合理运输。

第二节　国际多式联运组织及业务

一、国际多式联运合同

国际多式联运合同是多式联运经营人凭以收取运费，负责完成或组织完成国际多式联运的合同。

（一）多式联运合同有效的条件

1. 必须是对货物的运输，而且是国际货物运输。
2. 在全程运输中要使用两种或两种以上运输方式，而且是这些运输方式的连续运输。
3. 多式联运经营人具有接收、保管货物以及完成或组织完成运输等有关服务的责任。
4. 该合同应是承揽、有偿和非要式合同。

（二）多式联运合同的特点

多式联运合同的特点体现为它是双务合同、有偿合同、非要式合同，合同约束第三者。收货人可直接取得合同规定的利益并自动受合同的约束，有时包括接受委托，提供服务业务。

（三）多式联运合同的订立

多式联运经营人公布经营范围、运价本、提单条款；发货人提出运输申请；双方协商运费率，货物交接的方式、形态、时间，集装箱提取地点、时间等情况；多式联运经营人在交给发货人（或代理人）的场站收据副本上签章，证明接受委托。这时合同即告成立，发货人与经营人的合同关系已确立并开始执行。集装箱一般由经营人提供。

多式联运提单是证明多式联运合同的运输单据，具有法律效力，同时也是经营人与发货人之间达成的协议（合同）的条款和具体内容的证明，是双方基本义务、责任和权利的说明。

二、国际多式联运的运输组织

（一）协作式多式联运的运输组织方法

协作式联运是指两种或两种以上运输方式的不同运输企业按照统一的公约、规章或商定的协议，共同将货物从接管货物地点运到指定交付货物地点的联运。这种联运组织下的货物运输过程见图9-1。

在这种组织体制下，运输组织与运输生产均由各区段的承运人承担，即对于货主而言，各区段承运人均为承运人，既负责与之办理货物承运、交接、理赔等货运组织业务，也负责具体的货物运送工作。全程组织是建立在统一计划、统一技术作业标准、统一运行图和统一考核标准基础上的，而且在接收货物运输、中转换装、货物交付等业务中使用的技术、衔接条件

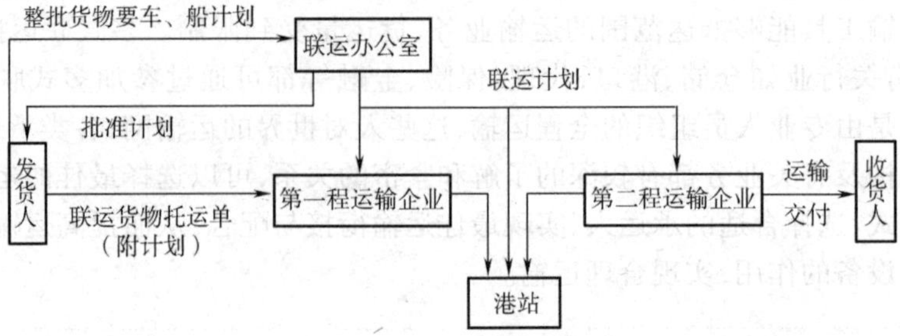

图 9-1　协作式多式联运过程

等,也需要在统一协调下同步建设或协议解决,并配套运行以保证全程运输的协同性。

（二）衔接式多式联运的运输组织方法

衔接式联运是指由一个多式联运经营人综合组织两种或两种以上运输方式的不同运输企业,将货物从接管货物地点运到指定交付货物地点的联运。衔接式联运的全程运输组织业务是由多式联运经营人(MTO)完成的,这种联运组织下的货物运输过程见图 9-2。

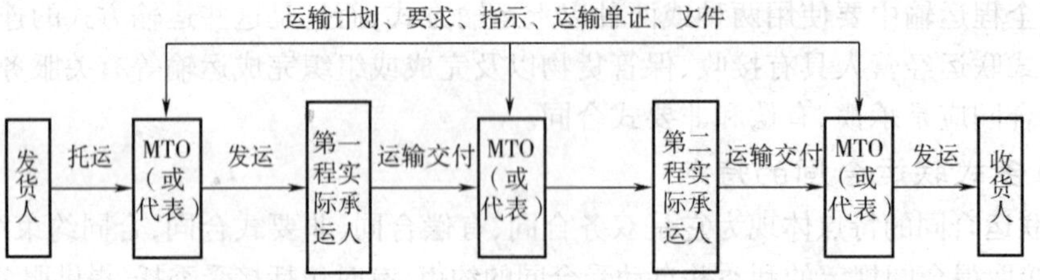

图 9-2　衔接式多式联运过程

在这种联运组织体制下,运输组织与运输生产实现了分离,其中,有关货物承运、交接、理赔等货运组织业务由多式联运经营人负责;具体的货物运送则由各区段的承运人承担。在这种形式下,货主仅与多式联运经营人建立运输合同关系,与各区段承运人不存在运输合同关系。承担各区段货物运输的运输企业业务与传统分段运输形式下完全相同,这与协作式体制下还要承担运输衔接工作是有很大区别的。

三、多式联运主要业务程序

(1)接受托运申请,订立多式联运合同。多式联运经营人根据货主提出的托运申请和自己的运输路线等情况,判断是否接受托运。如果接收,则双方协议有关事项,在场站收据副本签章,合同订立开始执行。

发货人或其代理根据双方就货物交接方式、时间、地点、付费方式等达成协议填写场站收据,并把其送到联运经营人处编号,经营人留下托运联,将其他联交还给发货人或代理人。

(2)空箱的发放、提取及运送。空箱由经营人、租箱公司、分运人提供,自行装箱时签提箱单,拼箱时空箱调运至货运站。

(3)出口报关。

(4)货物装箱及接收货物。

(5)订舱及安排货物运送。

(6)办理保险。

(7)签发多式联运提单,组织完成货物的全程运输。

(8)运输过程中的海关业务(出口、进口报关,转运、保税运输)。

(9)货物交付。

(10)货运事故处理。

第三节　国际多式联运提单

国际多式联运单据是指证明多式联运合同及证明多式联运经营人接管货物并负责按合同条款交付货物的单据,在实务中一般称为国际多式联运提单(multimodal transport, B/L)。

一、国际多式联运提单的性质与作用

第一,国际多式联运提单是多式联运经营人与发货人之间订立的国际多式联运合同的证明,是双方在合同确定的货物运输关系中权利、义务和责任的准则。

与单一方式下的运单不同,国际多式联运提单不是运输合同而只能是合同的证明。提单正面的内容和背面的条款是经营人与发货人订立合同的条款与实体内容。提单发生转移后,发货人根据提单或与经营人另外达成的协议而承担的责任并不因此而解除。

第二,国际多式联运提单是多式联运经营人接管货物的证明和收据。与海运提单一样,当提单在发货人手中时,它是承运人已按其上所载情况收到货物的初步证据,即如经营人实际收到的货物与提单内容不符,经营人可以提出反证。如果提单"转让至善意的第三者或提单受让人",除提单上订有有效的"不知条款"外,提单成为经营人按其记载的内容收到货物的绝对证据,经营人不得提出实际收到货物与提单上记载内容不符的任何反证。

第三,国际多式联运提单是收货人提取货物和多式联运经营人交付货物的凭证。无论经营人签发的是哪一种提单,也不论是否发生了转让,收货人或受让人在目的地提货时,必须凭借多式联运提单才能换取提货单(或收货记录),反过来,多式联运经营人或其代表也只能把货物交付给提单持有人。

第四,国际多式联运提单是货物所有权的证明,可以用来结汇、流通、抵押等。谁拥有提单,在法律上就表明谁拥有提单上记载的货物。提单持有人虽然不直接占有货物,但可以用它来结汇、流通买卖和抵押。如,发货人可以用它来结汇;收货人在目的港要求经营人交付货物,或者用背书或交付提单方式处理货物(转让),也可以作为有价证券办理抵押。一般来讲,提单的转让可产生货物所有权转移的法律效力。

二、国际多式联运单据的主要内容

根据国际多式联运公约,多式联运提单应载明下列事项。

(1)货物的品类,识别货物所必需的主要标志。

(2)货物的外表状况。

(3)多式联运经营人的名称和主要营业所。

(4)发货人、收货人(必要时可有通知人)名称。

(5)多式联运经营人接管货物的地点和日期。

(6)交付货物的地点。

(7)双方明确协议的交付货物地点,交货时间、期限。

(8)表示该提单为可转让或不可转让的声明。

(9)多式联运提单签发的地点和日期。

(10)多式联运经营人或经其授权的人的签字。

(11)经双方明确协议的有关运费支付的说明,包括应由发货人支付的运费及货币,或由收货人支付的其他说明。

(12)有关运输方式、运输线路、转运地点的说明。

(13)有关声明与保留。

(14)在不违背签发多式联运提单所在国家法律前提下,双方同意列入提单的其他事项等。

多式联运经营人印制的多式联运提单一般都应能注明上述内容。这些内容通常由发货人填写,或由多式联运经营人或其代表根据发货人提供的有关托运文件及双方协议情况填写。

多式联运公约中还规定,如果提单中缺少上述内容的一项或数项,但不影响多式联运单据的法律性质,且不影响货物运输及各当事人之间的利益,这样的多式联运提单仍然有效。

三、国际多式联运单据的签发

多式联运经营人在收到货物后,凭发货人提交的收货收据(在集装箱运输中一般是场站收据正本)签发多式联运提单,根据发货人的要求,可签发可转让或不可转让提单中的任何一种。签发提单前应向发货人收取合同规定的应由其承担的全部费用。

(一)签发提单时应注意的事项

1. 如签发可转让提单,应在收货人栏列明按指示交付或向持票人交付。签发不可转让提单,应列明收货人的名称。

2. 提单上的通知人一般是在目的港或最终交货地点由收货人指定的代理人。

3. 对签发正本提单的数量一般没有规定,但如应收货人要求签发一份以上的正本时,在每份提单上应注明正本份数。

4. 如签发任何副本(应要求),每份副本均应注明“不可转让副本”字样,副本提单不具备提单的法律效力。

5. 如签发一套一份以上的正本可转让提单时,各正本提单具有同样的法律效力,而多式联运经营人或其代表如已按其中一份正本交货且已履行交货责任,其他提单自动失效。

6. 多式联运提单应由多式联运经营人或经其授权的人签字。可以是手签,手签笔迹的印、盖章、符号或用任何其他机械或电子仪器打出。

7. 如果多式联运经营人或其代表在接收货物时,对货物的实际情况和提单中所注明的货物的种类、标志、数量或重量、包装件数等有怀疑,但又无适当方法进行核对、检查时,可以在提单中做出保留,注明不符之处、怀疑的根据。

8. 经发货人同意,可以用任何机械或其他方式保存公约规定的多式联运提单应列明的事项,签发不可转让提单。在这种情况下,多式联运经营人在接管货物后,应交给发货人一份可以阅读的单据,该单据应载明此种方式记录的所有事项。根据公约规定这份单据应视为多式联运单据。多式联运公约的这种规定，主要是为了适用电子单证而设置的。

（二）多式联运提单签发的时间与地点

由于接收货物地点不同，签发提单的时间、地点及联运经营人承担的责任也有较大差别。

1. 在发货人工厂或仓库收到货物后签发的提单。在发货人的“门”（door）接收货物，场站收据中应注明。提单一般在集装箱装到运输工具（可能是汽车，如有专用线时也可能是火车）后签发。在该处签发提单意味着发货人应自行负责货物报关、装箱、制作装箱单、联系海关监装及加封，交给多式联运经营人或其代表的是外表状况良好、铅封完整的整箱货物。而经营人应负责从发货工厂或仓库至码头堆场（或内陆港堆场）的运输和至最终交付货物地点的全程运输。

2. 在集装箱货运站收货后签发的提单。多式联运经营人是在其自己的或由其委托的集装箱货运站接收货物。接收货物一般是拼箱运输的货物。提单签发一般是在货物交接入库后进行。在该处签发提单意味着发货人应负责货物报关，并把货物运至指定的集装箱货运站，而多式联运经营人（或委托 CFS）负责装箱、填制装箱单、联系海关、加封等业务，并负责将拼装好的集装箱运至码头堆场。

3. 在码头（或内陆港）堆场收货后签发的提单。码头（或内陆堆场）接收货物，一般由发货人将装好的整箱运至多式联运经营人指定的码头（或内陆港）堆场，由经营人委托的堆场业务人员代表其接收货物，签发正本场站收据给发货人，再由发货人用该正本至经营人或其代表处换取提单。联运经营人收到该正本，并收取应收费用即应签发提单。该处签发提单一般意味着发货人应自行负责货物装箱、报关、加封等工作，并负责这些整箱货物从装箱地点至码头（或内陆）堆场的内陆运输，而多式联运经营人应负责完成或组织完成货物由该堆场至目的地的运输。

以上签发的提单均是“待装船提单”。为了满足集装箱货物多式联运的需要，《跟单信用证统一惯例》最近 3 次修订本均规定卖方可使用联运提单结汇。

四、多式联运提单与单一方式下提单比较

表 9－1 显示了多式联运提单与单一方式下提单之间的区别与联系。

表 9－1　多式联运提单与各区段承运人单据的区别与联系

项目	多式联运提单	各运输区段承运人单据（提单、运单）
收货地	起始收货地点	区段运输工具实际收货地
装货港	一程承运船的装港	区段运输工具（船）的实际装货港
卸货港	最末程承运船卸港	区段运输工具（船）的实际卸货港
交货地	最终交货地点	区段运输工具的实际交货地
签单地	起始收货地点	区段运输工具的收货地（港）
托运人	依贸易合同而定	多式联运经营人或其代理
通知人	依贸易合同而定	多式联运经营人或其代理

续表

项目	多式联运提单	各运输区段承运人单据(提单、运单)
收货人	依贸易合同而定	多式联运经营人或其代理
签发人	多式联运经营人或其代理	区段承运人或其代理
责任区间	承担全程责任	承担各自负责区段责任
主要用途	结汇	货物交接与提取

目前,在各单一方式国际货物运输中,主要使用两种性质不同的货运单据。海上运输使用提单,陆上运输和航空运输采用运单。不同的运输单证的内容、职能和有关条款的规定都是以某一国际公约的规定为基础的,一般均在首要条款中对服从的国际运输公约做出说明。同时,联运中使用的单证在商业上是通过订立合同产生的,它既可以是可转让的,也可以是不可转让的。不过,目前以使用可转让的多式联运提单最为常见。

在多式联运业务中,由多式联运经营人签发的多式联运提单与各运输区段的实际承运人签发的运输单据(提单或运单等)在缮制上既有一定的联系,又有一定的差别。

五、多式联运提单的流转程序

以下以一程是公路运输,二程是海上运输,三程是铁路运输的多式联运为例说明多式联运经营人(MTO)签发的多式联运提单及各区段单证的流转程序,见图9-3。

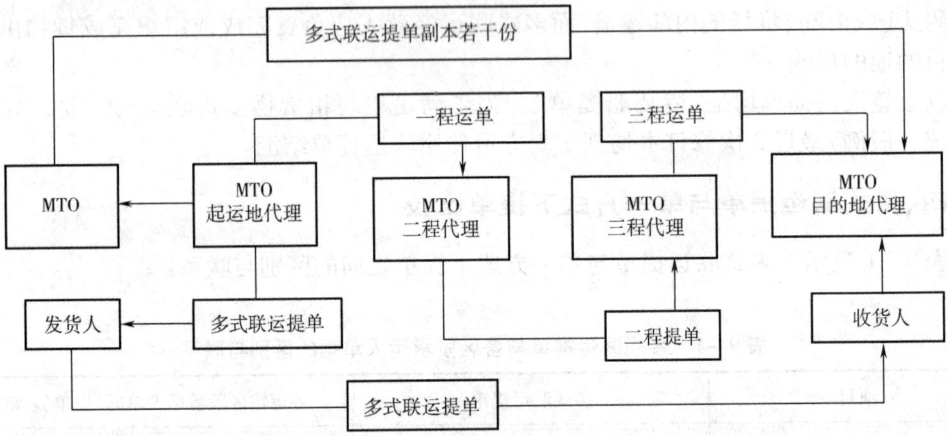

图9-3 多式联运提单及各区段实际承运人签发运输单证的流转程序

在实务中,多式联运经营人提单和各区段实际承运人的货运单证的缮制大多交由多式联运经营人的各区段代理负责,多式联运经营人主要充当全面控制和发布必要指示的角色。以下为多式联运经营人签发的多式联运提单及各区段实际承运人签发的运输单证的流转程序。

(1)多式联运经营人起运地分支机构或代理缮制并签发全程多式联运提单,其中的正本交给发货人,用于结汇;副本若干份交付多式联运经营人,用于多式联运经营人留底和送交目的地分支机构或代理。

(2)多式联运经营人起运地分支机构或代理货交一程承运人后,一程承运人签发以多式联运经营人或其起运地分支机构或代理为托运人、以多式联运经营人或其二程分支机构或代理为收货人的公路运单,运单上应注有全程多式联运提单的号码。多式联运经营人起运地分支机构或代理在货物出运并取得运单后,应立即以最快的通信方式将运单、舱单等寄交多式联运经营人二程分支机构或代理,以便二程分支机构或代理能用此提货;与此同时,还应向多式联运经营人提供运单副本以及载运汽车离站时间及预计抵达时间等信息,以便多式联运经营人能全面了解货运进展和向二程分支机构或代理发出必要的指示。

(3)多式联运经营人二程分支机构或代理收到运单后,凭此从一程承运人或其代理处提取货物,并交付二程承运人或其代理。二程承运人或其代理收到货物后,签发以多式联运经营人或其二程分支机构或代理为托运人,以多式联运经营人或其三程分支机构或代理为收货人的提单,提单上应注明全程多式联运提单号码。多式联运经营人二程分支机构或代理在货物出运并取得提单后,应立即以最快的通信方式将正本提单、舱单等寄交多式联运经营人三程分支机构或代理,以便三程分支机构或代理能用此提货;与此同时,还应向多式联运经营人提供提单副本以及船舶离港时间等,以便多式联运经营人能全面了解货运进展和向三程分支机构或代理发出必要的指示。

(4)多式联运经营人三程分支机构或代理收到提单后,凭此从二程承运人或其代理处提取货物,并交付三程承运人或其代理,三程承运人或其代理收到货物后,签发以多式联运经营人或其三程分支机构或代理为托运人,以多式联运经营人或其目的地分支机构或代理为收货人的铁路运单,运单上应注明全程多式联运提单号码。多式联运经营人三程分支机构或代理在货物出运并取得运单后,应立即以最快的通信方式将运单等寄交多式联运经营人目的地分支机构或代理,以便目的地分支机构或代理能用此提货;同时还应向多式联运经营人提供运单副本及火车动态等,以便多式联运经营人能全面了解货运进展和向目的地分支机构或代理发出必要的指示。

(5)多式联运经营人目的地分支机构收到铁路运单后,可凭此从承运人或代理处提取货物,并向收货人发出提货通知。收货人付款赎单后取得多式联运经营人签发的全套正本多式联运提单,凭此全套正本提单可向多式联运经营人目的地分支机构或代理办理提货手续。多式联运经营人目的地分支机构或代理经与多式联运经营人寄交的副本提单核对,并在收取应收取的运杂费后,将货物交付收货人。

本章思考题

1. 国际多式联运的基本条件有哪些?
2. 国际多式联运经营人的类型有哪些?
3. 简述国际多式联运经营人从事相关业务应具备的基本条件。
4. 国际多式联运经营人的责任形式有哪些?
5. 各国际公约对国际多式联运经营人的责任限额如何确定?
6. 各国际公约对国际多式联运经营人的索赔与诉讼如何规定?
7. 国际多式联运的运输组织形式有哪些? 各自的特点如何?
8. 国际多式联运提单业务所包含的内容有哪些?

第十章　集装箱班轮市场营销

在金融危机爆发所引起的外贸货运需求萎缩和多数船舶交付所带来的集装箱运力供给上升的双重夹击下,2009 年以后,整个集装箱班轮市场一片惨淡,大多数班轮公司经营亏损。连航运巨头马士基也没能幸免,由于航运业不景气,导致这个“巨无霸”自成立 105 年以来首次出现年度亏损。在如此形势下,集装箱班轮市场的竞争将变得比以往任何时刻都要激烈。因此,班轮公司要想在如此残酷的市场竞争中站稳脚跟并立于不败之地,就必须紧紧抓住市场的脉搏,树立现代市场营销理念。应建立一套以顾客为中心,以市场为导向的市场营销工作机制;并通过把握集装箱班轮市场的特点和发展趋势,结合顾客需求、市场竞争程度和自身优势来制定相应的营销策略;最终赢得市场,求得生存。

第一节　集装箱班轮市场营销原理

一、集装箱班轮市场营销概述

(一)集装箱班轮市场营销的概念

集装箱班轮市场营销是在市场营销的基础上发展起来的,专指集装箱班轮运输领域内的市场营销。在该领域内,营销主体包括集装箱运输金融公司、集装箱班轮公司、集装箱码头、船舶代理、货运代理及提供集装箱运输其他辅助性服务的组织和个人等。如无其他说明,本章节所涉及的内容单指集装箱班轮公司营销,作为整个集装箱班轮市场营销的代表。

根据以上理解,集装箱班轮市场营销是关于集装箱运输服务产品的设计、定价、促销和分销的规划和实施过程;集装箱班轮公司以顾客的需求和欲望为导向,通过提供集装箱运输相关产品和服务来满足顾客的需求,旨在实现符合顾客和集装箱班轮公司的目标。集装箱班轮市场营销是由市场机会分析、目标市场选择、市场定位、战略与策略的制定、计划的执行与控制、售后服务以及信息反馈等内容构成的整个企业管理过程。

(二)集装箱班轮市场营销的特点

集装箱班轮运输业归为服务业,其所提供的服务可能以实体产品为依托,也可能与实体产品没有任何关系。班轮公司在为顾客提供集装箱货物空间位移核心服务的同时,还提供诸如让顾客很方便地使用公司内部在线自动跟踪系统,以及一批经过良好训练和充分授权的客服人员等高水平的业务服务。这些特性决定了集装箱班轮市场营销的服务产品特征、营销特点与一般市场营销的有所不同。

1. 集装箱班轮服务产品特征。

(1)无形性。班轮运输服务是无形无质的,不能触摸或凭肉眼看见其存在。消费者如想在首次购买前对产品服务进行评估,主要依赖于他人意见、态度以及各方面的信息。当再次购买时,就取决于先前经验。而且顾客为了减少消费过程中的不确定因素,在购买该种产品之前往往要寻找与此相关的产品来间接判断该产品的质量,如公司的船队规模与船队结构、船期的准点率、经营管理人员的素质、沟通能力与服务态度以及他人的评价等。因此,如何使班轮运输服务这样一种无形服务产品变得有形,甚至加以定量,是集装箱班轮公司实现有效营销的基础，也是公司品牌能否在顾客圈中树立良好形象的关键。

(2)不可分性。班轮运输服务的提供和消费同时进行，也就是生产与消费在时间上统一，具有不可分性。服务产品的生产与消费不可分，这在客观上形成一种压力，推动班轮公司不断改善与顾客的关系，关心客户的需求，教会顾客有关服务产品的知识，而这一点正符合营销的要求。

(3)易变性。制造业以物为中心，以致实物产品均具有一致性，即通过统一的统计标准和设备的监测，使产品的质量保持一致。而班轮运输服务由于受许多主客观因素的制约，无法实现一致，导致服务具有易变性。一套完善的质量管理体系，由于集装箱船舶作业人员的观念、修养、能力和水平等存在差异，服务质量会因人而异。所以班轮运输服务的设计要着眼标准化、维持高水准，进而树立统一优质的服务形象。

(4)无存货性。班轮运输服务是一种特定的需求，生产与消费在时间和空间上同时进行，无法储存，也无法通过产品流通或调剂来解决航运需求。虽然无存货成本发生，但当班轮公司具备了提供服务的能力和时间而没有顾客时，会产生船舶和人员的闲置成本。集装箱班轮公司其闲置成本是非常巨大的，因此，如何根据市场及企业发展目标的需求，确定企业的船队规模和人才储备，巩固已有的市场，积极开拓新市场，从而达到提高服务空间的利用率和降低闲置成本的目标，是班轮公司能否在激烈竞争中取胜的关键。

2. 集装箱班轮服务营销特点。集装箱班轮服务营销作为市场营销的分支，除具有市场营销的一般属性外，但也拥有自身的独特性。

(1)营销环境的复杂性与不确定性。班轮公司不仅受各国不同的政策法律、经济、社会文化和科学技术等外部环境影响，还要受到航运内同业者竞争、供应商与顾客对公司挤压等内部环境的影响。尤其在国际政治与经济局势经常变动的地区，班轮市场营销活动所面临的营销环境更加复杂多变，充满各种不确定性因素，给班轮公司的营销活动造成很多不便和障碍。

(2)营销对象的国际性和全球性。班轮公司所面对的顾客，既有本国货主，也有外国货主；既有本土船代和货代，也有国外的船代和货代。如马士基在全球100多个国家和地区设有数百家办事机构，雇员逾6万多名，拥有需求层次各异的各类顾客。故班轮公司在全球展开营销活动时，需从全球角度出发，从计划、组织、协调和控制各方面制定相应的营销策略。

(3)营销活动的专门性和独特性。由于各国之间的差异，针对不同市场需要开展不同的营销活动。如在进入国际航运市场方式的选择、不同国家分销模式的确立、货币汇率变动情况的定价策略以及各国促销策略的选择等问题上，根据营销环境的变化而变动，班轮公司营销活动需随着营销环境做出相应调整。

(三)集装箱班轮市场营销体系的树立

一般市场营销研究已经构建起庞大严谨的学科体系，基本思路为STP战略，即细分目标市场、选择目标市场、定位目标市场。以一般市场营销体系为基础，结合集装箱班轮运输市场的特点，可将整个营销管理过程分为如下6个步骤。

1. 集装箱班轮市场调研与预测。市场调研与预测是以集装箱运输市场为客体进行市场研究活动，是获取市场信息和科学认识市场的重要手段，是班轮公司掌握市场机会，确立目标市场战略的基础和依据。

2. 集装箱班轮市场需求分析。集装箱运输服务设计人员在营销工作前期，必须了解顾客需求，如顾客对装船港、卸货港、航线、航行时间、安全等要求。并对需求加以分析，了解细节,就细节问题与顾客及时沟通,获取最详细的顾客需求资料。

3. 集装箱班轮市场营销环境分析。班轮公司的市场营销活动是在一定的外部环境与内部环境双重影响下进行的,为了实现营销目标,企业必须认真分析和仔细研究市场营销环境,谋求市场战略同营销策略和营销环境之间的动态平衡。

4. 集装箱班轮目标市场战略。目标市场战略也就是 STP 战略。经过前期对市场的调研、顾客需求的掌握和营销环境的了解之后,还要对市场进一步细分,选择出班轮公司具有优势的目标市场,并确定自己在目标市场中的位置。

5. 集装箱班轮市场营销策略。班轮公司在对运输市场进行定位之后,着手制定营销组合策略,即针对前期工作,结合自身可控制因素如服务质量、运价、航期表等,决定执行 4P 策略(产品、价格、渠道、促销),还是加上服务营销的 3P 策略(人员、有形展示、过程),还是 4C 策略(消费者、成本、便利、沟通)。

6. 集装箱班轮市场营销计划的实施与控制。营销计划完全确定之后,紧接着就是安排营销部门的组织和个人实施计划。在营销计划实施过程中,可能出现一些计划外情况,这时需要建立一套控制系统对问题加以控制,保证营销目标的实现。

以上 6 步构成集装箱班轮市场营销的体系,流程见图 10 - 1。班轮公司按照流程开展营销的同时,还要着眼于长远发展战略。以顾客需求为中心,把每个营销要素看成是整个营销体系中相互联系、相互影响的子体系,使所有营销要素形成有机的整体。在满足顾客需要的同时,提高企业的营销效果并取得经济效益和社会效益。

(四)集装箱班轮市场营销发展趋势

1. 全球营销。全球营销的思想萌芽于大型跨国生产制造企业,是指企业通过全球性布局与协调,使其在世界各地的营销活动一体化,以便获取全球性竞争优势。这一理念同样适用于集装箱班轮运输业。随着船舶的大型化和快速化,各国之间通过集装箱运输的货物量逐年上升,贸易往来也日益频繁,世界经济社会一体化趋势进一步加强。全球在众多方面具有越来越多的相通性,各国市场之间的需求也越来越具有相似性。以前各班轮公司针对各国市场之间的差异而制定的不同营销策略逐渐趋同化。全球营销要求班轮公司树立市场无国界的营销观,将国别的重要性极小化,在全球范围内寻求比较优势和利润增长点。这意味着:一方面,班轮公司面对的顾客将会迅速增多,将全球集装箱运输服务需求者纳入目标顾客群;另一方面,班轮公司面临的竞争对手也不仅仅是国内的同行,而将是全球的航运企业,尤其是具有丰富营销经验和雄厚实力的跨国航运巨头。

因此,班轮公司要想在竞争激烈的集装箱运输业获得全球优势,就必须在全球范围内配置资源,在充分考虑成本、自然资源、法律、竞争、销售等多种影响的基础上,做出科学的营销决策,占领国际、国内两个市场,以一种全球营销观念来指导公司的营销活动。如丹麦的马士基在收购了铁行渣华之后,逐步向全球物流经营人转变;为统一全球品牌,在全球范围内作铺天盖地的宣传活动,包括广告、记者招待会和传媒专访等。显然,全球营销为班轮公司提供了更为广阔的战略视野和市场机会,但同时公司面临的营销风险也随之增加,这对公司的营销策略提出了更高的要求。

2. 绿色营销。近年来由于全球气候变暖所引起的海洋风暴日益常见,导致海上安全工作开展的难度也在不断加大,航运企业越来越关心气候变化,要求减少二氧化碳排放的呼声也日渐高涨。如此形势,班轮公司要持续发展,必须要保持与社会发展方向一致的步调。在“低碳经济”和“绿色发展”潮流的席卷之下,绿色营销理念也日益风行。

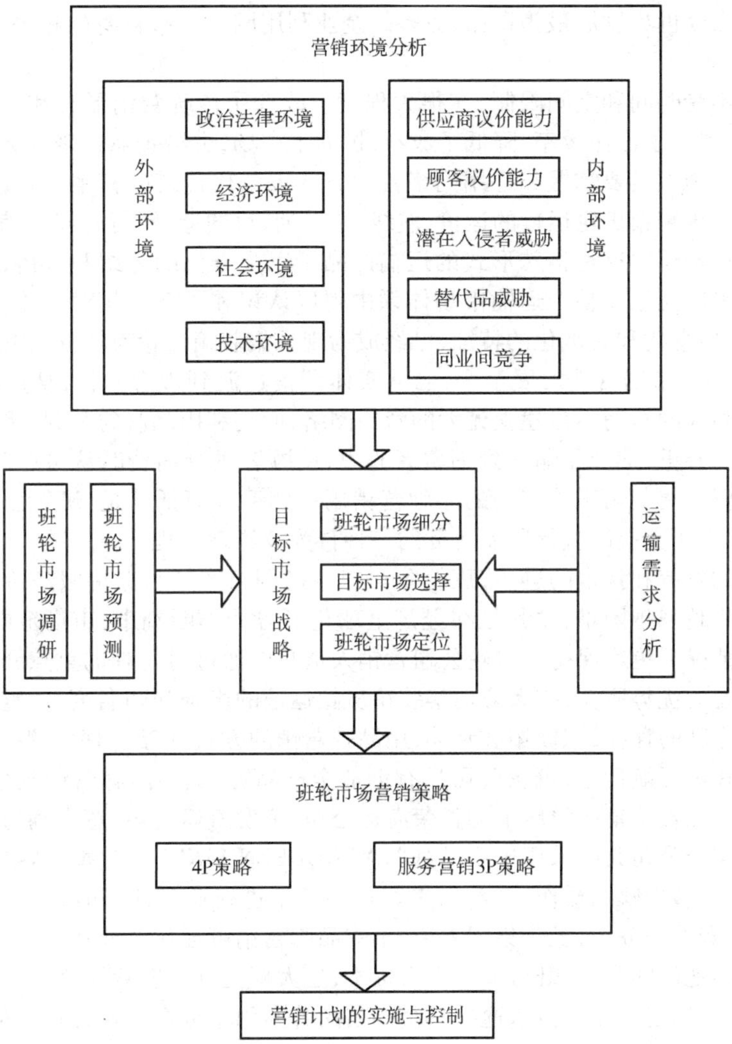

图 10－1　集装箱班轮市场营销流程图

所谓绿色营销是指班轮公司在营销过程中将消费者需求同企业利益以及环保意识三者有机结合起来。绿色营销的主要内容是搜集绿色信息、开发绿色产品、设计绿色包装、制定绿色价格、建立绿色销售渠道及开展绿色促销等。在提供运输服务的同时,减少碳排放和非绿色包装的使用。绿色营销是顺应可持续发展战略而提出来的,作为实现可持续发展的有效手段,绿色营销无疑将成为集装箱班轮运输市场营销发展的必然选择。绿色营销还有利于促进资源的合理配置,提高资源利用率,提升班轮运输业的整体水平。

3. 网络营销。市场营销是实现个人和组织的交易,是规划和实施创意、产品、服务构想、定价、促销和分销的过程。而网络营销是传统营销的最新形式,是人类经济文化和科学技术发展的必然产物。网络营销既包括在网上针对网络虚拟市场开展的营销活动,也包括在网上开展的服务于传统有形市场的营销活动,还包括在线下以传统手段开展的服务于网络虚拟市场的营销活动。这里所指的网络不仅包括互联网(internet),还应该包括外联网

(extranet)以及内联网(intranet),即应用互联网技术和标准建立的企业内部信息管理和交换平台。网络在当今世界发展最为迅猛,更多的企业利用网络发布自身的相关信息,提高企业的知名度。

网络营销不受时间和空间限制,在很大程度上改变了传统营销形态和业态。对企业来讲,网络营销既提高了工作效率,降低了成本,扩大了市场,也给企业带来社会效益和经济效益。班轮公司营销人员要掌握和运用网络营销方式去替代传统的营销方式,利用先进的网络平台资源发布集装箱班轮运输的运价、航线、始发港、目的港、航行时间等信息。同时通过网络对集装箱班轮运输这种特殊形式的运输产品予以全方位的介绍和宣传,从而使集装箱班轮运输业务更广泛地在整个运输市场体系中得以认识和了解。相对于传统营销,网络营销具有国际化、信息化和无纸化的特征,已经成为现在集装箱班轮市场营销发展的新趋势。

4. 品牌营销。市场营销发展至今,已从实体营销过渡到观念营销,从产品营销跨越到品牌营销。最高级的营销不是建立庞大的营销网络,而是利用品牌符号,把无形的营销网络铺建到社会公众心里,把产品输送到消费者心里,使顾客进行消费时认可产品,投资商选择合作时愿意投资。集装箱班轮市场的品牌营销用一句话来概括就是:班轮公司通过创造品牌价值,并同他人相交换以获得所需所欲的一种行为及管理过程。

由于科学的发展和技术的进步,班轮公司想通过创新产品和保持服务价格上的优势来保持领先地位将越来越困难,尤其是在经济全球化形势的不断到来,市场范围不断扩大,竞争愈演愈烈的情况下更难保持。班轮公司营销人员只能通过对品牌的重点介绍和推广来广泛传播这一品牌的优势所在,扩大公司集装箱班轮运输的声誉和知名度,使整个运输市场了解该班轮公司品牌的存在,积极拓展延伸,用品牌营销的方式,广泛招揽货源,争取更多的运输市场份额。在国际航运中,班轮公司只有创造全球品牌,加强品牌营销观念,才能获得国际市场通行证。如长荣集团将旗下的长荣海运公司、荣发海运公司、意大利海运公司和长荣香港公司等4家船公司共同采用单一品牌"EVERGREEN LINE"。此举对客户而言,可提供一个更单纯、更容易理解的操作系统,未来客户跟长荣进行业务往来时,只需与单一窗口联络,即可取得全套的服务;对长荣集团来说,单一品牌营销可强化企业竞争力,以一套前线营业人员来服务各地区的客户,既可节约人力资本,还大幅提升了经营绩效。

当然,品牌的创建并非一劳永逸。一个知名品牌的创立常常需要几代人的不懈努力,但一个品牌的摧毁则往往系于一念之间。因此,当今班轮公司不仅要树立创建品牌的意识,更重要的是要加强品牌战略的管理,细心呵护自身品牌。

二、集装箱班轮市场调研与预测

(一)集装箱班轮市场调研

集装箱班轮运输市场是航运市场的重要组成部分。狭义上讲,班轮运输市场是指承运人与货主供求结合的具体交易场所;广义上说,班轮运输市场不仅是供求结合的交易场所,而且包括反映市场功能、调节船货供求关系,影响船货具体结合等多方面的因素及活动的总和。

1. 市场调研的含义。班轮市场调研指调研人员运用科学的方法,有计划、有目的、有系统地搜集、记录、整理有关市场营销信息和资料,分析市场情况,了解市场的现状及其发展趋势,为营销人员进行市场预测和确定营销决策提供客观和准确的资料。

市场调研是获取反映市场动态的各种情报信息和资料的重要手段。班轮公司若缺少必要的市场信息，既无法确定企业的经营方向，也无法确定企业的目标战略和营销策略。如中远海运集运开展市场调研后，得出全球将形成以欧洲、北美、东亚三大贸易区为中心的集装箱班轮运输格局；果断确定以三大东西主干航线为重点，稳定次干航线，逐步发展近洋航线的战略；最终使得中远海运集运产品线的深度大大扩展，在一些重要航线上的市场份额逐步提升，总体效益也日渐好转。

2. 市场调研的内容。市场调查的内容很多，有市场环境的调研，既包括政策法律、经济、社会文化和技术等外部环境的调研，也包括供应商、顾客、竞争者等班轮运输内部环境的调研；有市场基本状况的调研，主要包括市场规范，总体供给和需求量，市场的动向，同行业的市场分布占有率等；有销售可能性调查，包括现有和潜在顾客的人数及需求量，市场需求变化趋势，本企业竞争对手的产品在市场上的占有率，扩大销售的可能性和具体途径等；还有对消费者及消费需求、企业产品、产品价格、销售渠道和影响销售的社会和自然等各种因素展开的调研。

3. 市场调研的流程。市场调研的流程可分为 3 个阶段：调研准备阶段、调研实施阶段、调研处理阶段，每个阶段还可细化为多项步骤，见图 10－2。

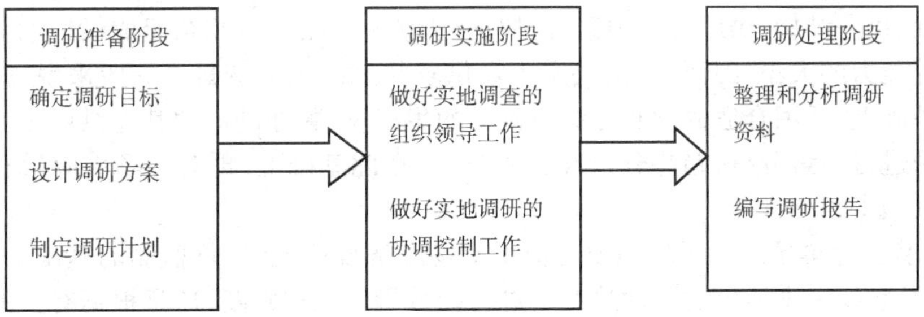

图 10－2　市场调研的流程

（1）调研准备阶段。进行市场调研首先要明确市场调研的目标，根据企业的不同需求确定不同的市场调研目标；其次设计调研方案，包括调研目的、调研对象、调研内容、调研表等内容；最后制定调研计划，包括组织领导及人员配备、调研人员的招聘及培训、工作进度安排、调研经费预算等。

（2）调研实施阶段。前期准备工作完成后，开始实地调研工作。实地调研是一项较为复杂烦琐的工作，需按照事先划定的调查区域确定每个区域调研样本的数量，访问员的人数，每位访问员应访问样本的数量及访问路线，每个调研区域配备一名督导人员；明确调研人员及访问人员的工作任务和工作职责，做到工作任务落实到位，工作目标和责任明确。

（3）调研处理阶段。实地调研结束后，即进入调研资料的整理和分析阶段，收集好已填写的调研表后，由调研人员对调查表进行逐份检查，剔除不合格的调研表，然后将合格调研表统一编号，以便于调查数据的统计；最后编写调研报告，将市场调研工作结果以报告的形式提交给企业决策者，作为企业制定营销策略的依据。

（二）集装箱班轮市场预测

1. 市场预测的含义。所谓班轮市场预测即班轮公司在通过前期市场调研获得一定数据和材料的基础上，针对企业的实际需要以及相关的现实环境因素，运用已有的知识、经验和科学方法，对企业和市场未来发展变化的趋势做出适当的分析与判断，为企业营销活动等提供可靠依据的一种活动。预测为后期市场战略和营销策略服务,目的是为了提高管理的科学水平,减少决策的盲目性。班轮公司需要通过预测来把握经济发展或者未来市场变化的有关动态,减少未来的不确定性,降低决策可能遇到的风险,使营销目标得以顺利实现。

班轮市场预测是国家乃至国际经济与贸易的晴雨表,但由于国际集装箱运输市场涉及面较广,其不仅涉及国际航运系统的各个环节,而且涉及国际政策法律、经济、社会、技术等诸多复杂因素且难以确定,所以班轮市场预测远比其他经济预测复杂和艰巨得多,充满着各种不确定性。

2. 市场预测的内容。班轮市场预测的主要内容包括集装箱运输需求预测、集装箱船舶供给预测、集装箱运价预测以及班轮市场占有率预测,此外还包括影响市场供求和营销效果的其他因素的预测。

(1)集装箱运输需求预测。一般市场需求预测是指通过对顾客的购买心理和消费习惯的分析,以及对国民收入水平、收入分配政策的研究,推断出社会的市场总消费水平。放在集装箱运输市场,是指某一特定时期和某具体航线上,对目标客户群体集装箱货物运输需求的预测。市场需求预测是市场研究中最重要的一部分,也是最复杂的一部分。

(2)集装箱船舶供给预测。供给预测是指对一定时期和一定范围的运输市场集装箱船舶的供应量、供应结构、供应变动因素等进行分析预测。由于集装箱船舶供给的大小能够反映市场供应能力的大小,因而,它是决定市场供求状态的重要变量。一般来说,应在市场供给调查的基础上,运用合适的预测方法对商品的生产量、国外进口和其他供应量等决定供应总量的变量进行因素分析、趋势分析和相关分析,在此基础上,再对市场供应量和供应结构的变化前景做出预测推断。

(3)集装箱运价预测。运价预测是依据市场经济规律,在运价监测的基础上,运用科学的方法,对某航线未来运价的变动趋势所进行的分析研究和判断;还是根据有关的价格信息和资料,运用科学方法,对各航线运输价格变化动态进行的分析和判断。其重要基础和前提,是广泛地搜集国内外运价资料,准确掌握有关班轮市场运价的重要信息,然后根据具体的要求,编制测算模型。

(4)班轮市场占有率预测。市场占有率预测是班轮公司所提供服务的市场竞争能力的综合体现,包括企业占有率预测、竞争对手占有率预测和竞争格局预测等方面。班轮公司不仅要预测本身产品与服务的市场占有率及其变化趋势,还应该对同类产品、替代产品的市场占有状况及其变化趋势进行综合预测。

3. 市场预测的流程。市场预测必须遵循科学合理的程序和步骤,从而使工作有序化,达到统筹规划和有序协作的目的。整个市场预测的流程包括以下五个步骤。其流程图见图10-3。

(1)明确预测任务,制定预测计划。明确预测任务,是开展市场预测工作的第一步,因为预测的任务不同,预测的内容和项目、所需要的资料和所运用的方法都会有所不同。任务明确之后,拟定预测项目,制定预测工作计划,编制预算,调配力量,组织实施,以保证市场预测工作有计划、有节奏地进行。

(2)搜集和整理相关资料。市场预测必须以市场调研为前提,有了充分的资料,才能为市场预测提供可进行分析、判断的可靠依据。在市场预测计划的指导下,调查和搜集预测有关资料是进行市场预测的重要一环,也是预测的基础性工作。资料搜集齐全后,对资料进行适当筛选,进行简单整理。

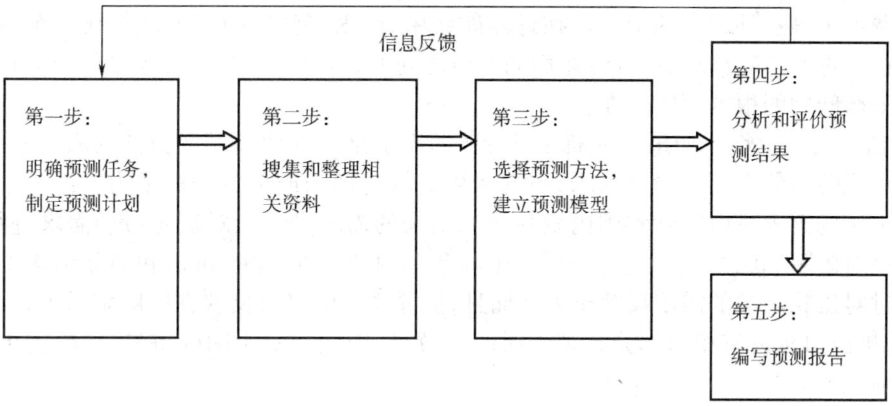

图 10－3　市场预测的流程

（3）选择预测方法，建立预测模型。根据预测的目标以及各种预测方法的适用条件和性能，选择出合适的预测方法。有时可以运用多种预测方法来预测同一目标。预测方法的选用是否恰当，将直接影响到预测的精确性和可靠性。运用预测方法的核心是建立描述、概括研究对象特征和变化规律的模型，根据模型进行计算或者处理，即可得到预测结果。

（4）分析和评价预测结果。分析判断是对调查搜集的资料进行综合分析，并通过判断、推理，使感性认识上升为理性认识，从事物的现象深入到事物的本质，从而预计市场未来的发展变化趋势。由于预测误差是不可避免的，所以在分析评判的基础上，通常还要根据最新信息对原预测结果进行评估和修正。

（5）编写预测报告。预测报告应该概括预测研究的主要活动过程，包括预测目标、预测对象及有关因素的分析结论、主要资料和数据，预测方法的选择和模型的建立，以及对预测结论的评估、分析和修正等。

三、集装箱班轮市场需求分析

集装箱班轮运输市场需求是指在一定的时期内和一定运价水平下，进出口货物、适箱货物的货主或托运人对集装箱海上运输服务的需求总量。营销工作的开展离不开对市场需求的分析，只有把握住市场需求动向，才能有针对性地选择目标市场，进而制定相应的营销策略。

（一）集装箱班轮市场需求的特点

班轮市场需求的内涵包括运输量、货物流向、运输距离、运送时间和送达速度、货类结构等内容。此市场需求是由国际和国内贸易派生的，整个班轮运输市场的发展随着贸易的变动而不断变化。据此，集装箱运输市场需求具有不对称性、派生性、差异性、同质性等特点。

1. 需求的不对称性。由于世界经济的发展不平衡，各国的资源分布及各国的经济结构不同，造成了国际贸易的必然不平衡，从而产生了适箱货物集装箱班轮运输需求的不对称性。这个特点在国家之间、地区之间或者是运输对象之间都是普遍存在的，也是绝对的。这一特点既是资源分布、经济发展、国际贸易不平衡性导致的结果，又是推动班轮市场发展的原因。例如，2010 年以前，从我国运往发达国家的产品主要是纺织品、机械设备等初级产品，具有价值低、数量多的特点；而从西方发达国家运至我国的往往是技术含量高，附加值高的工业制品，其流量的大小受到我国与贸易往来国的工业生产规模、发展速度、人口数量以及居民消费水平等各种因素的影响。在远洋航线中，泛太平洋航线和亚欧航线上东西走向的货量存在严重的不对称现象，导致东西向航线之间的运价差距很大，这也是集装箱班轮运输供需不平衡问题的根本原因所在。

2. 需求的派生性。如果一种商品或劳务的需求是由其他商品或劳务的需求而引起的，则该商品或劳务的需求为派生需求，引起派生需求的商品或劳务的需求为本源需求。集装箱班轮市场的需求是由国际和国内贸易派生出来的需求，所以，对班轮市场需求进行分析，首先应该对国际和国内贸易进行分析。国际和国内贸易在数量、价值和商品结构上的变化都将通过对班轮运输的需求反映出来。而且，世界经济的兴衰反映在国际贸易上，有一定的潜伏性，进出口贸易有相当部分是未来时间的贸易，因此相对于国际贸易，运输需求就有一定的超前性。

3. 需求的差异性。班轮市场需求往往是千差万别、各不相同的，由于货类不同、运输要求不同、国家与地区不同、运输性质不同等因素组合的个体需求具有各自的特殊性，导致需求的差异性，而且它们之间不存在相互替代的关系。产生这种差异的根源在于具体的各种货物由于在物理性质、质量、体积、形状和包装等方面各有特点、必须在运输过程中采取相应的技术措施，方能满足这些需求。从经济和便利角度考虑，集装箱班轮运输各种货物的要求也不尽相同，有的对运输速度和运输时间有特殊要求，有的对运价高低很敏感。故个别需求是具有多方面特点的需求，研究和掌握集装箱班轮运输需求的差异性是集装箱班轮运输经营的重要条件。

4. 需求的同质性。无论每一个体需求有着怎样的差异，也无论为满足每一个体需求所采取的供给方式或技术组织措施有怎样的区别，或者运价水平有多少差异；所有的需求都是运输对象的位移，即在本质上是没有区别的。换句话说，同质性体现在适箱货物运输需求没有改变适箱货物的实物形态，却一致地实现了适箱货物这一运输对象的位置转换。而且，当某一种集装箱货物产生了运输需求之后，只有在其与现有的运输工具、运输条件相结合的情况下，该需求才真正成为需求，否则只能称其为潜在的需求。也就是说，只有当整个流通条件合适时，集装箱班轮运输市场需求才能形成实际的运输活动。

（二）集装箱班轮市场需求的分类

借鉴马斯洛的需求层次理论，通过分析班轮市场的客户需求，同样可以发现班轮市场的需求也是分层次的。按照由低到高的顺序，可以将集装箱运输市场的需求分为较低需求、一般需求、较高需求、最高需求四个层次。

1. 较低需求。这是最初级需求，指班轮公司只需要把货物运送到指定港口即可，顾客对如何运送、何时到达等没有明确要求。

2. 一般需求。包括舱位的满足、船期的准确性、货物运送的安全性和正确性、可接受的运价等。这些因素是保证客户正常生产、按期履约的基本条件，也是客户的基本需求。

3. 较高需求。对一系列配套增值服务的需求。集装箱的出现，使客户对运输的需求不再局限于港到港或站到站，而是要求集装箱班轮公司能提供门到门的服务方式。客户的需求不仅仅是海上运输方面的需求，还要求集装箱运输公司能提供诸如拼箱、内陆运输、配送、包装、流通加工、仓储保管及信息传递等方面的服务。班轮公司所要提供的服务内容与一般需求相比有所深化和拓宽，其触角将延伸到客户的生产过程中去。集装箱运输公司与客户在生产上的结合将更加紧密，同时也有利于创造更高层次的需求。

4. 最高需求。提供一站式服务，也就是一票到底（one station shipping）综合物流服务。客户要求集装箱运输企业为其提供全方位的服务，服务的内容比上一个层次更加丰富和广泛。班轮公司将全面参与物流活动过程，提供整体运销服务，包括货物运输、仓储、装卸搬运、配送、包装、流通加工和信息服务等。

（三）集装箱班轮市场需求的发展现状

从克拉克森发布的报告可以看出，从1983年开始，通过集装箱运输的货物一直呈现稳步上升状态，集装箱货量平均每年上升约10%，是全球GDP平均增幅的3倍以上，并于2008年中期达到顶峰。从2008年下半年开始，全球集装箱需求从历史顶端向下锐减。

虽然全球经济正在逐步复苏，但班轮运输业供求不平衡的现状至少仍需数年才能彻底解决。据日本东京的《航运和贸易新闻》报道，截至2010年3月31日，全球尚有455艘集装箱船舶被闲置，其闲置总运力达到118万标箱，相当于全球现有集装箱船队总运力的8.9%，尽管与2009年2月份相比，闲置集装箱船舶确实减少不少，但是全球集装箱船队运力过剩问题仍然十分严重。此外还有一大批集装箱班轮慢速航行在世界各地航线上，一是为了节能减排，二是通过慢速航行达到吸收全球集装箱船队的一部分过剩运力。由此可见，全球集装箱航运市场2017年下半年看好并不等于市场已经全然复苏，而是要求全球集装箱运输业内外人士必须在航行规划、班轮调度、运力配置、运价决策、合伙承包、多式联运、开发投资、经营管理贷款圈钱等方面谨慎对待，共同熬过后危机时代。

第二节　集装箱班轮市场营销环境

随着经济全球化进程的加快，集装箱班轮企业面临着前所未有的机遇和挑战，受国际环境的影响也趋于明显。因此，集装箱班轮企业要想在恶劣形式下求得生存，必须先要对企业所处的市场营销环境进行分析，依靠前期做的市场调研和需求预测结果来把握整个市场环境的变化趋势，最终制定或调整相应的营销策略来适应环境变化所带来的机遇和挑战。

一、集装箱班轮市场营销的外部环境

集装箱班轮运输市场的兴旺与否取决于世界经济的发展程度，也就是海运市场的供给与需求关系，而这部分正是构成市场营销外部环境的要素之一。此外还包括政治法律环境、人口环境、自然环境、技术环境和社会文化环境等要素。以下通过PEST分析法对影响集装箱班轮运输行业和企业的各种宏观力量进行分析，也就是对政治法律、经济、技术和社会这四大类影响班轮企业的主要外部环境因素加以分析和研究。PEST分析法见图10－4。

（一）政治法律环境（political factors）

1. 国家关系与国际形势。国际关系与国际形势的好坏影响到两际贸易，时刻牵动着集装箱班轮运输业的神经。国际政治格局近年来一直逐渐向多极化方向演变，且呈加快之势，具体表现是国际力量对比出现比较显著的变化。各经济体之间的差距相对缩小，主要大国间的实力分配朝着更为多元和均衡的方向发展。世界进入“相对大国”时代，国际权力体系多极特征更加突出。一大批发展中国家群体性崛起的势头更加明显，世界力量重心正逐渐由大西洋两岸向太平洋地区转移。虽然全球总体发展趋势是和平共处，但仍存在着一些不和谐因素，局部冲突屡见不鲜。国内政局动荡导致将外国资本国有化、没收充公或征用外国船东财产、剥夺其财产所有权的现象时有发生，以及东道国发生的武装冲突、暴乱等，都将给

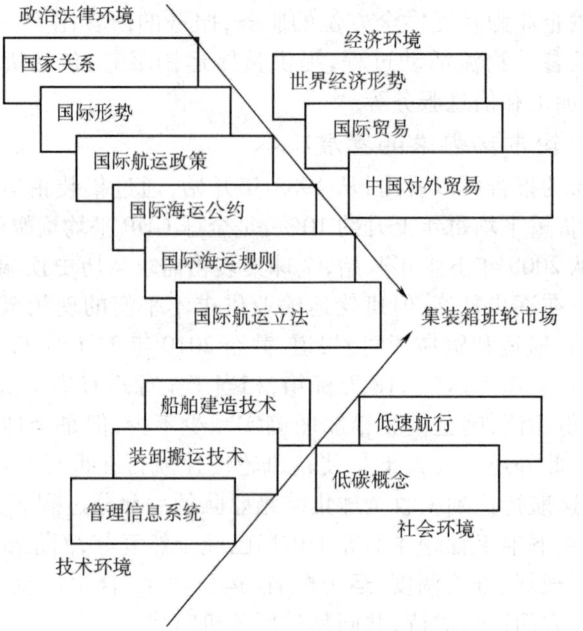

图 10－4　PEST 分析法

集装箱班轮公司带来政治风险。

两国之间政治关系的好坏，直接影响到贸易程度，进而影响到集装箱班轮市场。当两国政治关系向正常化方向发展时，进出口贸易额稳固上升，作为国际贸易主要运输方式的集装箱班轮运输市场也将随着兴旺。反之，当两国关系恶化时，轻则影响到贸易量，降低运输需求；重则中断贸易，对从事两国运输业务的班轮公司来说，必将是噩梦。例如法国前总统萨科奇不顾中方反对，于 2008 年 12 月 6 日在波兰会见达赖喇嘛，导致中法关系出现困难局面，给从事中欧航线的集装箱班轮公司造成巨额损失。

自美国“9·11”事件以来，恐怖主义、海盗等全球性问题日益突出，国际形势越趋复杂和繁琐。西非、东非索马里沿岸、连接苏伊士运河的红海和亚丁湾一带、孟加拉湾沿岸以及马六甲海峡和整个东南亚水域是现代海盗经常出没的世界五大恐怖水域。其中，索马里海域、马六甲海峡以及整个东南亚水域是中国船只经常出没的区域，也因此面临着十分严峻的威胁。其中的马六甲海峡全长约 805km，是全世界最繁忙的海上通道之一，每年有大约 5 万艘船只过往，承载着全世界 1/3 的贸易货物和 1/2 的原油，也就是这条黄金水道的海上货运为海盗提供了有利可图的劫掠目标。例如，中远集团下属公司青岛远洋的大型干散货船“德新海”号于 2009 年 10 月 19 日在印度洋被海盗武装劫持及索马里海盗事件等，给整个航运业造成很大负面影响，严重阻碍了集装箱班轮运输业的发展。

2. 国际航运政策。国际航运政策是一国或者多国为了实现某种发展目标，比如发展海上国际贸易运输、国防需要等，在其所能控制或影响的范围内，以某种适宜的表现形态，对国际航运业及其活动所制订的行动指南和行为准则。它是国家经济政策的重要组成部分，体现了政府对国际航运业的基本立场和态度，同时随着航运业的发展而不断发展变化。

（1）国外航运政策。大多数国家在制订海运政策时，都以立法的形式把维护本国安全、保护本国的航运业、促进本国的对外贸易置于头等重要的地位。美国作为世界上第一大经济强国,自然也不例外。为了适应新的航运发展形势,美国通过一系列的立法对其海运政策做了相应调整。如1999年5月1日开始生效的《1998年远洋航运改革法》就是美国利用自身的特殊地位,通过自己国内的海运立法,把自己的海运政策强加于其他国家。该法强化了对国外班轮公司的歧视,尤其是通过对受控承运人规则的修改,进一步强化对外国国有班轮公司的歧视,其实质是为本国商船队进入他国航运市场开辟道路,是打着开放旗帜的保护主义。

2009年1月21日,欧盟组织在比利时首都布鲁塞尔举行会议,颁布了《直至2018年底的欧盟海运政策》。本着联盟体共同利益,为提高欧盟海运市场的全球竞争力和保护欧盟成员国内集装箱班轮公司,此政策必将给国外班轮公司设定额外条件,最终减缓他国班轮公司进入欧洲市场的步伐。

(2)国内航运政策。在航运政策开放程度上,我国与世界上其他航运发达国家相比并没什么区别,只是在表现形式上略有不同。在市场准入和国民待遇方面,基本上是与国际航运政策接轨。在航运信贷政策、造船政策、货载保留政策、沿海运输保留政策等方面,与其他航运国家相比,给予了外国船公司更多便利,市场也更加开放,但同时也增加了国内航运企业的经营压力。我国政策影响方面的其他体现:一是航运信贷政策方面;二是造船政策方面;三是货载保留政策方面。

3. 国际海运公约与航运立法。2008年12月,在联合国大会上通过的《联合国全程或部分海上国际货物运输合同公约》于2009年9月在荷兰鹿特丹正式签署发布,所以新公约又被称为《鹿特丹规则》。在此规则前,国际上已经有1924年签署的《海牙规则》、1968年的《海牙—维斯比规则》、1978年的《汉堡规则》等3个国际海运公约。这些公约的影响这里不再阐述。而《鹿特丹规则》提高了海事企业的赔偿责任限额,并扩大了适用范围,使港口营运商历史性首次需要遵守国际海运强制性公约。该公约一旦生效,将会对集装箱班轮公司、港口营运商等相关企业带来重大影响。但由于相关各方为了谋求各自利益,从规则的制定到实施过程中争议一直不断。因此,虽然新公约已获联合国大会的通过,但能否统一现有国际海运公约,还有待于时间的检验。当然集装箱班轮运输相关企业也不能掉以轻心,因为国际海运公约统一必将是以后趋势,相关企业应该针对新公约做出相应经营和管理策略的调整和修改。

我国航运立法主要包括《中华人民共和国海商法》《中华人民共和国国际海运条例》等海运综合性法律,也包括船舶、船员、海关、卫检、费收、发票等涉及国际海运的法律法规,以及交通运输部对内地与港、澳、台航运的相关规定。其中的《海商法》是在大量借鉴国际公约的基础上制定的。虽然学术界对《海商法》的评价颇高,但自1993年实施以来,有关方面要求对其进行修改的呼声也一直不断。借此机会,我国集装箱班轮公司应与相关立法机构及时沟通,维护好本国航运企业的利益。

总之,从事集装箱班轮运输市场营销,要对国际关系与国际形势有个清醒的认识,熟悉国际公约、规则和各国航运政策。在营销实践中须遵守国际公约和各国航运法律,同时也可借助法律武器来维护自身合法权益。

(二)经济环境(economic factors)

集装箱班轮运输业与世界经济发展息息相关,尤其是国际贸易,直接决定了集装箱班轮运输业的繁荣程度。政治法律环境的许多要素是用间接手段来影响航运,甚至通过经济环境来作用于集装箱班轮运输业,因此班轮公司在开展营销活动时,要将经济环境作为最重要也是最直接的影响要素。考虑到班轮运输业经济环境的特殊性,本书仅从当今世界经济形势、国际贸易和我国对外贸易三方面加以阐述。

1. 世界经济形势。集装箱班轮运输业是一个典型的周期性行业,和世界经济发展有着密切的联系。据有关数据显示,世界经济每增长一个百分点,国际海运量将上升 1.6%。从某种程度上,世界经济形势决定了集装箱运输市场的繁荣程度。2008 年金融危机从广度分析来看,这场危机波及范围广,无论集装箱、干散货、油船、邮船还是特种货物运输无一幸免;从深度分析,各货种运价均降至历史冰点,大量船舶闲置停航,一些航运公司亏损倒闭,一些规模大、抗风险能力强的著名航运公司业绩大幅下滑,甚至严重亏损。如营业额占丹麦全国 GDP20% 的全球最大航运公司马士基,在 2009 年度亏损额达 70.3 亿丹麦克朗(约 12.92 亿美元,2017 年则盈利 5.41 亿美元)。

但随着各国经济刺激政策效应的逐渐显现,全球经济走出低谷。航运业为维持基本运营而采取多项自救措施,如撤销订单、延长新造船舶周期、闲置运力等手段,也推动全球航运市场逐渐好转。IMF(国际货币基金组织)在 2009 年 10 月发表的《世界经济展望报告》中做出预测,2010 年全球贸易(包括商品和服务)将增长 2.5%;德鲁里航运咨询公司同时也指出,2010 年全球集装箱货量将进一步增长,增长率为 2.4%;克拉克森海运咨询公司的预测更为乐观,增长率为 3.5%。当然,在对危机后的集装箱班轮市场保持乐观的同时,也该清醒地认识到:班轮运输业正面临着诸多的风险和不确定的因素,不仅要承担市场的共性风险和应付海上自然灾害,而且还要经受世界经济与国际贸易发展不平衡所带来的直接影响和制约。

2. 国际贸易。2017 年以来,我国对外贸易发展所面临的国内外环境仍然严峻复杂。国际上,2018 年世界经济有望延续 2017 年下半年以来的复苏态势,增长动力有所增强,但复苏基础还不稳固。在“逆全球化”浪潮涌动、保护主义势力上升、国际政局动荡多变的态势下,贸易发展不确定性因素增多。

世界经济复苏加快但仍存在下行风险。经过近几年来的调整,世界经济逐步走出国际金融危机的阴影,缓慢恢复增长动力,但下行风险依然突出。国际货币基金组织(IMF)最新预测,2017 年世界经济将增长 3.5%,较 2016 年提高 0.4 个百分点,但与金融危机前水平相比仍有较大差距。发达国家经济形势持续好转,对世界经济复苏形成较有力的支撑。美国失业率稳定在较低水平,居民收入稳步增加,房地产市场量价齐升,特朗普政府上台后金融市场信心一度高涨,有利于促进企业投资。欧元区失业率明显下降,宽松货币政策推动银行业增加对工商企业的贷款,经济内生动力增强,复苏步伐有所加快。日本核心通胀率由负转正,出口快速增长,加上持续实施量化宽松货币政策和扩张性财政政策,经济进一步回暖。但发达国家生产率增速放缓问题突出,收入分配格局恶化,一些国家人口老龄化趋势加剧,短期内经济潜在增长率难以快速恢复。近期,美国商品零售额环比连续两个月下降,显示消费增长出现疲态,经济减速风险上升。政治因素对经济的消极影响有所增大,特朗普政府提出的减税、加大基础设施投资等政策能否顺利出台尚存在疑问,债务上限问题又再次浮出水面;英国“脱欧”谈判进程面临诸多不确定性,一些国家极右翼势力借大选之机扩大影响力,经济政策可能越来越多地受到政治议题干扰。新兴市场国家经济总体企稳回升,印度等国家工业化进程加快,经济持续快速增长。在发达国家需求回升、大宗商品价格上涨的带动下,俄罗斯、巴西等经济摆脱衰退并进一步改善。但随着国际市场商品价格上涨势头放缓,资源富集国经济复苏动力将减弱。同时,全球金融环境趋紧,潜藏新一轮金融风险。随着经济复苏势头向好,发达经济体货币政策开始收紧。2017 年 3 月 16 日,美联储宣布加息 25 个基点,联邦基金利率从 0.5% ~0.75% 调升到 0.75% ~1% 。美联储官员预计年内还将加息两次,一些金融机构预计美联储将于年内开始缩减资产负债表。4 月起,欧洲央行将量化宽松规模从每月 800 亿欧元缩减至 600 亿欧元。全球金融环境趋紧,市场利率上行,流动性极度宽松局面发生变化,将对新兴经济体产生新一轮冲击。新兴经济体资金持续净流入的态势可能发生逆转,外汇储备缩水、货币贬值压力加大,一些外债较多的新兴经济体甚至面临爆发金融危机的危险。在此形势下,土耳其、墨西哥、印度等新兴经济体先后提高基准利率或其他重要利率,将在一定程度上影响本国经济增速。

全球国际贸易投资面临新的变局。国际金融危机以来,受经济和政治这两个层面因素影响,全球贸易投资自由化进程明显放缓。经济层面,发达国家传统产业向外转移已基本结束,新兴产业总体尚不具备转移条件,全球产业分工深化进程减速。一些国家推动产业回归,国内生产在一定程度上取代进口,全球价值链面临调整和重构,进一步削弱国际贸易增长动能。政治层面,发达国家收入分配失衡导致"逆全球化"思潮涌动,保护主义对经贸政策的影响增大,一些国家试图采取贸易限制措施解决国内经济面临的问题,全球范围内贸易摩擦明显增多。二十国集团财长和央行行长会议公报、国际货币基金组织春季会议公报均未能重申"抵制各种形式的保护主义",显示国际社会共同反对保护主义的共识不断削弱。美国特朗普政府奉行"美国优先"理念,上台后已退出《跨太平洋伙伴关系协定》(TPP),并寻求与加拿大、墨西哥重谈《北美自贸协定》(NAFTA),国际贸易规则面临的不确定性明显上升。世贸组织预计,2017 年全球贸易量增长 2.4%,增速高于 2016 年的 1.3%,但将连续第 6 年低于以购买力平价测算的世界经济增速。与贸易相比,跨国投资波动性更大,但总体低迷的趋势没有根本改变,且绿地投资表现明显弱于跨国并购,制造业绿地投资尤其表现不佳。根据联合国贸发会议(UNCTAD)2 月份发布的《全球投资趋势监测报告》,2016 年全球外国直接投资(FDI)流量为 1.52 万亿美元,较 2015 年减少 13% 。2017 年,全球外国直接投资有望出现一定程度的反弹,预计增长 10% 左右。

从货物贸易分析,国际大宗商品价格上涨势头可能放缓。2016 年下半年以来,大宗商品价格结束了连续两年的下跌态势,实现触底反弹。2017 年一季度,大宗商品市场价格总体稳定,3 月份国际货币基金组织大宗商品价格指数与 2016 年 12 月份基本持平。这既有经济持续复苏带动大宗商品需求回暖的因素,也有一些主要产油国减产、矿产品新增产能减少缓解供应过剩的因素。2017 年,世界经济增长加快,有望为大宗商品价格提供支撑。国际货币基金组织预计,2017 年国际油价将上涨 28.9%,非能源商品价格上涨 8.5% 。但值得注意的是,近期商品市场需求增长在较大程度上来自基础设施建设和企业补库存,而公共投资活动依赖于财政支持,在许多国家政府债务上升、财政状况恶化的情况下,其长期效用有待观察,补库存这一短期效应也将在不久后消失,大宗商品需求回升的基础依然不够坚实。全球页岩油气产业快速发展,开采成本不断降低,石油供给增长空间较大,将抑制油价回升幅度。美联储逐步收紧货币政策,美元有望保持相对强势态势,也将对商品价格上涨形成打压。

2. 中国对外贸易。从国内看,在错综复杂的国内外形势下,各地区各部门按照党中央决策部署,主动适应经济发展新常态,坚持新发展理念,坚持以推进供给侧结构性改革为主线,积极推进结构调整和新旧动能转换,有效防控风险,推动经济社会发展取得来之不易的成绩。一季度经济运行稳中向好、实现良好开局,增长和效益回升,市场预期改善,内需对经济增长的贡献加大,新技术新产品新服务不断涌现并快速成长,产业优化升级不断推进,就业继续增加,城乡居民收入增长有所加快。但也要看到,当前经济向好有周期性等因素,经济结构调整任重道远,面临不少挑战。综合考虑国际国内两个方面,2017 年中国外贸发展面临的环境有望略好于过去两年,但 2018 年后,形势依然严峻复杂,存在诸多挑战和压力,突出体现在四个方面。

一是外部需求回升的基础并不稳固。目前,主要发达国家和新兴经济体进口普遍呈现回暖态势。据世贸组织统计,2017 年前 2 个月全球 71 个主要经济体进口额合计增长 9.7%,但这在一定程度上与过去两年基数较低有关。与 2014 年同期相比,2017 年前 2 个月进口额仍下降 12.9%。当前世界经济总体复苏步伐加快,中国主要出口市场需求扩张,有望拉动中国出口经济增长,但世界经济深层次结构性矛盾没有根本解决。发达国家收入分配不平衡加剧,中低收入居民在国民收入分配中的份额下降,居民消费能力受到抑制;新一轮科技革命处于蓄势待发阶段,尚未引发大规模设备投资热潮。多数新兴经济体经济增速呈现阶段性放缓,短期内难以再次全面繁荣。在此背景下,中国的消费品和投资品出口需求增长均缺乏有力支撑,预计回升幅度有限。

二是新一轮产业竞争更加激烈。国际金融危机以来,无论是发达国家还是发展中国家,都更加重视发展实体经济特别是制造业,纷纷采取措施提高本国制造业竞争力、抢占国际市场份额。中国周边的新兴经济体大幅度放宽外资准入,在土地、税收等方面实施引资优惠政策,积极吸引国际投资发展出口加工业。发达国家推出"再工业化"战略,大力促进制造业回归,不断提升本国制造业信息化、智能化水平。而中国国内要素成本持续攀升,劳动力成本是周边新兴经济体的 2 倍~6 倍,沿海不少城市土地成本甚至超过发达国家,制造业传统竞争优势不断削弱,出口订单和产业向外转移增多。在机械装备等产业领域,中国竞争力呈上升之势,但与发达国家相比,质量、服务、标准等方面还存在短板,开拓国际市场面临激烈竞争。2016 年全年和 2017 年前 2 个月,中国出口增速既低于越南、印度、印度尼西亚等新兴经济体,也低于美国、欧盟、日本等发达国家。

三是贸易摩擦的影响进一步凸显。据世界贸易组织统计,中国是贸易保护主义最大受害国,已连续 21 年成为遭遇反倾销调查最多的国家,连续 10 年成为遭遇反补贴调查最多的国家,全球约有 1/3 的调查针对中国。2016 年,中国产品遭遇贸易救济调查 119 起,涉案金额 143 亿美元,案件数量和金额分别增长 36.8% 和 76%。一些国家频繁对中国钢铁、纺织服装等重点产品发起贸易救济调查,涉及面广、涉案金额大,对相关产业出口形成严峻挑战。2017 年以来,全球范围内贸易保护主义进一步升温,针对中国产品的贸易摩擦依然频发,钢铁、有色金属制品继续成为摩擦焦点。此外,目前中美正在推进经贸合作"百日计划",将为双边贸易发展注入新的动力。但双方依然存在分歧,如近期特朗普表示中国不是"汇率操纵国",但美国财政部仍再次将中国列入"汇率操纵国"观察名单,可能对双边贸易发展产生负面影响。

同时,目前中国占国际市场份额已处较高水平,2016 年为 13.2%,这是 1971 年以来其他国家均未达到过的水平,但进一步提高份额难度增大。未来一段时期,中国外贸可能保持中低速增长,且更易受市场需求变化、汇率涨跌等短期因素影响,波动更加频繁。

四是外贸发展的制度环境不断优化。国家始终高度重视外贸发展,近年来出台了一系列促进外贸稳增长结构政策,有力地增强进出口企业信心,降低了企业成本。2017 年,商务部将继续推进落实国务院出台的一系列外贸政策,会同有关部门确定重点政策清单,落实加工贸易梯度转移差异化政策，深入推进新业态试点，继续加强财税和金融支持，着力提高贸易便利化水平，进一步扩大与“一带一路”沿线国家贸易合作，实行积极有效的进口政策，营造良好营商环境，切实为企业减负助力。同时，加大自由贸易协定的宣传力度，帮助企业了解掌握已签署实施的14个自由贸易协定，用好用足优惠政策开拓国际市场。

（三）社会环境（social factors）

1. 低速航行。自金融危机爆发以来，国际上所有的大型集装箱运输公司都在考虑把低速航行作为减少各自船队运力过剩和运营成本的重要方法。2010年以来在面临市场需求减少、环境要求提高和集装箱船运能过剩的严峻形势下，这个方法已经变成事实，集装箱船的最适宜航速急剧下降。国内的中欧、中美之间的集装箱航线率先实施船舶减速。马士基和世界最大航运联盟CKYH（成员包括中远、川崎、阳明、韩进），都通过降低船速，以改变集装箱运力过剩的状况，稳定住市场报价。目前，我国八成集装箱航线处于低速航行，平均航速由26节降至18节，甚至到12节，德国劳氏船级社预测14节左右的航速将成为集装箱船的标准速度。因此，企业在开展集装箱班轮营销的时候，要针对时间要求对不同的货物制定不同的营销方案。如对时间要求不高的货物采取更低的费率，或者相应回扣，而对时间要求较高的货物收取附加费。

不管低速航行是暂时举措还是未来趋势，低速航行将为集装箱运输带来深刻的变化和对集装箱贸易产生巨大影响。船公司在减速后将使用更多的船，这样过剩运力将得到吸收，租金也有望上涨。尽管各调研机构都对未来集装箱运输市场表示悲观，认为市场至少在3年内不可能实现供需平衡。但随着更多的船舶加入减速行列以及由于船公司维持固定航线的需要，市场对巴拿马型集装箱船的需求正在增加。此外，在进行集装箱贸易过程中，实施低速航行有助于降低燃料消耗及运营成本和减少维护需求，进一步达到减少环境污染的目的。

2. 低碳概念。自联合国哥本哈根气候会议将全球瞩目的焦点定格在了“低碳”上，从2010年开始，低碳经济持续升温走热。据国际海事组织专家组的研究报告数据显示，2007年航运业CO_2排放11亿t，到2020年，将达到14亿t。国际油轮独立船东协会也发布类似的研究报告，航运业目前每年消耗20亿桶燃油，排放了超过12亿t的CO_2，约占全球总排放量的6%，同时SO_x排放量和NO_x排放量分别占全球排放量的20%和30%。海运业造成的温室气体排放量是航空业的2倍。有些预测更认为，到2020年全球航运业将需要4亿t燃油，温室气体的排放量将在目前基础上增加75%。现在，海上船舶在行驶过程中所排放的污染物跟汽车尾气一样能严重污染空气，从而影响人类居住环境。因此，集装箱运输作为航运主要运输方式，也将成为低碳减排涵盖领域。这不仅关系到航运公司的可持续战略实施效果，也与企业的社会责任休戚相关。

（四）技术环境（technological factors）

集装箱班轮运输是件杂货物运输发展的高级形式，是运输领域的一场重要革命。它以其高效、便捷、安全的特点，逐渐被航行业所接受，集装箱也成为世界海运的重要载体。技术作为影响集装箱班轮运输公司发展的基础性环境因素之外，对企业的营销活动同样起着积极或者消极的作用。集装箱运输技术可大体分为3类，包括集装箱船舶建造技术、集装箱装卸搬运技术和集装箱运输管理信息系统。

1. 集装箱船舶建造技术。随着适合集装箱运输的货物运输量的增长和班轮公司运营成本的不断上升，出于规模经济效益考虑，班轮公司往往愿意投资建造大型集装箱船舶，从而达到降低单位成本的目的。如用一艘载重 9 000TEU 集装箱船和两艘载重都为 4 500TEU 的集装箱船运输同批货物，每 TEU 单位运输成本，前者可比后者节省 17.7% 以上，距离越远，这种优势更加明显。

班轮公司对船舶的大型化要求促使集装箱船的建造技术不断提高。目前世界上最大的集装箱船舶之一是穆勒马士基旗下的“艾巴 · 马士基”船。船长 397.7m，船宽 56.4m，最大吃水 16m，单个锚重 29t，相当于 5 只非洲大象的重量。总运载量达 15 000 个标准集装箱，可在船舶甲板下排列 11 层，在甲板上摆放 9 层，堪称海上巨无霸。

技术发展无止境，虽然集装箱船已进入第七代，预计新一代马六甲海峡型集装箱船长度将达到 450m，宽度在 60m 左右，甲板上最多可摆放 24 排集装箱，运载量可达 18 000TEU。虽然一些码头安装了可以达到 64m 工作范围的起重机，但是船舶宽度的增加会导致码头装卸工具的改进，还是船舶建造按照现有码头起重机技术范围来定，会存在一定程度上的博弈。

2. 集装箱装卸搬运技术。码头装卸搬运技术是伴随着集装箱运输的发展而改进的，每次集装箱船的更新换代必将带动装卸搬运技术的提高。集装箱码头作为集装箱运输配套技术的载体，承接着集装箱单元装船卸船和搬运等一系列活动。集装箱码头装卸设备包括集装箱起重机、集装箱跨运车、集装箱正面吊运车、集装箱叉车、集装箱自装自卸车组、集装箱滚装车组等。发展至今，集装箱码头已进入“无人码头”时代，如振华港机全球首创在长兴岛部署的新型全自动化集装箱码头装卸系统，无须人工操作，其生产效率至少提高 50%，而且运行费用和污染大大降低。这些技术的发展给班轮营销带来许多利好因素，一方面，集装箱运输比干散货运输更加优越促使企业开展集装箱营销更具优势；另一方面，由于码头装卸效率的同一性，同是从事集装箱运输业务的班轮公司，营销重点可转移到企业更能掌控更具竞争力的方面。

3. 集装箱运输管理信息系统。科技与需求总是相互促进的。集装箱运输业各种信息技术的发展使得实时掌握货物动态已成为必然和可能。反过来，托运人对运输服务要求的提高也促使班轮公司对集装箱运输的管理提出更高的要求。在这趋势下，射频识别技术（RFID）、全球定位系统（GPS）、电子数据交换（EDI）技术、地理信息系统（GIS）和最近热门的物联网技术，应运而生。其中射频识别技术对于集装箱识别及信息化管理水平的提高有重要作用，集装箱车辆跟踪和管理系统能更好地保障集装箱运输企业的经济效益和生产安全，基于 XML 的电子数据交换系统在传统 EDI 系统基础上更好地实现数据动态共享。这些技术对集装箱运输管理的信息化和现代化起到重要作用，由于篇幅限制，将在以后章节中具体阐述。

二、集装箱班轮市场营销的内部环境

集装箱班轮市场营销的外部环境主要是从宏观角度对影响班轮运输市场供求的因素进行分析，接下来的内部环境将从微观角度对影响班轮公司营销活动的因素进行分析，包括供应商、顾客、竞争者等因素。这里的内部环境并非企业内部影响企业营销效果，包括产品、定价、渠道、促销等一系列具体策略的因素，而是从市场层面出发，研究市场内部因素聚集体，也可称为竞争环境。企业的营销目标必须根据竞争环境、竞争对手的特点、预期变化趋势而及时加以调整，每一次调整都是一项具体的创新。深入分析产业的竞争环境，从而挖掘竞争力的源泉，并确定各个竞争力量的强大程度，来建立公司自己的竞争优势，制定出最适合公司的营销战略。波特(Porter)的五力竞争模型可作为集装箱班轮市场营销内部环境的分析工具。五力竞争模型见图 10－5。

该模型认为,行业中存在着决定竞争规模和程度的 5 种力量,这 5 种力量综合起来影响着产业的吸引力。在该模型中涉及的 5 种力量包括供应商议价能力、顾客议价能力、潜在入侵者威胁、替代品威胁以及同业者之间的竞争。

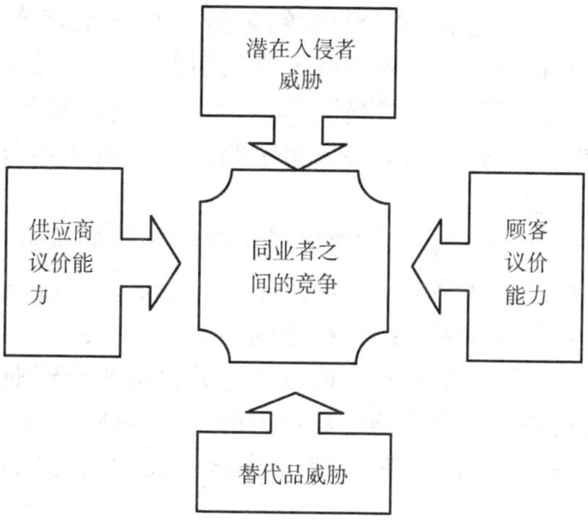

图 10－5　五力竞争模型图

(一)供应商议价能力

集装箱班轮公司的供应商主要可分为以下几类:为其提供船舶运力和相关配套设施的造船厂及集装箱厂、为船舶运营提供燃料和日常补给的企业、为其提供揽货渠道的船舶代理及货物代理公司、经营港口泊位和码头业务的航港企业等。按照惯例,这些企业与集装箱班轮公司都签有长期供货合同。但时至最近,集装箱班轮公司与这些供应商的关系开始松动。

以上供应商,除了造船厂、集装箱厂和各代理公司的议价能力较弱外,供油企业和码头运营商由于具有资源优势,拥有较强的议价能力。而且随着港口业并购浪潮的推进,港口业已初步呈现垄断状态,新加坡国际港务集团、和记黄埔集团、迪拜环球港务集团以及马士基集团等 4 大港口运营商操纵港口费率,对班轮公司的要价不断提高,导致集装箱班轮公司支付的港口码头费用大幅上涨。各重要运河也逐步提价,如巴拿马运河与苏伊士运河的通行费分多次不断提价,至 2007 年 5 月,巴拿马运河通行费用比 2005 年 4 月上涨 60% 左右。此外,燃油资源的过度集中,也提高了供油企业的议价能力。供油企业对燃油的提价促使班轮公司的燃油成本不断上升,并带动内陆运输费用的上涨,最终导致班轮公司的总运输成本不断上升。

面对如此形势,班轮公司只有通过结构性整合才可能较大幅度地降低成本。例如,并购集装箱运输企业和投资集装箱码头。通过并购其他集装箱班轮企业来扩大自身规模和增强自身实力,这也是班轮公司提高其与上游供应商议价能力和降低成本的有效途径之一。通过投资码头,船公司不仅可以分散由于运力过剩带来的航运风险,实现多元化经营,又可以在港口服务和港口费率方面获得优势,提高自身竞争力。以马士基为例,近年来其码头业务的增长速度非常快,全球已拥有 40 多个码头,而其中主要发展的便是中国地区的码头业务。参股洋山港二期后,马士基拥有的中国码头数量已达 10 个。目前马士基已经是世界第一大船公司和世界第四大码头公司。另外,达飞轮船、东方海外、中海、中远等班轮巨头也纷纷将投资码头作为抵御不断上升的运营成本的有效策略,进一步削弱供应商的议价能力。

(二)顾客议价能力

对于集装箱班轮公司而言,顾客主要由具有进出口资格的生产型企业、从事进出口业务的贸易型公司以及与这些企业建立良好合作关系的货代公司等构成,也就是传统意义上的货主和掌握货源的货运代理商。随着班轮公会的解体,加上众多集装箱运输企业的存在所导致的运力过剩,整个集装箱运输市场逐渐转变为买方市场,大型货主具有很高的议价能力。而且近几年世界经济不景气引起的市场低迷,货主的盈利空间被进一步压缩。为求得生存,货主紧紧抓住班轮公司运力过剩这一有利优势,通过缩减运输成本来提高盈利能力,迫使市场运价跌破了每艘集装箱船的运营成本,最终加剧了班轮运输业有史以来最为严重危机程度。

首先,大多数集装箱班轮企业所提供的服务差别性不大,服务水平趋同,顾客更换船公司所付出的转移成本较低。于顾客而言,可以选择任何一家船公司来为其服务,且船公司的数量过多导致顾客的选择范围扩大,因此也在一定程度上造成了货主在议价时具有较大的主动性。这种情况不光造成客户的议价能力较强,而且降低了客户的忠诚度。如此一来,目前的集装箱运输市场还是货主的力量整体相对强一些。尤其对于一些大型或业务能力较强的客户而言,由于其外贸运输量较大,并且具有长期、连续性特点,其议价能力相对而言更高。

其次,集装箱运输行业内企业之间的竞争也会使顾客获利。为了降低成本,顾客通常会讨价还价,在要求更低运费的同时要求更高的质量以及更多的服务。班轮公会的解体,促使各班轮公司拥有自由定价权,为了争取顾客,各班轮公司纷纷降价,展开价格战。例如,由于竞争激烈、航线较短以及市场门槛较低的缘故,越来越多的运力不断地涌入中日国际运输,导致中日航线在2009年一直处于零运价,甚至负运价水平。

最后,随着信息技术的发展、整个市场的逐步透明,货主掌握的信息渠道也越来越多。他们可以通过杂志、网络等媒介很容易地获取各种最新的信息,尤其是运价信息。也正因为对集装箱班轮企业的报价高低较为清楚,以致顾客议价能力很强。

(三)潜在入侵者威胁

在投资回报率高过成本的已知市场里,有兴趣参与的公司会大量且迅速地加入,当收入水平低到难以维持日常运营的时候,企业才会选择退出或者不加入。而集装箱班轮运输市场正介于这两者之间,有利可图,但远非暴利;存在新加入者但也存在退出者。集装箱班轮运输市场进入障碍包括巨额投资、规模经济、行政和法律障碍等。

目前集装箱班轮运输业面临的潜在入侵者包括大货主、物流企业和其他航运相关企业。如宝钢集团和神华集团,都投资建设自己的船队。美国联合包裹服务(UPS)、联邦快递(Fedex)、德国敦豪(DHL)、荷兰天地(TNT)等世界四大快递巨头也已经跃跃欲试并购被其看中的集装箱班轮公司。届时,传统的港口至港口远洋承运人的市场地位将变得更加脆弱,经营管理权、资产所有权完全有可能在激烈的竞争中发生动摇。随着集装箱运输的跨国经营范围扩大,远洋承运人和包裹服务快递经营人互相并购活动的加剧,集装箱班轮公司业务的大部分将集中到少数经营大户手中。这些因素都使得集装箱班轮运输面临很大不确定性。

(四)替代品威胁

集装箱班轮运输是从普通干散货运输发展起来的,将干散货进行标准化运输可算是海运史上的一次飞跃。由于集装箱运输具有提高装卸效率、减轻劳动强度、减少货损货差、缩短货物在途时间等优势,在对某些货物是选择用干散货船舶运输还是集装箱船进行运输的问题上,没有异议,因此也不存在其他海运方式的威胁。海运作为国际运输中最主要的运输方式,承担着国际贸易2/3以上的总运量。据统计,中国约90%的进出口货运总量都是通过海上运输。可谓是世界地理的特殊性决定了海运的优势,也正因为此,决定了像铁路、陆运等运输方式取代不了国际海运。

根据以上分析,在排除了陆上运输方式之后,替代品威胁只剩下航空运输。至于航空运输,其主要竞争力是快速安全、机动性大、可避免不少保险费和包装费、加速商品流通,非常适合于价值高、易腐、易变、鲜活商品的运输。由于航空运输所运送的货物均属高价值且具有时间性的物品,因此具有一定局限性,在国际运输中只占据了极小比例。虽然航空运费在所有运输工具中仍属最昂贵者,但是由于其在运送速度上所带来的高品质及时间效用,为商业企业在仓储成本的节省及商品配送速度方面,创造了竞争优势。而且随着航空集装箱运输的兴起,这股威胁力量仍然不可小觑。

(五)同业者之间的竞争

集装箱班轮运输业是个完全竞争的市场,多家班轮公司都在为提供集装箱运输服务而努力。各班轮公司的营销策略受周围多数竞争者影响,因而需对整个班轮运输市场的竞争者加 以辨别和对竞争程度加以分析。通过对上述四力竞争的性质和强度构成因素进行分析可以发现,目前班轮运输市场中起关键作用的竞争力量主要来自于行业中的现有竞争者,它们是决定班轮公司成败的关键因素。

而影响班轮公司间激烈程度的主要因素包括竞争对手的数量、行业增长的程度、固定成本的高低以及退出障碍大小等,这些因素都决定了集装箱班轮运输业是一个竞争非常激烈的行业。近几年来经过一系列的并购和联盟,目前集装箱班轮运输市场已形成"四联盟四公司"的格局。正是大大小小国际集装箱班轮经营人相互兼并,推动了全球集装箱班轮行业新秩序的不断刷新和经营管理模式的不断优化,促使全球集装箱班轮行业船队运力稳步增长,尤其是在2003—2005年的连续3年内把集装箱运价提到前所未有的高度,同时也加快了该行业适应全球化贸易发展的步伐。目前的经济危机对于班轮船公司来说,既是挑战也是机遇,将促使现有集装箱运输市场格局发生一些重大变化。

第三节　集装箱班轮目标市场战略

随着集装箱班轮市场的发展壮大,单个班轮公司由于规模和资源有限的缘故,已经满足不了货主对集装箱运输的全部要求。班轮公司要想在竞争日趋激烈以及客户需求不断升级的运输市场中获得竞争优势,就必须制定出企业的目标市场战略;运用自身竞争优势去开拓市场,并在开拓市场的同时进一步巩固竞争优势。目标市场战略即STP战略,由现代营销学之父菲利浦·科特勒提出,包括市场细分(segmentation)、目标市场选择(targeting)和定位(positioning)三个步骤,它是战略营销的核心内容,目前该理论已发展成熟。

一、集装箱班轮市场细分

(一)集装箱班轮市场细分的概念

根据STP理论,市场是一个综合体,是多层次、多元化的消费需求集合体,任何企业都无法满足所有的需求,企业应该根据不同需求、购买力等因素把市场分为由相似需求构成的消费群,即若干子市场,这就是市场细分。集装箱班轮市场是从航运市场中细分出来的,同样可以对班轮市场进行更加深入的市场细分,提供多样化服务,使顾客有更多的选择,实际上也就是提高产品和服务的个性化程度。因此,集装箱班轮市场细分可解释为班轮营销人员通过前期市场调研和预测以及环境分析，依据货主或其他集装箱运输需求者的需要和欲望、购买行为等方面的差异，把整个班轮市场划分为若干个子市场，每个子市场就是一个由具有类似需求倾向的消费者群所构成的细分市场。

（二）集装箱班轮市场细分的标准

集装箱班轮运输是一种派生需求，即运输对货主而言，只是为达到销售或者购买商品的目标而衍生出的一种附加需求。由此可见，运输需求是伴随着经济发展而存在的，两者有着密切关系。所以在对班轮市场进行细分时，要紧紧抓住影响货主运输需求的因素。

1. 按照货主自有货物类别和数量来细分。货主自有货物类别和数量是细分集装箱班轮市场的重要依据。大货主虽然数量不多，但有大量的原材料运进及半成品或成品运出业务，其货物发送量所占总发送量的比例相对较大，且相对稳定。中小货主的货物发送量虽然较小，但发送总量很大，且其生产和销售具有较强的灵活性和机动性。因此，根据货主生产规模可以将货运市场细分为大规模货主子市场、中等规模货主子市场及小规模货主子市场。或相应地也可称之为，大宗货物运输子市场、中等批量货物运输子市场和零星货物运输子市场。

2. 按照航线来细分。集装箱班轮运输的特点之一就是航线的固定。根据航线的不同，集装箱运输市场可细分为太平洋航线、大西洋航线和印度洋航线等三大市场。其中太平洋航线又可细分为北太平洋

航线、南太平洋航线、亚洲东部近海航线、美洲西岸近海航线、澳大利亚航线等；大西洋航线向东经苏伊士运河可进入印度洋，向西经巴拿马运河与太平洋沟通，航线多集中在北美洲与欧洲之间，可划分为北大西洋航线、西欧至南部非洲或至南美航线、美洲东岸航线、地中海航线等；印度洋航线向东、西分别经马六甲海峡和苏伊士运河进入太平洋和大西洋，可划分为印度洋中部航线、波斯湾对外航线等。详见表 10－1。

表 10－1　世界集装箱运输航线

太平洋航线	北太平洋航线	自北美到日本、中国和东南亚
	南太平洋航线	自北美到澳大利亚、新西兰和东南亚
	亚洲东部近海航线	自俄罗斯远东到朝鲜、日本、中国和东南亚
	美洲西岸近海航线	美洲诸国西海岸之间
	澳大利亚航线	自澳大利亚到日本、中国、韩国
大西洋航线	北大西洋航线	自欧洲至北美洲
	西欧至南部非洲、南美航线	自西欧至南非、南美
	美洲东岸航线	自北美经加勒比海至南美
	地中海航线	自西欧至南欧、中东
印度洋航线	印度洋中部航线	自澳大利亚和东南亚、南亚国家经苏伊士运河或好望角进入大西洋
	波斯湾对外航线	向东去日本，向西去西欧、北美

由于东亚、美国和欧洲的经济总量大，导致太平洋航线、欧洲航线、大西洋航线、中日航

线、中韩航线上集装箱运量增长较快，市场需求大。澳洲、波斯湾、南非南美航线随着经济形势的好转，集装箱运输市场需求增大，但增长的幅度不大。

3. 按照运输时间要求来细分。随着全球国民经济产业结构的调整和国际集装箱运输发展的日趋成熟，国内外货主对运输质量和时间的要求的不断提高，部分货主对货物运输的时效性提出了更高的要求。根据货主对运输时间的不同要求，可将货运市场细分为快速货物运输子市场和普通货物运输子市场。具有高附加值及对时效性有很高要求的货物包括精密仪器、服装、新鲜水果蔬菜、食品及各种贵重用品，可将此类货物运输需求归为快速货物市场。相反，低附加值且对运输时间没有要求的货物需求可归为普通货物市场。值得注意的是，普通货物在一定条件下，也可以转变为快速货物；如我国建材类货物主要从南方发往东北、华北地区，受气候影响，临到冬季，此类货物的运输需求会降低，但对时间要求会提高。所以根据时效性要求对班轮市场进行细分时，要时刻掌握市场需求的变化，根据变化做好细分市场的调整，进而调整相关营销策略。

此外还可按照托运人是否是货主，分为直接客户和货代；按照运输条件的不一致分为普通货物运输子市场和特种货物运输子市场。其中，普通货物运输子市场和特种货物运输子市场分别都可以继续细分，例如特种货物运输子市场还可以细分为大件货物运输子市场、危险货物运输子市场和易腐货物运输子市场。根据货物运价率的高低将市场细分为高运价率货物运输子市场和低运价率货物运输子市场。

（三）集装箱班轮市场细分的步骤

运用市场细分标准可以把整个班轮市场划分为多个细分市场，选择何种细分标准取决于班轮公司的需要。当班轮公司确定好了细分标准并将市场细分之后，结合企业的战略目标和所拥有的资源情况，对各子市场进行效益比较，选择最优目标市场，整个流程分为 4 步。

1. 选定市场范围。班轮公司根据自己的经营条件和经营能力来确定市场经营的范围，这是市场细分的基础。产品市场范围应以顾客的需求来确定，而不是以产品本身的特性来确定，并以此范围作为制定市场开拓战略的依据。

2. 列举潜在顾客需求。列出企业所选定的市场范围内所有潜在客户需求。潜在需求是指消费者对某一产品的最基本功能属性要求，也就是产品能够提供给消费者的核心利益。

3. 分析潜在顾客的不同需求。对于列举出来的需求，不同顾客的侧重点可能会存在差异；因此公司应对不同的潜在顾客进行典型调查，并对所列出的需求变数进行评价，进一步分析各个细分市场的不同需求与购买行为，并总结出顾客特点。

4. 筛选出有利目标市场。即在市场调查的基础上，对每一个细分市场的顾客数量和潜在效益等参数进行评估，对细分市场上的产品竞争状况及发展趋势进行深入分析，放弃潜在需求量较少或者评估效益较低的子市场，把潜在需求较大的几个子市场作为目标市场。

（四）集装箱班轮目标市场选择标准

班轮公司划分好细分市场之后，既可以进入既定市场中的一个细分市场，也可以选择几个细分市场作为目标市场，这就涉及班轮公司如何选择目标市场的问题。

目标市场的选择标准主要由三方面构成，第一个方面是细分市场的规模和发展潜力，第二个方面是细分市场的吸引力，第三个方面是企业自身能力和目标。

1. 细分市场具有一定的规模和发展潜力。选择市场只是一种手段，企业的最终目的还是为了盈利。如果市场规模狭小或者趋于萎缩状态,企业进入后难以获得发展,此时应审慎考虑,不宜轻易进入。当然,规模和发展潜力并不是企业选择目标市场的唯一标准,因为你在关注这个市场的同时,竞争对手也在研究。如果大家共同争夺同一个目标市场,则造成过度竞争和社会资源的无端浪费,在加大企业经营风险的同时容易忽略掉消费者的一些本应得到满足的需求;消费者的满意度降低反过来影响市场的发展,如此恶性循环,最终造成市场选择的失败。对于班轮公司来说,细分市场具有一定的规模和发展潜力是必不可少的选择前提,符合了这个标准才能考虑后续条件。

2. 细分市场具有吸引力。具有一定规模和发展潜力的细分市场,不一定具有吸引力,也就是也许不能给企业带来可观的盈利。只有能够为企业提供长期效益的细分市场,才对班轮公司构成吸引力。班轮运输细分市场是否具有长期获利能力可用前面分析内部环境时所用到的 5 力竞争模型来判断,也就是供应商、顾客、替代品、同业竞争者、潜在竞争者等 5 种力量的威胁来衡量细分市场的吸引力。如果某个班轮运输细分市场 5 个条件之一满足,那么该细分市场就没有吸引力。

3. 班轮公司本身能力和目标。某些班轮细分市场虽然规模适合,也具有较大吸引力,但远远超出班轮公司的自身能力,不符合企业的长远发展目标。选择这样的目标市场,必将分散企业的精力,使之无法完成其主要目标,因此这样的市场企业应考虑放弃。另一方面,还应考虑企业的资源条件是否适合在某一细分市场经营。企业只有选择那些有条件进入、能充分发挥其资源优势的细分市场作为目标市场,才可能立于不败之地。此外,市场规模和吸引力是相对于企业的实力而言的。对于具有较强实力的班轮公司来说,较小规模和吸引力的市场就不值得进入;而对于较弱小的班轮公司来说,市场规模虽然较大,但企业由于缺乏足够的市场资源,无力与大企业竞争,因此也就没有进入的必要。

二、集装箱班轮目标市场战略选择

班轮公司依照选择标准筛选出一个或多个目标市场之后,紧接着就是针对所选择的目标市场制定相应战略。为了击败竞争对手获取可持续的竞争优势,班轮公司要在企业内部资源、技术、能力、知识、文化等优势的基础上,结合外部环境的机遇与威胁,从而选择出与企业内外部环境相协调的战略。参考普通市场营销理论,结合集装箱班轮运输市场的特性,目标市场战略主要分为成本领先战略、差异化战略、集中化战略 3 种。

(一)成本领先战略

由于集装箱班轮运输的规则性和船舶运营缺乏灵活性以及货物具有多样性、复杂性、零散性等特征,与其他海运方式相比,它需要更庞大、更复杂的发展战略管理体系。而在这体系之中,成本控制处于极其重要的地位,成本领先战略可以说是企业在竞争中取胜的关键战略之一。这种战略要求企业采用具体营销策略在集装箱运输业中赢得成本领先优势,从而在市场竞争中获得高于行业平均水平的收益。

1. 集装箱班轮运输的成本构成。集装箱班轮公司在固定的航线上投入固定的船舶数,按既定船期表顺序挂靠固定的港口,因此根据班轮运输的上述营运特性,按成本产生的来源,计划期内总成本大致可划分为 4 个部分:船舶相关成本、集装箱相关成本、货物相关成本、管理成本。各部分主要成本构成与所占总成本比例见表 10-2。

表 10－2　集装箱班轮运输的成本构成

成本构成	主要构成项目	占总成本比率
船舶相关成本	船舶折旧、资本成本、燃油费、港口使费等	30%～40%
集装箱相关成本	集装箱折旧、维护修理费用等	15%～20%
货物相关成本	装卸费、驳运费、货物索赔和空箱重置费等	40%～50%
管理成本	员工工资、办公管理费用等	5%～10%

通过表 10－2 可以看出，在总成本中，船舶相关成本和货物相关成本两部分所占的比重最大，两项合计占 70%～90%，是班轮运输成本支出主要来源。因此，成本领先战略实施的前提就是在企业目前状况下能否将这两项费用降低至同行业水平之下。

2. 成本领先战略的优劣势。任何战略有利就有弊，成本领先战略自然也不例外。班轮公司要根据目标市场特性，结合自身条件来制定出符合企业原则的战略。成本领先战略的优劣势概括见表 10－3。

表 10－3　成本领先战略的优劣势

优势	劣势
1. 抵挡住现有竞争对手的对抗	1. 降价过度引起利润率降低
2. 抵御购买商讨价还价的能力	2. 新加入者可能后来居上
3. 更灵活地处理供应商的提价行为	3. 丧失对市场变化的预见能力
4. 形成加入障碍	4. 技术变化降低企业资源的效用
5. 树立与替代品的竞争优势	5. 容易受外部环境的影响

3. 成本领先战略的实施要点。采用成本领先战略后，如果班轮公司可以取得并保持集装箱运输行业的成本领先地位，那么它只要使运价相等或接近于该行业的平均运价水平就会成为所在产业中高于平均水平的超群之辈。甚至可以采用低价策略，将低成本优势转化为高收益，还能对竞争对手给予沉重打击，提高市场准入条件。如中海集运通过订购大型船舶、淘汰老旧船舶等手段来调整船舶结构，使得公司单位运营成本低于同行。截至 2007 年 6 月底，公司拥有的 4 000TEU 以上的大型集装箱船舶共 61 艘，占总船舶数量的 40.4%；4 000TEU以上的大型船舶运力共计 340 658TEU，占总船舶运力的 79.8%。4 000TEU 以上的大型船舶已占船队总运力的 80%，相比同行业平均水平高出 30%。正是由于船舶结构具有以上明显优势，船队船龄新、运载能力强，因此可以有效地降低维修成本及单位 TEU 的固定运营成本，提高运营效率和利润率。最终使得单箱成本一直低于同行公司，盈利能力强，在全球效益最佳班轮公司排名中一直处于前列。

尽管班轮公司可以依赖其成本上的领先地位来取得竞争优势，但这种优势只是相对的，而不是绝对的，竞争对手同样可以采用这种方式来削弱企业已取得优势。要将这优势保持下去，就必须在同类产品或者服务上提供更高的附加价值，使企业得以将其成本优势直接转化为高于竞争对手的利润，这样为取得令人满意的市场占有率而采取的降价幅度还不至于冲销企业的成本领先优势，最终在目标市场形成绝对优势。

此外，成本领先战略的成功取决于班轮公司能否将这战略持续进行下去，因为规模经济的实现需要一个过程。在这一过程中，前期为实施此战略的投入可能导致成本大幅上升，而从长远来看，战略若能如期按计划进行，成本下降是必然结果。

（二）差异化战略

差异化战略是指为获得竞争优势而在企业产品、服务、企业形象上采取与竞争对手不同的战略。由于客户需求的多样性，实现差异化战略很大程度上满足了客户需求，就很容易形成顾客对其产品的忠诚度。而顾客的忠诚度可以降低其对产品价格的敏感程度，这使企业在一定程度上可以避开正面竞争，获得更多更稳定的收益。因此，差异化战略是使企业获得高于同行业平均水平收益的一种有效的目标市场战略。

1. 差异化战略的适用条件。班轮公司为满足不同客户的运输需求，在建立公司差异化战略的活动中总是伴随着很高的成本代价，有时即便集装箱运输业范围内的顾客都了解公司的独特优点，也并不是所有顾客都将愿意或有能力支付公司要求的高运价。因此，有必要对差异化战略的适用范围加以限定。适用条件包括客户对产品或运输服务的需求是有差异的；创造和提供与竞争对手相异产品和服务的途径可行且这种差异被客户认可；企业实力雄厚，具备高级研究人员、创造性人才和高技能职员，具有很强的市场营销能力等。基于以上3点，差异化战略适合于规模较大的集装箱班轮企业选用。

2. 差异化战略的优劣势。采用差异化战略，班轮公司可以满足客户的多样化需求，根据需求的差异制定不同的产品和运输服务。产品和服务的差异化将降低顾客对价格的敏感性，不大可能转而购买其他的产品和服务，使企业避开价格竞争，从而有利于提高企业的经济效益和竞争能力，扩大产品和运输服务的销售量和市场竞争能力。劣势在于，如果竞争对手采用成本领先战略极力压低产品和服务价格，使其与实行差异化战略的企业的运价差距拉得很大，在这种情况下，客户为了节省成本，就会放弃具有差异化特性的高价服务，转而选择物美价廉的产品和运输服务。差异化战略的优劣势见表10－4。

表10－4　差异化战略的优劣势

优势	劣势
1. 给企业产品和运输服务带来较高的溢价。产品和运输服务的差异化程度越高，所具有的特性或功能就越难以替代和模仿，客户越愿意为这种差异化支付较高的费用，企业获得优势也越大	1. 失去部分对价格敏感的客户。如果竞争对手采用成本领先战略极力压低产品和服务价格，使其与实行差异化战略的企业的运价差距拉得很大，对价格敏感的客户就会选用竞争对手的产品和运输服务
2. 削弱了客户的讨价还价能力。差异化产品和服务是竞争对手不能以同样的价格提供，甚至是不能提供的	2. 客户需求的变化促使差异的不确定性。当客户变得越来越老练时，对产品的特征和差别体会不明显或者要求变得不高时，就可能发生忽略差异的情况
3. 提高客户的忠诚度。替代品和竞争对手的产品和运输服务无法在性能上与之竞争，建立起客户的忠诚度	3. 差异的可模仿性。班轮业是个激烈竞争的行业，当某公司的产品或服务获得成功后就会吸引大量模仿者；特别当这服务达到成熟阶段时，差异性就不再明显

3. 差异化战略的实施要点。实施差异化的市场战略可以满足不同层次客户需要，形成

最佳的效益循环，取得非凡的经营业绩。可一些班轮公司在实施这战略之后，往往遭遇失败或者效果与预期目标相差甚远。出现这些问题在于没有认识到并不是所有的企业都适合差异化战略，也不是所有的企业实施差异化战略都能获得成功。

班轮公司差异化战略实施的前提在于对客户关键需求的准确把握。客户需求是市场灵魂，客户面对同一种产品或者运输服务，可能会有几十种甚至上百种需求欲望，但只有其中一两种需求是客户最为看重的，也就是最为关键的。如果企业在实施差异化战略时，没有认识到客户的关键需求，则这种差异化很难获得客户的青睐，自然而然难以获得成功。当这种差异化战略获得成功之后，很容易招致其他班轮公司的跟进或者集体封杀，事实上很多优秀的差异化计划就这样胎死腹中。如果竞争对手能够很快地复制企业所提供的有吸引力的产品或运输服务属性，那么企业为差别化所做出的努力注定会失败。因为，竞争对手快速的模仿能力意味着这个企业的产品或服务实际上没有达到真正的差异化。因此，企业在准确把握客户关键需求的基础上，还需对所实施的差异化战略建立竞争壁垒，以排斥竞争对手。这种差异化壁垒的建立，可以体现在价值链的各个环节。

集装箱运输经过多年发展，海运服务已日趋同质化，各班轮公司基本上都能提供类似的服务。在航线设置、船型配置、交货期等方面均接近的情况下，集装箱运输业的竞争就主要体现在服务质量的竞争上，而能否为客户提供差异化服务是关键之一。例如，从国内去到美国西海岸的船在过去30年内都是在洛杉矶港和长滩卸货，然后经小路桥运往其他城市和地区。可这样就存在一个问题，由于美国当地的火车费用非常高，经小路桥运输从洛杉矶到芝加哥的运费需要1 600美元，有时候加上燃油附加税能到2 100美元，根本没有谈判的余地。在运价无法提高的前提下，这条航线的班轮公司面临很大的经营压力。

（三）集中化战略

成本领先战略偏向于在全行业范围内实现其目标，而集中化战略的整体却是围绕着如何更好地为某一特殊目标服务这一中心建立的，它所开发推广的每件产品或者服务都要建立在这基础之上。因此，所谓集中化战略就是班轮公司通过市场细分、集中力量或主攻某一特定的客户群体，或主攻某一服务产品系列的一个细分区段，或主攻某一特定的区域市场，从而使企业的服务产品占领目标市场，提升纵向竞争力。

把企业的注意力和资源都集中在一个或少数几个目标市场，这主要是基于不同的目标市场在运输需求上会有所不同，而企业的资源有限，不可能在所有目标市场都取得成功。因此，班轮公司应该认真分析自身的优势所在及所处的外部环境，确定一个或几个重点市场，集中企业资源，打开业务突破口。应该强调的是，这种集中化战略不仅仅指企业业务拓展方向的集中，更需要企业在人力资源的招募和培训、组织架构的建立、相关运作资质的取得等方面都要集中，否则，简单的集中只会造成市场机遇的错过和资源的浪费。

1. 集中化战略的优劣势。由于企业将全部力量和资源都集中在某个特定市场内的产品和运输服务之上，这样的优势在于集中自己的优势来充分满足相应目标市场的运输需求，从而实现提高市场占有率，增加收益的目标；劣势在于一旦目标市场选择失误或者经营受阻，给整个企业的打击是惨痛的。详见表10－5。

2. 集中化战略的实施要点。班轮公司选择集中化战略之后，还可对战略进行细分，结合前两种战略，在目标市场采用成本优势的成本集中或者采用差异化的差异集中。换句话说，企业要么可以在为特定群体提供服务时降低成本，要么可以通过满足特定群体的需求而实现差异化。

表 10－5　集中化战略的优劣势

优势	劣势
1. 便于集中使用整个企业的力量和资源，更好地服务于某一特定的目标	1. 一旦目标市场选择失误或者经营受阻，企业就会受到很大的冲击
2. 可以更好地调查研究与产品有关的技术、市场、顾客以及竞争对手等各方面的情况，更好地把握市场动态	2. 产品销量可能变小，产品要求不断更新，造成生产费用的增加，使得采取集中化战略的企业成本优势得以削弱
3. 战略目标集中明确，经济效果易于评价，战略管理过程也容易控制，从而带来管理上的简便	

影响集装箱班轮市场的内外部因素较多，导致了行业的复杂性和前景的不确定性。这就要求班轮公司在选择目标市场时，应准确了解市场的供求情况和预测未来走势。此外，过度竞争促使各班轮公司将自身的资源逐渐集中于其最具竞争优势的环节，这种战略的调整最终导致各班轮公司只专注于自己最擅长的领域，而通过航运联盟或客户网络获得公司生存所必需的外部资源支持。集中化战略是马士基的竞争优势之源。马士基认识到某些产业链和供应链上的核心企业的重要地位和巨大价值，因而建立了非常完备的 CRM（客户关系管理）系统，尽最大努力做到客户满意和实现客户忠诚，实现了客户价值最大化，保证了目标市场集中化战略的实施。

总之，由于外界环境的多变性、信息的不对称性以及人的有限理性，面对同行业不同企业的竞争，战略实施的结果并不能完全达到预期，必须重新思索，不断调整企业的战略，因此企业的最优战略是一个随着高层管理者认知能力的提高而不断适应内外环境的动态的调整过程。通常单个企业选择以上 3 个战略之中的一种，但是随着多元化的发展，为更好地发挥战略效能，企业有可能在同一目标市场内选择两种以上的竞争战略。其实取得成本领先与差异化并不是格格不入的，企业要使差异化获得盈利，就必须降低成本；同样如果要使低成本能占领市场也要注意产品或服务等方面的差异化。而且单一战略都具有自己的局限性，将两种或多种战略结合则可达到优势互补的功效，已成为班轮公司未来战略制定的发展方向。

三、集装箱班轮市场定位

选择完目标市场且制定好市场战略后，紧接着就是进行市场和产品定位，使得企业或者产品在市场上树立一定的形象，并取得目标客户的认可。班轮公司市场定位不仅是为了满足市场和顾客的需要，也是提高企业自身竞争实力的重要途径。故企业正确地产品定位对于集装箱班轮公司市场营销非常重要。市场定位作为 STP 战略最后一步，也是极为关键的一步。

（一）集装箱班轮市场定位的概念

班轮市场定位是指班轮公司根据竞争者现有产品或运输服务在班轮市场上所处的位置，针对客户对该类产品某些特征或属性的重视程度，为本企业产品或运输服务塑造相异于竞争对手的个性鲜明的形象，并将这种形象生动地传递给客户，从而使该产品或运输服务在目标市场上占有强有力的竞争位置的过程。

市场定位的实质是使本企业与其他企业严格区分开来，使客户明显感觉和认识到这种差别，从而在客户心目中占据极其特殊的地位。而班轮公司通过市场定位，可在货主心目中树立企业某种优质服务的形象，从而在所选目标市场占有有利的竞争地位。

（二）集装箱班轮市场定位的步骤

市场定位的关键在于班轮公司能否在自己的产品或服务上找出比竞争者更具有竞争优势的特性。集装箱市场定位的全过程可分为 3 个步骤。

1. 分析市场环境。这里的市场环境主要指客户需求环境和竞争环境。不同的目标市场就会有相异的客户需求。为实现此目标，企业首先必须进行规范的市场研究，切实了解目标市场需求特点以及这些需求被满足的程度。一个企业能否比竞争者更深入、更全面地了解顾客，这是能否取得竞争优势、实现产品差别化的关键。如远洋运输服务需求者一般注重于时效性，沿海运输服务需求者更看重运输的经济性和便利性。

分析竞争环境主要目的在于识别竞争对手优势。通常企业的竞争优势表现在两方面：成本优势和产品差异化优势。成本优势使企业能够以比竞争者更加低廉的价格销售相同质量的产品，或以相同的价格水平销售更高质量水平的产品，给竞争者造成很大威胁。产品差异化优势是指产品独具特色的功能和利益与顾客需求相适应的优势，即企业能向市场提供的在质量、实效、运价等方面比竞争者能够更好地满足顾客需求的能力。企业通过研究主要竞争者的优势和劣势，可做到知己知彼，从而百战百胜。可以从以下 4 个方面评估竞争者：①竞争者的业务经营情况，例如估计其近 3 年的销售额、利润率、市场份额、投资收益率等；②竞争者的核心营销能力，主要包括产品或者运输服务质量的水平等；③竞争者的财务能力，包括获利能力、资金周转能力、偿还债务能力等；④竞争中的经营战略和未来目标，是采取扩张战略，维持战略，还是防御战略。

2. 进行初步定位。对目标市场环境有了细致了解之后，对比竞争对手，找出本企业的核心竞争优势。所谓竞争优势是与主要竞争对手相比（如在产品开发、服务质量、销售渠道、品牌知名度等方面），在市场上可获取明显的差别利益的优势。显然，这些优势的获取与企业营销管理过程密切相关。所以识别企业竞争优势时，应把企业的全部营销活动加以分类，并对各主要环节在成本和经营方面与竞争者进行比较分析，最终定位和形成企业的核心竞争优势。选择竞争优势实际上就是一个企业与竞争者各方面实力相比较的过程。比较的指标应是一个完整的体系，只有这样，才能准确地选择相对竞争优势。班轮公司通常的做法是分析、比较企业与竞争者在企业资源条件、管理水平、经营策略、运输生产规模、运输网络、航线设置等 6 个方面究竟哪些是强项，哪些是弱项。此外，企业在市场营销方面的竞争优势不会自动地在市场上得到充分表现。对此，企业必须制定明确的市场战略来充分表现其优势和竞争力。

3. 开展宣传活动。企业经过市场定位，选择好位置之后，如何将这信息传递给顾客成为首要任务。在此，企业要通过一系列的宣传促销活动，将其独特的竞争优势准确传播给潜在顾客，并在顾客心目中留下深刻印象。同样也通过 3 步来实现，首先，应使目标顾客了解、知道、熟悉、认可、喜欢和偏爱本企业的市场定位，在顾客心目中建立与该定位相一致的形象；其次，企业通过各种努力强化目标顾客形象，保持目标顾客的了解，稳定目标顾客的态度和加深目标顾客的感情来巩固与市场相一致的形象；最后，企业应注意目标顾客对其市场定位理解出现的偏差或由于企业市场定位宣传上的失误而造成的目标顾客模糊、混乱和误会，及时纠正与市场定位不一致的形象。值得注意的是，企业的产品在市场上定位即使很恰当，但在消费者需求或偏好发生变化、市场出现新产品的情况下，还需考虑重新定位。

总之，企业在进行市场定位时，应慎之又慎，要通过反复比较和调查研究，找出最合理的突破口。避免出现定位混乱、定位过度、定位过宽或定位过窄的情况。而一旦确立了理想的定位，公司必须通过一致的表现与沟通来维持此定位，并应经常加以监测以随时适应目标顾客和竞争者策略的改变。

（三）集装箱班轮市场定位的方法

班轮公司产品定位的方法主要包括以下几种：按照产品或运输服务的属性定位；按照产品或运输服务的价格和质量定位；按照顾客需求定位和按照企业的竞争战略定位。产品或运输服务的属性定位是指企业突出其产品的某一功效并确定其在市场上的位置，这种定位方式强调本企业产品的某一方面的功效与同类产品的功效的明显区别，以满足消费者选择的需要。产品或运输服务的价格和质量定位是指企业可通过优质高价、优质低价、同质同价、同质低价等 4 种方式来选择定位。顾客需求定位是指企业根据消费者需求的差异来进行定位。竞争战略定位也可细分为市场领先者定位、市场追随者定位、市场挑战者定位。根据 2017 年公布的全球 20 大集装箱班轮公司名单，可以看出：马士基、地中海航运是市场领导者；达飞轮船、长荣海运、美国总统轮船、赫伯罗特、中远海运集运、日本邮船、韩进海运是市场挑战者；商船三井、东方海外、汉堡南方、川崎汽船、阳明海运、以星、南美轮船、太平国际和阿拉伯轮船是市场追随者。

下面举一例子，某班轮公司要开发新的集装箱运输产品，根据服务产品的速度和价格两个属性将目标市场划分为 4 个市场方向，见图 10－6。通过市场调研和对消费者追踪以及价位等服务要求所做的调查，结果表明：目前市场上存在 4 类班轮公司，其产品或运输服务的实际形象定位分析见图中 A、B、C、D 所示；而消费者需要速度快、价位低的集装箱运输产品，于是该班轮公司将产品定位于 P 处。根据该班轮公司对这个产品或服务的定位，在速度属性上要与 C、D 产品竞争，在价格属性上要与 B、C 产品竞争。

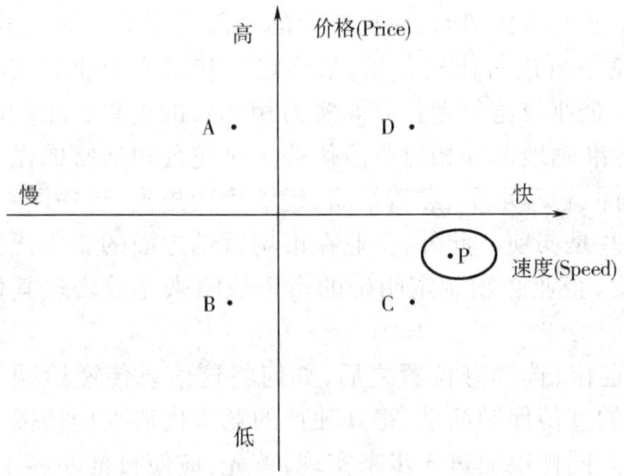

图 10－6　中外运集装箱运输有限公司厦门分公司的目标市场定位

1. 充分市场调查，了解客户需求。厦门至马尼拉航线市场上缺乏直航服务。该航线上是否需要直航服务？该航线上的客户重视哪些服务特征呢？根据广泛的市场调查，公司了解到厦门—马尼拉每周市场的出货量约在 500TEU 左右。货品主要集中于日用生活品，以食品、服装、鞋帽居多。因日用生活用品的货主比较关注运输的安全性以及时效性，一方面其货值相对较高，每个货柜的价值约在 20 万人民币左右；另一方面，货主急于赶市，他们需要一个高效稳定的物流系统来保障贸易的稳定性和畅通性。有客户反映，在圣诞、春节运输旺季，他们的货物曾被滞留在中转港长达1 周～2 周，交付周期之长难以忍受，一些货品的安全性令人担忧。因此，从市场分析和市场反应来看，市场需要直航快达的服务，直航快达服务具有较为明显的竞争优势。

2. 精心产品设计，凸显竞争优势。市场需要直航快达服务，公司确定以直达快航作为企业的服务目标，一系列决策问题接踵而出：需要多快的服务呢？投入快船服务，势必需要较大的舱容，该航线具有那么大的市场规模吗？中海为什么又撤线停航？船期设计、挂港设计如何处理？

3. 船期设计。据市场调查，目前竞争对手的航期多半在 4. 5 天，因此，理想竞争服务优势在 2. 3 天。在船期设计上，一来必须考虑现有竞争态势，避开主要竞争对手的船期；二来必须考虑客户的贸易习惯，方便客户的出口操作，包括订舱、装货、商检、报关等。根据以上两原则，公司调研发现周六是个黄金船期，第一，在该条航线服务上，目前航线竞争力较强的长荣海运和万海航运，其船期分别为周二、周四、周五；第二，在航运服务上，本身存在周末效应，也就是说，大多数客户都习惯且喜欢周末船期，因为操作时间较为宽裕。以厦门港为例，周末船舶挂港量占每周业务 50% 以上，客户在心里盼望着周六、周日能有船期可供选择。当然最为重要的是周六船期极其完美与理想，2 天的快航服务，发货人周六发货，收货人周一即能够收货、提货。这不仅方便了收、发货人两港的操作，而且在心理上大大缩短了时间、空间距离，直航快达的竞争优势显得淋漓尽致。

4. 挂港设计。要达到直航快达服务，公司拟投入平均航速 13 节～15 节、舱位 400TEU（实装 350TEU）船舶。第一船速可实现 2 天到港，7 天一班的服务；第二舱位规模可实现航线效益。但厦门市场规模与舱位规模匹配吗？这就是中海撤线停航的症结所在。据市场调查，厦门至马尼拉航线每周市场的出货量约在 500TEU 左右。客观地分析，即使提供直航快达服务，在目前市场竞争形势下，也不能实现完全垄断，再加上该航线进口货量少之甚少，因此厦门目前的市场规模不能够满足航线设计的需要。增加挂靠港是解决市场规模的有效途径。在增挂港的市场调研中，公司发现汕头港又是一个极佳的市场机会。一方面汕头港轻工业品较发达，本身前往马尼拉货量不小，每周有近 200TEU 的规模：另一方面汕头港目前整港都没有直挂国际航线，外运集运开设首条直挂航线，竞争优势显而易见，必将受到市场的热烈追捧；另外该港 121 地处厦门边缘，与厦门相距仅 140 海里，航程只需 10h，符合航线设计。综合以上各因素，汕头至厦门至马尼拉航线孕育而生。航线设计见图 10－7。

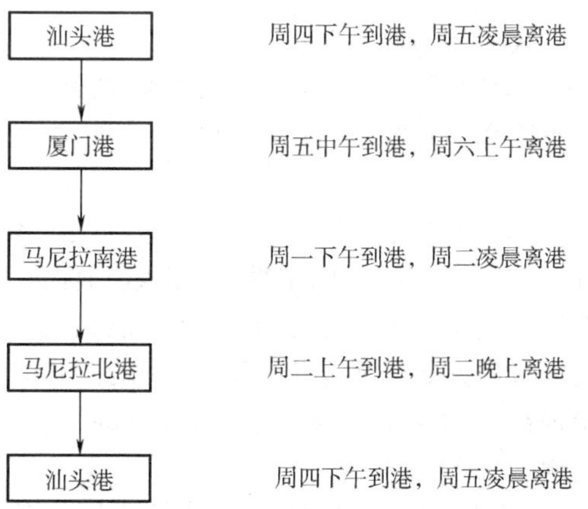

图 10－7　案例航线设计

在直航快达的竞争优势下，外运集运马尼拉航线明确了其市场定位：塑造品牌形象，提供优质服务，占领高端市场。如何将企业市场定位传递给广大客户？如何获取广大客户的认同？公司作为新兴的航运企业，没有历史的包袱，以现代营销理念为指导，围绕运价水平和舱位利用水平为中心，充分发挥 7Ps 营销组合策略：挖掘产品内涵，发挥价格杠杆，设置分销模式，采用促销措施，调动人力资源，展开有形展示，改进服务过程。通过各项策略，企业市场定位得以实现，航线产品生命力得到进一步地焕发和延伸。

第四节　集装箱班轮市场营销策略

班轮公司完成了其产品或运输服务在目标市场上的定位，只是从宏观角度确定其营销方向和目标，如何细化就成为营销策略的范畴。班轮市场的营销策略往往不是一种单一策略，而是一种组合策略。这些营销策略的组合促成市场定位具体化。

营销组合的过程和组合状况，最终决定企业营销活动的效果。因此，运用营销组合是否合理，直接关系到班轮公司定位和营销目标能否实现。

一、集装箱班轮产品策略

对于班轮公司而言，产品就是服务，是指企业通过集装箱船及设备来为客户提供货物运输需求的一切相关服务。这种服务既无形，也有形。无形是指在这一过程中，由班轮公司提供的咨询服务和单证相关的服务；有形是指集装箱货物完成了它在地理位置上的变化。

（一）集装箱班轮产品的相关概念

1. 集装箱班轮产品的构成要素。

（1）运输质量。其包括装卸货物及配载的状况，货流及货运单的处理质量；航运过程中船舶符合适航标准所具有的各种能力，包括突发事件应急能力、保持货物的平衡能力等。

（2）运输时效。由于海运具有里程远、参与部门多等特点，集装箱船在航行中所花费的时间具有一定的不确定性，无法做到像火车运输那样精确。船期不稳定意味着班轮公司不具有满足各类货主需求的基本能力，这对营销工作的开展非常不利。加上班轮运输业低碳口号盛行导致集装箱船航速的降低与货主对运输速度的高要求之间的矛盾，船公司能否在节约主机燃油成本、响应低碳号召的前提下又不贻误船期，是服务产品能否成功的关键。

（3）产品结构。其是指为满足不同运输需求而提供的服务项目类别总构成。如班轮公司根据自身实力，来安排合适的运输类别、航线结构和挂靠港，以满足货主的不同需求。

班轮运输服务的无形性不仅使得客户难以直观地感受服务过程，而且加大了营销人员追踪服务效果的难度。因此，班轮营销人员在推销产品时，尽可能做到无形服务的有形化，服务的定量化，以便为客户提供更好更适合的服务。

2. 集装箱班轮产品的层次。班轮公司为货主提供的不仅仅是某条航线上的舱位，而是一套整体性的综合服务。根据客户对运输的需求程度，可将产品分为 5 个层次，见图 10－8。

（1）核心产品，即产品的基本使用价值或效用。对于集装箱班轮企业而言，核心产品的内容是为货主提供符合其需求的位移，这种位移不是简单地改变空间地理位置，而是通过运输手段来将货物的潜在价值转化为实用价值，也就是使产品价值增值。

（2）形式产品，即以实体的形式来体现产品的核心价值。在集装箱运输中，形式产品是指为货主提供运输服务的船舶舱位体积、位置、货物定位、捆绑吊运设备工具状况。

（3）期望产品，即消费者购买产品时所期望的一整套属性和条件。如货主往往会对一般

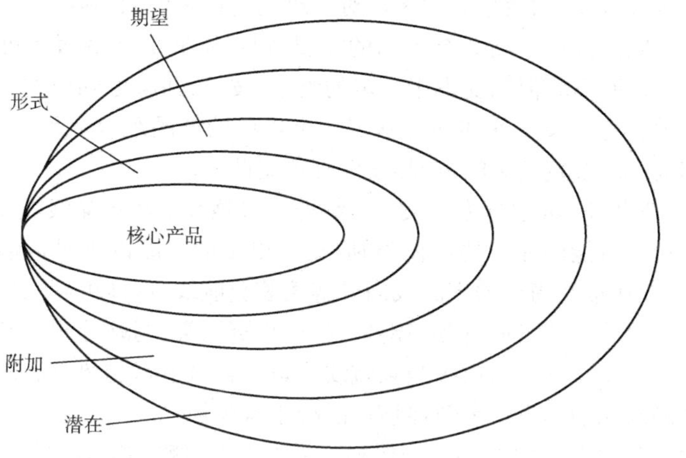

图 10－8　集装箱班轮产品的层次

产品提供的所有属性和条件作价值和成本的比较，如船期、安全性、经济性、及时性。

(4)附加产品，即产品包含的附加服务和利益。对于集装箱班轮公司而言，附加产品表现在为货主提供的与位移联系在一起的一系列必不可少的服务，如货物装卸、咨询、报价、订舱、报关报检、仓储和配送服务等。

(5)潜在产品，即客户潜在需求，是产品最终可能的所有增加和改变。在集装箱运输中，潜在产品主要表现为班轮公司为货主提供的多式联运(门到门)服务、EDI 和物流服务。这是集装箱运输业市场需求的发展趋势。

(二)集装箱班轮产品策略

1. 产品差异化策略。班轮公司要实行产品差异化策略，首先必须具有与竞争对手不同的服务产品特色，也就是要有自己的运输特长；其次利用广告宣传手段和良好的公共关系来给货主留下特别的印象。产品差异化是市场结构的一个重要因素，班轮公司能否控制某个区域市场或者某条航线取决于产品差异化的实现程度。程度高的班轮公司可以构筑市场进入壁垒，提高进入者障碍，从而稳固自己的领先地位。产品差异化策略的实现有以下 3 种方式。

(1)提供高水平优质服务。班轮公司通过提高员工素质和增强员工的服务意识来为客户提供优质服务，满足客户合理的差异需求。在为货主提供基本服务的同时，还要配合货主完成装卸和通关业务，提供一系列增值服务。

(2)运用广告或公共手段。通过广告宣传手段来给目标客户传递不同服务信息，扩大产品差别的影响，以吸引更多的货主。还有就是通过定期举办一些船公司与货主之间的互动活动，来加强与货主的联系，提高客户黏性，使班轮公司在货主心目中形成消费定势，从而增加货主的替代成本。

(3)采用直销形式。即班轮公司采取自建销售系统或通过设立代理公司的方式来控制流通渠道，减少中间成本。通过服务的一体化来提高服务水平以体现其班轮产品的差异。

2. 产品组合策略。班轮产品组合策略是指班轮公司通过拓展产品组合的宽度、深度和关联性来取得促进揽货、增加效率的效果。对于班轮公司来说,必须决定每条航线配置多少运输服务项目。不同的区域市场会有不同的需要,提供不同的运输服务可以满足不同的产品消费者,拥有更大的市场,但因受限于一定的资本、技术,并考虑到成本、费用支出和效益,班轮公司必须根据自身条件与外部环境确定一个最佳的产品组合。目前,班轮公司产品组合策略主要可归为产品线宽度策略、产品线深度策略两种。

(1)产品线宽度策略,可细分为扩大产品线宽度策略和缩小产品线宽度策略。扩大宽度策略是指班轮公司尽可能增加新的运输类别,提供更多的产品以满足运输市场对不同货物海上运输的需求,如在集装箱运输产品线内开辟滚装船航线,这样可利用原集装箱航线的现成服务机构和配套设施。还可通过参与港口经营、投资码头、场站等跟集装箱运输有关的设施来扩充产品线。缩小宽度策略用于当某航线货量一直呈下降趋势,面临萎缩的情况,这时可采取缩减该产品线船舶运力或者暂停该产品线来减少损失。

(2)产品线深度策略,同样可细分为增加产品线深度策略和缩减产品线深度策略。增加深度策略是指班轮公司在同一种产品线上增加更多的航线或者挂靠更多港口,以满足货主不断上升的运输需求。如自2010年6月27日起,东方海外将提升亚洲区内航线KTX3的服务,加挂新加坡、雅加达和巴生港,运力也从原来的两艘2 200TEU型船增加为4艘,提供从台湾、香港、蛇口等地直达雅加达、巴生港的服务。缩减深度策略即减少某产品线中的航线数目或对有部分重合的航线进行合并的策略。

二、集装箱班轮定价策略

班轮运价一直是客户选择运输服务的主要参考标准,尽管近些年来,一些非运价因素的作用越来越大,但运价仍然是影响客户购买行为的最主要因素。由于班轮运输的无形性,运价的制定远比实物产品的定价要灵活得多。当一家班轮公司为消费者提供运输服务时,往往会根据所运货物的种类、客户所要求的服务质量标准以及有无其他特别要求等来确定运价。因此,集装箱班轮定价策略是指班轮公司在充分考虑运输成本、客户需求等因素的基础上,参考行业内其他企业的运价,制定出符合自身预定经营目标的价格策略。

(一)集装箱班轮定价的依据

班轮公司的定价受企业内外部诸多因素的影响,由于运价基本上由市场自行调节,所以运输成本和运输市场的供求关系成为班轮公司制订运价的主要依据。运输成本是运输产品定价的最低界限,班轮公司一般不会维持亏本营运。市场供求关系决定运价的波动:运力不足(船少货多)时,运价上涨;运力过剩(船多货少)时,运价下跌。此外,竞争对手的运价水平也是班轮公司制订和调整运价的依据之一。一些班轮公司采取紧跟对手的定价策略,提供的运输产品和服务与竞争对手差异不大;一些班轮公司基于本身市场定位制订高于市场价的运价;新进入市场的班轮公司或新辟航线往往以低价吸引货主,以便扩大影响,逐步赢得市场份额;而实力雄厚的班轮公司为独霸市场,常采取大幅降价的措施排挤或击败竞争对手。本章主要从集装箱运输成本、集装箱运力供求两方面加以阐述。

1. 集装箱运输成本。班轮公司的运输成本包括货物费、中转费、集装箱变动成本、集装箱固定成本、港口费、燃油费、船舶固定费用、舱位费等八大类,详见表10-6。

表 10－6 集装箱运输成本构成

成本名称	成本分类	成本明细
货物费	码头货物费	集装箱特许费、吨位测量费、装卸费与回扣、码头进出场费、理货费、附加码头货物费、装卸加班工时费、人员接待费、集装箱处理费、额外起重费、额外人工费、舱盖开关费、绑扎费、码头费与回扣、冷箱码头相关费、危险品码头货物费、铁路转运码头处理费、货物代理费、其他货物费等
	场站货物费	PTI 费用、一般场站货物费、场站冷箱货物费、GENSET 调运费、拼箱堆场租赁费等
中转费	驳船中转费	支线船运输费、驳船运输费、自营驳船外贸中转费
	火车中转费	火车运输费
	卡车中转费	卡车运输费
集装箱变动成本	空箱调运成本	空箱海运调运成本、空箱陆运调运费
	空箱代理费	空箱代理费
	空箱滞留成本	空箱保管费
集装箱固定成本	底盘车费	底盘车费
	挂衣箱改造费	挂衣箱改造费
	维修费	维修费
	集装箱折旧费	集装箱折旧费
	滞期费抵减	滞期费递减
	其他固定成本	其他固定成本
港口费	巴拿马运河费	巴拿马运河费
	苏伊士运河费	苏伊士运河费
	港口费回扣	船舶吨税回扣、拖轮费回扣
	港口船舶代理费	船舶代理费、代理包干杂费
	港口靠泊费	入港费、锚地停泊费、码头费、下锚起锚费、灯塔税
	税费	港口税、吨税
	港口拖轮费	拖轮费
	港口引水费	引水费
	港口其他费	政府代理费、交通艇租用费、救生船费
燃油费	燃油费	燃油费
船舶固定费用	船舶固定费用	船舶固定费用、船舶贷款利息、船舶共同费用
舱位费	内外部舱位费	外部舱位租金、内部舱位费转出、内部舱位费转入

由于货物的性质、重量、运输条件、装卸条件和保管条件不同，运输成本也不尽相同。运输成本高的货物，其运价也高，反之亦然。比如，危险品和冷藏货物的运价通常高于普通货物。货物自身价值的高低能够反映货物对运价的负担能力。对于价值较高的货物（如纺织品和化工品等），运输价格占其贸易价格的比例通常很小，运价就会制订得高一些；而对于价值较低、批量较大的货物（如废旧物资等），班轮公司往往制订特别的优惠价格。

2. 集装箱运力供求。影响班轮运价走势的主要因素仍然是供求关系。班轮运价随供求关系上下波动，当运力供给大于需求的时候，运价下降；当运力供给小于需求的时候，运价提升。同时，价格与供求存在互动关系，供求的不平衡在"互动"作用下有自动消除不平衡的趋势。

随着金融危机爆发以及运力的持续快速扩张，国际集装箱运输市场名义运力增速远大于运量增速，导致一些航线箱运费已经跌至可变成本，在某种意义上，这预示着班轮公司定价的基础已经发生变化，定价策略从以前的"保总成本"变成"保可变成本"。但考虑到运力布局的结构性变化，如果亚欧航线运输需求仍能保持20%以上的增速，则市场供求将继续保持平衡。再考虑到港口、运河的拥堵，欧美工人罢工，以及国际干散货市场的火爆导致部分干散货源集装箱化等不确定因素的存在，全球集装箱船队运力供应或将时有偏紧，由此未来市场行情总体将继续保持较旺盛的态势。班轮运费水平将总体平稳，伴随有季节性波动：旺季运输时，供不应求的市场形势将推动班轮运价走高。

（二）集装箱班轮运价的构成

根据货物运输经济理论，运价结构有以下几种：不考虑运输里程的邮票式运价结构；根据运输里程而定的里程式运价结构；将一系列发送地和到达地划分为不同的地理区域，在每个区域内部采用邮票式运价结构，不同区域之间采用里程式运价结构，这种运价结构实际上是前两种运价结构的组合。集装箱班轮定价采用的是最后一种运价结构，包括基本海运费、附加费和其他费用。

三、集装箱班轮渠道策略

运输服务不只局限于产品和价格，当渠道上的个性化能够给客户带来意外的惊喜或者能够更快更方便地满足客户的运输需求时，某些客户可能愿意支付较高的成本来获得价值相对更高的产品服务。而且班轮公司提供的运输服务只有通过或长或短的渠道才能到达客户手中，整个营销过程才得以继续。其中班轮公司可根据自身的情况来决定是自设揽货代理机构还是利用代理商来推销运输服务。

（一）集装箱班轮营销渠道的概念

班轮营销渠道是指运输产品或服务从班轮公司向货主转移的过程，其中涉及各种中间商和营销服务设施，以便更有效地将产品和服务提供给目标市场。由于集装箱运输服务的无形性，其分销渠道取决于运输服务的销售活动，不存在产品所有权的转移。

集装箱运输市场的复杂性意味着班轮公司要想依靠自身力量来销售全部产品是不现实的。而中间商熟悉各种运输方式、运输工具、航线、运输手续和各国法律法规等，精通运输中各个环节的种种业务，且与相关机构如海关、检验检疫局、银行、保险、港口、装卸公司等有着广泛和密切的联系，并在世界各地拥有自己的客户网络和代理网络，正好充当班轮公司和货主之间的纽带。中间商包括船舶经纪人、货运代理公司、船舶代理公司、咨询代理公司。这些中间商不仅起着渠道作用，还在简化贸易程序、协调各方利益、沟通与反馈信息方面起着十分重要的作用。

(二)集装箱班轮营销渠道的类型

根据是否有中间商,可将班轮营销渠道分为直接渠道和间接渠道,见图10－9。直接渠道即没有中间环节,由班轮公司直接将产品或服务销售给消费者,产销直接见面。直接渠道有利于班轮公司与客户双方沟通信息,帮助班轮公司按照市场需求提供运输服务,扩大销售,有利于节约流通费用,加速产品分销,但不利于班轮公司实行专业化分工。间接渠道即班轮公司经过一层以上中间环节,向客户销售运输产品或服务,产销不直接见面。间接渠道有利于班轮公司专心经营主业,提高效率,有利于协调供需在时间、空间上的矛盾,方便客户购买运输产品或服务,提高购买效率。

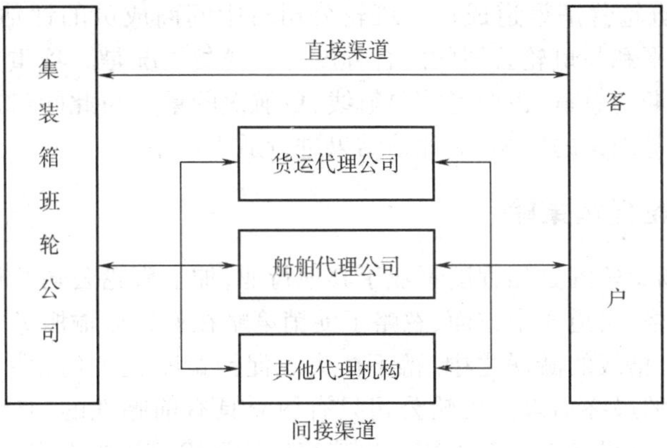

图10－9 集装箱班轮营销渠道

大型班轮公司如马士基、地中海航运等都拥有自己的销售网络,但这不意味着不使用中间商,因为任何企业都不可能把运输产品和服务经过直销的方式传递给客户。这就导致目前的班轮市场直接渠道与间接渠道并存,班轮公司自建销售机构的同时,又委托某个或若干个代理商代理其船舶运输业务。此外还可根据中间环节的多少,可分为短渠道和长渠道;根据中间商类型的多少,分为宽渠道和窄渠道。

(三)集装箱班轮营销渠道成员的管理

建立了渠道,班轮公司需要对渠道成员进行管理和控制,对分销渠道进行战略与战术的细节管理。整个管理过程包括对各渠道成员的选择、激励和评估。

1. 选择集装箱班轮营销渠道成员。班轮公司应根据自身情况结合市场内外部环境来选择中间商成员,设计自己的营销渠道。选择中间商有一定的条件,需要对中间商的市场范围、经营条件、产品策略、促销策略和财务状况以及管理水平进行综合考虑,加以评估。中间商的选择是否得当,直接关系到班轮公司的市场营销效果,因此,在确定审核、比较标准后,整个选择过程要慎之又慎,全面考虑各方面信息。

2. 激励集装箱班轮营销渠道成员。为使营销工作达到最佳状态,班轮公司应对中间商采取一定的激励措施,提高中间商的积极性和服务效率。首先,将中间商列为战略伙伴,鼓励中间商参与班轮公司市场发展计划的制定,取得中间商的认同;其次,给予帮扶支持,不只是推动中间商的营销努力,而且向客户进行积极地沟通,实行跨位营销,使最终客户能够辨别班轮公司产品的优势，建立品牌忠诚；最后，班轮公司要积极向中间商提供技术与销售培训、产品和服务信息等。同时运用好激励机制，也是提高分销渠道效率的重要方法。具体策略可分为以下3类。

(1)及时沟通。一般而言，双方经常保持联络，彼此能有更多的理解，关系也就越密切，工作开展起来也就越顺畅，中间商的工作也会越做越好。双方的沟通可通过高级管理人员的拜访、定期的座谈会、电话、网络、企业刊物等形式进行。

(2)利益回报。让中间商所获得的利润或佣金，随着中间商的销售量和所提供的服务水准的变化而变动。超过一定额度，可通过回扣、更加优惠的航线运价等方式给以兑现。

(3)心理奖赏。通过心理奖赏可激发中间商的自尊感和成就感。如设置一些奖项，鼓励在业绩和服务等方面优秀的中间商。

3. 评估集装箱班轮营销渠道成员。班轮公司对中间商成员的评估考核标准可包括揽货情况、服务质量水平和与班轮公司的配合程度等。揽货情况是一项重要的评估指标，在评估时，考核其一定时期的总量，也要考核单航线、单航次的量。与此同时，还应考虑到中间商经营规模、市场环境等因素的影响，对评估结果进行适当调整。

四、集装箱班轮促销策略

集装箱班轮市场竞争的激烈程度不亚于其他行业，加上班轮公司往往将大量人力、物力和财力投在产品、价格、渠道3个方面，忽略了促销策略在班轮运输服务中的作用，以至于各班轮公司经常陷于价格战的漩涡之中，得不偿失。促销策略是市场营销组合的基本策略之一，决定了营销活动的最终结果。班轮公司只有树立具有前瞻性的、有针对性的促销观念，才能在竞争激烈且与世界经济关系密切的集装箱班轮运输市场中求得生存并得以盈利。

(一)集装箱班轮促销的概念

班轮促销是指班轮公司通过广告、营业推广、公共关系和人员推销等各种有效的促销方式和手段，向客户传递产品信息，使客户了解和注意企业产品，激发客户的购买欲望和购买行为，并促使其实现最终购买行为以达到企业扩大销售的目的。促销的实质就是信息沟通，班轮公司通过这种方式在企业与中间商以及客户之间建立起稳定有效的信息联系以达到吸引客户，增加销售量的目的。

集装箱运输市场上大小班轮公司比比皆是，如何让运输需求者知晓你的产品或运输服务，这是促销的第一个作用。此外还包括促进销售、增强市场竞争力、稳定客户关系等作用。

1. 传递产品信息。某项运输服务推出之前，班轮公司必须及时向中间商和客户传递有关的服务信息，包括运力、航线、船期表、运费水平以及海外分支机构、代理网络等信息。通过信息的传递，使中间商和客户了解产品销售的情况，建立起企业良好的声誉，吸引客户的注意，从而为实现销售和扩大销售创造前提条件。

2. 促进销售。班轮公司通过采取灵活有效的促销活动，诱导或激发客户某一方面的需求，从而扩大产品的销售量。并且，通过班轮公司的促销活动来创造需求，发现新的销售市场，从而使市场需求朝着有利于企业销售的方向发展。

3. 增强市场竞争力。班轮公司通过促销活动，宣传本企业产品或运输服务与竞争对手产品的不同特点，以及给消费者带来的特殊利益，使消费者充分了解本企业产品的特色，引起他们的注意和欲望，进而扩大产品的销售，提高企业产品或运输服务的市场占有率。

4. 稳定客户关系。班轮市场竞争的结果促使不同企业所提供服务的内容和范围趋于类似,加上班轮公司所提供的产品或服务本来就没本质区别。而通过有效的促销活动,使更多客户了解、熟悉和信任本企业的产品,并通过消费者对促销活动的反馈,及时调整促销策略,提高客户的满意度和增强客户黏性,以此与客户建立长期稳定的合作关系。

(二)集装箱班轮促销策略

在集装箱班轮促销过程中,经常使用的是推进策略(push strategy)和诱导策略(pull strategy)。推进策略是以人员推销为主;诱导策略则是通过大规模的广告活动来刺激最终消费者的购买意愿,进而扩大需求。在过去,班轮运输业多习惯于使用推进策略,由业务代表向客户或中间商说明其提供的运送服务所具有的各种特性与利益,促成潜在顾客的托运决策,扩大市场销售额。现在,随着班轮市场开始从卖方市场向买方市场转变,班轮公司也越来越偏向于利用诱导策略来树立企业形象,促使消费者产生积极的心理效应,主动上门寻求服务。除了以上两种策略外,还包括营业推广策略和公共关系策略。

1. 推进策略。这是集装箱班轮营销运用中最为普遍的一个促销策略,主要采取人员推销方式来揽取业务。通过该策略,班轮公司把实现货物空间位移的方式、内容、信息等传递给客户达到吸引客户、增加运输生产量的目的。其优点在于揽货人员可以与客户及时进行有效的双向沟通,通过观察客户的态度、表情准确了解客户的真实需求,以便及时调整营销策略;还利于揽货人员与客户培养感情、增进友谊,便于企业与客户建立长期稳定的业务联系。缺点则在于成本过高且人为因素较重。

集装箱运输的产品是货物的空间位置的转移,具有非实体性和不可储存性的特点,其生产、消费和服务同时发生。集装箱运输市场供过于求,企业竞争趋于白热化,产品生命周期处于成熟阶段,企业的目标是尽量维持与现有客户的业务联系,保持企业的市场份额,以人员推销为主的促销方式能达到该目的。在推进策略下,班轮推销人员可以与货主直接进行面对面的接触,提供货主需要的信息,回答货主提出的问题,并向货主提出建议,而且推销人员可以帮助顾客解决实际的问题,充当客户的航线顾问。比如可以根据货主要求,推荐航线和船期。这样,推销人员既代表企业向货主传递信息,又代表货主向企业反映货主的意见和要求,为企业的营销策略调整提供依据。此外,营销人员在促销某一项运输服务时,可以通过强调该服务产品的优越性作为服务特点,以显示出自己与竞争对手的不同,从而吸引更多潜在客户,同时也使得企业在市场上建立起一种积极的总体形象。

2. 诱导策略。诱导策略亦称广告策略,是指通过传媒广告将有关产品或服务信息传递给客户的一种促销方式,从而诱导客户进行消费。班轮公司的传媒广告以往主要以服务内容即航线、航期为主,比较简单、呆板。近年来一些班轮公司已开始在大众媒体,如杂志期刊、报纸、电视、互联网等形式来投资形象性广告,这对建立品牌的权威性等方面具有积极作用。通过传统媒介来开展集装箱促销活动的方式已经成熟,本书不再赘述,以下重点介绍下网络促销方式。

顾名思义,网络促销是借助数字化交互媒体和互联网来进行的促销方式。以网络作为一种促销手段已经成为班轮营销的必然趋势。目前,世界大小班轮公司网站所提供的服务信息和交易功能已经很丰富和完善。例如,客户可通过网站来享受在线预约、费用支付、货期查询和货物跟踪等一系列服务。相比其他促销方式,网络促销还有着自己的独特优势。

(1)更佳的促销效果。网络具有跨地域性、不受时间限制等特点,班轮公司采用网络促销方式,通过官方网站来介绍本企业的历史现状、内部新闻、已获荣誉、经营理念、服务范围等内容,从而摆脱传统媒介空间和时间的局限性,使得营销范围更广泛,促销效果更佳。此外，班轮公司可以通过网络向外发布运输产品、价格和客户服务等业务信息；同时，货主可以通过网络随时接收和查询信息，并将信息及时反馈回企业，这样班轮公司和货主之间的信息可双向交流，促使交易的顺利进行。最后，班轮公司通过提供完善且健全的网络服务从而起到建立良好企业形象、创造国际化品牌的效果，以品牌优势进一步拉动消费。

(2)更好的成本控制。网络具有传播范围广、速度快、无时间地域限制、无时间版面约束、内容详尽、双向交流等特点，网络促销可以使交易得以实时进行，减少人员等促销过程费用。其中最直接效益是企业成本费用的控制，主要体现在为促销所支出费用和交易成本的降低以及人工、通信等企业内部相关业务管理所支出费用的减少。

(3)更紧密的客户关系。通过互联网信息技术，班轮公司可以对所有的客户建立一个功能强大的信息数据库。根据客户以往的货物情况、装运习惯、运输线路、时效要求等信息汇总进行统计分析，得出托运人的装运及运输模式，进而对货主目前的模式提出规划和改善意见。而且通过网络促销手段，班轮公司可以对客户反馈的意见及时地做出回应，根据货主的特定需求来提供运输服务，最大限度地满足货主的需求，提高货主的满意度，也节省大量的客户服务费用。

面对集装箱班轮不断加剧的市场竞争和环境的不可预知性等种种不利因素，各班轮公司要想在竞争中取胜，占有更大的市场份额，就必须树立与市场环境相适应的市场营销观念，如网络营销；并对促销手段不断进行创新，这样才能更好地发展自己的运输优势，为客户提供更加满意的服务。

3. 营业推广策略。营业推广策略介于推进策略和诱导策略之间，用来弥补人员推销和广告营销的不足。与经常性有计划地进行国际市场人员推销和广告不同，营业推广主要是针对国际目标市场上一定时期内的某项任务，为了某种目标而采取的短期的特殊的推销方法和措施。如为了刺激班轮运输需求，促销新航线服务，处理航线衰退产品等，以此达到提高销售额，打开新市场，降低损失的目的。在实际营销中，班轮公司往往使用这种促销方法来配合人员推销和广告促销，使三者互相呼应，相互补充，相得益彰。

作为一种促销策略和促销方式，营业推广见效快，可以在短期内刺激目标市场需求，使之大幅度地增长，特别是对一些优质航线产品。这种促销方式向货主提供了一个特殊的购买机会，它能够唤起客户的广泛注意，具有针对性强和灵活性强等特点。但是，在班轮市场开展营业推广活动，必须在适宜的条件下，以适宜的方式进行，否则将影响企业产品或运输服务在市场上的声誉。除了考虑市场供求和产品性质以外，还应考虑客户的购买动机和购买习惯、航线产品的生命周期、市场竞争状况以及目标市场的政治、经济、社会和技术等环境因素，进行适当地选择。

4. 公共关系策略。公共关系是指集装箱班轮公司在营销的过程中为使自身与各界公众建立和保持良好关系所进行的有组织的活动过程，是一种更为间接的促销手段。集装箱运输活动涉及发货人、收货人、货运代理、无船承运人、定舱、报关报检、清关、仓储和内陆运输各个方面，能否处理好与这些相关方的关系直接影响企业的信誉和客户对企业的信任程度。

以上是从企业外部角度来考虑公共关系的作用，而对企业内部而言，公共关系可以起到凝聚人心、协调工作、沟通关系的作用。公共关系是“内求团结、协调，外求营销发展”的战略。其本身就包含对内公关与对外公关两方面的内容。对内的公关是对外公关的前提，而对外公关是对内公关的目的。班轮公司只有稳住了内部关系，才有可能将好的风貌展示给公众,更好地为外部关系打好基础,完成创造良好效益的企业目标。此外,班轮公司要积极预防,严防危机来临。一旦发生突发事件,立即采取有效措施,缓解危机,尽量避免重大损失;同时做好善后事宜,运用公关手法恢复客户、政府和社会对企业的信任。得当的危机公关活动不仅可以使企业化险为夷,转危为安,甚至可以达到宣传企业,给企业带来机遇的效果。但如果是不恰当的危机处理方法,必然会招致与之相反的后果。

五、集装箱班轮市场3P营销策略

基于集装箱运输的服务特性,班轮营销在采用传统市场营销的4P策略之外,还需对基础策略进行扩展和加强,在此基础上提出扩展后的3P策略,即人员策略(people)、有形展示策略(physical evidence)和过程策略(process)。3P策略作为传统营销策略的补充,与产品策略、定价策略、渠道策略、促销策略等4P策略结合在一起,构成班轮营销的7P策略。

(一)人员策略

客户服务对于班轮公司至关重要,而良好的客户关系离不开企业内部员工的有力支撑,因此有必要实施人员策略,也就是开展内部营销。通过内部营销,企业可了解客户的真实需求,宣传本企业的产品和服务优势所在,尽量说服客户与本企业进行合作。合作开始后,帮助客户及时解决问题,力争用良好的服务使得客户满意,建立可信赖的伙伴关系,从而使直接大客户的比例达到企业计划的目标并保持顾客较高的忠诚度。

1. 实施人员策略的必要性。

(1)营销团队的需要。人员策略能确保班轮公司所有阶层都能亲身体验和理解自己的工作,其目标不仅在于培养员工的积极性,而且在于在组织各阶层之间创造、维护和强化良好的内部关系,形成各部门、阶层间紧密且高效的协作关系。该策略利于班轮企业从原来面向功能的工作设计转向面向过程、面向产品、面向结果、面向客户的工作设计,其中的员工和部门不再只从事单一的专业化工作,而是从事与最终产出、与整个过程有关的多项工作。人员策略的作用主要体现在使员工和部门抛弃以工作和任务为中心的思维方式,在组织中的各阶层之间建立良好的内部关系,加强各部门间的沟通合作,提高信息在整个班轮公司内部的沟通速度,使整个企业都面向目标市场,提高整个营销团队的士气、满足感和成就感,有利于充分发挥企业内部各个阶层的积极性和创造性。

(2)客户服务的需要。集装箱运输由于其行业特点,一直以来面对的是一个数量较多,质量参差不齐的客户群体,这些客户大致可以分为两类:直接客户和间接客户。而在日常操作中,仅从数量而言,班轮公司的客户群体少数是直接客户,大多数是间接客户。这些间接客户是运输合同的中间人,他们并未真正意义上掌握货物或是舱位,只是在货主和船公司之间起到桥梁纽带的作用。针对这类特殊的顾客群体,做好营销服务工作显得尤为重要。而在班轮公司内部实施人员策略之后,员工在进行外部服务之前就体会到了被服务的感受,本着自身的切身体会,在外部服务过程当中就会设身处地地从客户的角度来思考客户需求,从而提高服务的质量,使得企业和客户之间建立良好的长期合作关系。

2. 集装箱班轮人员策略。

(1)以人为本,重视内部营销。由于班轮公司服务人员与顾客直接接触,因而成为企业与客户关系的直接经营者。企业经营思想、战略规划等都必须借助员工的行为来实现。因此,能否为外部顾客提供满意优质的服务,取决于内部员工对企业的满意和企业内部各个环节的相互满意程度。在实际情况中,班轮公司与员工的关系成为营销中经常被忽视的因素。

行政指令型管理作风导致企业内部等级和层次分明，员工心理、情感等多层次需要被忽视，其工作积极性和创造性难以充分发挥。

要想打破过去格局的弊端，创造出一个良好的企业内部环境，班轮公司可从以下3点加以改进。首先，公司要对员工进行适当的人性化管理，通过为员工解决生活、工作等方面的困难，解除员工的后顾之忧，使员工安心工作，从而提高员工的满意度。其次，理顺各岗位之间相互合作的关系，建立有效的内部顾客服务机制，使员工充分理解在整个业务操作过程中自己同时处于服务同事和被同事服务的过程中，教育员工进行换位思考，将工作纠纷和矛盾消灭于萌芽状态，提高工作效率，提升整体服务品质。最后，公司要从各方面着手，努力提高员工的团队合作精神。例如不定期组织员工开展集体活动等，以此来促进员工相互之间的联系沟通，提升员工对公司员工团队的认同感，从而提高员工满意度，保持稳定的员工队伍，确保企业整体服务质量处于较高水平。

通过以上措施来打好良好内部关系基础，最终使得上一个业务环节要使本业务环节满意，本业务环节要使下一个环节满意，最终使客户满意；装港代理要使卸港代理满意，卸港代理要使收货人满意；销售人员要使操作人员满意；员工要对公司满意……反之亦然。总之，为达到这一目标，班轮公司要充分体现出对员工的关怀，以人为本，把员工的利益放在很重要的位置，公司上下齐心重视内部营销。

(2)赏罚分明，建立考评机制。在班轮公司成本里，人工成本所占的比重甚小，不到5%，有些公司甚至不到1%。因此，大多数航运企业的薪资待遇都较好，这也是航运企业容易吸引高级人才的原因。如果大多数班轮公司在人事管理政策方面，激励较少，处罚较多，奖罚严重不对称，将导致行业内人员流动率较高，严重影响客户服务水平，也会增加企业的成本。为此，班轮公司要在服务中引入绩效考评机制，尤其是对船舶装载率。引发其为顾客服务的主动性，促使其自觉改善服务态度、努力提高业务技能，提升企业的服务质量。

具体措施可在岗位职责上明文规定员工具有适当的营销义务，同时将人员的薪酬设计成弹性制，在薪酬弹性部分引入个人营销业绩考核，在激励措施的制定上应突出差别，对具有突出营销业绩的员工可从经济上进行重奖、从职位上进行晋升等。就我国班轮公司的人才管理体系而言，人才流动机制缺乏活力。因此，如何对现有庞大的员工队伍进行有效考评变得越来越重要。班轮公司对人力资源以及人力资本的特性及其对业绩的影响作用，缺乏深入细致的研究，对人力资源的管理与开发采用的是粗放的方式，仅停留在“人事管理”，普遍忽视人力资源的资本性，忽略员工作为个体的能动性，对于绩效考核、激励、约束等手段的采用都仅停留在计划时代。在企业内部实施绩效考评机制，使员工以顾客的因素被重视起来，这样就能达到更好的激励效果。例如中外运集装箱厦门分公司每年通过ISO质量认证，给予奖励津贴；全年安全无事故，给予奖励；公司每年还选评、奖励优秀部门、优秀员工，最终在公司上下形成奋发向上的良好风气。

(3)提升素质，形成培训体系。企业要发展就需要有高素质的员工，一个高素质的员工能够弥补由于物质条件的不足所导致的客户缺憾感，而拥有高素质员工的最经济有效的途径就是进行有效的内部培训。对于班轮公司而言，有效的内部培训不仅包括岗位技能培训，更重要的是要突出企业的服务特点进行有针对性的服务理念灌输，彻底转变企业员工的工作思路，最终使服务理念成为指导员工日常工作的最高思想。

开展员工培训，首先要建立长效培训机制，坚持将员工培训置于第一位，有针对性地建立完善的员工素质培训体系，并对不同需求开展不同形式的培训准备，将员工的自我学习和部门以及公司的整体培训紧密结合。其次要通过各种方式对员工进行服务理念的灌输，如通过换位思考，以顾客的角度反思自己日常工作中存在的服务缺陷；通过经验交流，以优秀员工的工作业绩展示优质服务所带来的好处等。再次要对服务经验进行总结，对服务过程中存在的常见问题及处理技巧进行汇总，形成明确的服务规范并编制成服务手册，以指导日常工作。此外，对直接接触顾客的一线员工进行互动方面的培训，加强服务沟通和顾客心理研究的学习，从而使员工可以提供礼貌的、关心他人的、负责的和热心的服务。大力开展服务营销技巧的培训，可通过外聘营销专家进行专题讲座等形式来进行。

（二）有形展示策略

有形展示是指服务提供的环境、企业与顾客相互接触的场所，以及任何便于服务履行和沟通的有形要素。由于服务的无形性，顾客很难感知和判断服务的质量和效果，他们将依据服务的有形展示来感知和判断服务。因此，加强有形展示的管理，对创造良好的服务环境、提升班轮公司的服务水平具有重要意义。在具体营销过程中，客户将会利用感官对触及产品和运输服务的一切过程形成一个直观的感知，这种由感知所获得的印象将直接影响客户对班轮公司的产品乃至企业整体形象的认识和评价。有鉴于此，作为提供无形服务产品的班轮公司在产品策略方面必须做出变无形为有形且尽量让服务产品的有形要素显示出来让顾客尽情感知的决策，这便是有形展示策略。通过有形展示，将集装箱运输产品的无形性转化为可感知性，使得客户对服务产品有直接的感知，从而实现服务产品的有形化，顺利完成营销过程。班轮公司的有形展示策略可从人员和信息两方面加以展示。

1. 人员方面。服务的执行者是相关人员，因此有形展示策略也不能脱离人员这个重要的载体。通过服务过程中公司员工的穿着、言谈举止等可以有效地实施公司的有形展示策略。例如通过公司员工统一着装并佩戴载有个人信息的胸卡可以向顾客展示公司规范经营的形象和公司员工良好的精神面貌；通过公司员工礼貌、专业的谈吐可以向顾客展示企业运输服务的专业性等。由此可见，人员策略与有形展示策略有着先后关系，有形展示策略建立在人员策略基础之上。

2. 信息方面。信息展示是另一种服务展示形式，包括运价、船期、航线、服务流程、货物实时状态等，这些来自于公司本身以及其他来源信息的展示，还包括从赞扬性的评论到广告，以及从顾客口头传播到公司标记等展示。由于顾客容易将信息的获得方式、过程与服务质量直接挂钩，因此，信息的传递方式和过程实际上也是班轮公司有形展示的绝佳途径。如通过工作场所整齐有序的布置可以让顾客联想到公司服务具有较强的规范性；在进行业务推介时，制作清晰明了的运价船期表可以给予顾客正规、诚信的感觉，增加顾客的信任感；在与顾客往来的各种文件上印有富有创意的公司标志（logo）能够加深顾客对公司的印象，方便公司业务的拓展，所有这些都能直接或间接提升顾客对公司服务质量的认同感。这些不同形式的信息展示都传送了有关服务的线索，影响着公司的营销策略。班轮公司只有通过强调现有的服务展示并创造出新的展示来有效地进行信息交流管理，这样才能使无形服务变得有形化。

（三）过程策略

班轮运输服务过程是指为提供服务所产生的实际程序、机制和作业流程等一系列活动过程，即服务的提供和运作系统。服务的产生与交付过程是服务营销组合中的重要部分，这是因为顾客通常把服务交付系统作为服务本身的一个部分。因此，服务系统的运作方式至关重要，尤其是在各班轮公司运输服务之间差异性很小的情况下，顺利进行的服务作业必能产生竞争优势。班轮公司向社会提供的是集装箱运输的整体产品,企业各部门的工作都是服务产品的一部分,各部门、各环节的服务连接在一起就形成了一个完整的服务过程。班轮公司的服务过程策略可从以下几个方面加以考虑。

1. 规范服务过程。服务的标准化和规范化不仅有利于保证服务质量,而且将会使顾客对班轮公司留下训练有素、规范的整体印象。班轮公司应建立一套标准的服务 SOP 程序(standard operation procedure),使服务标准有章可循,所有的服务人员按照一套标准为顾客服务,从而保证旅客获得稳定的服务质量。在这个过程中,服务人员的表现是决定整体运输服务质量高低的一个重要因素,几乎没有一位顾客会简单地将货运完成与优质服务直接画等号,顾客总是综合自己在服务过程中的各种感觉从而对整体服务质量做出评价。因此,有必要建立相应的服务标准,对企业人员的日常服务行为进行有效规范。例如制定适宜的电话接听规范、顾客投诉处理规范、礼貌用语使用规范等。

2. 提升服务水平。班轮公司服务人员与客户之间进行的服务具有时效性强、频率高、信息量大等特点,同时对沟通内容要求具备一定的复现性。因此,班轮公司应注重提升服务水平,保证服务过程的有效进行。服务水平的提升,首先可通过在文件、单证等处理上全部采用计算机进行处理和管理,注重公司内部计算机网络的建设,加快各岗位资源共享的步伐等方式来实现;其次应尽快采用专业软件,提高日常运输服务工作的质量和效率;最后应着力进行集装箱运输管理信息系统的建设,以期方便客户查询货物信息,提高客户的满意度。

3. 建立补救系统。当班轮公司在服务过程中出现货物受损或丢失情况时,一套完善的补救系统能够及时、有效地采取相应措施进行补救,以期将服务失误的负面影响降低到最低程度,并及时对此进行总结,制定相应的预防控制措施以防类似失误再次发生。由于班轮运输的涉及面广,参与服务过程的各类人员众多,服务过程所传递的信息量巨大,因此运输服务过程是一个复杂的多方沟通过程,极易出现各种服务失误。例如在运输服务旺季,班轮公司的运输能力不足导致服务人员过度疲乏,使其服务意愿下降,经常引起顾客的抱怨或投诉。此时,如果班轮公司能够及时进行有效的服务补救,尽量帮顾客解决问题,将使顾客重新认识该企业,减轻顾客抱怨或投诉的激烈程度,最大限度挽回服务失误对企业造成的不利影响。一般而言,不满意的顾客在经历出色的服务补救后会比第一次就获得满意的顾客具有更高的满意度和忠诚度。因此,有效的服务补救在留住客户方面具有显著的作用,是十分重要的服务营销手段。

总而言之,除了依照服务业的无形性等特征为集装箱班轮营销制订一些营销策略外,班轮公司还应该考虑集装箱运输业的其他特性,积极地探求适合本企业发展的营销策略。特别在营销创新方面,可把本书提到 7P 策略与主要从消费者需求角度出发的 4C 策略(customer,cost,convenience,communication)有机地结合起来,进行相应的整体营销方案设计,从而达到符合顾客导向、成本低廉、便利可靠、沟通自由的目的。如此,班轮公司才能提高营销的效率,进而提高企业本身的竞争优势,在优胜劣汰的集装箱运输竞争市场中夺得先机。

本章思考题

1. 相比传统市场营销,集装箱班轮市场营销有哪些不同特征?班轮公司所提供的产品与普通产品有什么区别?

2. 集装箱班轮市场预测包括哪些内容？具体如何操作？
3. 集装箱班轮市场需求的特点有哪些？结合所学知识预测全球班轮市场需求走向。
4. 集装箱班轮市场营销的内外部环境包括哪些？
5. 运用本书中的STP战略理论具体分析某班轮公司的目标市场战略。
6. 对成本领先战略、差异化战略和集中化战略进行总结，三者有何区别？
7. 集装箱班轮市场营销策略有哪些？各有哪些子策略？

第十一章　集装箱运输信息系统建设

集装箱运输涉及面广、环节多，具有信息量大、效率高的特点。码头、船公司、货主、陆路承运人以及口岸相关部门联系紧密而广泛。没有信息系统的有力支撑，现代集装箱运输体系就无法有效运转和管理。

集装箱运输系统是特指以提供集装箱运输信息为主要目的的数据密集型、人机交互式的计算机应用系统。系统按业务环节分类，主要分为集装箱运输电子数据交换系统、集装箱运输口岸信息系统、集装箱码头信息系统、集装箱场站信息系统、集装箱铁路中心站信息系统、集装箱班轮运输信息系统等。这些信息系统围绕着集装箱运输链条共同运作，既分工独立，又密切配合，通过计算机网络将遍布在各个节点的信息有机衔接起来，以确保整个运输过程中信息的准确、通畅。

第一节　集装箱运输信息系统的设计和发展趋势

集装箱运输信息系统的建设就是通过对信息技术和信息产品的应用，达到在更高层面支撑集装箱运输业务良好运作的目的。从信息系统角度看，业务就是集装箱运输的专业知识与操作流程，而技术则是实现集装箱运输信息系统的基础，是服务于信息化全过程的所有IT手段。

一、集装箱运输信息系统的设计原则

集装箱运输信息系统的开发是一项规模大、周期长的复杂系统工程。在开发过程中，既要保证按业务环节分类的内部信息系统的建设及应用，又要确保外部各个节点之间通过信息系统进行顺畅连接；既要稳定可靠地应用信息技术，又要在充分理解的基础上改进业务操作流程和工艺。因此，必须坚持切实可行的开发原则，才能确保码头操作系统开发成功。

在集装箱运输信息系统的开发过程中，基于对业务的充分理解和对新技术的合理使用，以业务驱动技术，以技术带动业务，可以改进和优化业务操作模式与业务操作流程，使得技术平台能够真正对业务的发展起到推动作用，避免简单的纸面单据电子化、手工作业自动化这种较低层次的信息系统应用。

集装箱运输信息系统设计的总体目标，是利用先进的计算机技术和网络通信技术，建设高质量、高效率的集装箱运输信息系统网络，以促使集装箱运输链条内各个节点的信息系统互通互联，最大限度地实现信息资源共享；同时，汇集各业务系统的信息，服务于各级管理指挥和科学决策，通过各种业务信息的综合分析，提供最佳决策支持，从而推动集装箱运输领域更好地组织运输生产和进行经营管理。

集装箱信息系统的设计原则主要体现在以下几个方面：实用性、可靠性、安全性、先进性、标准性、可扩展性、开放性、实时性、便捷性和经济性。

二、集装箱运输系统中新技术的应用

信息技术和其他领域相关技术的不断发展，为集装箱运输信息系统的综合创新和建设

应用提供了支持和保障。这些技术主要包括以下几种。

(一)无线局域网技术

无线局域网(wireless local area network,WLAN)技术是固定局域网 LAN 的一种延伸,它在网络连接上没有线缆的限制。WLAN 通过简单的点对点技术和基础架构网络提供的分布式数据连接和漫游,将计算机设备互联起来,构成可以互相通信和实现资源共享的网络体系。目前 WLAN 的技术已经相对成熟,一般 WLAN 系统由无线系统服务器、终端高增益天线、车载数据终端、手持数据终端及 AP 天馈线系统、防雷防水设备、通信塔以及其他相应配件组成。

目前,集装箱码头采用的数据终端按照设备的频点分类,主要分为两种:2.4M 和 400M。2.4M 终端采用 802.11b 协议传输数据的带宽大约为 11M,采用 802.11g 协议的大约为 54M,可以传输图形应用,通常用于应用系统为图形界面、数据量要求较大的设备上,如岸桥、场桥等。400M 终端的传输数据带宽大约为 30M,主要是字符应用,一般用于应用系统为文本界面、数据量要求较小的设备上,如集拖(卡)等。

由于集装箱运输机械化程度高、作业场所面积大,对作业效率和作业指令的准确性有极高的要求,所以无线局域网技术得到普遍应用。它重点解决现场移动设备或人员与数据中心之间的数据传输问题,保证作业信息的实时性,提高数据的准确性。

(二)射频识别技术

射频识别技术(radio frequency identification,RFID)是一种非接触的自动识别技术,其基本原理是利用射频信号同空间耦合或雷达反射的传输特性,实现对物体的自动识别。射频识别系统一般由三部分组成:电子标签、阅读器和天线。

RFID 最大的优点在于非接触读取数据,解决了基础数据录入最后 0m ~ 10m 的问题。阅读器通过天线发出一定频率的射频信号,当标签进入耦合通道内产生感应电流从而获得能量,并发送出自身存储的编码等信息,阅读器读取并解码后送至计算机进行处理。电子标签中一般存储有约定格式的电子数据,如车牌号、车皮号或集装箱号等。在实际应用中,电子标签附着在待识别物体的表面,如集拖的前挡风玻璃、铁路车辆的车底表面以及集装箱的外表面。阅读器可无接触式读取并识别电子标签中保存的数据,从而达到自动识别物体的目的。

RFID 解决了人工数据输入速度慢、误码率高、操作强度大、工作简单且重复性高等问题,为计算机信息处理提供了快速、准确进行数据采集输入的有效手段。在集装箱运输领域,RFID 系统多用于铁路车辆的识别、集拖(卡)的识别和集装箱的识别。

1. 铁路车辆自动识别。电子标签安装在铁路车辆的车底表面中部,朝向地面方向,存储有车辆身份信息,如车号、车型和运输信息,车次、辆序、总量数、车辆到达时间、车辆通过时间和其他需加载的信息等。

阅读器和天线安装在车辆通过的咽喉通道或必需的数据采集点,如车站进出口、专用线分界口、轨道衡安装点和其他特殊地段等,能全天候自动采集监测点的车辆通过信息,并将收集到的列车数据进行解析并形成标准格式,提交给后端的计算机系统进行处理。

2. 集拖(卡)自动识别。电子车牌即电子标签,它一般固定在车辆前挡风玻璃的内侧,存有车辆身份信息,如车牌号、车辆自重、车型、所属车队等。为确保"一车一卡"的严格对应关系,电子车牌按一次性安装原则设计,不能自行取下,强行取下即损坏。

阅读器和天线安装在集装箱码头道口处,每个通道安装一套,天线采用侧装或顶装方式，即在道口侧面立杆安装，或在道口顶部架空安装。为避免侧装天线引起的邻道干扰问题，目前一般采用顶装方式。

当集卡通过卡口车道时，阅读器向电子车牌发出询问信号，电子车牌收到信号后，以存储在卡内的数据信息对收到的询问信号进行应答，阅读器收到电子车牌的应答信息后，经解析得到相应数据，提交给后端的计算机进行处理，从而完成与电子车牌的数据交换。

3. 集装箱自动识别。集装箱电子标签安装在箱体中间位置，阅读器和天线安装在集装箱码头或场站的卡口、岸桥、场桥、正面吊及空叉等常用设施和机械处。卡口处的阅读器监控从陆路进出码头或场站的集装箱，岸桥处的阅读器监控从水路进出港口的集装箱。在港口作业过程中，系统可自动实时核对装有电子标签的集装箱的作业任务，通过电子标签传递运输信息。

RFID 技术的应用实现集装箱和车辆信息的实时采集，使集装箱运输状态（包括货物状态）得到实时追踪和有效监管，可为船公司、箱主、货主、港口、海关等服务对象提供全程透明管理，有力地促进集装箱运输事业的发展。

（三）全球卫星定位导航系统（GPS）及地理信息系统（GIS）

全球卫星定位导航系统 GPS（global positioning system）基本定位原理是：每个 GPS 卫星不间断地发送自身的星历参数和时间信息，用户接收机接收到这些信息后，可以测量出每个卫星信号到达接收机的时间延迟，根据信号传输的速度就可以计算出每个卫星到接收机的距离，同时收集到 4 颗卫星的数据就可以求出接收机的三维位置、三维方向以及运动速度和时间信息等。目前 GPS 系统提供的定位精度是优于 10m，而为得到更高的定位精度，通常采用差分 GPS 技术，即：将一台 GPS 接收机安置在基准站上进行观测。根据基准站已知精密坐标，计算出基准站到卫星的距离改正数，并由基准站实时将这一数据发送出去。用户接收机在进行 GPS 观测的同时，也接收到基准站发出的改正数，并对其定位结果进行改正。

在集装箱运输领域，GPS 通常与地理信息系统 GIS 结合使用。GIS 是一种用于采集、存储、管理、处理、检索、分析和表达地理空间数据的计算机系统，是分析和处理海量地理数据的通用技术。GIS 主要由计算机系统和地理数据组成。

在集装箱码头，GIS 可精确描绘码头的实际平面图，可以对堆场进行图形化管理，还可结合 GPS 的应用，实现码头机械的精确定位，便于码头机械的自动化管理。例如，GPS 接收机装在场桥上，场桥就能够自动检测自身所处位置信息，并通过该信息与正在装卸的集装箱箱位信息相互转换，达到获取集装箱位置信息的目的。再如，利用 GPS 的位置信号，再加上软件编程，可帮助场桥在堆场行驶时进行自动纠偏。GPS 接收机还可装在集卡上，通过 GPS 和 GIS 的结合应用，完成对车辆的实时跟踪。

2007 年成功研发出带 GPS 的集装箱。在箱上装有 GPS 导航装置及蓄电池，GPS 导航装置具有发射各种信息的功能，可以通过其接收各种信号及信息，对集装箱进行统一运输、调动、搬运等相关管理。由于制造成本和应用范围的制约，目前这项技术并未得到广泛应用。

（四）船舶自动识别系统

船舶自动识别系统 AIS（automatic identification system，AIS）由岸基设施和船载设备共同组成，是一种新型的集网络技术、现代通信技术、计算机技术、电子信息显示技术为一体的数字助航系统和设备。

随着航海事业的发展，VTS（通过岸基雷达搜集目标信号的船舶交通管理系统）和 ARPA 雷达（通过船基雷达搜索目标信号并显示目标的航向、航速以及能模拟避碰的雷达）无法直接标示目标的问题愈发突出。VTS、ARPA 雷达的显示屏上能看出系统范围内所有船舶的航行状态,如航向、航速等,却无法自动识别船舶的船名。AIS 中使用船舶全球的唯一编码 MMSI,又叫船舶识别号来标示船舶。

AIS 的功能包括识别船只、协助追踪目标、简化交流信息和提供其他辅助信息,其意义在于增强 ARPA 雷达和 VTS 的功能,在电子海图上显示所有船舶可视化的航向、航线、船名等信息,并改进海事通信的功能,提供一种与通过 AIS 识别的船舶进行语音和文本通信的方法,以增强船舶的全局意识,加强船舶间避免碰撞的措施,对船舶航行的静态和动态信息进行连续监视和管理。在港口的海事、引航和码头调度、中央控制室等处,操作员无须逐个查询船舶,利用 AIS 就可获得所有装有 AIS 的船舶的完整交通动态,为船舶的调度指挥及码头作业安排带来很大方便。

三、集装箱运输信息系统的特点

近年来,随着国际贸易的快速发展,世界各大集装箱海运公司纷纷结盟,国际集装箱运输向进一步缩短运输周期、降低运输成本、提高服务质量的方向发展。这一趋势推动干线船舶的大型化和港口装卸机械的高效化发展,同时使多式联运体系日趋完善,从而对集装箱运输信息系统提出智能化、自动化和协同化的发展要求。

(一)智能化

智能化的关键是综合应用运筹学、专家系统、流程模拟和各种信息技术,建立完善、合理的管理模式及算法,使各种运输资源在不同的作业条件和操作环境下,都能得到最有效、最合理的分配和调度,减少人工处理工作量,提高作业效率,优化作业流程,稳定、持久、可靠地提高资源利用率。

1. 智能集装箱道口。智能集装箱道口系统将信息技术、电子技术和自动控制技术同集装箱运输业务有机整合,自动识别车号和箱号,由核心控制模块根据业务过程需求控制各个部分运作,通过视频完成箱体残损的远程检测,对识别和检测出来的信息按监控及操作需求进行转换,并通过与码头操作系统的实时交互,完成集装箱道口管理和监控的智能化,从而实现集装箱道口管理无人化,大大提高集卡的通过效率。

2. 自动配载。码头集装箱配载,就是按照船舶的运输要求和码头的实际状况,编制预定装载于既定船舶的集装箱具体装载计划。在同样的船舶、箱量和堆场条件下,不同技术能力和业务素质的配载人员,工作质量也有差异。集装箱自动配载系统实际上是具有智能特点的集装箱配载专家系统,包含集装箱运输领域的大量知识和配载专家的实践经验,拥有专家思维的推理能力,能够针对集装箱船舶配载数据处理量大、计算要求高、限制条件多和编制时间紧等特点,根据船舶的静态资料、堆场箱区和箱位的实际分布、本航次备箱情况以及船公司预配要求(包括挂靠港、中转港和目的港),自动完成符合船舶稳性和负载强度、减少堆场翻箱量的船舶积载图的制作,对加速船舶装载、安全营运和码头合理有序、高效优质地组织生产非常有利。

3. 堆场车辆优化调度。堆场车辆优化调度,就是根据堆场道路网络、箱区分布、泊位排列和建筑单体的分布,分析移动车辆与固定设施的空间关系,计算空间距离,利用交通量预测模型和交通流分析模型,预测车辆走行时间,提出车辆路径引导和车辆与码头机械的组合分配,并根据泊位计划和装卸船计划为作业船舶分配集卡。作业时,系统根据当前集卡分配的状态、作业船舶各作业线的繁忙程度以及待装卸集装箱的堆场箱位,实时进行计算和调整，指挥车辆前往最适合的场位和岸桥，避免因车辆空等和聚堆而造成的忙闲不均，使车辆运行的整体效率达到最优。

4. 船舶调度。运用运筹学和优化论的方法，计算航线和船舶航速的最佳结合点，将理论计算和调度人员的工作经验相结合，构建数学模型，建立船舶航线数据库，并通过对当前船舶过闸技术分析，根据现有船舶条件下的过闸船舶连接技术、靠船技术以及船舶捆扎技术等，对船舶成组后的船组稳性等进行分析，提出船舶成组过闸技术方案。

（二）自动化

随着现代自动控制理论、方法和手段的不断发展以及信息系统的普及应用，综合利用信息技术、通信技术、系统工程和人工智能等成果，实现操作系统指令与机械设备控制功能的无缝衔接，完成集装箱部分或全部的自动化运转已成为可能。在自动化的集装箱码头上，通过码头作业组织和操作流程的规范化，使集装箱码头实现无人化操作。如鹿特丹港 ECT 码头已基本实现自动化，其自动化码头正在向投资少、效率高、性价比高的经济型方向发展。

（三）协同化

多式联运是国际集装箱运输的发展趋势。多式联运是指将水路、公路、铁路、航空等不同运输方式有机地整合在一起，实现一次托运、一份单证、一次计费、一次保险和全程运输的一种"门到门"的高级货运组织形式。多式联运涉及码头、船公司、铁路、公路、查验机关和货运代理等众多单位，对集装箱运输信息系统的协同化要求较高。

集装箱运输信息系统的协同化主要体现在以下 3 个方面。

1. 信息的高度共享。不同信息以不同结构存在于不同单位的不同数据库系统中，而这些系统之间缺乏相互连接的信息渠道，数据被封存并缺乏应有的关联，这种状况给整个业务体系获取有用信息带来很大障碍。信息共享是为了最大限度地发挥信息本身的价值，使协同操作的各部分可以方便地查找到相关信息以支持各自事务的处理，并利用这些信息创造新的价值。

2. 业务的有效整合。集装箱运输各单位已针对自身的业务需求建立各种应用系统，在单个业务领域中发挥作用，但由于无法面向整个业务过程，各个应用系统之间难以紧密集成，使得本应环环相扣的多式联运业务被这些分散的系统分隔开来，工作人员不得不在不同的应用系统之间频繁切换，造成运营效率低下和反应迟缓的结果。信息系统的协同化可对各项业务进行充分有效的整合，使整个业务流程能够协调、顺畅地运作。

3. 资源的合理调配与优化。信息共享和业务整合一旦实现，就可使重重资源突破各种壁垒，实现合理调配和优化，在统一协调下服务于共同目标。不仅在多式联运方面，在口岸操作，在业务单位内部集装箱生产业务系统与人力资源、财务、物资、设备、车辆管理等方面都存在着系统协同化的要求。

第二节　集装箱运输电子数据交换系统

随着全球经济的增长，社会分工日益细化，生产、贸易、运输、金融等各行业之间的联系和相互依存关系越来越紧密，全球经济呈现一体化趋势。企业间广泛的交易与合作关系使企业间共享信息成为必要，地域、界限已不再是制约企业发展的因素。伴随计算机及网络技术的发展，全球性的计算机网络系统逐步建立起来，为跨地域的信息共享的实现铺平了道路。在当今信息社会中，信息共享能够加快交易速度、简化管理程式、节约信息处理时间、提高信息交互的准确度。各方依据一定的协议、标准通过互联网实现信息共享，这就是 EDI。

一、概述

电子数据互换 EDI(electronic data interchange)，是一种将贸易、运输、保险、银行和海关等行业信息，用一种国际公认的标准格式，形成结构化的事务处理的报文数据格式，通过计算机通信网络，实现各有关部门或公司同企业之间的数据交换与处理，并完成以贸易为中心的全部过程。

(一)国际集装箱运输 EDI 概况

美国早在 20 世纪 60 年代初期，就在公路、铁路、海运、空运中应用 EDI 技术；西欧各国已将 EDI 技术应用于汽车、化工、电子、运输、保险、分销零售业中；日本已在销售、贸易、运输和制造业中广泛使用 EDI 技术；新加坡声称 95% 的贸易利用 EDI 技术实现。美国政府及欧洲共同体大部分国家的海关宣布，从 1992 年起，采用 EDI 方式办理海关业务，如不采用 EDI 技术，其海关手续将被推迟办理，或参与方不被选为贸易伙伴。美国的伯林顿北方铁路公司、圣太菲铁路公司、南太平洋铁路公司、联合太平洋铁路公司等，应用 EDI 技术，可接收联运提单、传输舱单信息、车辆和集装箱位置的实时追踪信息、运费支付信息、海关报关报检信息、现款过户信息等，还可为多式联运用户提供询价和查询等服务。在西雅图港由于采用了 EDI 技术，集装箱到港卸船后仅用 5 个小时便可在铁路车站开出一列集装箱直达列车。美国联合太平洋铁路公司 1990 年投入运用的运输管理系统，设立用户服务中心，能在用户(货主)办理货物承运之时即可得到货物的发到日期信息；用户呼叫后可在 26 秒内得到答复，大大提高铁路的服务水平和市场竞争能力。

除美国之外，北美洲的加拿大，欧洲的英国、法国、德国、意大利、丹麦、瑞典及挪威等，大洋洲的澳大利亚、新西兰，亚洲的新加坡、日本、韩国，都不同程度制定了类似的 EDI 规范，在和集装箱运输相关的一系列业务中大量采用了 EDI 技术。EDI 平台的业务范围涵盖了货物的承运、申报、检验、通关放行，以及货物数据分类、信息统计、资金转账、关税和国内税的电子支付等方方面面，对集装箱运输业的发展起了巨大的推动作用。法国在 1996 年 3 月成立的电子商务与数据交换联合会(AFCEE)，积极推进了 EDI 应用的发展，法国国营铁路公司利用 EDI 技术建立了集装箱管理信心系统，与联营公司实现数据交换、信息共享。

(二)国内集装箱运输 EDI 概况

全球 EDI 应用的迅速发展，以及中国集装箱事务处理能力的滞后，促进了运输行业协会对中国国际集装箱运输综合体系 EDI 技术的规划建设，加快了与国际集装箱运输综合体系 EDI 技术发展接轨的速度。

1989 年，中远集团在中美航线上开始货运舱单 EDI 通信的试点工作，后来逐步向其他航线推广，1992 年又在中国至西北欧航线开始 EDI 通信试点，1992 年向主要航线推广使用 EDI 的国际通信标准 UN/EDIFACT。

1991 年，由原国务院电子信息推广应用办公室牵头，国家科委、外经贸部、海关总署等部门共同组织成立了“中国促进 EDI 技术应用协调小组”，并以“中国 EDI 技术理事会”的名义参加了“亚洲 EDI 技术 FACT 理事会”，成为该组织的正式会员，有力地促进了 EDI 技术在我国的推广。

1995 年，交通部组织实施了“九五”重点科技攻关项目“国际集装箱运输电子信息传输和运作系统及示范工程”，该工程以上海、天津、青岛、宁波 4 个港口以及中国远洋运输集团作为示范工程建设单位(简称"四点一线"EDI 示范工程),通过示范工程的开发、建设和运作,进一步在全国范围内滚动发展,达到互通互补,最终形成覆盖我国主要外贸口岸与集装箱多式联运网络相配套的 EDI 运作体系。

1996 年,原邮电部在北京、武汉、沈阳、西安、广州、天津、郑州、杭州和海口等几个城市建设了 EDI 平台,与先期在上海、深圳、青岛建设的 EDI 平台一起形成了中国公用的 EDI 业务网 CHINAEDI。CHINAEDI 通过分组交换网来实现各系统之间的互联以及与国际 EDI 网络的互通。

1997 年,为了加强海上国际集装箱运输电子数据交换管理,保障海上国际集装箱运输电子数据交换的运行秩序和当事人的合法权益,颁布了《海上国际集装箱运输电子数据交换管理办法》《海上国际集装箱运输电子数据交换协议规则》《海上国际集装箱运输电子数据交换电子报文替代纸面单证管理规则》《海上国际集装箱运输电子数据交换报文传递和进出口业务流程规定》。

1998 年,交通部以先导技术国际集团的 AMTrix 电子商务中间件为基础,进一步在大连、烟台、连云港、南京、福州、厦门、广州、深圳、防城等沿海集装箱港口城市,建立了集装箱 EDI 中心;建设一个覆盖全国的高速公路快速货运系统,将中国海运集团、中国长江航运运输集团和中国远洋运输集团在网上连接起来,建立起现代化的高效的中国集装箱航运企业,形成贯穿南北东西的交通运输电子商务网络,此项目涉及的系统还要与海关、商检、银行、税务、外汇管理、经贸部等有关部门和单位进行连接。

目前,中国主要港口均普遍建立了集装箱运输 EDI 系统。通过 EDI 系统的应用,用户获得很大收益:它简化了操作流程,大量削减了纸质单证;消除了重复和交接过程中可能造成的错误,提高了工作质量;使集装箱运输业务与贸易、监管等方面更加紧密地联系起来,满足了用户便利性、快捷性和可靠性等要求,加快了通关速度。

二、EDI 标准

EDI 标准是整个 EDI 系统最关键的部分,由于 EDI 是以实现商定的报文格式形式,进行数据传输和信息交换,因此一次制定统一的 EDI 标准至关重要。集装箱运输 EDI 系统的报文标准,中国大陆港口大多采用 UN/EDIFACT 和交通部 EDI 平台文件标准。另外还有一些自定义的标准,代码标准依国际标准、国家标准、行业标准和口岸自定义标准递次采用。

(一)集装箱运输 EDI 国际标准

关于 EDI 标准,国际上最有名的是联合国欧洲经济委员会(UN/ECE)下属的第四组(WP4)于 1986 年制定的用于行政、商业和运输业的电子数据交换标准 UN/EDIFACT,每年以草案形式发布两次,目前已占据全球 EDI 标准的主导地位。

(二)集装箱运输 EDI 交通部平台标准

目前,我国港航界比较多地采用交通部颁布的国际集装箱运输 EDI 平台文件标准。

(三)自定义标准

各地和各单位依据本地或本单位的实际需求,先后制定的一些在本地或本系统内使用的标准,如中远船图报文标准、海关进口允许提箱指令报文标准等。

三、EDI 系统的组成及 EDI 中心的主要功能

（一）EDI 系统的组成

1. 硬件设备。贸易伙伴的计算机和调制解调器以及通信设施等。

2. 增值通信网络和网络软件。增值网（VAN）是利用现有的通信网，增加 EDI 服务功能而实现的计算机网络，即网络增值。通信网目前有如下几种：分组交换数据网（PSDN）、电话交换网（PSTN）、数字数据网（DDN）、综合业务数据网（TSDN）、卫星数据网（VSAT）、数字数据移动通信网。

3. 报文格式标准。EDI 是以非人工干预方式将数据及时准确地录入应用系统数据库中，并把应用数据库中的数据自动地传送到贸易伙伴的电脑系统，因此必须有统一的报文格式和代码标准。

4. 转换软件。应用系统界面与标准报文格式之间相互转换的软件，该软件的主要功能包括代码和格式转换等。

5. 用户的应用系统。EDI 是 EDP（electronic data process）电子数据处理的延伸，要求各通信伙伴事先做好本单位的计算机开发工作，建立共享数据库。

（二）EDI 中心的主要功能

EDI 中心的主要功能包括电子数据交换，数据传输的存证，报文标准格式转换，安全保密，提供信息查询，提供技术咨询服务，提供 24h 不间断服务，提供信息增值服务等。

四、EDI 的通信方式

EDI 的通信环境（EDIME）由一个 EDI 通信系统（EDIMS）和多个 EDI 用户（EDIMG）组成。EDI 的开发、应用就是通过计算机通信网络实现的，主要有以下 3 种方式。

（一）点对点（PTP）方式

点对点方式即 EDI 按照约定的格式，通过通信网络进行信息传递和终端处理，完成相互的业务交往。早期的 EDI 通信一般都采用此方式，但它有许多缺点，如当 EDI 用户的贸易伙伴不再是几个而是几十个甚至几百个时，这种方式很费时间，需要许多重复发送。同时这种通信方式是同步的，不适于跨国家、跨行业之间的应用。

近年来，随着技术进步，这种点对点的方式在某些领域中仍旧有用，但会有所改进。新方法采用的是远程非集中化控制的对等结构，利用基于终端开放型网络系统的远程信息业务终端，用特定的应用程序将数据转换成 EDI 报文，实现国际 EDI 报文互通。

（二）增值网（VAN）方式

增值数据业务（VADS）公司利用已有的计算机与通信网络设备，除完成一般的通信任务外，另增加 EDI 的服务功能。VADS 公司提供给 EDI 用户的服务主要是租用信箱及协议转换，后者对用户是透明的。信箱的引入，实现了 EDI 通信的异步性，提高了效率，降低了通信费用。另外，EDI 报文在 VADS 公司自己的系统（即 VAN 中）中传递也是异步的，即存储转发的。

VAN 方式尽管有许多优点，但因为各增值网的 EDI 服务功能不尽相同，VAN 系统并不能互通，从而限制了跨地区、跨行业的全球性应用。同时，此方法还有一个致命的缺点，即 VAN 只实现了计算机网络的下层，相当于 OSI（开放式系统互联）参考模型的下三层。而

EDI 通信往往发生在各种计算机的应用进程之间，这就决定了 EDI 应用进程与 VAN 的联系相当松散，效率很低。

（三）MHS 方式

信息处理系统 MHS 是 ISO（国际标准化组织）和 ITU－T（国际电信联盟远程通信标准化组织）联合提出的有关国际电子邮件服务系统的功能模型。它是建立在 OSI 开放系统的网络平台上，适用于多样化的信息，具有快速、准确、安全、可靠等特点。

它是以存储转发为基础的、非实时的电子通信系统，非常适合作为 EDI 的传输系统。MHS 为 EDI 系统创造一个完善的应用软件平台，降低了 EDI 设计开发上的技术难度且减少了工作量。ITUT X. 435/F. 435 规定了 EDI 信息处理系统和通信服务，把 EDI 和 MHS 作为 OSI 应用层的正式业务。EDI 与 MHS 互连，可将 EDI 报文直接放入 MHS 电子信箱中，利用 MHS 的地址功能和文电传输服务功能，实现 EDI 报文的完善传送。

EDI 信息处理系统由信息传送代理（MTA）、EDI 用户代理（EDIUA）、EDI 信息存储（EDIMS）和访问单元（AU）组成，见图 11－1。MTA 完成建立接续、存储、转发，由多个 MTA 组成 MTS（邮件传输系统）系统。

EDIMS 存储器位于 EDIUA 和 MTA 之间，它如同一个资源共享器或邮箱，帮助 EDIUA 发送、投递、存储和取出 EDI 信息。同时 EDIMS 把 EDIUA 接收到的报文变成 EDI 报文数据库，并提供对该数据库的查询、检索等功能。为有利于检索，EDIMS 将报文的信封、信首、信体映射到 MS 信息实体的不同特征域，并提供自动转发及自动回送等服务。

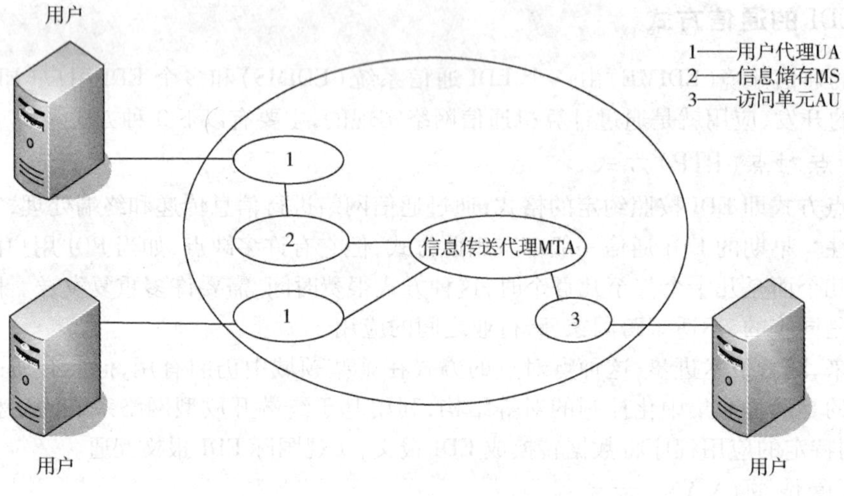

图 11－1　EDI 信息系统

EDIUA 是电子单证系统与传输系统之间的接口。它的任务是利用 MTS 的功能来传输电子单证。EDIUA 将它处理的信息对象分作两种：一种称为 EDI 报文（EDIM），另一种称为 EDI 回执（EDIN）。前者是传输电子单证的，后一种是报告接收结果的。EDIUA 和 MTS 共同构成了 EDI 信息系统（EDIMS），EDIMS 和 EDI 用户又共同构成了 EDI 通信环境（EDIME）。

EDI 与 MHS 结合，大大促进了国际 EDI 业务的发展。为实现 EDI 的全球通信，EDI 通信系统还使用了 X. 500 系列的目录系统（DS）。

DS 可以为全球 EDI 通信网的补充、用户的增长等提供增、删、改功能,以获得名址网络服务、通信能力列表、号码查询等一系列属性的综合信息。EDI、MHS 和 DS 的结合,使信息通信有了新的飞跃,为 EDI 的发展提供了广阔的前景。

五、EDI 的报文及流转图示

(一)EDI 报文

集装箱运输 EDI 系统提供多种电子报文,常用的 EDI 报文、对应的业务单证、报文的发送和主要接受方以及报文功能见表 11－1。

表 11－1　常用的 EDI 报文

1. 船图(BAPLIE)	
发送/接受方	进口:卸港船舶代理→码头、理货 出口:装港码头预配→理货→装港船舶代理
报文功能	本报文提供一个航次的船舶装载集装箱和货物的有关信息及其集装箱在船上贝位信息,它是船方进行下一挂靠港装卸的重要资料,也是港方安排装船、卸船作业的依据
相应单证	进口船图、出口船图
2. 挂靠信息(CALINF)	
发送/接受方:	船公司或船舶代理→海关、港监、理货、港务局、码头
报文功能	本报文提供近期内船舶抵港预报信息,包括上一挂靠港、下一挂靠港、预期到港时间、预期离港时间等。它是港方、码头安排船舶作业计划的重要依据
3. 集装箱残损报文(COARRID)	
发送/接受方	理货→船舶代理、码头、保险公司、海关
报文功能	本报文是在集装箱码头实际卸船作业结束后,提供有关残损的集装箱信息。一个报文仅是一个航次的残损报告,它由理货交船长/大副确认后发送给船舶代理等
相应单证	溢、短、残损单
4. 集装箱溢卸报文(COARRIO)	
发送/接受方	理货→船舶代理、码头、保险公司、海关
报文功能	本报文是在集装箱码头实际卸船作业结束后,提供有关溢卸的集装箱信息(溢卸:实际卸下的集装箱,但在船舶代理发送来的进口舱单中无此箱信息)。一个报文仅是一个航次的溢卸报告,它由理货交船长/大副确认后发送给船舶代理等
相应单证	溢、短、残损单
5. 集装箱进/出门报文(CODECO)	
发送/接受方	集装箱码头、集装箱场站→船舶代理、箱运中心

续表

报文功能	本报文是由码头、场站提供集装箱进出门动态信息(即收箱、提箱信息),而不包括装卸船的集装箱信息。供船公司箱营部门及时掌握集装箱的集疏运情况,以便有效地跟踪集装箱动态
6. 集装箱装/卸报文(COARRI)	
发送/接受方	码头、理货→船公司、船代理
报文功能	本报文用于记载一个航次的实际装卸的集装箱信息,说明集装箱号、尺寸、类型以及残损情况,便于船公司和船舶代理全面了解和掌握船舶作业情况及集装箱动态
7. 集装箱短卸报文(COARRIS)	
发送/接受方:	理货→船舶代理、码头、保险公司、海关
报文功能	本报文是在集装箱码头实际卸船作业结束后,提供有关短卸的集装箱信息(短卸:在船舶理货送来的进口舱单中应到达的集装箱,但实际未卸下来)。一个报文仅是一个航次的短卸报告,它由理货交船长/大副确认后发送给船舶代理等
对应单证	溢、短、残损单
8. 集装箱堆存报文(COEDOR)	
发送/接受方	集装箱码头、集箱场站→船公司、船舶代理、箱管中心
报文功能	本报文是根据船公司或其代理的要求,提供在本堆场堆存的进口集装箱明细信息,供船公司的箱管部门盘存和核对集装箱信息使用
9. 装箱单报文(COSTCO)	
发送/接受方	港区 CFS、集装箱场站→货运代理、船舶代理(包括箱管中心)、集装箱码头、外轮理货
报文功能	本报文用于确认指定货物已经装箱,详细记载每个集装箱有关信息以及箱内货物装载情况,是船舶代理制作货物舱单的重要数据来源
相应单证	装箱单
10. 海关货物报告报文(CUSCAR)	
发送/接受方	船舶代理→海关
报文功能	本报文是当货物到达后,由空运或海运承运人报告海关进口舱单(每一提单的货物与集装箱信息)
11. 海关放行报文(CUSRES)	
发送/接受方	海关→集装箱码头
报文功能	海关通知进/出口货物放行信息(船名、航次、提单号、海关申报单号)
12. 舱单报文(IFCSUM)	
发送/接受方	船公司、船舶代理→集装箱码头、理货、港监等
报文功能	该平台文件对应于 IFCSUM 报文的舱单子集,提供某一航次运输货物的信息,说明承运人、运输方式、运输工具、设备及联运货物的细节。舱单是船舶运载集装箱货物的证明,是船舶办理进出口报关手续的必要单证,也是码头做好装卸船准备的业务单据

续表

相应单证	进口舱单、出口舱单
13. 危险品通知(IFTDGN)	
发送/接受方:	船舶代理→港监、码头、集装箱场站
报文功能	本报文由危险品货物的申报方发送给港监,然后港监将按危险品货物管理的法规要求进行检查后,再将危险品通知报文发送给集装箱码头及其场站
14. 危险品清单(IFTIAG)	
发送/接受方	进口:挂靠港船舶代理→码头、港监 出口:理货→装货港船舶代理→下一挂靠港船舶代理
报文功能	本报文相当于危险品清单的功能。一个报文仅包括一个航次装运的危险品货物信息,详细说明所托运的危险品货物的 UN 编号、危险品等级、包装件数、重量以及装载危险品货物的箱号
15. 订舱确认报文(IFTMBC)	
发送/接受方	船舶代理→货运代理
报文功能	本报文相当于订舱受理通知,船舶代理根据公司的运力、航线等具体情况,来确认或拒绝货运代理的订舱申请,通知受理订舱,并且提供货物运输交付等必要信息(如运输方式、运输工具、地点、日期等有关说明)
相应单证	配舱回单(场站收据第九联)
16. 正式订舱报文(IFTMBF)	
发送/接受方	货运代理→船舶代理
报文功能	本报文相当于场站收据第一联"集装箱货物托运单"的功能,用于货代向船代提出正式订舱的申请。通常在初始舱位预订后发出正式订舱报文。正式订舱报文可用新的正式订舱报文修改或替换,它包括发运货物的有关数据元素,并在合同中说明
相应单证	集装箱货物托运单(场站收据第一联)
17. 船期表(IFTSAI)	
发送/接受方	船公司或船舶代理→港务局调度部门、码头、货代
报文功能	本报文相当于船期公告的功能,可提供五日、半月或一个月内的船期信息,包括船名、进出口、航次、卸货港、计划到港日期、计划离港日期等,为港务局、码头安排船舶作业计划提供信息,同时也为货主、货代的货运提供船期信息
18. 装船指示报文(MOVINS)	
发送/接受方	船公司、船代→港口调度、码头、理货、海关、三检
报文功能	本报文包括某一运输工具的说明,给出设备、货物的装卸指示,以及运输工具的作业地点,并且还可以说明所装卸的集装箱的有关温度、非标箱、危险品的信息,以及相应的集装箱数目(和箱号)。它是码头安排场地计划,以及单船出口箱预配的重要依据
相应单证	集装箱预配清单、集装箱出口装载清单(NCL)
19. 船舶离港报文(VESDEP)	
发送/接受方	集装箱码头→港务局调度、船公司、船舶代理
报文功能	本报文仅提供一个航次离港实际动态信息,主要有实际离港时间、下一挂靠港等

（二）EDI 中心部分报文流转图示

1. 进口集装箱信息流转图。

（1）进口船图和进口舱单报文流转见图 11－2。

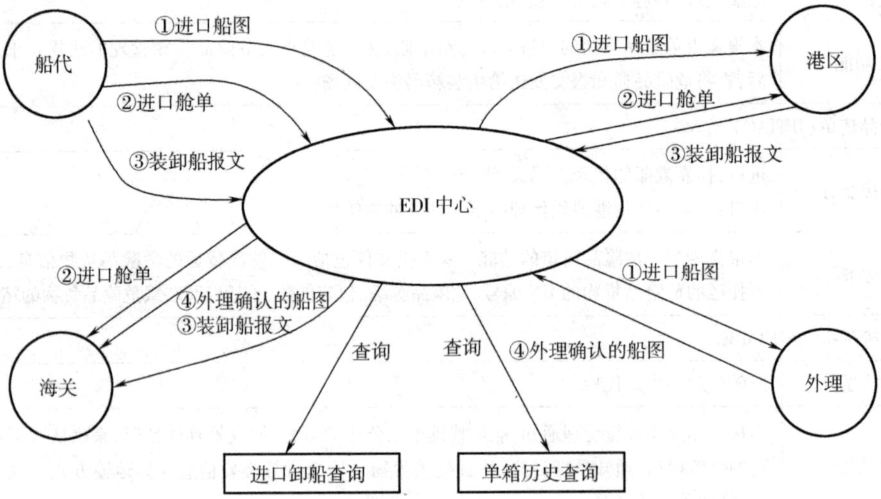

图 11－2　进口船图和进口舱单报文流转图

其中：

①船代发送进口船图给港区和外理；

②船代发送进口舱单给港区和海关；

③港区将形成的卸船报告发送给船代和海关；

④外理发送确认后的船图给海关。

（2）集装箱进口双信息放行流转见图 11－3。

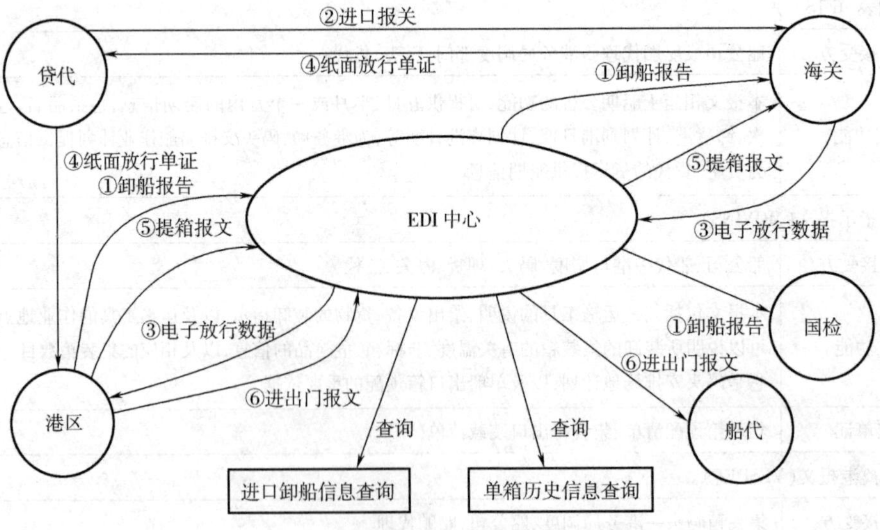

图 11－3　集装箱进口双信息放行流转图

其中：
①港区完成进口集装箱卸船后将卸船报文发送给海关和国检；
②货代向海关作进口报关；
③海关审核后将放行的电子信息发送给港区；
④海关将放行单给货代，货主凭海关放行单到港区提箱；
⑤港区核对放行单证和电子放行信息让货代提箱，并将提箱信息发送给海关；
⑥港区在进口集装箱出港区后将进出门报文发送给船代。
2. 出口集装箱信息流转图。
（1）正式定舱、定舱确认、装箱单报文流转见图 11 –4。

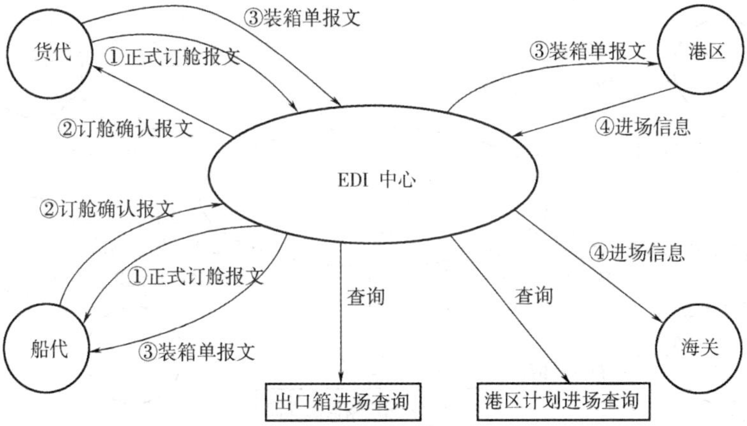

图 11 –4　正式定舱、定舱确认、装箱单报文流转图

其中：
①货代形成正式定舱报文发送给船代；
②船代按收到的正式定舱报文信息进行定舱并形成定舱确认报文发送给货代；
③货代按定舱确认报文形成装箱单发送给船代和港区；
④待出口集装箱进入港区后，港区会将出口集装箱进场信息发送给海关。
（2）集装箱出口流转见图 11 –5。

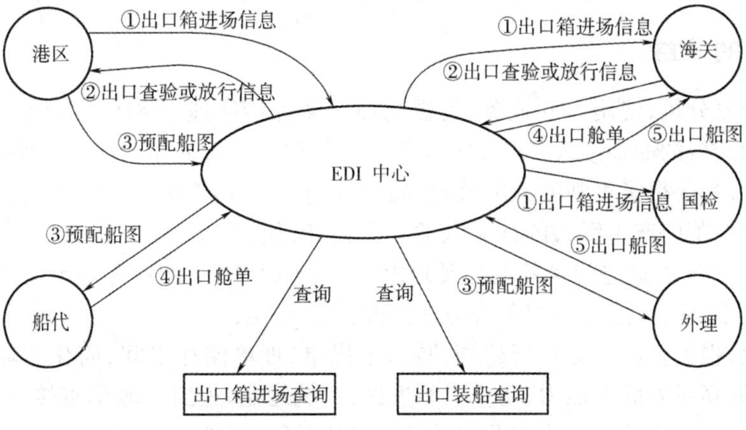

图 11 –5　集装箱出口流转图

其中：

①出口集装箱进入港区后，港区向海关和国检发送出口集装箱进场信息；

②待货代作出口报关后，海关向港区发送出口集装箱查验或放行信息，港区如果收到海关查验信息，则配合海关进行出口集装箱查验，港区如果收到海关的放行信息，则作出口配船。

③港区将形成的预配船图发送给船代和外理；

④船代按预配船图形成出口舱单发送给海关；

⑤外理按预配船图形成出口船图发送给海关。

3. 集装箱货运站（CFS）的集装箱信息流转见图 11－6。

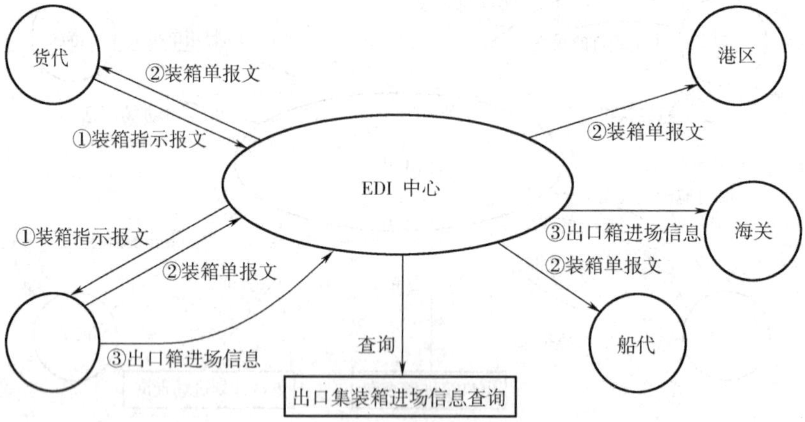

图 11－6　CFS 集装箱报文流转图

其中：

①货代形成装箱指示报文发送给集装箱货运站（CFS）；

②集装箱货运站（CFS）按收到的装箱指示报文装箱，完毕后将形成的装箱单报文发送给货代、船代和港区；

③集装箱货运站（CFS）同时将集装箱进场信息发送给海关（作为海关监管的 CFS，在其堆场中的出口集装箱在装箱后等同于已进入港区的集装箱）。

六、EDI 的效益

据有关专家分析，使用 EDI 业务，可提高商业文件传递速度 81%，降低文件成本 44%，减少由于错漏造成的商业损失 40%，提高竞争能力 34%。近些年的实践证明，凡是采用 EDI 的国家和地区，都获得了可观的经济效益和社会效益。采用 EDI 进行贸易，真正有价值的是利用贸易方式变革而产生巨大的社会效益。据估计，使用 EDI 的间接效益能达到其全都贸易价值的 3% ~5%。这些间接效益主要是由于各 EDI 伙伴间的业务环节更加密切和一致，促使了资金流动、库存、成本和服务等方面的改善。

对海关业，报关资料不必自行建档，减少了报单、理单储存空间，简化作业程序，加速货物通关能力，提高对外服务能力，防止人为失误；对航运业，进出口舱单直接由电脑向海关申报，出口放行由海关直接通知货载及相关部门，提高了装载效率；对仓储业，可加速货物提取及周转率,缓解仓储空间紧张的矛盾,提高利用率;对银行,可扩大服务面,简化核对手续,降低作业成本;对进出口业,则省时省力,减少风险,加速货物通关能力,缩短库存期,从而降低成本,提高竞争力,有利于打开市场。对于报关而言,连线作业后,海关24h受理报关,报关可随时在自己办公室申报,免验报单可于放行后补送海关,出口报关因海关与仓储业连线,可直接检查货物是否进仓,节省站关人力和制单费用等。

(一)EDI取代纸面贸易

英国每年国际贸易总额约为700亿英镑,其中纸张消费近10亿英镑。韩国政府做过统计,在使用EDI之前,每次国际贸易需300多份文件单证。美国国际贸易单证委员会的调查表明,美国过去出口一批货物要打印编制46种单证,连同正副本一共360份,制单需要36h之多,单证费用一般占货物价值的7.5%左右,因此,采用EDI不仅能节约纸张成本,也可取得可观的收益。

(二)信息传递快,可靠性强

为了适应国际市场瞬息万变的情况,采用EDI可以更快更有效地与客户联系。EDI可大大提高单证的传递速度,减少单证的传递环节,减少单证的交换手续,从而使各种单证数据瞬间在不同的国家和地区完成全部传递过程,同时还提高结汇的安全性,缩短和减少结汇清算的时间,加速贸易资金的周转,进而促进国际贸易的发展。

(三)提高工作效率和竞争能力

采用EDI,在各种不同处理阶段,不需要重新输入信息(数据存储在直接读取的数据库中);降低或减少了与书面相关联的任务、文档的发递和检验等行政管理工作。

(四)建立更好、更密切的关系

由于EDI可以使企业内部动作过程更加合理化,增加贸易机会,提高服务质量,因此使企业之间的对立关系变成合作关系,使贸易过程变成"没有输家的"、每个企业均可从中获利的过程,同时极大增强了企业自身的发展能力。

总之,由于EDI从根本上改变了现代产业结构、组织管理和贸易方式,因此EDI被认为是一场全球性的商业大革命。

第三节 集装箱码头信息系统

集装箱码头信息系统,利用信息化手段,对集装箱码头的生产计划和生产作业信息进行采集、加工、共享、应用和管理,从而提升集装箱码头的生产能力。其面向集装箱码头计划、中央控制室和箱管等业务人员以及作业司机,从而完成集装箱进口业务、出口业务和中转业务的作业计划制定、作业计划执行和作业计划评估等。

一、集装箱码头信息系统现状分析

目前大部分集装箱码头在信息技术的应用主要体现在以下几个方面。

第一,采用先进的管理信息系统提升集装箱码头的业务管理水平,如采用国内外知名的码头系统软件Cosmos、Navis、TSB、香港和黄、上海海勃、烟台华东电子等。

第二,逐步采用自动化技术取代人工操作,如电子数据交换技术、自动冷藏箱控制技术和定位系统技术等。

第三，通过新技术的应用提高码头作业效率，如进门车道大门处理技术、图形化船舶和堆场计划技术以及无线数据终端技术。

二、集装箱码头业务目标

作为物流环节上的关键和核心节点，集装箱码头的作业效率，服务水平直接影响物流运输环节，因此越来越多的集装箱码头在注重拓展业务的同时，也十分重视信息系统的建设，希望通过引进先进的信息系统提升码头的管理和服务水平。

（一）精确计划

集装箱码头生产计划包括船舶计划、配载计划、堆场计划等内容。作为所有现场操作的基础，精确的生产计划对码头整体操作效率起到了关键作用，能减少生产准备时间，提高机械设备的利用率和码头的作业效率，缩短船舶在港时间，从而提高码头生产能力。

（二）准确执行

码头的作业执行内容包括作业控制、闸口操作、堆场操作、船舶装卸等主要内容。对指令的准确执行，可以消除码头生产中的人为错误，实现集装箱堆码的零差错，提高码头生产的准确性，提高装卸效率和服务质量，提升港口的核心竞争力。准确执行具体包括通过实现作业现场可视化，调度人员可按预先计划通过拖拉等图形操作实现对现场机械的准确调度。

（三）适度控制、及时反馈

适度控制、及时反馈是指在生产过程中，通过实现对堆场、集装箱、装卸机械的精确定位、动态跟踪、过程控制和可视化管理，生产调度人员以图形方式监控装卸设备提放箱作业过程、进度和状态，以及监控码头堆场、集装箱、泊位、道路等各要素的生产情况，并及时从生产现场接收作业反馈信息，及时了解货物流动的现状，以便安排以后的生产，及时获得报警信息，并及时纠正错误操作，提高作业生产的安全性，对生产状况的及时反馈提高了作业效率，缩短了船舶在港时间。

（四）智能化管理

无论从发达国家的经验还是从未来集装箱运输需求来看，管理智能化成为现代化国际枢纽港发展的必然趋势。管理智能化是指运用现代智能理论并结合计算机信息处理技术等参与或指导港口各个环节的管理工作。通过实现集卡的全场智能调度，装卸设备的实时调度和远程监控，对生产过程进行优化仿真等智能化管理，可显著提升集装箱港口的装卸效率，缩短船舶在港停泊时间，保证货物装卸质量，节约生产成本，提高港口吞吐量，为客户提供更多的个性化服务。

三、装箱码头信息系统的体系结构

根据集装箱码头业务特点，典型的集装箱码头信息系统的主要构成见图 11－7。图中主要的系统为基本操作系统、EDI 报文接发系统、智能计划系统、智能操作系统、CFS 管理系统、商务管理系统、Web 客户服务系统、决策支持系统等。

（一）基本操作系统

基本操作系统是码头操作系统中最基础的系统，包含码头操作的基本功能，主要有船舶管理、火车管理、客户服务、堆场管理、统计查询和系统管理等 6 部分。

1. 船舶管理。船舶管理主要安排船舶的月度计划、五日计划、航次计划等。从船舶班

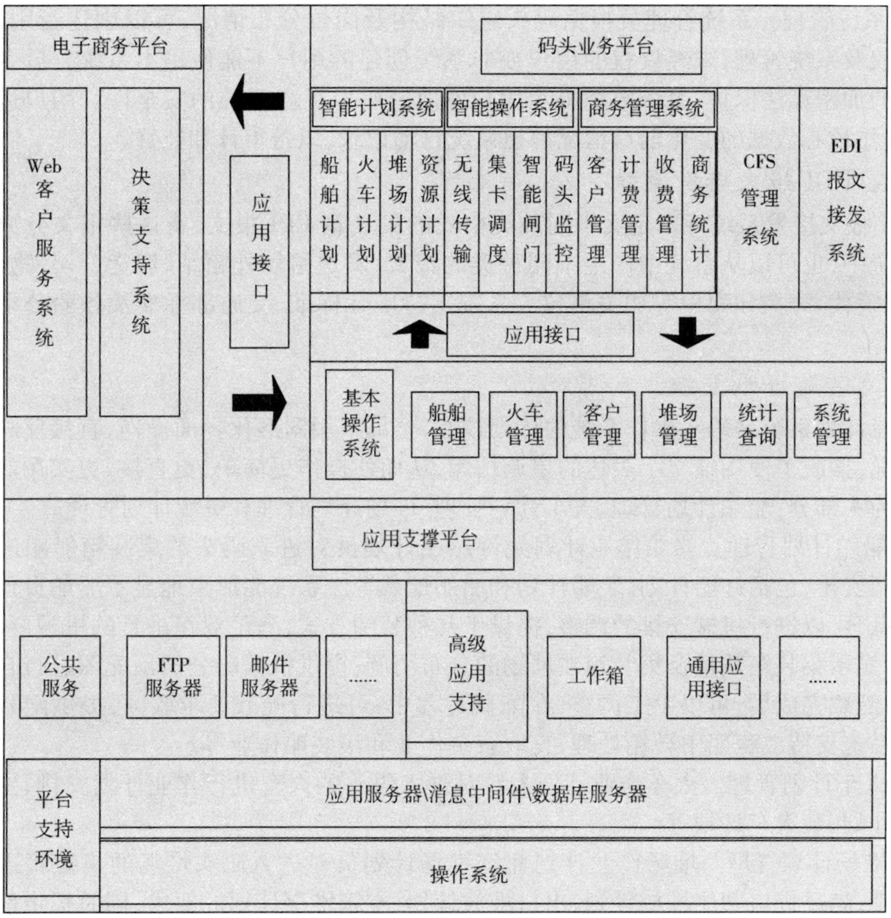

图 11－7　集装箱码头信息系统主要构成

期表到船舶预报、靠泊、作业、离港，记录船舶在港的整个动态过程，同时记录船舶进出口集装箱资料、确定航次的装卸吞吐量预报及确报。另外，记录船舶的杂项作业情况，包括系解缆、开关舱、船舶加水等信息，为计算港口使费提供依据，最终可查询、打印调度快报，累计昼夜的作业情况。

2. 火车管理。火车管理主要对火车进出港计划进行维护。从火车进港预报到火车分股、作业、离港，记录火车在港整个动态过程。另外，还记录火车进出港的集装箱资料、累计火车作业情况等。

3. 客户服务。客户服务主要接收海关查验及放行信息。提箱、提货时，核对放行记录，帮助用户完成收提箱、收提货、拆装箱业务的申请办理。根据用户的要求制定各种生产作业过程中所需的计划，以备船公司、货主提箱或提货时使用。

4. 堆场管理。堆场管理主要实现对码头堆场及监管集装箱的详细信息管理，包括在港箱每一个环节的动态跟踪。

5. 统计查询。统计查询根据实际生产情况进行综合统计分析，以满足各层管理者需要。系统涵盖船舶信息、船舶统计、箱量统计、班列动态和班列统计等方面的内容，还可以根据用户要求提供满足需求的业务报表。

6. 系统管理。系统管理员根据码头组织结构及岗位分布情况，可以创建新用户，进行岗位授权及系统管理，未经授权的用户或非系统创建的用户不能使用本系统。口令密码由高强度的加密算法保护，系统定期提示用户修改密码以提高系统的安全性。用户进出功能模块、操作核心数据的变化前后情况都被系统自动记录，以备审计和监督。

（二）EDI 报文接发系统

EDI 报文接发系统可以定义不同种类格式的集装箱 EDI 报文，将这些报文分离数据接收到系统中，也可以从系统中产生不同种类的报文，发送给场外箱站、理货公司、物流中心、船公司、货代、海关和商检等相关单位。系统支持国际标准、交通部标准及各船公司自定义的标准等。

（三）智能计划系统

智能计划系统是码头操作系统的计划核心，全部采用图形化界面操作，直接反映码头的营运情况，摆脱了使用纯文字表达的单调枯燥，从而使操作更简单、更直接、更实用。该系统主要分为 4 部分：船舶计划管理、火车计划管理、堆场计划管理和资源计划管理。

1. 船舶计划管理。船舶作业计划允许船舶计划员对进入码头的集装箱船舶进行航次作业计划安排，包括卸船计划、装船计划和船舶配载等。系统能形象地显示船舶贝位上的集装箱信息，可以进行机械安排的调整，提供十几种装卸方式，满足双箱吊具的机械要求；配载时，可以显示集装箱数量及集装箱在堆场的分布图例；提供根据船公司预配图进行自动配载的功能，配载完成后，可以手工调整；在配载过程中，可进行配载要求验证，提供配载稳性计算等。系统支持二程船中转箱处理、直取直装作业和滚装船作业等。

2. 火车计划管理。火车作业计划主要对进入码头的火车进行作业计划安排，主要包括卸火车计划、装火车计划等。

3. 堆场计划管理。堆场作业计划允许堆场计划员对进入码头堆场的集装箱进行堆位规划安排，满足进口卸船堆放计划、出口堆放计划、空箱堆存计划的要求，同时提供船舶翻倒作业和中转箱堆存的堆场计划。系统能将集装箱堆存位置提供给大门和场吊等工作站点。系统引进过滤器、计划组、计划范围等管理理念，能以最大灵活性安排堆场计划，提供自动堆场计划功能。堆场计划制订过程中，可以读取到各种信息，其中包括船名、航次、提单号、装货港、卸货港、堆场位置、危险品、冷藏货物、条件等信息。操作员可以自定义显示模式。

系统提供码头布局图、场位图和贝位图，具备从宏观到微观各种显示方式，每种显示方式下可以读取不同的业务信息，支持码头布局图、场位图和贝位图的打印。

4. 资源计划管理。资源作业计划允许作业计划员对码头的泊位进行计划安排，还可对码头作业的机械进行计划安排和调整。系统引进设备组、作业队列、作业指令和激活指令等管理理念，用以完成码头昼夜作业计划，包括作业机械安排和工人安排等。

（四）智能操作系统

智能操作系统主要实现对码头装卸船、堆场作业等的管理。根据码头实际运作情况，系统支持无线终端控制模式和中控操作模式，通过图形化的拖曳操作，加快装卸船、堆场操作的速度。该系统主要分为 4 部分：无线终端传输、集卡自动调度、智能闸门和码头作业监控。

1. 无线终端传输。无线终端传输主要包括装卸船手持无线终端和集装箱堆场车载无线终端。通过无线终端传输进行实时作业确认，保证数据的实时性和准确性。

2. 集卡自动调度。集卡自动调度是一个通过无线传输作业指令动态调度集卡的系统。

通过动态的调度可提高集卡利用率，减少桥吊的等待时间，提高装卸效率，降低码头营运成本。

3. 智能闸门。智能闸门对进出闸门的车辆和集装箱进行管理。该子系统能自动检查海关放行及计费信息，结合堆场内的机械作业自动安排车辆和机械作业，控制拖车等待时间，减少闸口处理时间，加快堆场回运速度。该子系统还可增设停车场管理，减轻闸口堵塞状况，提高场地利用率。系统对是否扣箱、是否计费、是否海关放行、是否预提箱等业务情况都实施控制。除此以外，还可支持条形码、箱号识别、IC 卡自动识别、地磅重罩自动读取等输入方式。

4. 码头作业监控。码头作业监控对集装箱码头的所有作业进行监控，主要包括船舶作业监控、堆场作业监控、闸门作业监控和设备动态监控等。通过码头作业监控，管理人员可以随时了解码头的所有作业情况。

（五）CFS 管理系统

CFS 管理系统提供集装箱码头内货运站收发货、拆装箱全部业务的控制管理，包括货物的进库和出库，集装箱的搬运和卸货等作业，处理码头内件杂货的操作流程。管理人员可以根据货运站（CFS）仓库的实际物理分布定义仓库的位置及分布、货位的分布等。同时支持露天堆场、以箱代仓等复杂业务情况的处理。提供码头仓储货位查询平台，以图形化的形式反映货物堆存情况，管理人员可以根据用户设定的条件进行检索。CFS 堆场与码头前方堆场同时显示，直观显示整个码头的集装箱分布情况。

（六）商务管理系统

商务管理系统主要对与集装箱码头有进出口业务关系的货主或货运代理、船公司等进行协议管理、计费、对账和结账等业务处理，根据国家有关规定及码头经营者的具体规定进行费用计算和收取。系统提供协议查询、收费项目查询以及原始收费凭证的查询。系统支持即结、月结方式，支持支票结账、挂账功能，具备发票管理、打印功能等。另外，系统还可以利用银企接口实现与银行系统的对接，以便实现在线电子支付。

（七）Web 客户服务系统

Web 客户服务系统主要为口岸周边单位和客户提供信息服务，是集装箱码头宣传形象的一扇窗口。系统可以为船公司、船代、货代、货主、相关运输车队及一关三检提供服务，服务内容主要包括网上办单、网上数据查询和短信服务等。

（八）决策支持系统

决策支持系统提供 Web 方式的决策分析功能，主要针对集装箱码头的作业效率和收入情况进行决策分析。系统以柱状图、饼图、曲线图等各种图形、图表方式显示泊位利用率，堆场利用率及作业量、作业能力、拖车等待时间，道口通过能力、道口利用率，分船公司周转及堆存天数，设备的利用率、作业效率、实际利用率、可利用率等数据及其分析状况，清晰直观。

第四节　集装箱运输口岸信息系统

互联网技术的普及促进了以集装箱运输为代表的现代物流业的迅速发展。为适应这种发展趋势，世界一些著名口岸建立了颇具规模的口岸综合信息系统。中国内地的几大主要口岸，也纷纷加快口岸的数字化进程，开始建立口岸物流公共信息平台，建设数字口岸和电子口岸，见图 11-8。

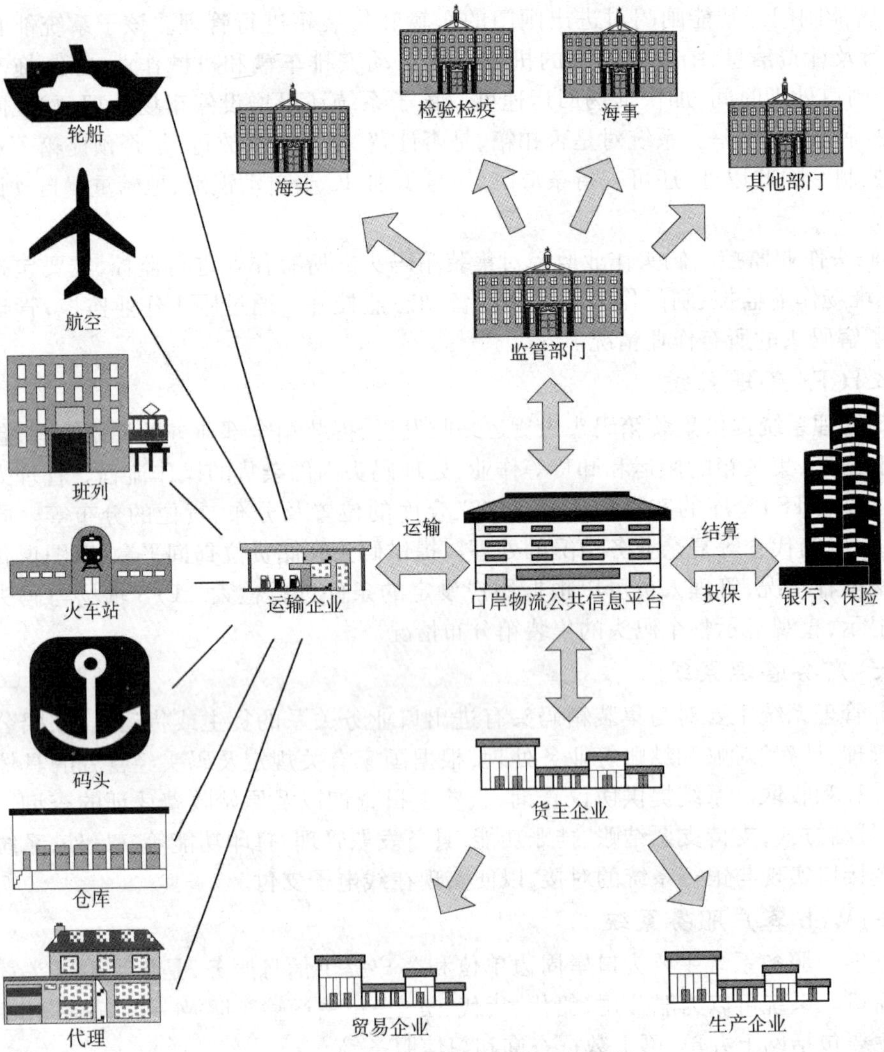

图 11-8　口岸物流公共信息平台

一、集装箱运输口岸信息系统

集装箱运输口岸信息系统，以信息技术为手段，涵盖口岸贸易/交易、监管、物流、金融/支付以及相关电子政务等领域，通过高效安全的口岸电子商务模式和信息服务体系，实现集装箱运输各节点工作流和信息流顺畅有序联动的复杂系统。其组成一般为一个“公共平台”加多个“支撑系统”，口岸中的每一个实体的信息系统均是口岸信息系统的支持系统，它们借助于公共平台实现高效互动与链接。

口岸物流公共信息平台是系统的中枢，通常以口岸物流公共信息平台来指代集装箱运输口岸信息系统。口岸物流公共信息平台将口岸有关环节的信息系统连接起来，使用户可以通过平台交换数据、发布信息、完成交易。进出口企业可以在平台上完成采购行为、货款支付行为；政府部门可以通过平台对企业的申报信息进行审批，并将审批信息反馈给企业；运输企业可借助于平台实现网上信息交换和物流操作；同时，银行、保险等服务机构，也可以通过平台为企业提供金融保险服务。口岸物流公共信息平台的优势如下。

第一，一个公共数据中心，集中存放电子数据，资源共享，真正实现"一站式"服务。

第二，完全基于公网，系统开放性好，提供全天候、全方位服务。

第三，入网成本低，只需配备一些简单设备，通过平台提供的免费系统安装软件，用户就可以登录平台网站，比 EDI 方式成本低。

第四，系统直观易学，一般以 Windows 操作系统为支撑环境，界面友好、操作简单。

第五，多重严密的安全防护措施使系统安全可靠。

口岸物流公共信息平台的服务对象为货主、船公司、船代、运输车队、班列承运人、集装箱码头、货物代理、海关、检验检疫部门等，服务范围包括集装箱运输领域的商贸物流、口岸通关、航运代理和信息咨询等，服务内容包括如下 6 项。

(一)工作流管理

根据预先设定的内容和状态，将数据发给各个不同的功能进行处理，即分配到不同的业务单位由其内部系统进行处理。尤其对于一套相同的信息需要到不同的单位进行审批和处理的时候，这项服务极为重要。

(二)国际贸易服务

为货主的货物交易、金融结算和购买保单等业务提供便利的网络服务，使国际贸易变成和国内贸易一样方便。

1. 电子采购。货主可以就询价、议价、订单和发票等事宜同贸易伙伴进行联系，并传递订单等相关电子单证。

2. 贸易结算。货主可以在网络上向银行办有关信用证、电汇、汇票和银行保函等业务手续，并及时通知贸易伙伴。

3. 贸易保险。为货主提供在网络上申办货物保单和申办商业信用保险的服务，使货主和承运人能够在网络上完成索赔手续的相关信息递交，并与损害评估机构进行信息交流。

(三)物流管理服务

物流管理服务包括运输和仓储库存监控服务。

1. 海运服务。海运服务的内容将在下文详述。

2. 空运服务。利用公共信息平台，空运货主和货代可以直接在网络上查询飞行计划及舱位预定情况，同时飞机抵离境的信息、舱单信息等都可以通过公共信息平台及时地传递给机场地面代理等不同的单位。

3. 陆运服务。利用公共信息平台，用户可以方便地查询集装箱运输状态，完成与承运人间的信息沟通。

4. 多式联运服务。多式联运服务主要针对海铁联运体系，提供相关的铁路班列运输的集装箱全程动态信息服务，提供进出码头的铁路车辆在途动态以及途径内陆站点、预到港车辆预报等车辆在途全程信息服务。

5. 仓储库存监控。仓储库存监控模块，可以使仓库管理方的内部系统有条件地向外部开放，使仓储货物的数量与生产企业的用量更好地挂钩，并在某个程度上实行生产企业自主管理库存数量。这项服务功能通常与电子采购系统并用。

（四）政府监管申报

企业向政府监管部门的申报，是以口岸物流公共信息平台作为接入点的界面，后台处理则可以通过“电子口岸”实现，由“电子口岸”向各相关机构分转信息，以实现各自的内部处理。

1. 舱单申报。舱单信息由代理一方递交，通过公共信息平台，按照要求发送给检验检疫部门和海关等政府监管部门，并发送给码头和外理，授权多方共享。

2. 危险品申报。货主或货代在公共信息平台上将危险品申报信息一次输入，而海事局审批的结果将由系统自动发送到各相关部门，例如港口行政管理部门、码头，以加快集装箱运输速度。

（五）金融服务

金融服务主要实现电子支付和银行保函服务功能，尤以电子支付为重点。即采用电子划账的形式来结算贸易与物流相关的各种服务费用。例如：货主向空运货物代理缴费，空运货物代理向地面代理和航空公司缴费，船代向船公司收费，船代收取订舱服务费以及理货、码头、拖船公司的收费等，都可以在公共信息平台上通过电子结算的方式来进行。

（六）客户前端服务

公共信息平台应用网络技术，由于其良好的交互性，特别适用于实时性高、数据量小、人工查询和联机操作等情况。客户前端服务既可以使用联机对中心数据库进行查询、修改、删除、上载或少量写入，也可以将该库中的数据直接下载到本地文件中。而且，作为对 EDI 应用的补充、提高、扩展和完善，客户前端服务对每一个 EDI 报文，都提供输入、修改、删除功能，直接对中心数据库联机进行操作。另外，用户还可以在系统中对自己的数据进行分析并生成统计文件。

二、口岸信息系统应用案例

目前，国内外各口岸集装箱运输口岸信息系统发展水平参差不齐，侧重点也略有差异，各口岸在建设集装箱运输口岸信息系统时，会根据当地的口岸环境、业务要求和信息化发展水平，对系统功能进行选择和调整，本节给出某口岸集装箱运输口岸信息系统的实际应用案例。该系统在集装箱运输领域内，融合进口业务、出口业务、中转业务、存储业务以及港区中转业务流程，提供统一、多样的数据提交方式，提供实时的、个性的信息跟踪方式，提供监管单位（主要指海关和检验检疫部门）和集装箱码头之间以及各集装箱码头之间的信息共享机制，为码头、船公司、船舶代理、车队、铁路、场站、货代、理货以及监管部门等各类用户提供包括单证录入、数据传输和业务审核等多项服务。

（一）集装箱服务

集装箱服务涵盖了进口船图、出口清单、存储箱请求、装船或转船请求、电子放箱和卡口提箱预约等部分。

1. 进口船图。船公司、船代可以在线向码头提交进口船图信息，系统会将此信息传送到卸箱码头的信息系统中，供码头计划人员做卸船计划使用，包括船图及其集装箱细节的创建、更新、删除、查询、统计、加锁及解锁。

2. 出口清单。船公司、船代可以在线向码头提交出口集装箱信息，系统会将此信息传送到集装箱装船码头的信息系统中，供码头计划人员做装船计划使用，包括清单及其集装箱细节的创建、更新、删除、查询、统计、加锁及解锁、授权或再授权，以及集装箱直接申请等。

3. 存储箱请求。码头用户和普通用户可以在线创建、修改、删除和查询存储箱，包括铁路存储箱的创建、更新、删除、查询和非铁路集装箱的创建、更新、删除、查询。

4. 装船或转船请求。用户可以处理集装箱中转、再出口和退关等操作，包括装船或再装船申请、再出口申请、取消转船、待定中转箱审批、中转箱查询等。

5. 电子放箱。用户在交互页面上提交放箱基本信息，系统据此并根据业务逻辑形成完整的电子放箱单信息，与卡口提箱预约模块及集装箱码头操作系统进行数据共享，包括空重箱电子放箱单的创建、更新、删除、查询和数据下载。

6. 卡口提箱预约。用户可按照集装箱箱号或者提箱单进行卡口提箱预约，通知码头将有提箱集拖进入卡口提箱，包括按箱号、提单号、放箱单创建卡口提箱预约，查询、更改和删除卡口提箱预约等。

7. 截载时间。此模块用于设置出口集装箱的截载时间，包括标准截载时间的创建、更新、删除、查询，例外截载时间的创建、更新、删除、查询。

（二）船舶服务

船舶服务主要提供船舶信息和航行信息的收集和查询以及泊位申请等功能，船舶服务涵盖了船舶信息、航线信息、航行时间表、泊位申请、船舶动态、船期发布、船舶综合申报、船舶作业与跟踪等部分。

1. 航线信息。船代和码头用户通过选择船名、定义挂靠港来创建航线信息，包括航线的创建、更新、删除、查询。

2. 航行时间表。码头和船代用户通过选择船舶下的标签来输入该船的船期信息，系统将这些信息传送到集装箱码头操作系统中，包括航行时间表的创建、更新、删除、查询。

3. 泊位申请。码头和船代用户通过选择船舶的航行时间表来输入该船、该航次的泊位申请信息，系统将这些信息送到集装箱码头操作系统中，包括泊位申请的创建、更新、删除、查询和激活。

4. 船舶动态。用户可以查询集装箱船舶的靠泊与离泊情况，包括查询靠泊计划及靠泊船舶的状态和状态变化时间。

（三）多式联运服务

其服务覆盖海运、码头、场站、铁路站点和内陆场站等整个海铁联运物流链的全程。

1. 班列在线委托。委托方可以在线填写电子委托单进行货运委托。

2. 班列发运计划。班列运营商可以根据委托，录入集装箱信息，制定班列发运计划，生成发运清单。

3. 班列离场确认。场站生产作业系统与班列运营商信息系统对接，实现车、箱号的关联匹配。

4. 班列发车确认。填写并提交班列发车时间。

5. 班列车次编组确认。填写班列车次号、到达和离开车站的时间。

（四）政府监管

政府监管功能提供客户向政府职能部门申报和查询电子放行单证的服务，包括船舶综合申报、危险货物申报、进口舱单和出口舱单。

1. 船舶综合申报。船舶综合申报服务为船公司、船代提供互联网进行船舶综合申报的手段，实现码头、海事和引水等口岸单位对船舶动态信息的实时监管，达到船公司一次申报，多方共享船舶动态信息的目标。

2. 危险货物申报。船代将船载危险货物申报清单通过系统发给海事部门实现电子申报,系统根据审核规范进行申报审核,并将申报答复回复申报单位。

3. 进口舱单。用户可以对进口舱单中的货物信息进行实时跟踪,还可进行创建进口舱单、进口舱单概要信息查询和进口舱单详细信息查询。

4. 出口舱单。用户可以对出口舱单中的货物信息进行实时监控,还可进行出口舱单概要信息查询和出口舱单详细信息查询。

(五)查询服务

查询服务提供船舶信息、集装箱信息、多式联运信息、引航计划、装卸船报告、海关放行、危险货物、代码信息、商务信息和账单明细查询等服务功能。

1. 船舶信息查询。用户可以对船舶基础信息进行查询。

2. 集装箱信息查询。用户可以查询码头集装箱信息,便于用户实时监控。针对不同进出口业务提供4 种查询业务:进口集装箱信息查询、出口集装箱信息查询、中转集装箱信息查询、其他信息查询。

3. 多式联运信息查询。用户只要提供集装箱号、提单号或者车皮号,就可进行实时对全流程货物状态和运输工具状态查询,包括码头靠离泊、码头装卸船、班列到发车、班列装卸车、集装箱进出码头、集装箱进出场站、集装箱到经铁路沿途站点、集装箱进出内陆场站等方面的信息。用户可批量查询,并对提单下的集装箱动态进行跟踪,也可单箱查询,对某段时间内集装箱动态查询。

4. 引航计划查询。用户可按照船名、航次查询引航计划,包括日期、作业时间、最大吃水、船长、离靠泊状态、引航状态等。

5. 装卸船报告查询。用户可以按照船名、航次查询船舶的装卸情况汇总信息,包括船名、航次、装卸船箱量汇总、装卸船作业时间等。

6. 海关放行查询。用户可按照箱号、提单号和时间等条件,查询海关对于进口集装箱及出口集装箱监管结果的发布,包括放行、查验和扣货等监管信息。

7. 危险货物查询。用户可以按照箱号、提单号和时间等条件查询相关的危险品货物申报信息。

8. 代码信息查询。用户可查询系统中的各类代码的详细信息,包括国家、口岸、港口、码头的详细信息,船公司、船舶代理、箱持有人、货物代理、车队的详细信息、危险等级、ISO 箱尺寸类型、航线类别和船舶类型的详细信息。

9. 商务信息查询。用户可以按照委托号、合同编号和计费流水号等条件查询相关的商务信息。

10. 账单明细查询。用户可以查询所有账单汇总及明细。

(六)管理服务

管理服务主要包括进行代码信息管理、用户信息管理和计费管理等。

1. 用户信息管理。用户信息管理支持单点登录,实现权限分配,同时能够维护第三方软件提供的权限分配信息。用户可维护产品组、产品、产品模块、公司及其用户的信息,实现对用户权限的校验。系统管理用户可以创建、更改、查询和删除用户,同时维护用户的状态、角色和密码。

2. 计费管理。计费管理提供根据系统日志进行系统计费的功能,可以计算每个用户的使用费用并且生成账单,包括协议管理、客户管理、高峰时间管理、计费分组、计费事件、手动进行账单记录和账单查询。

第五节　集装箱场站信息系统

集装箱场站除拥有基本的集装箱堆存、集装箱转运和货物装拆箱职能外,还会根据企业各自的不同情况,分别拥有集装箱修洗箱职能以及集装箱运输、货运代理等辅助职能,业务范围涵盖了堆存、仓储、装箱、拆箱、修箱、运输、代理等业务流程。

集装箱场站信息系统,面向集装箱场站业务人员,以集装箱管理和货物管理为核心,流程管理和职能管理相结合,计划控制和流程控制相配合,通过订单接收、计划制定、实时操作的"请求—计划—操作"模式来整合集装箱场站内部信息流,通过客户服务系统整合对船公司、货代、海关和检验检疫部门等的对外信息流,通过应用软件、智能识别设备、无线网络技术、视频监控技术和工业自动化技术等集成应用,实现场站业务电子化、智能化、实时化和自动化,提高集装箱场站的作业效率、增加集装箱场站的货物吞吐量,提高服务质量。

典型的集装箱场站信息系统,一般包括委托管理、货运站管理、仓储管理、集装箱堆存管理、作业调度、卡口管理、收入管理、EDI 系统等功能。

在货运站管理、仓储管理和集装箱堆存管理上,分别按照计划层、操作层进行组织生产,实现计划管理层和作业操作层的科学分离,由管理层负责制定作业计划,作业操作层负责执行操作。作业操作层面,又根据硬件的投入情况和业务流程的安排,分为电子记账式操作和实时操作。电子记账式操作,即打印计划层的作业计划单,现场业务员依据计划单进行现场作业后,在信息系统补录计划执行情况;实时操作,即依赖无线网络及设备,将计划以作业指令的形式传达到无线设备终端,现场业务员根据指令指导,依次完成现场作业后进行指令确认。在现行的集装箱场站中,电子记账式操作居多,但具有作业准确及时优势的实时操作会越来越多。集装箱场站信息系统架构见图 11 -9。

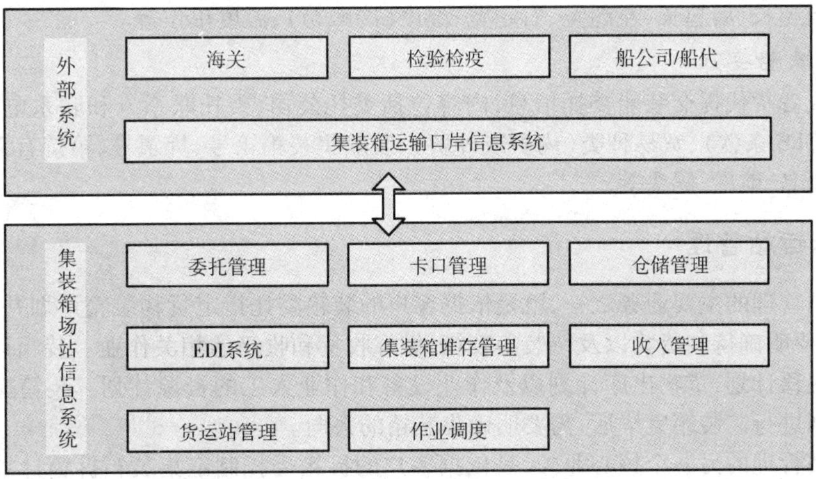

图 11 -9　集装箱场站信息系统架构

一、委托管理

客户委托是场站进行客户业务操作的第一步,涉及各种单证流转、计划审批与受理以及后续作业计划的制定等。信息系统提供两种委托的方式,一种是客户凭借纸面单据到场站现场进行委托申请,另外一种是信息系统提供在线委托方式。通过在线委托方式,客户能够通过互联网登录系统,对所需办理的业务进行在线委托,具有信息前置、电子单证流转、网上审批等高效便捷的优点。

按照委托类型,系统提供装箱委托、拆箱委托、换箱委托、存储委托、装船委托等服务功能。

(一)装箱委托

货主或者货代提交装箱委托信息,内容包括委托公司、委托联系人和联系电话、运输条款(CY 或 CFS 条款)、贸易种类(内贸或外贸)、装箱集装箱来源(自备箱或场站备箱)、箱持有人、尺寸、类型、箱高、温度(冷藏箱)、温度单位、货主送箱或场站提箱、装箱货物信息(包括货票号或提单号、品名、包装、件数、重量、体积、唛头、装箱去向)等。

(二)拆箱委托

货主或者货代提交拆箱委托信息,内容包括委托公司、委托联系人和联系电话、运输条款(CY 或 CFS 条款)、贸易种类(内贸或外贸)、办理拆箱业务的集装箱信息、拆箱货物信息、拆箱返回信息等。

(三)换箱委托

货主或者货代换箱委托信息,内容包括委托公司、委托联系人和联系电话、运输条款、贸易种类(内贸或外贸)、办理换箱业务的集装箱信息(箱内货物信息、换箱去向)等。

(四)存储委托

货主或者货代提交存储委托信息,内容包括委托公司、委托联系人和联系电话、运输条款(CY 或 CFS 条款)、贸易种类(内贸或外贸)、外送集装箱箱号、箱持有人、尺寸、类型、箱高、超高、前超长、后超长、左超宽、右超宽、温度(冷藏箱)、温度单位等。

(五)装船委托

货主或者货代提交装船委托信息,内容包括委托公司、委托联系人和联系电话、运输条款(CY 或 CFS 条款)、贸易种类(内贸或外贸)、装船集装箱箱号、货票号、箱持有人、尺寸、类型、箱高、船名、航次、码头等。

二、货运站管理

货运站管理的主要业务之一,就是依据客户的装箱委托指定货物装箱计划并完成作业。装箱前,需要明确待装货物以及待装集装箱,做好收货和收箱的相关作业。装箱计划需要明确集装箱搬移计划、货物出库计划以及作业设备和作业人工的资源计划。装箱操作严格按照装箱计划进行。装箱完毕后,需要明确集装箱的去向。

货运站管理的另一个核心业务,是依据客户的拆箱委托制定集装箱拆箱计划并完成作业。拆箱前,需要明确集装箱的来源,做好收箱的相关作业。拆箱计划需要明确集装箱搬移计划、作业设备和作业人员的资源计划、货物去向、拆箱完毕后的返空计划。拆箱完毕后,明确拆箱出来的货物以及拆完货的集装箱的去向。如果外提货物,则进行货物处理;如果存储货物，则进行仓储管理的入库操作。

（一）装箱管理

装箱管理主要将货物装入集装箱的业务过程，包括空箱管理、配箱管理、收货管理、装箱确认、返场预约等功能。

（二）拆箱管理

拆箱管理主要处理拆集装箱取货的业务过程，包括舱单管理、重箱管理、计划委托、提箱管理、返场预约等功能。

三、仓储管理

仓储是企业物料配送的一个重要环节，总是出现在物流各环节的结合部。仓储环节集中了上下游流程整合的所有矛盾，仓储管理就是实现物流流程的整合，其人员和设备配置以及管理效率在很大程度上影响着整个供应链的操作成本。

仓储管理按照功能可以划分成入库管理、在库查询、库存预警、货物搬移、出库管理、货物动态查询6部分。

（1）入库管理：入库管理主要是按照入库计划、入库操作模式进行入库操作。

（2）在库查询：可按照查询条件对存储在仓库的货物情况进行查询。

（3）库存预警：存储在仓库内的各种货物，按照货物类型分别定义最大库存周期。如果库存周期超过系统设置的周期，仓储管理系统会进行预警，提醒仓库管理员进行相关调整。

（4）货物搬移：对在库货物的库位移动进行管理，记录货物移位的历史，更新货物的最新库位。

（5）出库管理：出库管理主要管理提出仓库的过程，按照计划和操作模式进行。系统可根据设定的出库规则推荐合适的出库货物，也可按照业务需要指定特殊货物出库。

（6）货物动态查询：从客户委托开始系统就记录货物动态，收货、装箱、拆箱、存储、发运等业务操作发生后，均在集装箱场站信息系统内进行记录，货物动态查询可随时查看货物的信息和操作动态。

四、堆存管理

集装箱堆存管理面向堆场管理人员，为场站集装箱堆存、场站进行拆箱操作提供作业依据。集装箱堆存管理可以划分成堆场定义、堆场计划、搬移计划及场位管理等功能。

（1）堆场定义：按照区域划分，定义、显示全部街区的信息，包括集装箱堆场、散货区和拆装区。

（2）堆场计划：可以按照分组规则确定集装箱的分组信息，然后据街区属性定义及分组情况进行堆场计划。堆场计划按照用途可以分为货位计划、拆装箱计划、拆装箱归垛计划、存储箱进场计划。

（3）搬移计划：可以按照集装箱属性或者在场位置制定集装箱搬移计划。

（4）场位管理：接收并处理无线系统和卡口系统发送的预分配场位申请，根据堆场管理中集装箱的分组规则进行箱位分配，并返回处理结果。

五、作业调度

由于场站作业具有作业种类多样、作业路线交叉、作业范围广、作业量大等特点，因此在场站作业组织时,作业设备及人力资源安排是非常重要的一个环节。作业调度是场站系统的核心功能之一,按照功能可划分成设备类型管理、设备资料管理、集拖组管理、作业人员管理、集装箱作业资源管理、散货作业资源管理、设备工作情况统计、人员工作情况统计和设备维修保养管理等。

(1)设备类型管理:设备类型管理主要用来管理设备类型的基本信息,包括设备类型代码、设备类型名称、作业层高等。

(2)设备资料管理:设备资料管理主要用来管理设备资料的基本信息,包括设备代码、设备名称、设备类型、属性、生产厂家、投入生产日期等。

(3)集拖组管理:集拖组管理主要用来管理集拖组的基本信息,包括集拖组代码、集拖组名称、任务类型(装车提箱、拆箱提箱、装箱提箱、到达外送、装箱外送、拆箱外送、装箱备箱外提)和备注信息。

(4)作业人员管理:作业人员管理主要用来管理作业人员的基本信息,包括人员代码、人员名称、登录账号、登录密码、工种等。

(5)集装箱作业资源管理:集装箱作业资源管理主要用来管理集装箱作业资源的基本信息,包括资源计划的班次、吊车设备、作业区域、预计开始时间、结束时间、分配集托信息、作业开始方式、作业优先级、作业人员等。

(6)散货作业资源管理:散货作业资源管理主要用来管理散货作业资源的基本信息,包括资源类型(包括设备类型、人力、集拖组)、资源数量、申请时间、作业起止时间、作业地点、作业类型(拆箱作业、装箱作业、仓库作业、集拖组申请、其他作业)、批复状态、批复数量信息等。

(7)设备工作情况统计:设备工作情况统计主要用来统计设备工作情况的基本信息,包括设备类型、设备名称、工作时间、作业票号、箱数、件数信息等。

(8)人员工作情况统计:人员工作情况统计主要用来统计人员工作情况的基本信息,包括人员名称、工作时间、作业票号、20ft 箱数、40ft 箱数、箱型、件数、重量、体积信息等。

(9)设备维修保养管理:设备维修保养管理主要用来管理设备维修、保养的基本信息,包括设备类型、设备名称、维修起止时间、故障日期、维修单位、维修金额、修复状态、保养周期等。

六、卡口管理

卡口信息系统主要服务于车队,处理车队送箱和提箱的业务请求,已有部分场站信息系统实现智能化卡口管理,卡口无人操作。

(1)送箱:在车辆到场前,货主或代理需提交相关的委托信息。重车进入通道后,卡口管理系统自动识别电子车牌及集装箱箱号,地磅自动进行称重,系统推荐最佳的落箱场位。卡口管理系统打印出操作条,司机根据操作条的指示进场作业。

完成落箱的空车进入通道后,卡口管理系统自动识别电子车牌,并经验证后控制电动档车器自动抬起,放行车辆出场。

(2)提箱:空车到场前,货主需先到相关部门计费,车队需进行提箱预约。空车进入通道后,卡口管理系统自动识别电子车牌,系统根据计费和预约等信息分配最易提取的集装箱,卡口管理系统打印出操作条,司机根据操作条上的指示进场作业。

完成提箱的重车进入通道后,卡口管理系统自动识别电子车牌,自动识别集装箱箱号,并经验证后控制电动档车器自动抬起,放行车辆处场。

七、收入管理

收入管理负责掌握集装箱场站收入的计划和实际完成情况,负责收款、进款、作账、审核和退款处理。为了适应市场营销的灵活性,收入管理提供费率管理和计算公式管理。系统根据标准费率和客户协议费率标准,对作业进行准确计费;可以支持现金、支票、银行卡的立结支付模式,也可以对大客户进行月结支付模式;能够提供各类账单的查询、统计、输出及发票打印。收入管理按照功能,划分为收入基础数据管理、协议管理、计费、计费信息管理及收费和统计等。

八、EDI 系统

EDI 系统作为集装箱场站信息系统的接口系统,负责集装箱场站信息系统和外部信息系统的交互,包括集装箱运输口岸信息系统,以及海关、检验检疫、船公司或船代系统。

第六节　集装箱班轮运输信息系统

集装箱班轮运输信息系统是世界上各大集装箱运输公司在进行集装箱运输时普遍使用的信息系统,可以满足集装箱运输管理的准确性、及时性等要求,还可以提高公司的信息化水平和运作效率。

集装箱班轮运输信息系统面向跨国、跨地区经营的航运企业,对集装箱班轮运输企业在全球范围或其服务区域内的营销、订舱、单证、箱管、财务五大环节进行统一集成管理,在此基础上对客户和业务情况的各种参数进行智能化分析,提供辅助决策支持系统等功能。

集装箱班轮运输信息系统包括基础数据管理、订舱管理、出口单证管理、进口单证管理、收付款管理、财务总账、集装箱管理、滞期费管理、EDI 处理 9 个核心子系统。在此基础上可根据客户的不同需求,提供套件化的合约管理、报价管理、多式联运管理、船图管理、成本矩阵分析 5 个辅助作业子系统和电子商务平台。

一、基础数据管理子系统

基础数据管理子系统管理和维护整个系统的公用代码和公用基础数据资料。公用代码和公用基础数据资料的准确性对整个系统的正确运行至关重要,应由系统管理员会同相关的业务、管理部门主管共同制定代码规则,并交由专门人员负责其增加、修改、删除、核对等维护工作。该子系统包括以下功能:①公司及部门结构设置;②业务角色权限及用户权限设置;③操作使用用户参数设置;④公用代码表维护;⑤客户资料维护;⑥港口资料维护;⑦堆场资料维护;⑧地点资料维护;⑨外汇汇率维护;⑩船舶资料维护;⑪船期表数据维护;⑫运价数据维护;⑬集装箱参数维护;⑭企业人事基础资料维护。

二、订舱管理子系统

订舱管理子系统处理整个出口订舱的工作流程,主要由订舱部门的职员来操作使用。为提高服务,尤其是针对大客户,增加电子订舱功能,有 3 种方式:在线订舱方式、EFORM 方式、EDI 批量处理方式。该子系统包括以下功能:①客户端的订舱申请电子表单;②订舱申请在线录入;③订舱业务的任务分配;④订舱业务的状态查询;⑤订舱基本信息的确认登记;⑥订舱货物的确认登记;⑦集装箱计划的登记;⑧运输线路的确认和登记;⑨运载能力检查;⑩运费费率计算和登记;⑪订舱确认登记;⑫订舱确认的通知发送;⑬订舱申请接受和订舱确认发送的EDI接口。

三、出口单证管理子系统

出口单证管理子系统处理出口装载货物单证操作,主要由出口单证部门的职员来操作使用。单证数据和单证输出文件用于海关报关、客户通知及收费、放单的法律依据,在整个业务流程中起到关键作用。该子系统包括以下功能:①出口提单的录入和维护;②检查预付费用收取情况;③发送预正式提单给客户和码头进行确认;④出口提单单证的EDI数据发送;⑤出口提单的打印,发放正式或电传提单;⑥提单转船操作;⑦集装箱分解操作;⑧集装箱扣留操作;⑨多笔订舱到同一提单的合并操作;⑩自动产生应收应付款发票;⑪提单打印格式设置;⑫提单打印输出;⑬提单放单状态更新。

四、进口单证管理子系统

进口单证管理子系统处理进口转载货物单证操作,主要由进口单证部门职员来操作使用。单证数据和单证输出文件可作为海关报关、客户通知及收费、放货提箱的法律依据,在整个业务流程中起到关键的作用。该子系统包括以下功能:①进口提单单证的EDI数据接收;②航次到港记录的新增、查询和维护;③进口单证提单数据的生成与维护;④输出呈交海关的进口载货到货通知;⑤输出呈交海关的进口载货报关文件;⑥输出呈交收货人的进口载货到货通知,危险品、冷冻品声明;⑦提单运费的登记和确认;⑧进口提单内陆运输计划维护;⑨输出内陆运输托运通知单;⑩提单打印输出;⑪进口单证提单到货状态更新;⑫进口单证提单运费收取状态更新;⑬输出提单放货通知书;⑭提单放货状态更新。

五、收付款管理子系统

收付款管理子系统处理财务部门收支核算的日常工作,由应收付款开账、收付款登录、账单匹配冲销、退款处理、统计分析等组成。该子系统包括以下功能:①应收、付费事件代码维护;②应收、付费事件登录;③应收费项目开账;④应付费项目开账;⑤应收、付费账本维护;⑥应收费账单输出发送;⑦应付费账单接受登录;⑧收款登录;⑨付款登录;⑩收款退回处理;⑪付款退回处理;⑫应收款账单匹配冲销;⑬应付款账单匹配冲销;⑭应收款账单状态监控;⑮收付款统计表;⑯应收、付款统计表;⑰账单销账状况统计表;⑱应收、付款账龄分析表。

六、财务总账子系统

财务总账子系统是一个基本系统,以处理凭证为核心,实行会计账务处理过程(分录→过账→试算→调整→决算→报表)而设计的电脑化系统。各业务系统生成的凭证与总账无缝连接,直接在总账中进行查询。该子系统包括以下功能:①科目核算设置;②提供科目计息和预算控制等多种控制;③与其他业务系统无缝连接;④多种账簿报表查询;⑤实现现金流量表的制作;⑥实现往来业务核销,精确计算账龄;⑦自动调汇处理、期末损益结转、自动转账设置;⑧各种报表处理。

七、集装箱管理子系统

集装箱管理是日常管理中一个很重要的环节。该子系统包括以下功能：①相关基础代码的维护；②集装箱档案维护；③车架档案维护；④集装箱动态和车架动态数据的接收和校验处理，包括场站内动态、运输动态和船上动态 3 个方面的动态事件的接收；⑤拒绝动态的查询、浏览、删除、修改、重试、强行保存等的处理操作；⑥装箱动态和车架动态历史的查询和维护，包括场站内动态、运输动态和船上动态 3 个方面的动态事件的维护；⑦装箱和车架堆存分布报告和最新状态报告；⑧向外部其他系统发送集装箱动态的 EDI 报文；⑨向 VIP 客户发送集装箱动态的 EDI 报文；⑩设备使用滞期费的计算公式的设置；⑪设备使用滞期费的计算和滞期费记录维护。

八、滞期费管理子系统

滞期费的征收过程由财务结算人员在收付款模块中进行费用的催收、收款、结算冲销等处理。该子系统包括以下功能：①滞期费类型及其相应的动态代码的设置和维护；②滞期费收费地区参数设置和维护；③定时扫描设备动态数据，导入滞期费相关的设备动态记录；④定时处理滞期费相关的设备动态记录，生成匹配的计算滞期费的设备动态记录；⑤定时处理滞期费相关的设备动态记录，生成逾期的设备动态记录；⑥工作日历设置和维护；⑦滞期费计算参数和费率的设置和维护；⑧扫描匹配的滞期费设备动态记录，计算滞期费计费天数和计费费率，产生滞期费收费清单；⑨扫描逾期未匹配的滞期费设备动态记录，计算滞期费计费天数和计费费率，产生滞期费收费清单；⑩滞期费减免规则设置和维护；⑪维护滞期费收费清单；⑫向应收款模块中产生滞期费应收款发票。

九、EDI 处理子系统

EDI 处理子系统是一个电子数据交换平台，该平台可以发送正确的 EDI 数据，也可以接收其他系统发送的 EDI 数据。该子系统包括以下功能：①各种类型 EDI 文件的接收和发送；②EDI 文件的管理；③EDI 平面文件与 XML 格式文件之间的相互转换；④各类代码的转换；⑤不同 EDI 格式的转换；⑥接收其他子系统的资料，转换成 EDI 文件并发送；⑦接收外界系统的 EDI 资料，转换成 XML 资料并提交给其他子系统。

当接收外界要进入系统的信息时，先进行相应的校验再传送给要进入的子系统。

第七节　物联网在集装箱运输管理中的应用

一、物联网概述

物联网（internet of things，IOT），顾名思义就是“物物相连的互联网”，它是通过射频识别（RFID）、红外感应器、全球定位系统、激光扫描器等信息传感设备，按约定的协议，把任何物品与互联网连接起来，进行信息交换和通信，以实现智能化识别、定位、跟踪、监控和管理的一种网络。

物联网概念最早出现于比尔盖茨 1995 年《未来之路》一书，在《未来之路》中，比尔盖茨已经提及物联网概念，只是当时受限于无线网络、硬件及传感设备的发展，并未引起世人的重视。1998 年,美国麻省理工学院(MIT)创造性地提出了当时被称作 EPC 系统的“物联网”的构想。

1999 年,美国 AutoID 首先提出“物联网”的概念,主要是建立在物品编码、RFID 技术和互联网的基础上。过去在中国,物联网被称为传感网。中科院早在 1999 年就启动了传感网的研究,并已取得相应科研成果,建立一些适用的传感网。同年,在美国召开的移动计算和网络国际会议提出,“传感网是下一个世纪人类面临的又一个发展机遇”。2003 年,美国《技术评论》提出传感网络技术将是未来改变人们生活的十大技术之首。

2005 年 11 月 17 日,在突尼斯举行的信息社会世界峰会(WSIS)上,国际电信联盟(ITU)发布了《ITU 互联网报告 2005:物联网》,正式提出了“物联网”的概念。报告指出,无所不在的“物联网”通信时代即将来临,世界上所有的物体从轮胎到牙刷、从房屋到纸巾都可以通过因特网主动进行交换。射频识别技术(RFID)、传感器技术、纳米技术、智能嵌入技术将得到更加广泛的应用。根据 ITU 的描述,在物联网时代,通过在各种各样的日常用品上嵌入一种短距离的移动收发器,人类在信息与通信世界里将获得一个新的沟通维度,从任何时间任何地点的人与人之间的沟通连接,扩展到人与物以及物与物之间的沟通连接。

二、物联网的核心技术

(一)RFID 技术

RFID 技术是一种非接触式的自动识别技术,通过射频信号自动识别目标对象,并获取相关数据,识别无须人工干预,可工作于任何恶劣环境。RFID 系统由阅读器、应答器(标签)和应用系统三部分组成,通过电波在响应媒介和询问媒介间传递信息。阅读器,一般是一台内含天线和芯片解码器的阅读(有时还可以写入)设备,可设计为手持式或固定式;阅读器可无接触地读取并识别电子标签中所保存的电子数据,从而达到自动识别的目的。通常阅读器与电脑相连,所读取的标签信息被传送到电脑上进行下一步处理。每个标签具有唯一的产品电子码 EPC,EPC 码可存入硅芯片做成的电子标签内,并附在被标识产品上,以被高层的信息处理软件识别、传递和查询,进而在互联网的基础上形成专为供应链企业服务的各种信息服务。应用系统,一般是由计算机支撑的有线或无线管理系统,视不同应用要求,对于实时型的智能型控制器,不一定必须要有后台应用系统。

(二)传感技术

传感技术、计算机技术以及通信技术被称为信息技术的三大支柱。传感技术主要研究关于从自然信源获取信息,并对之进行处理(变换)和识别的一门多学科交叉的现代科学与工程技术。传感技术的核心即传感器,它是负责实现物联网中物与物、物与人信息交互的必要组成部分。目前无线传感器网络的大部分应用集中在简单、低复杂度的信息获取上,只能获取和处理物理世界的标量信息,然而这些标量信息无法刻画丰富多彩的物理世界,难以实现真正意义上的人与物理世界的沟通。为了克服这一缺陷,既能获取标量信息,又能获取视频、音频和图像等矢量信息的无线多媒体传感器网络应运而生。作为一种全新的信息获取和处理技术,无线多媒体传感器网络更多关注信息的采集和处理,利用压缩、识别、融合和重建等多种方法来处理信息,以满足无线多媒体传感器网络多样化应用的需求。

(三)无线网络

物联网中物品与人的无障碍交流显然离不开高速、大批量数据传输的无线网络。无线网络既包括允许用户建立远距离无线连接的全球语音和数据网络,也包括为近距离无线连接进行优化的红外线技术及射频技术。

（四）人工智能

人工智能是研究使计算机模拟人的某些思维过程和智能行为（如学习、推理、思考、规划等）的学科，主要包括计算机实现智能的原理、制造类似于人脑智能的计算机，使计算机能实现更高层次的应用。在物联网中，人工智能技术主要负责将物品“讲话”的内容进行分析，从而实现计算机自动处理。

三、物联网在物流安全领域的应用

物联网借助互联网、RFID 等无线数据通信等技术，实现了单个商品的识别与跟踪。基于这些特性，将其应用到物流的各个环节，保证商品的生产、运输、仓储、销售及消费全过程的安全和时效，这将具有广阔的发展前景。

（一）物流生产和运输领域

基于物联网的支持，电子标签承载的信息就可以实时获取，从而清楚地了解到产品的具体位置，进行自动跟踪。

对制造商而言，原材料供应管理和产品销售管理是其管理的核心，物联网的应用使得产品的动态跟踪运送和信息的获取更加方便，对不合格的产品及时召回，降低产品退货率，提高了自身服务水平，同时也提高了消费者对产品的信赖度。另外，制造商与消费者信息交流的增进使其对市场需求做出更快的响应，在市场信息的捕捉方面夺得了先机，从而有计划地组织生产，调配内部员工和生产资料，降低甚至避免因“牛鞭效应”带来的投资风险。

对运输商而言，电子产品代码 EPC 可以自动获取数据，进行货物分类，降低取货、送货成本。并且，EPC 电子标签中编码的唯一性和仿造的难度可以用来鉴别货物真伪。由于其读取范围较广，则可实现自动通关和运输路线的追踪，从而保证了产品在运输途中的安全。即使在运输途中出现问题，也可以准确地定位，做出及时补救，使损失尽可能降到最低。这就大大提高了运输商送货的可靠性和效率，提高了服务质量。此外，运输商通过 EPC 可以提供新信息增值服务，从而提高收益率，维护其资产安全。

（二）物流仓储领域

出入库产品信息的采集因为物联网技术的运用，而变得快捷、准确。电子标签的读写优势，使其能够将产品数据嵌入相应的数据库，经过数据处理，实现对产品的拣选、分类堆码和管理。若仓储空间设置相应的货物进出自动扫描纪录，即可防止货物的盗窃或因操作人员疏忽引起的物品流失，从而提高库存的安全管理水平。现今，此技术已经广泛应用于货物和库存的盘点及自动存取货物等方面。

（三）销售管理领域

物联网系统具有快速的信息传递能力，能够及时获取缺货信息，并将其传递到卖场的仓库管理系统，经信息汇总传递给上一级分销商或制造商，及时准确的信息传递，有利于上游供应商合理安排生产计划，降低运营风险。在货物调配环节，RFID 技术的支持大大提高了货物拣选、配送及分发的速度，还在此过程中实时监督货物流向，保障其准时准点到达，实现了销售环节的畅通。

对零售商而言，实施 EPC 保证了合理的货物仓储数量，从而提高订单供货率，降低脱销的可能性和库存积压的风险。由于自动结算速度的大幅提高，卖场就可以降低最小安全存货量,增加流动资金。由于可以实现单品识别,每个产品都具有特殊代表性,物品在货架上的具体位置、所处状态,可通过信息阅读随时传递至互联网,在信息处理之后反馈给管理人员,可以有效防盗,避免销售损失。

(四)商品消费领域

物联网的出现使个性化购买,以及排队等候时间缩短变为现实。消费者随时掌握所购买产品及其厂商的相关信息,对有质量问题的产品进行责任追溯。事实上,由于产品在生产之初直至消费者手中,都有实时的质量和数量追踪,并依据情况做出补救,到消费者手中残次产品的概率几乎为零。这样,既保证消费者购买到满意商品,又对消费者身心不造成任何伤害,还可以防止残次产品因不及时或不有效处理而对周围环境带来威胁。特别是有毒有害的危险品,随意地丢弃将可能造成严重的环境污染,酿成巨大的损失。

四、物联网在集装箱运输中的应用

集装箱运输作为现代主流运输方式,占据着国际货运 90% 的份额。整个过程以集装箱为载体,将货物集合组装成单元,以便在现代流通领域内运用大型装卸机械和大型载运车辆进行装卸、搬运作业和运输任务。在集装箱运输中,作为物联网初级阶段的 RFID 技术显著提高了运输过程中的透明度和安全性,进而实现整个供应链的透明化、流程简约化和运输高效化。物联网的逐步完善对集装箱运输效率的提高具有极其重要的意义。

(一)需求分析

现代物流信息化存在瓶颈,一个是基础信息的采集,大量的信息还是要手工录入,效率低、差错率高、不及时,影响了后期的传输和应用;再一个是信息的共享和交换,越来越多的应用主体已经提出要加强信息数据共享,建立信息平台。

集装箱运输信息化除存在以上问题外,还存在以下几个特殊问题。

1. 货物失窃严重。随着集装箱运输快速发展,集装箱货物被盗问题越来越严重。据统计,全球因集装箱失窃造成的损失达 300 亿 ~500 亿美元,算上因此导致的间接损失,全球每年损失 2 000 亿美元。为解决这个问题,可提高港口的抽检率。港口运输模拟实验表明,当对集装箱的随机抽检率达到 5% 时,港口就会陷入瘫痪;如果降低抽查率,又无法有效防止犯罪分子用集装箱走私或者运输违禁物品。大型的集装箱 X 光机虽能透视箱内货物,但透检一只集装箱就需要 5 分钟,每天满负荷也只能透检 240 只,而且 X 光机辨别违禁品仍要靠人的肉眼,同样降低了可靠性。

2. 集装箱识别精度低。在运输过程中,集装箱是通过它的唯一标识——箱号来识别的;集装箱交接同样也是以箱号为准。但人工采集数据有 35% 是不准确或不实时的,而采用图像识别方式进行监管,则需要用 4 台 ~5 台摄像头同时拍摄,成本较高,识别率仅达 80% ~ 90%,雨雾中识别率还要低,影响到整个供应链的效率。

物联网中的 RFID 等技术作为前端的自动识别与数据采集技术在物流的各主要作业环节中应用,可以实现物品跟踪与信息共享,极大地提高物流企业的运行效率,实现可视化供应链管理,在物流行业有着巨大的应用空间和发展潜力,在物流信息化中占有举足轻重的地位。

通过以上分析,应用物联网中的 RFID 等技术来构建一个集装箱管理系统,能够对集装箱运输的物流和信息流进行实时跟踪,从而消除集装箱在运输过程中可能产生的错箱、漏箱事故,加快通关速度,提高运输安全性和可靠性,从而全面提升集装箱运输的服务水平。

（二）系统设计

典型的基于 RFID 技术的物联网应用方案应该包括硬件系统和软件系统两个方面。硬件系统由 RFID 自动识别系统、全球定位系统、激光扫描系统和通信系统等组成。软件系统包括 RFID 信息管理系统和与之整合的港口集装箱管理系统。集装箱上的电子标签可以记录固定信息，包括序列号、箱号、持箱人、箱型、尺寸等；还可以记录和改写信息，如货品信息、运单号、起运港、目的港、船名航次等。

整个物联网应用可以分为三层：第一层是传感网络，即以二维码、RFID、传感器为主，实现对集装箱等物品的识别；第二层是传输网络，即通过现有的互联网、广电网络、通信网络等实现数据的传输与计算；第三层是应用网络，即输入输出控制终端，可基于现有的手机、个人电脑等终端进行。

1. EPC 系统的构成。EPC 系统是一个非常先进的、综合的和复杂的系统。其最终目标是为每一集装箱等物品建立全球的、开放的标识标准。其由 EPC 编码体系、射频识别系统及信息网络系统 3 部分组成，主要包括以下 6 个方面。

（1）EPC 编码标准。EPC 编码是 EPC 系统的重要组成部分，是对实体及实体的相关信息进行代码化，通过统一并规范化的编码建立全球通用的信息交换语言。EPC 编码是 EAN. UCC 在原有全球统一编码体系基础上，提出新一代的全球统一标识的编码体系，是对现行编码体系的一个补充。

（2）EPC 标签。EPC 标签由天线、集成电路、连接天线与集成电路的部分、天线所在的底层四部分构成。EPC 码是存储在 RFID 标签中的唯一信息。

（3）射频读写器。在射频识别系统中，射频读写器是利用射频技术将标签中的信息读出，或将标签所需要存储的信息写入标签的装置。读写器读出的标签信息通过计算机及网络系统进行管理和信息传输。

（4）EPC 中间件（savant）。每件产品都加上 RFID 标签之后，在产品的生产、运输和销售过程中，读写器将不断收到一连串的产品电子编码。整个过程中最为重要，同时最困难的环节就是传送和管理这些数据。Auto ID 中心提出一种名叫 savant 的软件中间件技术，相当于该新式网络的神经系统，负责处理各种不同应用的数据读取和传输。

（5）对象名解析服务（object name service，ONS）。其类似于互联网中的 DNS。EPC 标签对于一个开放式的、全球性的追踪物品的网络需要一些特殊的网络结构。因为标签中只存储了产品电子代码，计算机还需要将产品电子代码和相应商品信息匹配的方法。这个角色就由对象名称解析服务担当，它是一个自动的网络服务系统。

（6）实体标记语言（physical markup language，PML）。其类似于互联网中的标记语言。EPC 虽可识别单品，但是所有关于产品有用的信息都用 PML 书写，PML 是基于被人们广为接受的可扩展标识语言（XML）发展而来的。PML 提供了一个描述自然物体、过程和环境的标准，可供工业和商业中的软件开发，做数据存储和分析工具之用。它提供一种动态的环境，使与物体相关的、静态的、暂时的、动态的和统计加工过的数据进行互相交换。因为它将会成为描述所有自然物体、过程和环境的统一标准，PML 的应用将会非常广泛，并且进入到所有行业。

2. 物联网的信息流程。EPC 系统在工作时，先由读写器通过天线发送一定频率的射频信号，当 EPC 标签进入读写器的工作范围时，其天线产生无线电波，从而使 EPC 标签获得能量被激活并向读写器发送自身的编码等；读写器在接收到来自 EPC 标签的载波信息，并对接收信号进行解调和解码后，会将其信息送至中间件 savant 系统进行处理；通过互联网，处理后的信息被传送到 ONS 服务器，找到数据库中信息所对应的 IP 地址；EPC 中间件按着所对应的 IP 地址，到保存着产品信息的 EPC IS 查找，得到的产品信息再通过互联网传送到用户手中。

3. 物联网总体体系结构。整个物联网流程集前端数据采集，中间层数据处理、物理设备管理监控，后端安全认证、通关业务应用于一体。其涉及 RFID 软硬件集成中间件、物流通关信息服务基础平台、物流通关应用系统等关键技术。该体系可以让现代集装箱运输通过挖掘、分析采集业务信息，提供多样化的报表展现，譬如在集装箱运输过程中的物品停留时间统计、物品运输异常统计、当前库存状况统计等。通过数据库与 RFID 技术的结合，实现各种应用设备集成业务系统融合，解决集装箱运输通关系统 RFID 软硬件集成、各物流和通关业务系统的互连互通等迫切问题。

港口中与集装箱有关的重要节点是储运中心、集装箱堆场、码头前沿及海关等。这些重要的节点应共同联合起来试点实施集装箱电子化管理，形成区域范围内对集装箱信息的协作化管理。例如在集装箱储运中心设置一组 RFID 读写器，当带有电子标签的集装箱离场时，RFID 读写器将读取的集装箱信息通过网络通信系统传给现场的服务器。

在集装箱堆场设置两组 RFID 阅读器，分别是控制 RFID 进场读取器，以及堆场内 RFID 监控阅读器。港口控制中心设置的 RFID 进场读取器，主动读取装有电子标签的集装箱进场信息，场内的 RFID 监控阅读器可配合跨运机对场内的集装箱实施安全监控。在海关卡口设置阅读器，卡口主机对装有电子标签的集装箱读取电子车牌、司机卡、前箱电子箱号标签的数据、后箱的电子关锁数据；通过电子地磅仪表获取重量数据；通过箱号识别模块获得集装箱图像信息并进行箱号识别。这些数据由卡口主机通过网络传输至海关物流监控平台。在港口范围内实施电子化集装箱管理，可提高集装箱物流信息采集的准确性、便利性；提高海关通关的效率；为提高港口作业自动化水平提供有利条件；也为提高集装箱物流供应链信息化、透明化提供了基础。

物联网虽然尚属起步阶段，但是可以看到，基于 EPC/RFID 技术的物联网已经深深地融入集装箱运输管理的各个环节中。随着物联网在集装箱运输中的运用拓展，必将实现集装箱的智能化。而集装箱智能化所带来的变革可以体现在集装箱运输的所有节点上，为所有集装箱运输的参与者创造更多的价值。对于集装箱运输中的货主、托运人和承运人来说，他们不用付出任何成本，通过可接入互联网的各种终端，就可随时随地获知货物状况，享受智能集装箱系统带来的安全性和及时性等方面的变革；对于集装箱运输的港口和货运站来说，智能集装箱系统的使用可以减少因劳动力雇佣所带来的人力成本，同时节约了大量的港口和货运站监控成本。随着政府的对物联网的高度重视和 RFID 等技术的不断成熟以及理论研究的不断深入，物联网必将对集装箱运输的未来发展发挥积极的作用，在集装箱运输管理中的应用领域也会越来越广阔。

本章思考题

1. 集装箱运输系统中有哪些新技术的应用？请做简单介绍。
2. EDI 标准有哪些？EDI 系统的组成及 EDI 中心的主要功能是什么？
3. 目前集装箱运输 EDI 系统中广泛应用的 EDI 报文有哪些？

4. 画出 EDI 中心进口集装箱信息流图。

5. 简述 EDI 与其他通信手段的区别。

6. 分别描述集装箱码头信息系统、运输口岸信息系统、场站信息系统、铁路中心站信息系统、班轮运输信息系统的系统功能构成。

7. 简述 RFID 技术在集装箱运输系统中的应用。

8. 通过一个案例说明物联网在集装箱运输管理中的应用及其带来的效益。

参考文献

[1]田聿新,杨永志,等. 集装箱运输系统与操作实务精讲[M]. 北京:中国海关出版社,2014.

[2]中国国际货运代理协会. 国际多式联运与现代物流理论与实务[M]. 北京:中国商务出版社,2005.

[3]陈超. 集装箱运输管理学[M]. 大连:大连海事大学出版社,2012.

[4]张丹,周军. 集装箱码头 EDI 的应用及前景[J]. 中国水运:理论版,2004,2(4).

[5]刘淑燕,刘芳. EDI 在港口国际集装箱运输中的应用[J]. 交通科技,2003,(2).

[6]李连寿. 航运市场营销学[M]. 上海:复旦大学出版社,1999.

[7]孙家庆,冯茹梅,等. 航运与物流市场营销[M]. 大连:大连海事大学出版社,2006.

[8]卢浩. 中铁集装箱公司市场营销策略研究[D]. 长沙:中南大学,2009.

[9]张洁. 国际集装箱班轮运价研究[D]. 上海:上海海事大学,2007.

[10]王学锋. 国际物流运输[M]. 北京:化学工业出版社,2004.

[11]郑丙贵,王学锋. 无船承运人:制度与业务[M]. 大连:大连海事大学出版社,2006.

[12]杨志刚. 国际货运物流实务、法规与案例[M]. 北京:化学工业出版社,2003.

[13]王鸿鹏,等. 国际集装箱运输与多式联运. 第 2 版[M]. 大连:大连海事大学出版社,2010.

[14]林慧丹. 第三方物流[M]. 上海:上海财经大学出版社,2005.

[15]于明顺,张安波,王夕众. 集装箱码头操作系统建设[J]. 集装箱化,2007,18(9).

[16]高华. 集装箱码头管理信息系统应用分析[J]. 商场现代化,2009,(26).

[17]汤玮,范海燕. 现代集装箱码头操作系统及其发展趋势[J]. 集装箱化,2009,20(7).

[18]甘志祥. 物联网的起源和发展背景的研究[J]. 现代经济信息,2010,(1).

[19]霍红. 第三方物流企业经营与管理[M]. 北京:中国物资出版社,2003.

[20]蒲红梅. 浅谈物联网技术[J]. 科技资讯,2010,(2).

[21]孙家庆. 国际航运代理理论与实务[M]. 大连:大连海事大学出版社,2015.

[22]闵德权. 水运商务管理[M]. 大连:大连海事大学出版社,2008.

[23]王烨. 基于 RFID 技术的物联网在物流安全领域的应用[J]. 科技创业月刊,2010,23(3).